澤村修治
Sawamura Shuji

筑摩選書

ベストセラー全史【現代篇】

ベストセラー全史【現代篇】 目次

Ⅱ　二一世紀 249

二一世紀の歴代ベストセラーリスト 251

第六章　新書ブーム──二一世紀① 272

第九章　出版の変容とベストセラー——二一世紀④　425

ベストセラー全史【近代篇】目次

凡例

（一）近代篇では和暦を中心に西暦を付載的な表記とするが、戦後を扱う現代篇では西暦を中心に和暦を付載的とした。前者では時代の区切りの意識が和暦に拠る場合が多く見られ、後者はたとえば一九六〇年代、〇〇《ゼロゼロ》年代（二〇〇一～二〇一〇）というように、西暦での区切りが時代現象を読み解くために比較上目立つと考えられるからである。

（二）現代篇は昭和・平成で区切らず世紀での区切りとした。二一世紀に入るとインターネットは一層行きわたりデジタル化が進展した。それによって、大衆文化現象であるベストセラーの登場はもとより、出版全般の事情は前提において大きく変容した。出版業の場合、平成期であっても二〇世紀はまだ「紙」（アナログ）が優位であり、二一世紀になって、デジタルとアナログの混在的状況が本格化した。この認識をもとに戦後の区分けをおこなった。

（三）現代篇で扱うベストセラー作品は、近代篇同様、ベストセラーリスト（二三頁、二五一頁）掲載作を中心としている。同リストに関しては注記を参照されたい。なお、資料上の制約から近代篇（明治・大正・昭和戦前戦中期）と現代篇（戦後二〇世紀・二一世紀）の各期では依拠資料が異なり、リスト注記（※印）のなかでそれぞれ方針を示したので、留意されたい。

（四）戦後日本では出版物の統計資料の集計態勢が整い、精度も格段に上がった。ベストセラー書籍に関しても、それ以前の時期に比べるとより信頼性の高いリストが作成されるようになった。東販、日販といった大手取次の公表資料、民間の調査会社の資料などがある。これらのなかで、『出版指標年報』（全国出版協会・出版科学研究所）と『出版年鑑』（出版ニュース社）がとりわけ価値が高い。この二者は調査対象や調査の仕方が異なっており、結果に若干の異同がある。『出版年鑑』は、〈書籍データセンター発表の『標準マーク』を中心にしたほかできる限りの調査をもってした〉とあって、統計方法や収録のルールについての明示はない。『出版指標年報』は搬入日を基準とし、取次を通じて流通した出版物を公表するとしている。そこで現代篇では『出版指標年報』のデータをより実態に近いと考え、同書のリストを示し、本文もこれに併せて解説することにした。本文で「ベストセラーリスト」と称したうえでの記述は、ここでの年間ランキングを指している。なお『出版指標年報』の集計は「期間内」でおこなっており、前年一二月から同年一一月までの一年となる。他に注記を参照されたい。

（五）上記（四）に関して、戦後二〇世紀区分では一〇位までを、二一世紀区分では二〇位までを載せた。第六～九章で一一～二〇位の書籍に言及する場合が再々あるためである。

（六）上記（三）（四）については、筆者が国立国会図書館などに所蔵された実物を確認のうえ、訂正を加えたところがある。

（七）本書では入手検討しうる資料上の制約から、ベストセラーの判定や部数に関わるデータは時期区分ごとに異なり、そこから生じる以下二点に留意されたい。

※近代篇収録の明治・大正・昭和戦前戦中期のベストセラーリストは、注記で示す通り対象作の刊行年での記載を基本としており、また、部数順に並べているわけではない。一方、現代篇収録の『出版指標年報』に基づく戦後二〇世紀・二一世紀のリスト（二三、二五一頁）は、その年のベストセラーを売行き順（部数順）にランキング形式で掲載した。両者は掲示方法が異なっている。

※現代篇に収録した戦後二〇世紀・二一世紀のリストはその年のランキングであって、いうまでもないが、本の絶対部数の順位ではない。たとえば、川津祐介『こんなにヤセていいかしら』は一九八八年の一位で一八〇万部の本だが、同年二位の村上春樹『ノルウェイの森（上・下）』は前後の三年で五〇〇万部に達しており、後者のほうがベストセラーとして巨大な存在である。また、「期間内」の累計ゆえに、刊行時期によって集計上の有利不利はある。そこから生じる実績との差異があることにも留意が必要である。

（八）直接引用は〈〉を用い、引用内の引用者注記は〔〕で示した。引用に際しては、仮名遣いはそのままとしたが、新字体のある漢字は固有名を除きそれに改めた。固有名はそれぞれの一般的表記に従っている。また、読みやすさを考慮してルビを振ったところがある。

（九）本文表記中、固有名の扱いは、上記（八）の引用ルールに準じている。

（一〇）地の文で、本来「ベストセラーズ」の表記が正しい場合でも「ベストセラー」を用いた箇所があるのは、煩雑さを避けるためであって、ご理解くだされば幸いである。

（一一）本書に収録された書籍の題名、著者名の漢字は、当該書記載が旧字体であっても一般的表記に従うのを基本とし、時期を越えて流布されたかたちに従っている。『太陽の季節』、『潮騒』、井上靖、源氏鶏太、石原慎太郎、曽野綾子、田中角栄、山口百恵など。逆に、旧字体のほうが長く流布されている場合は、そちらを用いた。『人間の條件』など。

（一二）各章末の注において、「前掲」表示は章ごとではなく、戦後二〇世紀・二一世紀と、時期区分ごとにおこなった。

（一三）引用された書影は国立国会図書館など各種図書館、筆者の所蔵書を使ったほか、社史や各種研究書、目録、データベース等から用いた。

（一四）本書は日本近現代におけるベストセラーの史的叙述を目的としており、敬称は略させていただいた。引用中の表記に関しては、当代の人権意識からすれば不適切と考えられる表現も見えるが、歴史書であるというのを前提に一次資料の内容を精確に使用するほうを選択した。読者のご賢察を願う次第である。

ベストセラー全史【現代篇】

はじめに

ベストセラー。本来「最もよく売れた商品」の意であるこの言葉だが、とりわけ本に対していう場合が多い。それは書物にあらわれる現象として認知されてきた。たとえば広辞苑（第七版）は〈ある期間に最高の売上げを見せた書籍〉と説明し、三省堂国語辞典（第六版・小型版）では〈［ある期間に］いちばんよく売れた・本（商品）〉とある。新潮流の時代への影響を述べるとき、関係著作がベストセラーになった点を挙げる例は歴史書等で珍しくないし、現代では、大手取次の総計を元にしたランキングから一書店店舗の売上げリストまで、新聞やインターネットを通じて、ベストセラーの書籍情報を目にするのは日常的となっている。〈ベストセラーの奇跡とはつねに、決して起こらなかったかもしれない出会いの奇跡である〉とフレデリック・ルヴィロワも述べているが（大原・三枝訳『ベストセラーの世界史』三八三頁）、作者と出版人との本来あり得なかったはずの出会いによって、本と読者との途轍もない数の出会いが現前する。〈出会い〉は予測不可能域をふんだんに含むゆえ、時代情勢を示唆する謎めいた符号とされ、解読の対象であり続けてきた。ベストセラー現象から人びとの意識の変化を説明するアプローチは、ネット時代を迎えてますますさかんである。

いうまでもなく、ベストセラーは出版界に起こる。出版は人間同士の伝達《コミュニケーション》に関わる媒介物《メディア》として出版製品（書籍・雑誌）を扱う事業であり、筆写時代を含めると人類史の初期段階から存在してきた。近代に急速な歩みを開始した新聞・映画・放送といった他のマスコミ産業に対し、出版のロング・スパンは際立っている。日本を例にとれば、歴史のはじまりは遠く奈良時代に遡り、『百万塔陀羅尼《ひゃくまんとうだらに》』の印刷刊行からだとされる（営利目的の本の登場は江戸時代初期といわれる）。世界に目を向ければ、木版技術は判っているだけでも一二〇〇年近い歴史があり、活版技術は一五世紀にヨーロッパで生まれている。これらによって大量生産が可能になると、ベストセラー登場のときはそう遠くない。すなわちベストセラー現象もまた古い歴史を持つといえるのである。世界文学最初のベストセラーとされる『ドン・キホーテ』は一六〇五年、マドリードでひっそりと世に生まれた。最初の部数は数百部だったといわれる。世界中で五億部近く売れたといわれるJ・K・ローリングの『ハリー・ポッター』も初巻初版は五〇〇部だった。〈出会い〉の奇跡という言葉もここに生じてしまうのである。

日本において「売れた書物」の系譜はもちろん近代より前の時代からある。近世では寺子屋などの存在も背景に、読み書きのできる層が拡大した事情もあって、多くの読者に迎えられた出版物が数多く生まれた。たとえば山東京伝の黄表紙『江《え》戸生艶気樺焼《どうまれうわきのかばやき》』、曲亭馬琴の読本『南総里見八犬伝』、十返舎一九の滑稽本『東海道中膝栗毛《ひざくりげ》』、為永春水《ためながしゅんすい》の人情本『春色梅児誉美《しゅんしょくうめごよみ》』などは、文学史書や国語便覧等にて「人気があった」「大流行した」などと記載されており、続きものになって類書が多々見られる事実からも、一種の「ベストセラー」だったことは間違いない。これらはごく一部の例示であって、近世においてわが国はすでにベストセラーの宝庫だったということもできよう。読者層の広がりが前提とならなければベストセラー現象は起こり得ないわけで、日本は近代に入る前から「読書人社会」がある程度形成されていたと考えられる。それを前提に近現代ベストセラー史の扉も開くのである。

『ベストセラー全史』は近代篇（二〇一九年七月刊予定）・現代篇（本書）の二冊で、明治維新期から平成末（二〇一九年四月）まで、四代（明治・大正・昭和・平成）一五〇年を対象としており、そこに登場したベストセラー書を縦断することで日本文化の一面を捉えようとしている。近世期すでに出版文化が豊かだった日本は、近代の訪れによって、出版のあり方も大きな変容を迫られた。欧米化と日本的なものへの愛着が交錯する時代を経て、明治国家の完成と大正教養主義の時代があり、関東大震災と大量販売の扉を開いた円本《えんぽん》登場があった。「大衆」の登場と非常時・戦時へ移り変わる時代から、敗戦と高度成長、そしてバブル崩壊を経て二一世紀（平成年間）まで、時代背景を前提に、それぞれの時代には特徴的なベストセラーがあった。

それらの登場事情から売れるまでの経緯、著者の動機や刊行側の意図などを通史的に紹介していくとともに、社会の変動や人びとの意識がどう反映されたのかを考察していくのが『ベストセラー全史』の目的である。

現代篇は、戦後がはじまる一九四五年秋から、平成の終わる二〇一九年春までを対象とする。この七四年間は戦後社会が成長し、成熟し、「豊かさ」の明暗を経て、葛藤と焦燥のようなものまで抱くようになった一時代である。社会構造もいくつかの変転を経た。ベストセラーの歴史から考えると、「中流」を中心とした大衆化社会の出現、そしてテレビ、インターネットといった今日的メディアの登場と急速な普及は、大ヒット作の性格と伸張の様相を一面では大きく変えた。もちろんそれ以前の在りようと変わらない面もある。本巻現代篇の扱う領域はそれゆえダイナミックであり、錯綜的な展開を見せてきたわけで、いまも見せている。ベストセラー現象は畢竟《ひっきょう》、人間の精神に関わる出来事だが、ヒトの精神性は時勢の揺れ動きや新思潮によって変貌を遂げるところもあろうが、そう簡単には変わるはずがないところもまたある。現代のベストセラー現象はそうしたあたり前のことを反映しているわけで、この両輪性を再確認するためには格好の素材といってもいい。

現代篇では、ベストセラー書（とりわけ上位のもの）を筆者の観点で取捨選択せず、網羅的に取りあげるのを基本姿勢とした。近代篇も同じ姿勢であるが、対象が格段に混沌的である現代篇においてもこの姿勢・方針を貫いている。その意味で本書は近代篇・現代篇を通じて、まさに「全史」となるよう構成されている。

本の歴史は著者と作品をもとに語られやすく、編集・流通・販売を含む出版の存在はいささか冷遇されてきたところがある。史資料が未整理のままでおかれている面もあるが、大手から極小経営まで雑多なかたちで存在し、それぞれが特有の矜持を持って自立主義的であり、ゆえに属人的で曖昧な要素を含みつつ展開してきたのが出版の歴史であって、こうした特徴が実証本位のアプローチと検討を阻んできたのは否めない。近代性と前近代性がモザイク状に組み合わさった様相は出版にとって本源的といえる。

本書にしても、こうした点がもたらす研究上の限界はふまえねばならないが、ベストセラー史の叙述に制作販売者側（出版関係組織の構成員）の参加は不可欠である。その認識もあって本書では出版社（および関わった出版人）の事情に筆を及ぼすよう努めた。そして、消滅あるいは大きな変質ゆえ歴史の闇に消え去り、現在では情報が不足していると思われる出版社については、可能な限り言及する姿勢をとった。

本書はデータや先行研究をふまえ事象を網羅的に紹介するのを目的としているが、大部数となった要因についても整理しつつ触れるよう努めた。加えて、事項が膨大なテーマにつきどうしても固有名詞の羅列に陥りがちなので、エピソードを随時引用紹介しながら、読み物として通読してもらえるよう意識もしている。ベストセラーは経緯において、人間ドラマとしての豊かさを色濃く宿しているからだ。

「出会いの奇跡」が生み出したトピックであるベストセラーは、日本の歴史にあらわれた、特異な、しかし文化的には常に視野に置くべき現象である。本書はこれから、高い峰から峰へと果てしない縦走を続けるように、「出会いの奇跡」の実相を、日本の近現代史の歩みのなかで辿って行きたいと思う。

I

戦後二〇世紀

戦後二〇世紀の歴代ベストセラーリスト

※凡例で示した通り、戦後については西暦をもとにして和暦を付記するかたちとする。
※戦後二〇世紀は、一九四五年を除き、公益社団法人全国出版協会・出版科学研究所『出版指標年報 二〇一九年版』（二〇一九年四月二五日刊）三六一〜三八九頁掲載の年間ランキングリストを使用している。集計期間は前年一二月から当年一一月まで。記載頁注記として以下の（一）〜（四）がある。
（一）一九四六年から一九六〇年までは、単行本と全集を統合し一〇位までを掲載した。
（二）一九六一年から二〇〇〇年までは単行本一〇位までを掲載し、全集は含んでいない。
（三）一九九六年以降はゲーム攻略本を含んでいない。
（四）複数巻のもの（例えば①〜③巻、〔上・中・下〕、正・続）の取り扱いについては、各年によって一貫していないが、資料の都合上、発表時点の方法を尊重した。つまり、一〜三巻を一点としたケース、また各巻をそれぞれ一点としたケースもある。
※『出版指標年報』によるこのリストは、ベストセラーランキングの通例に従い、一度刊行された書籍の二次生産物である文庫本と、雑誌連載の段階的書籍化であるコミックは対象外としている。児童書、趣味・生活書、学習参考書、辞書事典、宗教関連書もまた対象外とする。辞書事典、宗教関連書は購入動機に時勢的・流行的要素が少なく、ベストセラー現象の対象になじまないからで、児童書はシリーズものが多く、年度ごとに児童や親が定期的に購入する性格を有しており、趣味・生活書、学習参考書もまた特定の読者層が特定の関心で求める性格が強いからである。ただし、「ハリー・ポッター」シリーズは児童書ながら例外的に対象としている。流動的な読者が自ら対価を払って求める一次生産の単体が、部数的に甚大となり出版界を賑わすのがベストセラーという現象で

あって、それは上記を除くことで、実像がより明瞭になると考えられる。二一世紀（第六〜九章）が対象とするリスト（二五一頁）、および四七〇頁の戦後総合ランキングリストも同様である。

※表中、＊で補記したところがある。

※リスト記載事項を基に、筆者が国立国会図書館などで実物確認をおこなったうえで、副題を付けるなど一部追補改訂した箇所がある。

※作品はすべて本書第一〜五章で取りあげられており、参照されたい。

一九四五年（昭和二〇年）戦後

小川菊松 編『日米会話手帳』誠文堂新光社

一九四六年（昭和二一年）

①森 正蔵『旋風二十年』鱒書房

②尾崎秀実『愛情はふる星のごとく――獄中通信』世界評論社

③永井荷風『腕くらべ』新生社

④三木 清『哲学ノート』河出書房

⑤ジャン・ポオル・サルトル 著、白井浩司 訳『嘔吐』青磁社

⑥ヴァン・デ・ヴェルデ 著、神谷茂数＋原 一平 訳『完全なる結婚――生理とその技巧』ふもと社

⑦アンドレ・ジイド著、堀口大學訳『架空会見記』鎌倉文庫

⑧エリック・マリア・レマルク 著、井上 勇 訳『凱旋門』（上・下）板垣書店

⑨河上 肇『自叙伝』世界評論社

⑩夏目漱石『漱石全集』櫻菊書院

一九四七年（昭和二二年）

①森　正蔵『旋風二十年』鱒書房
②尾崎秀実『愛情はふる星のごとく――獄中通信』世界評論社
③ヴァン・デ・ヴェルデ 著、神谷茂数＋原　一平 訳『完全なる結婚――生理とその技巧』ふもと社
④エリック・マリア・レマルク 著、井上　勇 訳『凱旋門』（上・下）板垣書店
⑤夏目漱石『夏目漱石全集』岩波書店
⑥三木　清『人生論ノート』創元社
⑦宮本百合子『風知草』文藝春秋新社
⑧河上　肇『自叙伝』世界評論社
⑨三木　清『哲学ノート』河出書房
⑩エーブ・キュリー 著、川口　篤 他 共訳『キュリー夫人伝』白水社

一九四八年（昭和二三年）

①太宰　治『斜陽』新潮社
②尾崎秀実『愛情はふる星のごとく――獄中通信』世界評論社
③エリック・マリア・レマルク 著、井上　勇 訳『凱旋門』（上・下）板垣書店
④吉川英治『新書太閤記』六興出版部
⑤ドストエーフスキイ 著、米川正夫 訳『罪と罰』河出書房
⑥ギイ・ド・モーパッサン 著、杉　捷夫 訳『女の一生』河出書房
⑦吉川英治『親鸞』世界社
⑧ゲーテ 著、高橋健二 訳『若きヴェルテルの悩み』河出書房

⑨夏目漱石『夏目漱石全集』岩波書店
⑩レフ・トルストイ 著、中村白葉 訳『復活』岩波書店

一九四九年（昭和二四年）

①永井 隆『この子を残して』講談社
②小泉信三『共産主義批判の常識』新潮社
③マーガレット・ミッチェル 著、大久保康雄 訳『風と共に去りぬ』三笠書房
④谷崎潤一郎『細雪』中央公論社
⑤吉川英治『宮本武蔵』六興出版社
⑥三木 清『哲学ノート』岩波書店
⑦石坂洋次郎『石中先生行状記』新潮社
⑧永井 隆『長崎の鐘』日比谷出版社
⑨花山信勝『平和の発見』朝日新聞社
⑩吉川英治『親鸞』世界社

一九五〇年（昭和二五年）

①谷崎潤一郎『細雪』中央公論社
②辻 政信『潜行三千里』毎日新聞社
③マーガレット・ミッチェル 著、大久保康雄 訳『風と共に去りぬ』三笠書房
④石坂洋次郎『石中先生行状記』新潮社
⑤大佛次郎『帰郷』六興出版社
⑥D・H・ロレンス 著、伊藤 整 訳『チャタレイ夫人の恋人』小山書店

⑦日本戦没学生手記編集委員会 編『きけ わだつみのこえ』東大協同組合出版部
⑧波多野勤子『少年期』光文社
⑨ノーマン・メイラー 著、山西英一 訳『裸者と死者』改造社
⑩辻 政信『十五対一』酣燈社

一九五一年（昭和二六年）

①波多野勤子『少年期』光文社
②笠 信太郎『ものの見方について』河出書房
③谷崎潤一郎『源氏物語』中央公論社
④大岡昇平『武蔵野夫人』講談社
⑤吉川英治『新平家物語』朝日新聞社
⑥安田徳太郎『人間の歴史1 食と性の発端』光文社
⑦マーク・ゲイン 著、井本威夫 訳『ニッポン日記』（上・下）筑摩書房
⑧池田成彬《しげあき》『私の人生論』文藝春秋新社
⑨マーガレット・ミッチェル 著、大久保康雄 訳『風と共に去りぬ』三笠書房
⑩無着成恭『山びこ学校』青銅社

一九五二年（昭和二七年）

①安田徳太郎『人間の歴史2 日本人の起源』光文社
②源氏鶏太『三等重役』毎日新聞社
③マーク・ゲイン 著、井本威夫 訳『ニッポン日記』（上・下）筑摩書房
④川端康成『千羽鶴』新潮社

⑤高木健夫『生きている日本史』鱒書房
⑥入江徳郎『泣き虫記者』鱒書房
⑦マーガレット・ミッチェル 著、大久保康雄 訳『風と共に去りぬ』三笠書房
⑧笠 信太郎『ものの見方について』河出書房
⑨吉川幸次郎＋三好達治『新唐詩選』岩波書店（岩波新書）
⑩谷崎潤一郎『源氏物語』中央公論社

一九五三年（昭和二八年）

①角川書店 編『昭和文字全集』角川書店
②安田徳太郎『人間の歴史3　女の全盛時代』光文社
③菊田一夫『君の名は』宝文館
④シモーヌ・ド・ボーヴォワール 著、生島遼一 訳『第二の性』新潮社
⑤アンネ・フランク 著、皆藤幸蔵 訳『光ほのかに――アンネの日記』文藝春秋新社
⑥新潮社 編『現代世界文学全集』新潮社
⑦河出書房 編『現代文豪名作全集』河出書房
⑧富士書苑 編『秘録・大東亜戦争史』富士書苑
⑨吉川幸次郎＋三好達治『新唐詩選』新潮社
⑩吉川英治『新平家物語』朝日新聞社

一九五四年（昭和二九年）

①伊藤 整『女性に関する十二章』中央公論社
②角川書店 編『昭和文学全集』角川書店

③筑摩書房 編『現代日本文学全集』筑摩書房
④菊田一夫『君の名は』宝文館
⑤三島由紀夫『潮騒』新潮社
⑥安田徳太郎『人間の歴史4 光は東方から』光文社
⑦伊藤 整『火の鳥』光文社
⑧エセル・ローゼンバーグ＋ジュリアス・ローゼンバーグ 著、山田 晃 訳『愛は死をこえて』光文社
⑨セシル・サン・ローラン 著、松尾邦之助 訳『カロリーヌ』鱒書房
⑩新潮社 編『現代世界文学全集』新潮社

一九五五年（昭和三〇年）

①佐藤弘人『はだか随筆』中央経済社
②ソヴィエット同盟科学アカデミー経済研究所 著、マルクス・レーニン主義普及協会 訳『経済学教科書』合同出版社
③望月 衛『欲望 ――その底にうごめく心理』光文社（カッパ・ブックス）
④渡辺一夫『随筆うらなり抄 ――おへその微笑』光文社（カッパ・ブックス）
⑤岡倉古志郎『財閥――かくて戦争は、また作られるか』光文社（カッパ・ブックス）
⑥正木ひろし『裁判官――人の命は権力で奪えるものか』光文社（カッパ・ブックス）
⑦新村 出 編『広辞苑』岩波書店
⑧福田蘭童『うわばみ行脚』近代社
⑨井上 靖『あすなろ物語』新潮社
⑩石川達三『不安の倫理』講談社

一九五六年（昭和三一年）

①石原慎太郎『太陽の季節』新潮社

②三笠宮崇仁『帝王と墓と民衆――オリエントのあけぼの　付　わが思い出の記』光文社（カッパ・ブックス）

③加藤正明『異性ノイローゼ――歪んだ性行動の心理診断』光文社（カッパ・ブックス）

④ハーバード・ブリーン　著、林　髞　訳『あなたはタバコがやめられる』早川書房（Hayakawa pocket books）

⑤ヴィクトール・フランクル　著、霜山徳爾　訳『夜と霧――ドイツ強制収容所の体験記録』みすず書房

⑥梅棹忠夫『モゴール族探検記』岩波書店（岩波新書）

⑦中里介山『大菩薩峠』河出書房

⑧森　赫子『女優』実業之日本社

⑨槇　有恒『マナスル登頂記』毎日新聞社

⑩杉浦明平『細胞生活――共産党員の悲しみと喜び』光文社（カッパ・ブックス）

一九五七年（昭和三二年）

①原田康子『挽歌』東都書房

②深沢七郎『楢山節考』中央公論社

③谷崎潤一郎『鍵』中央公論社

④三島由紀夫『美徳のよろめき』講談社

⑤桑原武夫『一日一言』岩波書店（岩波新書）

⑥田宮虎彦＋田宮千代『愛のかたみ』光文社（カッパ・ブックス）
⑦佐藤弘人『いろ艶筆《えんぴつ》』新潮社
⑧中島健蔵『昭和時代』岩波書店（岩波新書）
⑨辻　豊＋土崎　一『ロンドン東京五万キロ』朝日新聞社
⑩山崎豊子『暖簾』東京創元社

一九五八年（昭和三三年）

①五味川純平『人間の條件』三一書房
②井上　靖『氷壁』新潮社
③西堀栄三郎『南極越冬記』岩波書店（岩波新書）
④安倍能成　他　監修『少年少女世界文学全集』講談社
⑤石坂洋次郎『陽のあたる坂道』講談社
⑥佐藤弘人『はだか人生』新潮社
⑦坂本藤良『経営学入門――現代企業はどんな技能を必要とするか』光文社（カッパ・ブックス）
⑧五味川純平『自由との契約』三一書房
⑨伊藤　整『氾濫』新潮社
⑩野上丹治　著、藤田圭雄　解説『つづり方兄弟――野上丹治・洋子・房雄作品集』理論社

一九五九年（昭和三四年）

①安本末子『にあんちゃん――十歳の少女の日記』光文社（カッパ・ブックス）
②岡田章雄＋豊田　武＋和歌森太郎　他　編『日本の歴史』読売新聞社
③安部能成　他　監修『少年少女世界文学全集』講談社

④井上　靖『波濤』講談社
⑤藤本正雄『催眠術入門――あなたも心理操縦ができる』光文社（カッパ・ブックス）
⑥清水幾太郎『論文の書き方』岩波書店（岩波新書）
⑦新潮社 編『日本文学全集』新潮社
⑧吉川英治『私本太平記』毎日新聞社
⑨阿部知二 他 編『世界文学全集』河出書房新社
⑩井上　靖『敦煌』講談社

一九六〇年（昭和三五年）
①謝　国権『性生活の知恵』池田書店
②林　髞『頭のよくなる本――大脳生理学的管理法』光文社（カッパ・ブックス）
③北　杜夫『どくとるマンボウ航海記』中央公論社
④井上　靖『敦煌』講談社
⑤御木徳近『人生は芸術である』東西五月社
⑥松田道雄『私は赤ちゃん』岩波書店（岩波新書）
⑦宮城音弥『性格』岩波書店（岩波新書）
⑧川喜田二郎『鳥葬の国――秘境ヒマラヤ探検記』光文社（カッパ・ブックス）
⑨井上　靖『河口』中央公論社
⑩松本清張『黒い樹海』講談社

一九六一年（昭和三六年）
①岩田一男『英語に強くなる本――教室では学べない秘法の公開』光文社（カッパ・ブックス）

②南博 編『記憶術――心理学が発見した20のルール』光文社（カッパ・ブックス）
③謝国権『性生活の知恵』池田書店
④林髞『頭のよくなる本――大脳生理学的管理法』光文社（カッパ・ブックス）
⑤松本清張『砂の器』光文社（カッパ・ノベルス）
⑥松本清張『影の地帯』光文社（カッパ・ノベルス）
⑦小田実『何でも見てやろう』河出書房新社
⑧長洲一二『日本経済入門――世界一の成長がもたらすもの』光文社（カッパ・ブックス）
⑨坂本藤良『日本の会社――伸びる企業をズバリと予言する』光文社（カッパ・ブックス）
⑩水上勉『虚名の鎖』光文社（カッパ・ノベルス）

一九六二年（昭和三七年）

①黄小娥『易《えき》入門――自分で自分の運命を開く法』光文社（カッパ・ブックス）
②浅野八郎『手相術――自分で、自分の成功が予知できるか』光文社（カッパ・ブックス）
③山口清人＋山口久代『愛と死のかたみ――処女妻と死刑囚の純愛記録』集英社
④山岡荘八『徳川家康』（1〜19）講談社
⑤毎日新聞社 編『算数に強くなる』毎日新聞社
⑥謝国権『性生活の知恵』池田書店
⑦小池五郎『スタミナのつく本――体のリズムに乗る栄養生理学の法』光文社（カッパ・ブックス）
⑧現代教養文庫編集部 編『教養人の手帖』社会思想研究会出版部（現代教養文庫）
⑨佐藤久『浩宮さま――美智子妃殿下の育児』番町書房
⑩松本清張『風の視線』光文社（カッパ・ノベルス）

一九六三年（昭和三八年）

①山岡荘八『徳川家康』（1〜19）講談社
②占部都美『危ない会社——あなたのところも例外ではない』光文社（カッパ・ビジネス）
③謝国権『性生活の知恵』池田書店
④松本清張『時間の習俗』光文社（カッパ・ノベルス）
⑤松下幸之助『物の見方・考え方』実業之日本社（実日新書）
⑥ジョイ・アダムソン著、藤原英司訳『永遠のエルザ——ライオンを育てた母の記録』文藝春秋新社
⑦柴田錬三郎『図々しい奴』（1〜3）光文社（カッパ・ノベルス）
⑧林周二『流通革命』中央公論社（中公新書）
⑨高山虹子＋八木啓介著、玉井美知子編『虹子と啓介の交換日記——裏から見た男女高校生の記録』秋元書房
⑩堀江謙一『太平洋ひとりぼっち』文藝春秋新社

一九六四年（昭和三九年）

①河野実＋大島みち子『愛と死をみつめて　ある純愛の記録』大和書房
②山岡荘八『徳川家康』（1〜21）講談社
③サトウハチロー『おかあさん』（1〜3）オリオン社
④大島みち子『若きいのちの日記』大和書房
⑤大松博文『おれについてこい！——わたしの勝負根性』講談社（ハウ・ツウ・ブックス）
⑥松下幸之助『物の見方・考え方』実業之日本社（実日新書）
⑦大宅壮一『炎は流れる——明治と昭和の谷間』（1〜4）文藝春秋新社

⑧アンネ・フランク 著、皆藤幸蔵 訳『アンネの日記』文藝春秋新社（ポケット文春）
⑨石原慎太郎『行為と死』河出書房新社
⑩黒岩重吾『廃虚の唇』光文社（カッパ・ノベルス）

一九六五年（昭和四〇年）

①池田大作『人間革命』（1）聖教新聞社
②大松博文『なせば成る！――続・おれについてこい』講談社（ハウ・ツウ・ブックス）
③大松博文『おれについてこい！――わたしの勝負根性』講談社（ハウ・ツウ・ブックス）
④山岡荘八『徳川家康』（1〜23）講談社
⑤佐伯浩子『わが愛を星に祈りて――女子高校生の日記』大和書房（銀河選書）
⑥諸星 龍『3分間スピーチ――一人一人の心に、強烈な感動を…』光文社（カッパ・ブックス）
⑦池上三重子『妻の日の愛のかたみに』サンケイ新聞社出版局
⑧岡村昭彦『南ヴェトナム戦争従軍記』岩波書店（岩波新書）
⑨山崎豊子『白い巨塔』新潮社
⑩三浦綾子『氷点』朝日新聞社

一九六六年（昭和四一年）

①池田大作『人間革命』（2）聖教新聞社
②庭野日敬『人間への復帰』佼成出版社
③三浦綾子『氷点』朝日新聞社
④野末陳平『ヘンな本――禁じられた「笑い」のすべて』青春出版社（プレイブックス）
⑤小泉信三『海軍主計大尉小泉信吉』文藝春秋

⑥扇谷正造 編『私をささえた一言――勇気と決断力の座右銘』青春出版社（青春新書）
⑦池田大作『家庭革命』講談社
⑧五味康祐『五味マージャン教室――運3技7の極意』光文社（カッパ・ブックス）
⑨阿川弘之『山本五十六』新潮社
⑩レナード・モズレー 著、高田市太郎 訳『天皇ヒロヒト』毎日新聞社

一九六七年（昭和四二年）

①多湖 輝『頭の体操（第1集）――パズル・クイズで脳ミソを鍛えよう』光文社（カッパ・ブックス）
②池田大作『人間革命』（3）聖教新聞社
③多湖 輝『頭の体操（第2集）――百万人の脳ミソに再び挑戦する』光文社（カッパ・ブックス）
④有吉佐和子『華岡青洲の妻』新潮社
⑤岩田一男『英単語記憶術――語源による必須6000語の征服』光文社（カッパ・ブックス）
⑥多湖 輝『頭の体操（第3集）――世界一周旅行をパズルでやろう』光文社（カッパ・ブックス）
⑦野末陳平『姓名判断――文字の霊が、あなたの運命を左右する』光文社（カッパ・ブックス）
⑧御木徳近『捨てて勝つ――人生に強くなる本』大泉書店（Pocket-green）
⑨吉屋信子『徳川の夫人たち』朝日新聞社
⑩松下幸之助『道をひらく』実業之日本社

一九六八年（昭和四三年）

①池田大作『人間革命』（4）聖教新聞社
②佐賀 潜『民法入門――金と女で失敗しないために』光文社（カッパ・ビジネス）
③佐賀 潜『刑法入門――臭い飯を食わないために』光文社（カッパ・ビジネス）

④司馬遼太郎『竜馬がゆく』（1〜5）文藝春秋
⑤多湖 輝『頭の体操（第4集）――これがカラー・テレビ式パズルだ』光文社（カッパ・ブックス）
⑥北 杜夫『どくとるマンボウ青春記』中央公論社
⑦佐賀 潜『商法入門――ペテン師・悪党に打ち勝つために』光文社（カッパ・ビジネス）
⑧御木徳近『愛――愛する愛と愛される愛』ベストセラーズ（ベストセラー・シリーズ）
⑨佐賀 潜『道路交通法入門――お巡りさんにドヤされないために』光文社（カッパ・ビジネス）
⑩松本清張『Dの複合』光文社（カッパ・ノベルス）

一九六九年（昭和四四年）

①池田大作『人間革命』（5）聖教新聞社
②海音寺潮五郎『天と地と』（1〜3）朝日新聞社
③小谷喜美＋石原慎太郎『対話 人間の原点』サンケイ新聞社出版局
④池田大作『科学と宗教』潮出版社
⑤羽仁五郎『都市の論理』勁草書房
⑥新村 出 編『改訂版 広辞苑』岩波書店
⑦庄司 薫『赤頭巾ちゃん気をつけて』中央公論社
⑧御木徳近『大もの小もの――人の一生は自己表現である』読売新聞社
⑨央《なかば》 忠邦『池田大作論』大光社
⑩池田大作『私はこう思う』毎日新聞社

一九七〇年（昭和四五年）

①講談社 企画・編集、日本地図研究所 編『日本万国博覧会公式ガイドマップ』日本万国博覧会協会

②電通日本万国博覧会公式ガイド作成委員会 製作『日本万国博覧会 公式ガイド』日本万国博覧会協会
③塩月弥栄子『冠婚葬祭入門――いざというとき恥をかかないために』光文社（カッパ・ホームス）
④曽野綾子『誰のために愛するか――すべてを賭けて生きる才覚』青春出版社
⑤藤原弘達『創価学会を斬る』（シリーズ この日本をどうする）日新報道
⑥池田大作『私の人生観』文藝春秋
⑦高田好胤『心――いかに生きたらいいか』徳間書店
⑧塩月弥栄子『続 冠婚葬祭入門――いざというとき恥をかかないために』光文社（カッパ・ホームス）
⑨石原慎太郎『スパルタ教育――強い子どもに育てる本』光文社（カッパ・ホームス）
⑩高田好胤『道――本当の幸福とは何であるか』徳間書店

一九七一年（昭和四六年）

①池田大作『人間革命』（6）聖教新聞社
②塩月弥栄子『冠婚葬祭入門――いざというとき恥をかかないために』光文社（カッパ・ホームス）
③イザヤ・ベンダサン『日本人とユダヤ人』山本書店
④塩月弥栄子『続 冠婚葬祭入門――いざというとき恥をかかないために』光文社（カッパ・ホームス）
⑤山岡荘八『春の坂道』（1〜3）日本放送出版協会
⑥奈良林 祥『HOW TO SEX――性についての方法』ベストセラーズ（ベストセラー・シリーズ）
⑦曽野綾子『誰のために愛するか――すべてを賭けて生きる才覚』青春出版社
⑧エリック・シーガル 著、板倉 章 訳『ラブ・ストーリィ』角川書店

⑨塩月弥栄子『続々 冠婚葬祭入門――親族・地域社会・職場のしきたり390』光文社（カッパ・ホームス）
⑩北山 修『戦争を知らない子供たち』ブロンズ社

一九七二年（昭和四七年）

①有吉佐和子『恍惚の人』新潮社
②小谷喜美 著、久保継成 編『小谷喜美抄 天の音楽』佛乃世界社
③池田大作『人間革命』（7）聖教新聞社
④田中角栄『日本列島改造論』日刊工業新聞社
⑤奈良林 祥『HOW TO SEX――性についての方法』ベストセラーズ（ベストセラー・シリーズ）
⑥藤田 田『世界経済を動かす ユダヤの商法』ベストセラーズ（ベストセラー・シリーズ）
⑦浜尾 実『女の子の躾け方――やさしい子どもに育てる本』光文社（カッパ・ホームス）
⑧松原泰道『般若心経入門』祥伝社（ノン・ブック）
⑨司馬遼太郎『坂の上の雲』（1〜6）文藝春秋
⑩羽仁 進『放任主義――一人で生きる人間とは』光文社（カッパ・ブックス）

一九七三年（昭和四八年）

①小松左京『日本沈没』（上・下）光文社（カッパ・ノベルス）
②池田大作『人間革命』（8）聖教新聞社
③糸山英太郎『常識をぶち破る 怪物商法』ベストセラーズ（ベストセラー・シリーズ）
④遠藤周作『ぐうたら人間学』講談社
⑤渡辺 正『にんにく健康法――なぜ効く、何に効く、どう食べる』光文社（カッパ・ホームス）

⑥遠藤周作『ぐうたら愛情学』講談社
⑦遠藤周作『ぐうたら交友録』講談社
⑧司馬遼太郎『国盗り物語』（前・後）新潮社
⑨吉田敏幸『どんと来い税務署――ひどい目にあわないために』ベストセラーズ（ベストセラー・シリーズ）
⑩糸山英太郎『太陽への挑戦――糸山英太郎のわが闘争 序章』双葉社

一九七四年（昭和四九年）
①リチャード・バック 著、五木寛之 訳『かもめのジョナサン』新潮社
②五島 勉『ノストラダムスの大予言――迫りくる1999年7の月、人類滅亡の日』祥伝社（ノン・ブック）
③中村鉱一『食べるだけで やせる健康食』ベストセラーズ（ベストセラー・シリーズ）
④池田大作『婦人抄――創造的な生き方』主婦の友社
⑤曽野綾子『虚構の家』読売新聞社
⑥あのねのね『今だから愛される本 あのねのね』ベストセラーズ（ベストセラー・シリーズ）
⑦遠藤周作『ぐうたら好奇学』講談社
⑧リチャード・ダンブロジオ 著、関口英男 訳『ローラ、叫んでごらん――フライパンで焼かれた少女の物語』サイマル出版会
⑨高木彬光『邪馬台国の秘密』光文社（カッパ・ノベルス）
⑩小峰 元『アルキメデスは手を汚さない』講談社

一九七五年（昭和五〇年）

①司馬遼太郎『播磨灘物語』（上・中・下）講談社
②有吉佐和子『複合汚染』（上・下）新潮社
③萩本欽一 編『欽ドン いってみようやってみよう』（Ⅰ・Ⅱ）集英社
④ハロルド・ペパード 著、高木長祥＋横山博行 訳『ペパード博士の新発見 眼がどんどんよくなる――確実に視力1・2にする驚くべき事実の公開』青春出版社（プレイブックス）
⑤松下幸之助『崩れゆく日本をどう救うか』PHP研究所
⑥川上源太郎『親の顔が見たい』（正・続）ごま書房（ゴマブックス）
⑦ジョン・テイラー 著、渡辺 正 訳『ブラック・ホール――宇宙の終焉』講談社（ブルーバックス）
⑧チャールズ・バーリッツ 著、南山 宏 訳『謎のバミューダ海域』徳間書店（トクマブックス）
⑨南條範夫『元禄太平記』（前・後）日本放送出版協会
⑩樋口清之『梅干と日本刀』（正：日本人の知恵と独創の歴史＋続：日本人の活力と企画力の秘密）祥伝社（ノン・ブック）

一九七六年（昭和五一年）

①村上 龍『限りなく透明に近いブルー』講談社
②池田大作『人間革命』（9）聖教新聞社
③山崎豊子『不毛地帯』（1・2）新潮社
④五木寛之『青春の門 堕落篇』（上）講談社
⑤上藤和之＋大野靖之 編『革命の大河――創価学会四十五年史』聖教新聞社
⑥司馬遼太郎『翔ぶが如く』（1〜7）文藝春秋
⑦渡部昇一『知的生活の方法』講談社（講談社現代新書）
⑧城山三郎『毎日が日曜日』新潮社

⑨磯村尚徳『ちょっとキザですが』講談社
⑩檀 一雄『火宅の人』新潮社

一九七七年（昭和五二年）

①徳大寺有恒『間違いだらけのクルマ選び』（正：良いクルマを買うための57章＋全車種徹底批評＋続：正しい乗り方選び方57章＋全新車徹底批評）草思社
②野末陳平『頭のいい銀行利用法――あなたの方法《やりかた》は間違いだらけ』青春出版社（プレイブックス）
③新田次郎『八甲田山死の彷徨』新潮社
④池田大作『随筆 人間革命』聖教新聞社
⑤渡部昇一『知的生活の方法』講談社（講談社現代新書）
⑥森村誠一『人間の証明』光文社（カッパ・ノベルス）
⑦池田満寿夫『エーゲ海に捧ぐ』角川書店
⑧多湖 輝『頭の体操（第5集）――天才のパーティに参加しよう』光文社（カッパ・ブックス）
⑨アレックス・ヘイリー 著、安岡章太郎＋松田 銑 訳『ルーツ』（上・下）社会思想社
⑩臼井吉見『事故のてんまつ』筑摩書房

一九七八年（昭和五三年）

①池田大作『人間革命』（10）聖教新聞社
②野末陳平『頭のいい税金の本――返る、取られない、安くなる74の方法《やりかた》』青春出版社（プレイブックス）
③有吉佐和子『和宮様御留』講談社
④五味康祐『五味手相教室――あなたには、どんな幸せが待っているか』光文社（カッパ・ブック

ス）

⑤城山三郎『黄金の日日』新潮社

⑥ジョン・ケネス・ガルブレイス 著、都留重人 訳『不確実性の時代』ＴＢＳブリタニカ

⑦中沢けい『海を感じる時』講談社

⑧山崎豊子『不毛地帯』（3・4）新潮社

⑨井上富雄『ライフワークの見つけ方――サラリーマン生活で何を残すか？ 自分のための学習法からプロフェッショナルになる法まで』主婦と生活社（21世紀ブックス）

⑩西村寿行『犬笛』徳間書店 ＊『娘よ、涯なき地に我を誘え』改題

一九七九年（昭和五四年）

①和泉宗章『算命占星学入門――自分を知りつくす中国最高の占法』青春出版社（プレイブックス）

②和泉宗章『天中殺入門――自分の波を知る驚異の知恵』青春出版社（プレイブックス）

③和泉 覚『指導の泉――信心指導のあり方と基本を語る』聖教新聞社

④長谷川町子『サザエさんうちあけ話』姉妹社

⑤辻 武寿『私の個人指導――蘇生へのカギはここにある』聖教新聞社

⑥五木寛之『四季・奈津子』（上・下）集英社

⑦エズラ・Ｆ・ヴォーゲル 著、広中和歌子＋木本彰子 訳『ジャパンアズナンバーワン――アメリカへの教訓』ＴＢＳブリタニカ

⑧野末陳平『頭のいい税金の本――返る、取られない、安くなる74の方法《やりかた》』青春出版社（プレイブックス）

⑨ノリス・マクワーター 編集、青木栄一 訳『ギネスブック』講談社

⑩松山千春『足寄より――激白23年』小学館

一九八〇年（昭和五五年）

①山口百恵『蒼い時』集英社
②五島 勉『ノストラダムスの大予言』（Ⅰ：迫りくる1999年7の月、人類滅亡の日＋Ⅱ：1999年の破局を不可避にする大十字）祥伝社（ノン・ブック）
③ツービート『ツービートのわッ毒ガスだ――ただ今、バカウケの本』ベストセラーズ（ワニの本）
④司馬遼太郎『項羽と劉邦』（上・中・下）新潮社
⑤池田大作 著、聖教新聞社 編『人生抄――池田大作箴言集』聖教新聞社
⑥野末陳平『自分のお金をどうするか――超インフレ時代の預け方増やし方』青春出版社（プレイブックス）
⑦奈良林 祥『MY SEX――よろこび』ベストセラーズ（ワニの本）
⑧五木寛之『四季・奈津子』（上・下）集英社
⑨公文 公『公文式数学教室――小学生でも方程式がとける』くもん出版
⑩野末陳平『改訂実用版 頭のいい税金の本――返る、取られない、安くなる88の方法《やりかた》』青春出版社（プレイブックス）

一九八一年（昭和五六年）

①黒柳徹子『窓ぎわのトットちゃん』講談社
②青島幸男『人間万事塞翁が丙午』新潮社
③田中康夫『なんとなく、クリスタル』河出書房新社
④神戸ポートアイランド博覧会協会 編『神戸ポートアイランド博覧会 公式ガイドブック』『神戸ポートアイランド博覧会 公式ガイドマップ』神戸ポートアイランド博覧会協会 刊、神戸新聞出版セ

ンター＋電通 発売
⑤馬場憲治『アクション・カメラ術』（part1：盗み撮りのエロチシズム＋part2：エロチシズム最前線）ベストセラーズ（ワニの本）
⑥加山雄三『この愛いつまでも――若大将の子育て実戦記』光文社（カッパ・ホームス）
⑦創価学会婦人部 編『白ゆりの詩――婦人部30年の歩み』聖教新聞社
⑧五島 勉『ノストラダムスの大予言』（Ⅰ：迫りくる1999年7の月、人類滅亡の日＋Ⅱ：1999年の破局を不可避にする大十字＋Ⅲ：1999年の破滅を決定する「最後の秘詩」）祥伝社（ノン・ブック）
⑨野末陳平『新・頭のいい税金の本――この奥の手を使わない人は大きな損をする』青春出版社（プレイブックス）
⑩田中澄江『叱り方の上手い親下手な親――言い方一つが左右するその子の将来』青春出版社（プレイブックス）

一九八二年（昭和五七年）

①江本孟紀『抱腹絶倒！ プロ野球を10倍楽しく見る方法』ベストセラーズ（ワニの本）
②森村誠一『悪魔の飽食――「関東軍細菌戦部隊」恐怖の全貌！』光文社（カッパ・ノベルス）
③黒柳徹子『窓ぎわのトットちゃん』講談社
④鈴木健二『気くばりのすすめ』講談社
⑤神津カンナ『親離れするとき読む本――もうひとり別のあなたへ』青春出版社（プレイブックス）
⑥江本孟紀『痛快無類！ プロ野球を20倍楽しく見る方法』ベストセラーズ（ワニの本）
⑦森村誠一『続・悪魔の飽食』光文社（カッパ・ノベルス）
⑧穂積隆信『積木くずし――親と子の二百日戦争』桐原書店

⑨写楽編集部『日本国憲法』小学館
⑩矢追純一『人類は地球人だけではなかった――極秘資料に示された衝撃の事実初公開』青春出版社（プレイブックス）

一九八三年（昭和五八年）

①鈴木健二『気くばりのすすめ』講談社
②穂積隆信『積木くずし――親と子の二百日戦争』桐原書店
③赤川次郎『探偵物語』角川書店（カドカワノベルズ）
④和田アキ子『和田アキ子だ 文句あっか！――アッコの芸能界色メガネ毒舌言いたい放題‼』日本文芸社（Rakuda books）
⑤ベンジャミン・S・フランク 著、市川桂子 訳『ノーベル医学生理学賞からの大発見 老化は食べ物が原因だった――細胞から若返る核酸食事法の秘密』青春出版社（プレイブックス）
⑥鈴木健二『続・気くばりのすすめ』講談社
⑦鈴木健二『女らしさ物語――美しく生きる45章』小学館
⑧ジョン・ネイスビッツ 著、竹村健一 訳『メガトレンド』三笠書房
⑨唐 十郎『佐川君からの手紙――舞踏会の手帖』河出書房新社
⑩広岡達朗『意識革命のすすめ』講談社

一九八四年（昭和五九年）

①板東英二『プロ野球知らなきゃ損する――ドえらいこの事実すべて実名です』青春出版社（プレイブックス）
②板東英二『プロ野球これだけ知ったらクビになる――知らなきゃ損するPart2』青春出版社（プレ

イブックス）
③日本フラワー技芸協会 編『ソープバスケット——いま大流行の石けん手芸テキスト』（1・2）二見書房
④赤川次郎『愛情物語』角川書店（カドカワノベルズ）
⑤片岡義男『メイン・テーマ』（PART1〜3）角川書店（カドカワノベルズ）
⑥浅尾法灯『人生 汗と涙と情』講談社
⑦野末陳平＋海江田万里 著『新常識 わが家の銀行利用法——これしかない一番うまいこのやり方』青春出版社（プレイブックス）
⑧小林完吾『愛、見つけた——小さな命の置きみやげ』二見書房
⑨高部知子『告白 ハンパしちゃってごめん』ワニブックス
⑩フレデリック・フォーサイス 著、篠原 慎 訳『第四の核』（上・下）角川書店（海外ベストセラー・シリーズ）

一九八五年（昭和六〇年）

①ファミリーコンピュータMagazine編集部 編著『スーパーマリオブラザーズ完全攻略本』徳間書店
②リー・アイアコッカ 著、徳岡孝夫 訳『アイアコッカ——わが闘魂の経営』ダイヤモンド社
③国際科学技術博覧会協会 編『科学万博‐つくば'85 公式ガイドブック』国際科学技術博覧会協会発行、講談社発売
④板東英二『プロ野球 殺られても書かずにいられない——ここまで知ったらヤミツキになる』青春出版社（プレイブックス）
⑤野末陳平＋海江田万里『わが家の確定申告法——これだけ違う！最も新しい税金の知恵』青春出版社（プレイブックス）

⑥小松左京『首都消失』（上・下）徳間書店（トクマ・ノベルズ）
⑦堺屋太一『豊臣秀長』（上・下）ＰＨＰ研究所
⑧高千穂 遙『ダーティペアの大逆転』早川書房
⑨松山善三『ああ人間山脈――「フォーエバーセンセイ」取材の旅』潮出版社
⑩フタミ企画 編著『スーパーマリオブラザーズ 裏ワザ大全集』二見書房

一九八六年（昭和六一年）

①ファミリーコンピュータMagazine編集部 編著『スーパーマリオブラザーズ完全攻略本』徳間書店
②細木数子『自分を生かす相性 殺す相性――六星占術による〝相性大殺界〟の読み方』祥伝社（ノン・ブック）
③フタミ企画 編『スーパーマリオブラザーズ 裏ワザ大全集』二見書房
④渡辺淳一『化身』（上・下）集英社
⑤長谷川慶太郎『日本はこう変わる――デフレ時代の開幕と経営戦略』徳間書店
⑥堺屋太一『知価革命――工業社会が終わる 知価社会が始まる』ＰＨＰ研究所
⑦うつみ宮土理『ヤセたいところがすぐヤセる うつみ宮土理のカチンカチン体操――あきらめる前に出会えてよかった』扶桑社
⑧細木数子『運命を読む 六星占術入門――あなたの運命は12年周期で揺れ動く』ごま書房（ゴマポケット）
⑨ファミリーコンピュータMagazine編集部 編著『ツインビー完全攻略本』徳間書店
⑩細木数子『大殺界の乗りきり方――六星占術で本当の幸せを摑むために』祥伝社（ノン・ブック）

一九八七年（昭和六二年）

①俵 万智『サラダ記念日』河出書房新社
②キングスレイ・ウォード 著、城山三郎 訳『ビジネスマンの父より息子への30通の手紙』新潮社
③安部譲二『塀の中の懲りない面々』文藝春秋
④盛田昭夫 著、エドウィン・M・ラインゴールド 著、下村満子 訳『MADE IN JAPAN――わが体験的国際戦略』朝日新聞社
⑤池田大作『詩集 広布抄――わが愛する友に贈る』聖教新聞社
⑥安部譲二『極道《やくざ》渡世の素敵な面々――28年間、この男たちに魅せられて』祥伝社(ノン・ブック)
⑦渡辺淳一『別れぬ理由』新潮社
⑧安部譲二『塀の中のプレイ・ボール』講談社
⑨村上春樹『ノルウェイの森』(上・下)講談社
⑩野末陳平+海江田万里『〈62年版〉頭のいい銀行利用法』青春出版社(プレイブックス)

一九八八年(昭和六三年)

①川津祐介『不思議な面白減量法 こんなにヤセていいかしら――1回30秒だけで1日1キロ落ちる』青春出版社(プレイブックス)
②村上春樹『ノルウェイの森』(上・下)講談社
③シドニィ・シェルダン 著、中山和郎+天馬龍行 訳『ゲームの達人』(上・下)アカデミー出版
④池田大作『私の人間学』(上・下)読売新聞社
⑤石原まき子『裕さん、抱きしめたい――亡き夫・石原裕次郎への慕情の記』主婦と生活社
⑥村上春樹『ダンス・ダンス・ダンス』(上・下)講談社
⑦金子信雄『金子信雄の楽しい夕食――食べ上手・作り上手が教えるおいしいお惣菜12か月』実業之日本社

⑧品川嘉也『頭が突然鋭くなる右脳刺激法――見たものを20秒で完全記憶できる』青春出版社（プレイブックス）
⑨桂 三枝『あなたは3日間で巨人軍と別れられる――自分をダメにしないために』青春出版社（プレイブックス）
⑩西村京太郎『十津川警部の挑戦』（上・下）実業之日本社（ジョイ・ノベルス）

一九八九年（平成元年）

①吉本ばなな『TUGUMI』中央公論社
②吉本ばなな『キッチン』福武書店
③山本雄二郎『消費税こうやればいい――業種別 重大ポイントのつかみ方』青春出版社（プレイブックス）
④シドニィ・シェルダン 著、天馬龍行＋紀 泰隆 訳『時間の砂』（上・下）アカデミー出版
⑤吉本ばなな『白河夜船』福武書店
⑥吉本ばなな『うたかた／サンクチュアリ』福武書店
⑦吉本ばなな『哀しい予感』角川書店
⑧山本守之『消費税 実務と対策はこうする――法律・政省令だけではわからない点を具体的に解明』日本実業出版社
⑨村上春樹『ノルウェイの森』（上・下）講談社
⑩藤村由加『人麻呂の暗号』新潮社

一九九〇年（平成二年）

①二谷友里恵『愛される理由』朝日新聞社

②シドニィ・シェルダン 著、天馬龍行 訳『真夜中は別の顔』(上・下) アカデミー出版
③盛田昭夫+石原慎太郎『「NO」と言える日本——新日米関係の方策《カード》』光文社(カッパ・ホームス)
④エニックス 編『ドラゴンクエストⅣ 導かれし者たち 公式ガイドブック』(上・下) エニックス
⑤シドニィ・シェルダン著、天馬龍行・中山和郎訳『明日があるなら』(上・下) アカデミー出版
⑥五島 勉『「1998年日本崩壊」エドガー・ケーシーの大予告——日本人これから10年戦慄の興亡』青春出版社(プレイブックス)
⑦筒井康隆『文学部唯野教授』岩波書店
⑧柴門ふみ『恋愛論』PHP研究所
⑨渡辺淳一『うたかた』(上・下) 講談社
⑩西丸震哉『41歳寿命説——死神が快楽社会を抱きしめ出した』情報センター出版局

一九九一年(平成三年)

①宮沢りえ/篠山紀信 撮影『Santa Fe』朝日出版社
②さくらももこ『もものかんづめ』集英社
③シドニィ・シェルダン 著、天馬龍行 訳『血族』(上・下) アカデミー出版
④大川隆法『ノストラダムス戦慄の啓示——人類の危機迫る』幸福の科学出版
⑤シドニィ・シェルダン 著、天馬龍行+紀 泰隆 訳『時間の砂』(上・下) アカデミー出版
⑥ビートたけし『だから私は嫌われる』新潮社
⑦笑っていいとも! 編『タモリ・ウッチャンナンチャンの世紀末クイズ——〝それ絶対やってみよう〟』フジテレビ出版発行、扶桑社発売
⑧樋口可南子/篠山紀信 撮影『water fruit』朝日出版社
⑨スティーヴン・W・ホーキング 著、佐藤勝彦 訳『ホーキングの最新宇宙論——ブラックホールか

らベビーユニバースへ』日本放送出版協会
⑩宜保愛子『宜保愛子の幸せを呼ぶ守護霊』大陸書房

一九九二年（平成四年）

①それいけ!!ココロジー編『それいけ×ココロジー――真実のココロ』（1・2・3）青春出版社
②池田大作『人間革命』（11）聖教新聞社
③さくらももこ『さるのこしかけ』集英社
④シドニィ・シェルダン著、天馬龍行訳『明け方の夢』（上・下）アカデミー出版
⑤笑っていいとも！編『世紀末クイズ――〝それ絶対やってみよう〟』（1・2・3）フジテレビ出版発行、扶桑社発売
⑥シドニィ・シェルダン著、天馬龍行訳『真夜中は別の顔』（上・下）アカデミー出版
⑦ファミリーコンピュータMagazine編集部編著『ストリートファイターⅡ 完全攻略本』徳間書店インターメディア
⑧平成教育委員会編『たけし・逸見の平成教育委員会』フジテレビ出版発行、扶桑社発売
⑨キャラメルママ編『ロマンシング サ・ガ』〈徹底攻略編〉〈基礎知識編〉〈完全解析編〉ＮＴＴ出版
⑩村上春樹『国境の南、太陽の西』講談社

一九九三年（平成五年）

①池田大作『人間革命』（12）聖教新聞社
②東京サザエさん学会編『磯野家の謎』（正：「サザエさん」に隠された69の驚き＋続：おかわり）飛鳥新社

③ロバート・ジェームズ・ウォラー著、村松 潔訳『マディソン郡の橋』文藝春秋
④さくらももこ『たいのおかしら』集英社
⑤シドニィ・シェルダン 著、天馬龍行 訳『私は別人』（上・下）アカデミー出版
⑥エニックス 編『ドラゴンクエストV：天空の花嫁 公式ガイドブック』（上・下）エニックス
⑦スクウェア 監修『ファイナルファンタジーV』〈基礎知識編〉〈戦闘解析編〉〈冒険ガイドブック〔キャラメルママ 編集〕〉〈完全攻略編〉、NTT出版
⑧中野孝次『清貧の思想』草思社
⑨小沢一郎『日本改造計画』講談社
⑩五木寛之『生きるヒント——自分の人生を愛するための12章』文化出版局

一九九四年（平成六年）

①浜田幸一『日本をダメにした九人の政治家』講談社
②永 六輔『大往生』岩波書店（岩波新書）
③ロバート・ジェームズ・ウォラー 著、村松 潔 訳『マディソン郡の橋』文藝春秋
④松本人志『遺書』朝日新聞社
⑤ロバート・K・レスラー＋トム・シャットマン 著、相原真理子 訳『FBI心理分析官——異常殺人者たちの素顔に迫る衝撃の手記』早川書房
⑥スクウェア 監修『ファイナルファンタジーⅥ』〈設定資料編〉〈冒険ガイドブック〉〈基礎知識編〉〈完全攻略編〉、NTT出版
⑦シドニィ・シェルダン 著、天馬龍行 訳『天使の自立』（上・下）アカデミー出版
⑧逸見政孝 著、逸見晴恵 補筆『ガン再発す』廣済堂出版
⑨野口悠紀雄『「超」整理法——情報検索と発想の新システム』中央公論社（中公新書）

⑩福井県丸岡町 編『日本一短い「母」への手紙――一筆啓上』大巧社

一九九五年（平成七年）

①松本人志『遺書』朝日新聞社
②松本人志『松本』朝日新聞社
③ヨースタイン・ゴルデル 著、池田香代子 訳『ソフィーの世界――哲学者からの不思議な手紙』NHK出版
④ウィンストン・グルーム 著、小川敏子 訳『フォレスト・ガンプ』講談社
⑤大川隆法『幸福の科学興国論――宗教立国への挑戦』幸福の科学出版
⑥永 六輔『大往生』岩波書店（岩波新書）
⑦瀬名秀明『パラサイト・イヴ』角川書店
⑧アスキー出版局 編『ダービースタリオンⅢ 公式パーフェクトガイド』アスキー発行、アスペクト発売
⑨大川隆法『新・太陽の法――エル・カンターレへの道』幸福の科学出版
⑩成沢大輔&シービーズプロジェクト 編著、ファミ通 責任編集『ダービースタリオンⅢ 全書』アスキー発行、アスペクト発売

一九九六年（平成八年）

①春山茂雄『脳内革命――脳から出るホルモンが生き方を変える』サンマーク出版発行、サンマーク発売
②野口悠紀雄『「超」勉強法』講談社
③グラハム・ハンコック 著、大地 舜 訳『神々の指紋』（上・下）翔泳社

④春山茂雄『脳内革命（2）――この実践方法が脳と体を生き生きさせる』サンマーク出版発行、サンマーク発売
⑤石原慎太郎『弟』幻冬舎
⑥猿岩石『猿岩石日記〈Part1〉極限のアジア編――ユーラシア大陸横断ヒッチハイク』日本テレビ放送網
⑦浜田雅功『読め！』光文社
⑧天樹征丸『金田一少年の事件簿（3）――電脳山荘殺人事件』講談社（マガジンノベルス）
⑨さくらももこ『あのころ』集英社
⑩大川隆法『愛、無限――偉大なる信仰の力』幸福の科学経典部

一九九七年（平成九年）

①ビストロスマップ制作委員会 編『ビストロスマップ完全レシピ SMAP×SMAP』フジテレビ出版発行、扶桑社発売
②大川隆法『永遠の法――エル・カンターレの世界観』幸福の科学出版
③渡辺淳一『失楽園』（上・下）講談社
④池田大作『母の詩』聖教新聞社
⑤妹尾河童『少年H』（上・下）講談社
⑥スティーブン・R・コヴィー 著、ジェームス・J・スキナー＋川西 茂 訳『7つの習慣』キングベアー出版
⑦浅田次郎『鉄道員《ぽっぽや》』集英社
⑧さくらももこ『ももこの世界あっちこっちめぐり』集英社
⑨さくらももこ『まる子だった』集英社

⑩大川隆法『ユートピア創造論――人類の新たなる希望』幸福の科学経典部

一九九八年（平成一〇年）

①池田大作『新・人間革命』（1・2・3）聖教新聞社
②大川隆法『幸福の革命――心の力が未来を変える』幸福の科学出版
③ビストロスマップ制作委員会 編『ビストロスマップ *KANTAN* レシピ SMAP×SMAP』フジテレビ出版発行、扶桑社発売
④五木寛之『大河の一滴』幻冬舎
⑤リチャード・カールソン著、小沢瑞穂訳『小さいことにくよくよするな！――しょせん、すべては小さなこと』サンマーク出版発行、サンマーク発売
⑥フランチェスコ・アルベローニ著、大久保昭男訳『他人をほめる人、けなす人』草思社
⑦郷 ひろみ『ダディ』幻冬舎
⑧鈴木光司『ループ』角川書店
⑨さくらももこ『ももこの話』集英社
⑩大川隆法『釈迦の本心――よみがえる仏陀の悟り』幸福の科学出版

一九九九年（平成一一年）

①乙武洋匡『五体不満足』講談社
②大野 晋『日本語練習帳』岩波書店（岩波新書）
③桐生 操『本当は恐ろしいグリム童話』（Ⅰ・Ⅱ）ベストセラーズ
④大川隆法『繁栄の法――未来をつくる新パラダイム』幸福の科学出版
⑤池田大作『新・人間革命』（4・5・6）聖教新聞社

⑥リチャード・カールソン著、小沢瑞穂訳『小さいことにくよくよするな!――しょせん、すべては小さなこと』サンマーク出版発行、サンマーク発売
⑦後藤道夫『子どもにウケる科学手品77――簡単にできてインパクトが凄い』講談社(ブルーバックス)
⑧山崎えり子『節約生活のススメ』飛鳥新社
⑨浅田次郎『鉄道員《ぽっぽや》』集英社
⑩鈴木光司『バースデイ』角川書店

二〇〇〇年(平成一二年)

①大平光代『だから、あなたも生きぬいて』講談社
②アラン・ピーズ+バーバラ・ピーズ著、藤井留美訳『話を聞かない男、地図が読めない女――男脳・女脳が「謎」を解く』主婦の友社発行、角川書店発売
③J・K・ローリング著、松岡佑子訳『ハリー・ポッターと賢者の石』『ハリー・ポッターと秘密の部屋』静山社
④講談社インターナショナル株式会社編『これを英語で言えますか?――学校で教えてくれない身近な英単語』講談社インターナショナル(**Power English**)
⑤辰巳渚『「捨てる!」技術』宝島社(宝島社新書)
⑥池田大作『新・人間革命』(7・8)聖教新聞社
⑦大川隆法『太陽の法』幸福の科学出版
⑧ドロシー・ロー・ノルト+レイチャル・ハリス著、石井千春訳『子どもが育つ魔法の言葉』PHP研究所
⑨細野真宏『経済のニュースが面白いほどわかる本 日本経済編』中経出版
⑩五木寛之『人生の目的』幻冬舎

第一章

スクラップ・ラッシュから「新体制」へ——戦後・二〇世紀①

壊滅から「解放」「氾濫」へ

敗戦時、日本の出版界は生産能力を決定的に失っていた。〈戦前にくらべ、印刷で二%、用紙で一〇%、製本にいたっては壊滅状態というのが現状だった〉[*1]。出版社の数は戦中の統合で二〇三社へ絞り込まれ（近代篇第八章参照）、本の刊行数そのものも激減していた。戦後の出版史はこの最低地点から始まる。とはいえ動き出せば上昇は早かった。上昇の仕方に問題を孕みながらも。

太平洋戦争敗戦によって戦後社会の幕が開くと、出版界に両様の現象が起こった。ひとつは「解放」である。戦争中は出版統制のもと出版人の活動は著しい制限下に置かれたが、戦争が終わり、圧力を加えてくる権威や組織が消滅する。内閣情報局は敗戦の年の一二月に解散となった。内務省も解体廃止される道を辿る。出版活動の舞台は一気に整った。占領政策に違背しないという別の規制はあったが、企画から編集製作、流通に至るまでの理不尽な統制の箍《たが》が唐突に外れたのは確かである。

自由の扉がいきなり大きく開かれた。それは出版界と読者を健全なものにしたのか。必ずしもそうとはいえない。「解放」と表裏の関係にある現象として「氾濫」がやってきたからだ。すでに記したように、歴史的にみても本好きは日本人の特徴である。軍国時代に合う読み物しか得られなかった日本の読者は出版物に飢えていた。本なら何でも飛びつく。一方、少人数で活動ができ、ゆえにゲリラ的な面を宿していた出版人は、野放図また大胆に活動を始める。「氾濫」が起こる条件は十二分に揃っていた。玉石混淆は必定となる。粗悪な紙を用い安易な印刷製本にて速成につくられ、内容も真相ものや肉体ものなどどぎつく怪しい出版物が多数出回るようになった。粗悪な酒をかつてはカストリといったが、そこからとって、これらはカストリ本、カストリ雑誌と呼ばれた。

もちろん、旧来の出版社が常道をもって製作する出版物も市場で復権する。旧著の再版、異種本での二次刊行は相次いだ。ただ「解放」と「氾濫」が混乱をつくりだすほうが早く、また勢いも強かった。それが異様な出版状況を出来《しゅったい》させていたのは当時の実状といえる。出版社の数は敗戦の年の年内に五六六社まで急増し、[*2]その後も拡大が続いて四〇〇〇社に達したという。[*3]新しい版元が次々と参入していけば、混乱状態はいや増す。ときインフレと生活窮乏が人びとを襲っていた。それでも出版物が求められるのは、日本人の歴史的特徴が招いたところである。

一方、出版流通の世界はどうか。『日本出版販売史』の記述が状況を端的に示している。

〈終戦直後の書店の様相は、混乱の一語につきた。唯一の元取次である「日配《にっぱい》」は、敗戦と同時にその神通力を失って、ただの一出版取次会社となってしまったうえ、それまでの地盤であった出版社の大半が潰滅状態で扱う品は激減する。おまけに最悪の輸送事情が重なって、ほとんど機

能麻痺に近く、とうてい書店の要求にこたえることができない。[*4]〉

そこで何があらわれたのか。「せどり屋」である。明治中期までいた仲買人のことで、配達用の行李《こうり》を背負って雑誌や書籍を仕入れ、転売して利ざやを稼ぐ人びとを指す。彼らは車で運ぶ取次業者が登場する以前、古い仲介のあり方を支えていた。戦後最初期、その「せどり屋時代」があたかも再現したかの様相になった。

〈リュックサックをせおった本屋さんの買漁り部隊出現という珍風景が見られることになった。売れる雑誌や本の発行元へは、これらの人々が殺到して、奪いあいで買ってゆく。むろん現金取引だから、資本力は小さくとも企画にすぐれた出版社は、ぐんぐんのし上げることができたのである。[*5]〉

当然ながら、中小取次店が次々と発生し、〈一時は神田周辺だけでも百二十余店の多きに達し〉たという。[*6] 他方、「日配」（日本出版配給株式会社）は一九四九年（昭和二四）三月二九日、進駐軍から閉鎖機関に指定され、段階的に消滅していった。

まさに制度自体の大混乱のなか、「解放」と「氾濫」が突出する。『ベストセラー昭和史』はこの時期のことを、〈狂乱の〝スクラップ・ラッシュ〟〉と表現している。[*7] ゴールド・ラッシュ＝黄金狂という言葉に引きつければ、スクラップ・ラッシュは「紙くず狂」となろう。紙くずのごとき存在でも、人びとは行列をつくり群がったわけで、実状が彷彿としてくる。

ベストセラー第一号『日米会話手帳』

一九四五年（昭和二〇）八月一五日、誠文堂新光社の小川菊松は所用あって房州におり、正午の玉音放送は岩井駅で聞いた。日本は戦争に敗れたのである。涙が流れた。しかし出版人の頭の働きがまもなく出た。帰京の車中で小川はある企画を考えついたのである。〈「日英会話」に関する出版の企画〉であった。[*8] 国中は虚脱状態だった。会社へ行くと社員もみな酒を飲んで茫然としている。敗戦という尋常ならざる事態にあって、いまどういう本を出すと売れるか、とつい考えてしまうのは出版にたずさわる者の習性かもしれない。講談社で『なかよし』『少年マガジン』『少女フレンド』等の創刊編集長であり、『週刊現代』の中興の祖といわれた牧野武朗《たけろう》は、「〈売れる〉企画のヒントはどこにでもある。それに気づくかどうかだ」と常日頃言っていた。[*9]

さて、小川の回想によると、彼はまず宗教本が売れるのではないかと考えた。〈戦勝国である米英から相当の圧迫を受け、神や仏にでもすがって、我慢しなければ、到底堪えられない様な世相が出現する〉との予測からだった。[*10] ところが、〈咄嗟《とっさ》ながらも先ず第一に〉出て来たアイデアは英語会話の本である。小川はかつて関東大震災のとき、一氏義良《いちうじよしなが》編『実地踏査 大震大火の東京』をヒットさせていた。講談社の『大正大震災大火災』というベストセラーはあったが（近代篇第五章参照）、『大震大火の東京』も早い時期（大正一二年九月二四日刊）の刊行が一日《いちじつ》の長となりよく売れた。この成功記憶が、敗戦という新事態で読者の読書欲がどこへ向かうかを先行把握して、速攻で本を出す発想へと繋がる。

日本全国には相当数の進駐軍がまもなくやって来る。彼等と接する機会は、好むと好まざるとにかかわらず、一般国民に増えるはずだ。一方、敵性語ということで戦中、英語は遠ざけられていた。空白があった。そこを埋める本なら飛びつくはずだとの判断である。多くが次第に気付くことだが、小川はとにかく早かった。〈英米人と会う場合に、自分の意志を先方に伝え、先方の云うことも少しは解る程度の泥縄的なテキスト〉でよいとして、本づくり自体も速攻で実行した。彼は自著で〈拙速主義〉とも述べている。〈一夜で和文の原稿を作り、それに英訳を入れて、四《し》六半截判《ろくはんせつばん》の三十二頁という、実におそまつなものであるが、「日米会話手帖」と銘打って発行することにした〉のだ。[11]『日支会話』や『日シャム会話手帳』を参考に日本語の例文を作り、東大の大学院生に三日で英訳させた。挨拶の仕方から道を聞かれたときの答え方など七九例の会話が載っているだけの本で、まさしく速成を最優先とした。[12]表題は『日米会話手帳』とした。当時、印刷所のほとんどは印刷能力を失っていたが、焼け残った大日本印刷だけは稼働できた。そこへ持ち込んで三日ほどで組上げ、ただちに印刷に取り掛かる。

『日米会話手帳』は発売されると注文が殺到した。大日本印刷の輪転機を一週間動員して三〇〇部を刷ったのである。それでも販売数に追いつかず、名古屋と京都の書店には紙型を作って送ることになった。〈二店とも二十万部前後は売っている〉ほか、〈川越市と宇都宮市の二カ所でも各々十万ずつ印刷して、販売した〉のだった。総発行部数は三六〇万部に達したという。[13]なお、この三六〇万部というのは、敗戦の一九四五年末まで三か月半での達成である。出版が拡大しベストセラーが続くようになった戦後日本でも、この数字を抜く作品は、黒柳徹子『窓ぎわのトットちゃん』（一九八一年）まで待たねばならない。

『日米会話手帳』の成功は、もちろん時機に投じる（タイムリー）ということが最大の貢献を果たした。他方、「日英」とせず「日米」としたのがよかった、あるいは、薄っぺらなところが安直ですぐに役立ちそうな印象をもたらし、敗戦時の読者の志向から却ってよかった、という分析もある。[*14] 表題でいえば、「会話」としたのは親しみやすさを惹起させ、幅広い読者を得た一因であろう。なお、『日米会話手帳』が出て半年後にはNHKラジオで「英語会話」が始まる。日本のあちこちで「カム・カム・エブリバディ」のテーマソングが聞かれる人気番組となった。そのテキストブックは毎回五〇万部ずつ売れたという。[*15]

小川菊松編『日米会話手帳』

昭和裏面史『旋風二十年』

時機に合わせた企画という点では、『旋風二十年』もその一つである。版元の鱒《ます》書房は『ノロ高地』でベストセラー史に登場している（近代篇第八章参照）。戦記もので当てた出版社だったが、出版統制が強まる昭和一七、一八年頃には活動がほとんどできなくなった。社長の増永善吉《ますながぜんきち》は伊豆大仁《おおひと》へ疎開していたのである。その増永は八月一五日の玉音放送を聞くとすぐ、一つの企画を思いついた。小川は新時代への実用書を思いついたが、増永のほうは、非常時・戦時の日本の裏面をあばくという、ジャーナリスティックな本だった。軍国政治の偽りに満ちた姿を暴き、国民が知らなかった真実を白日のもとに示すという企画で、これもまた、タイムリーに読者の要望を捉えた本だったのは、一九四六年（昭和二一）と一九四七年のベストセラー一位（二二三頁のリストによる。以下同）になったことでも判る。

増永は画家の東郷青児と雑談していたとき、この企画について話をした。東郷の賛同は、東郷知己の毎日新聞美術記者・金子義男から学芸部・宮沢明義（憲法学者・宮沢俊義《としよし》の実弟）を通じて同社記者・森下春一へと紹介が繋がり、出版企画で重要な「最適な著者」の獲得がなされた。森下記者は有能なプランナーで、早速、執筆する記者集団を固めた。[*16] この流れは本の早期成立に大きな役割を果たしたのである。いうまでもなく、本には著者が要る。出版主導の企画であっても、書くのは外部の筆者であって（内々で製作する『日米会話手帳』もあるが、例外である）、企画に合い、〆切などの諸条件を満たし、編集意図に沿った原稿をあげてくれる書き手を見出すのは、存外難しい。だいたいはここで、「企画倒れ」で終わってしまうのだが、『旋風二十年』の場合は違ったのである。

鱒書房の増永は速攻での出版を目ざした。他社・他媒体に先駆けることが成功の秘訣と睨んだのは小川と同じセンスからである。この企画、当初は朝日新聞にも持ち込まれたのだが、朝日は「考えさせてくれ」ともたもたしていた。そのうちに毎日新聞の話がまとまったようである。[*17]「早さ」という出版側の絶対的リクエストに応じたほうが選ばれたのだ。

実際、会合の場で増永は、「明日にでも出したい」と記者たちに要請しており、敗戦翌月、九月末を期限とした（結局は一か月半で脱稿したようだ——当時の鱒書房編集長・末永勝介《すえながかつすけ》の談話）。森下はこれに応じて記者スタッフの執筆分担を決めて、一気に仕事に取りかかった。著者名は「毎日新聞社編」ではなく、社会部長の森正蔵《もりしょうぞう》とした。共著や編著でなく単著のほうが売るためによいというのは書籍出版人の体験上、間違いなくある。著者イメージが拡散するのは書籍ではマイナスとなる例が多く〈有名な著者だからといって列記しても、加算とならないばかりか、大抵減算になる〉、著者イメージは「一つ」のほうが、結局、本は落ち着くものなのである。雑誌や新聞は別だろうが、書籍については、「じっくり付き合う」ために読者は買い求めるからだ。また著者名は、一般には無名の場合、肩書きのしっかりした者がよい。ゆえに『旋風二十年』も、著者名義人として森正蔵を担ぎ出すのが版元の強い希望となった。森は案ずることなく同意してくれたという。[*18]

『旋風二十年』の表題は当初、『これが真相だ!!』となる予定だった。しかし、「新聞記事そのままの印象がある」として、増永の主張する『旋風二十年』に落ち着いたのである。[*19]『昭和秘史』という案もあったようだ。[*20]なお当時、軍国政治の真相暴露が流行《はや》りとなりつつあった。GHQの占領政策からだが、たとえばNHKラジオでの宣伝番組「真相はかうだ」の放送開始は一九四五年一二月九日である。戦中の真相暴露は時代のムードであり、敗戦という大ショックも背景に、多くの読者が「真相」を追い求める心理状態となっていた。「ブーム」は単純な物語を求める。でき上がった本は、『ベストセラー昭和史』が指摘する通り、〈ビビッドではあったが、ニュース・ストーリィの延長のようで深さには欠け「悪いのは東條英機一味」というおきまりの型を一歩も出ない内容だった〉。[*21]ただし敗戦直後という価値一変の時代、むしろこうした単純さが、普及に力強さを発揮したといえなくもない。似たような事例は、実はベストセラー史のなかで繰り返し見出されるのである。

『旋風二十年』は二・二六事件までが上巻で、一九四五年一二月一五日刊行。日刊紙に小さな広告を打っただけながら、発売すぐに人気となって初版一〇万部は一週間で売り切れた。神田の書店では本をピラミッド状に積み上げ、釣り銭を別に用意して、行列を作った客に手渡したという。勢いは続き、翌春刊行の下巻と合わせて、本は七〇〜八〇万部の売上げとなった。[*22]

ちなみに、二か月後刊行の下巻は、頁がわずかに多いだけで価格は倍以上になっており、当時のインフレの凄まじさがうかがい知れる。なお、『旋風二十年』は別に上下合本も出され、全てを合わせるとミリオンセラーになったと、前述の編集長・末永は回顧している。[*23]

ヒューマン・ドキュメントと漱石全集

速成本にミリオンセラーが二点続いたあと、戦後になってようやく、時間をかけてつくられた本がヒット作として登場してくる。まずは一九四六年秋刊行の『愛情はふる星のごとく』である。著者尾崎秀実《ほつみ》は満鉄の東亜経済調査局嘱託、および第一次近衛文麿内閣の嘱託だったが、国際スパイ事件とされるゾルゲ事件で検挙され、一九四四年（昭和一九）十一月七日、ゾルゲとともに東京拘置所で死刑が執行された。その尾崎が獄中から妻子に送った書簡があり、これがまとめられて一書になった。元々は雑誌『世界評論』の創刊号（一九四六年二月号）に「遺書」として一部が発表されたもので、連載の予定だったが、反響の大きさから連載を打ち切って書籍化刊行となる。[*24] 尾崎の友人である松本慎一・風間道太郎の編集、妻尾崎英子《えいこ》の注記を加え、一九四六年九月に出版へと至った。

版元の世界評論社は、戦前に中央公論社の編集者だった小森田一記《こもりたかずき》が社長の出版社である。小森田は自身が横浜事件（六〇人以上もの言論人、出版人が治安維持法違反容疑で逮捕された事件）に連座して獄中体験の持ち主であり、尾崎へのシンパシーもそこから生じている。本の表題『愛情はふる星のごとく』は小森田が命名した。それは収録された書簡のうち、一九四四年四月七日付のなかにあった次の一文から採ったものであった。

〈思へば私は幸福な人間でした。この一生いたるところに深い人間の愛情を感じて生きて来たのです。わが生涯をかへりみて、今燦然と輝く星の如きものは、実に誠実なる愛情であつたと思ひます。〉

小森田は中央公論社時代、『婦人公論』の編集者もしており、そのときの体験から、「愛情」という言葉はとりわけ女性読者に引力があると知っていた。その経験則をふまえ、敗戦直後の混沌とした世相のなか、この言葉を強く求める読者が潜在していると直感した。実際、刊行してみると読者層はほどんどが女性で、小森田によれば、内容より題名に惹かれて買った者が多かったという。[*25]

『愛情はふる星のごとく』は軍国政治を批判する戦後まもない時期の空気によく合った点もあり、一九四六年から四八年までの三年間にわたってベストセラー二位を連続させた。紫の地色に黄色い模様を配した装幀も目を引いたといわれる。初版は一万部で、好評を得てのち毎月一万部ずつ重版となり、総部数で一三〜一四万部くらいだったと小森田の回顧に見える。[*26] 部数の定数的な乗せ方は当時の用紙事情も背景にあろう。

妻子にあてた書簡を集成したこの本は、一対の夫婦と親子の、偽りなき愛情の記録である。いうまでもなく、それは幅広い読者を想定して書かれたものではない。とはいえ、小さくとも切実な対象に向けて真情を吐露した内容が、かえって広い共感を生むというのは、ベストセラー書にヒューマン・ドキュメントの本が時折登場していることからも察せられる。このジャンルの手記・書簡集としては、本書でものちに『この子を残して』『きけ　わだつみのこえ』『少年期』『愛と死をみつめて』などが紹介される。

『愛情はふる星のごとく』は落ち着いた内容の本といえるが、戦後まもない頃、『旋風二十年』などの真相暴露ものが話題をさらったのと当時に、堅実な全集ものも多くの読者に求められた。代表は夏目漱石の全集である。一九四六年に櫻菊《おうぎく》書院版の『漱石全集』（全二三巻予定で、この年の刊行は最初の数点である）がベストセラーリストの一〇位、一九四七年には岩波書店の『夏目漱石全集』が五位、一九四八年には同じ岩波版の全集が九位と三年連続でリストに顔を出している。

尾崎秀実『愛情はふる星のごとく』

櫻菊書院は漱石の遺族から諒解を得て刊行をはじめたのだが、出版権をめぐって岩波書店と紛争になった。岩波は対抗上、漱石全集を出したのである。

なお、ベストセラーのリスト入りはしていないが、同じ岩波書店から一九四七年七月に刊行のはじまった『西田幾多郎全集』は、本を求めて神田神保町の岩波書店営業部の周りに、三日前から長蛇の列ができたことはよく知られている。西田全集ばかりでなく、戦後まもない頃、哲学・思想系の本もよく読まれていたのは、ベストセラーリストで、三木清『哲学ノート』（河出書房）が一九四六年の四位、一九四七年の九位、同じく『人生論ノート』（創元社）が一九四七年の六位に入り、河上肇の『自叙伝』（世界評論社）が一九四六年の九位、一九四七年八位に入っていることからも判る。

『斜陽』、そして小説のベストセラー

戦後まもなくの混乱期を象徴する「スクラップ・ラッシュ」時代は、二年ほどで終わった。一九四七年（昭和二二）五月頃をピークにした急ピッチのインフレについては、『旋風二十年』上下巻での価格差のところで前記しているが、これもあって読者の一時的な本離れが起き、「スクラップ」でも印刷されていればいいとの安直な発想は通用しなくなった。出版物の売れ行きは一九四七年八月には頭打ちとなり、返本が増えて厳しい出版不況が新聞でも報じられるようになる。こうしたうねりのなかで、版元の戦略や商魂ではなく、内容本位、読者の精神的要求本位の本へと、書籍市場の動向は変わっていく。『日本出版年鑑』はそれを〈九月以降には良書主義となり〉と表現している。

こうした変転を経た一九四八年のベストセラーリストには、前述した『愛情はふる星のごとく』『漱石全集』のほかに、レマルクの『凱旋門』（板垣書店）、吉川英治の『新書太閤記』（六興出版部）、『親鸞』（世界社）、そしてドストエーフスキイ『罪と罰』、モーパッサン『女の一生』、

ゲーテ『若きヴェルテルの悩み』、トルストイ『復活』といった翻訳書が並んだ。すでに小説が過半を占めているが、これらを押さえた一位は太宰治の小説『斜陽』である。

太宰が「斜陽」の構想を固めたのは一九四七年の一月末頃だった。当初は創元社から創刊される『創元』に載せることにしていたが、その話が壊れて『新潮』へ移したと、この小説の担当編集者・野平《のひら》健一は回想記で書いている。野平は織田作之助の葬儀で太宰と会ったとき、引受話をまとめたという。[*27] 連載第一回の原稿（一章と二章）を野平は伊豆三津浜の安田屋旅館でもらった。全篇の書き上げは六月末。「斜陽」は一九四七年七月号から一〇月号まで、四回にわたって『新潮』で連載され、新潮社からの書籍化刊行は同年一二月だった。太宰は当時人気作家の仲間入りをしており、初版は三万部と高く設定されたものの、出せば売れて版を重ねていく。

とはいえ、この本が刊行翌一九四八年のトップセラーにまでなれたのは、同年六月に起きた太宰情死事件の影響が大きい。大衆的興味を背景にさかんな報道がなされ、結果として太宰の名を普及させた。実際、格段に売れ出すのは事件以後だったという。[*28] 巻き上がった『斜陽』人気はまた、「斜陽族」なる流行語を生んだ。戦後の変動によって没落してゆく旧貴族を指す言葉である。

太宰治『斜陽』

太宰の作品はこの年に三〇冊近くも出版され、四月からの八雲書店版全集刊行のタイミングも合って、太宰本は多くの手に取られた。[*29]

なお戦後まもない一九四五〜一九五〇年の小説のベストセラーには、上記作品のほか、永井荷風『腕くらべ』（新生社、一九四六年のリスト三位）、宮本百合子『風知草《ふうちそう》』（文藝春秋新社、一九四七年同七位）、谷崎潤一郎『細雪』（中央公論社、一九四九年同四位、一九五〇年同一位）、石坂洋次郎『石中先生行状記』（新潮社、一九五〇年同四位）、大佛次郎『帰郷』（六興出版社、一九五〇年同五位）のほか、M・ミッチェル『風と共に去りぬ』（三笠書房）、ロレンス『チャタレイ夫人の恋人』（小山書店）、N・メイラー『裸者と死者』（改造社）といった世界文学の要作もある。

日本人作家では、宮本百合子を除けば以前からの人気作家が名を連ねている。吉川英治は一九四八年の『新書太閤記』『親鸞』に加えて一九四九年には『宮本武蔵』（六興出版社）、一九五一年に『新平家物語』（朝日新聞社）をベストセラーリストにランクインさせており、彼を含めたこれら筆馴れしている一流作家の復活は、活字なら何でもよいといった「スクラップ・ラッシュ」の時代が終わり、一定の評価を得た書き手に読者の関心が戻ってくる流れを示すものだ。

「細雪」は戦中、『中央公論』に冒頭部分が発表されたが、掲載禁止となった。谷崎潤一郎は発表の目処《めど》もないまま執筆を続け、戦後にそれがまとめて刊行されたのである。一九四六年から上中下の三巻が三年かけて刊行され、一九四九年には普及版も出て、翌年、ベストセラーの首位となった。日配から日本出版販売（日販）に移っていた松本昇平は、〈熾烈な販売競争下で私たちは仕入を拒絶されていた〉という。大競争が起こり勝ったほうが引き取りを占有するのは、それだけ売れる本だったからだ。数字を摑むことはできないが、取次人の実感として、〈ただ物凄く売れたように感じられた〉と述懐している。[*30] 中央公論社史は、普及版が売り出されると、〈たちまち二十万部を売りつくした〉と書いている。[*31]

左派本と「大衆」

『風知草』の宮本百合子はこの時期、『播州平野』（河出書房）、『伸子』（文藝春秋新社）など旧作を含めてヒットを連続させており、戦後まもない頃に左派的な本が広く読者の支持を得ていたことをうかがわせる。日本戦没学生手記編集委員会が戦没学生の手記を集めて刊行した『きけ　わだつみのこえ』（一九四九年一〇月刊、東大協同組合出版部）が、一九五〇年（昭和二五）のベストセラーリスト七位に入っているのも、こうした傾向が背景にある。

ただこの時期、左派的あるいは反戦的なもの、軍国政治批判ものばかりを読者が支持していたわけではないのは、辻政信の『潜行三千里』（毎日新聞社）と『十五対一』（酣灯社）が一九五〇年のベストセラーリストに入っていることからも察せられよう（それぞれ二位と一〇位）。辻は戦犯追及を逃れるため潜行したのち、再び登場後は反共陣営に属した旧陸軍人である。その戦記もまた人気を得ており、本の売れ筋現象はイデオロギー的解釈で割り切れない面をたえず呼び込んでいる。読者「大衆」の嗜好と志向は、一筋縄ではいかないところを持つわけだ。

左派伸張は時代風潮として確かにあったが、それ一辺倒ともいえない事例として、小泉信三『共産主義批判の常識』（新潮社）が一九四九年のベストセラーリストの二位に入っていることも挙げておきたい。著者小泉はこの本について、「私と社会主義」（『私とマルクシズム』文藝春秋新社、一九五〇年収録）で次のように述べている。

〈私の本は、標題にもある通り、共産主義について誰れもが一通り心得てゐるべき、ほんの常識

永井隆『この子を残して』

程度のことを書いたに過ぎない。確信あるマルクシスト或《あるい》は共産主義者は、この程度のものを読んだところで、痛くも痒《かゆ》くも感じないだらう。それはよく分つてゐる。たゞ今日この程度の初歩的の知識の用意なしに共産主義を論じ、或は時の風潮に動かされて共産主義に傾くものが、決して少くないと私は見た。〉

『共産主義批判の常識』は一九四九年三月一五日、初版二万部で刊行され、年内に一三万部まで伸びている。[*32] 当時として一定の部数的成功といえ、執筆意図に込めた著者の姿勢が「読者大衆」に関心を持たれていたことをあらわしている。

『この子を残して』

一九四九年（昭和二四）は永井隆の本が多くに読まれた。永井は長崎医大の放射線科助教授のとき原爆投下で妻を亡くし、自身も被爆した。仕事上、すでに放射線障害があらわれていたとされるが、被爆によって骨髄障害を受け、闘病生活へ入る。そのかたわら生活記録をつけはじめ、これが書籍化されていくのだった。

永井はカトリック信者であり、その信仰も死の床での著作活動を支えた。原爆体験記である『長崎の鐘』（一九四九年五月刊行、日比谷出版社）はGHQの圧力を受け、マニラにおける日本軍の残虐を写真とともに収録するという条件で出版が許可されたいわくつきの本であった。もちろん、本編とは何の関係もない付加文である。この苦肉の工夫のうえで、ようやく刊行の運びとなった『長崎の鐘』は一〇万部近く売れて、永井の名を広く知らしめた。[*33]

永井は短期間のうちに次々と著述を成していく。著書のなかで最も好評となったのは、自身の死によって孤児となる愛児兄妹を気遣った、一九四八年九月刊行の『この子を残して』（講談社）である。一九四九年半ばの段階で二二万部に達しており、[*34]さらに三〇万部に至ったという。[*35]一九四九年のベストセラー一位はこの本である。

永井の本のヒットは、サトウハチロー作詞・古関裕而作曲の歌謡曲「長崎の鐘」（一九四九年七月一日発売）を生み、これが流行歌となったことで書籍の販売にさらなる弾みがついた。永井の文名はあがり、ローマ法王ピオ一二世から祝福もされ、国会で表彰を受ける。しかし一方、有名になったことで代作疑惑や「したたか者の聖者」なる非難も沸き起こった。本が売れて一躍時の人となった著者が反感や誤解の渦に巻き込まれるのは、ベストセラーに付随する現象として珍しくない（近代篇でも例示をしている）。永井はそれに翻弄された一人といえよう。これらを経ながら、彼は二人の子どもとともに浦上天主堂の見える「如己堂《にょこどう》」で暮らし、一九五一年五月、四三歳で昇天した。

出版「戦後体制」の確立

一九五一年（昭和二六）は出版界にとって転機となった。この年五月、戦時下から続いていた用紙の割当制が最終的に廃止された。それは本格的な自由競争時代の幕開けを意味する。一方で、統制廃止は紙価の高騰を招いた。出版界は返本在庫の増加などもあって不況状態が続いてもいる。

出版各社は自由競争下、苦しい台所を解消するために、ベストセラーづくりに一層力を入れだした。アメリカ由来の「ベストセラー」という語が定着しだしたのもこの頃である（近代篇「序」参照）。

戦時中の体制が終わりを告げたことでは、日本出版配給株式会社（日配）の廃止もこの時期に起きた。出版統制時代に登場した日配は、戦後になってもなお、唯一の出版取次会社として出版物の大半を収め、活動を続けていたが、一九四九年三月、過度経済力集中排除法により閉鎖機関に指定される。もっとも実際の取次新体制までには移行期間がある。同年八月、地方支店から日配閉鎖がはじまり、八月から九月にかけて新会社が次々と誕生していった。東京出版販売、日本出版販売、中央社、日教販、大阪屋（大阪）、京都図書販売（京都）、中部出版販売（名古屋）、北海道図書（札幌）、九州出版販売（福岡）の九社である。〈日配の勢力がいくつかに分かれた形で、そのために案外よそへは転がり込んで行かなかった〉のが実状だった。[*36]

ただこの九社体制も長続きせず、地方の取次は消滅していった。出版物の生産が東京に集中している構図は近代以降変わらない。よほど大きなところでないと、結局は東京の会社に押さえられてしまうことになる。かくして九社のうち京都図書販売、中部出版販売、北海道図書、九州出版販売の四社は一、二年のうちに姿を消し、五社に栗田（栗田書店と栗田雑誌販売）を加えた六社となって、戦後の出版販売体制はようやく確立する。[*37] なお日配は一九五四年七月、最終の支払いをして精算を済ませ、締めくくりとなった。[*38]

以後、出版界はより安定した。同時に、ベストセラー創出は有力な出版社が主軸となっていく。

それまでは、「スクラップ・ラッシュ」をもたらした旺盛な需要は一方であるものの、有力な出版社は〈じっと駒の手綱をしめている感があった〉。なぜなら、〈正常のルートで手に入る用紙はあまりに少なく、さりとてヤミ紙で仕事をするのはいさぎよしとしないという気骨のほかに、まだ本腰で大きな手を打つには、販売組織が心もとなさ過ぎたから〉である。[*39] ゆえにこの時期は、これまで本章でも見てきたように、個性的な出版人が仕切る冒険心に富んだ新鋭版元が、話題書づくりに成功してきた。それらは名を高からしめるのも早いが、転落も早い。この事情が出版界に賑やかさとともに不安定な様相をもたらしていた。しかし一九五〇年代に入ると、六大取次の登場と用紙事情の転換を背景に、より安心して出版物を発行できる状況が成立する。出版の「戦後体制」はここから事実上はじまるのであって、ベストセラーづくりの歴史もここから本格的に歩を踏みしめ出すのである。

出版側の先見性、企画センス、著者の個性、切り口の斬新さ、企画のオリジナリティ（独自性）に加え、宣伝、その他売り方を含めた出版側のさまざまな戦略が、ベストセラーを生み出す事情はこれまでと変わらないが、戦後の「新体制」以後、スケールが大きくなり、ベストセラーのなかのベストセラー（ミリオンセラー級）も次々と登場してくる。その入り口が「新体制」下の一九五〇年代だった。

この年代は戦後社会と大衆文化の確立期でもある。一九五一年はサンフランシスコ講和条約が調印され独立回復に踏み出した年だが（発効は翌年四月二八日）、ラジオで第一回NHK紅白歌合戦がはじまっている。一九五二年は「鉄腕アトム」が連載開始された。一九五三年はテレビ放送がスタートし、日本初のスーパーマーケットである紀ノ國屋が開店する。一九五四年は映画「ゴジラ」の公開があった。一九五五年は高度成長期がはじまり、「三種の神器」（テレビ、電気洗濯機、電気冷蔵庫）の普及もあって国民は生活の豊かさを実感するようになった。東京タワーの完成が一九五八年で、一九五九年には『週刊少年サンデー』と『週刊少年マガジン』が創刊されて若者文化に漫画時代が到来する。こうした時代相を背景に、大衆文化と同道するベストセラー物語は以後、より興隆的な状況を描くようになる。

『少年期』と仕掛け人神吉晴夫

さて、「新体制」が稼働をはじめる一九五一年（昭和二六）、ベストセラーリストの一位は波多野勤子《いそこ》の『少年期』であった。版元は光文社で、仕掛け人は同社の神吉《かんき》晴夫《はるお》である。「光文社の神吉」は、〈話題をよぶ宣伝と演出によって、ベストセラーなる言葉を、戦後の帰化用語にしてしまった〉と評される人物であり、[*40]戦後ベストセラー史を語るうえで欠かせない存在だが、彼にノウハウをもたらしたきっかけこそ『少年期』の成功だった。

『少年期』は児童心理学者の著者が長男と取り交わした書簡集で、「母と子の四年間の記録」というサブタイトルが付いている。戦時中から戦後にかけての一〇年間、教育活動に多忙な著者が反抗期にさしかかった長男とゆっくり話し合えないので、手紙でおこなった母子交流のなかの四年間七五通が収録されている。いなかに疎開していた長男は一四歳から一八歳の中学生で、作中は「一郎」であった。

神吉は当初、お茶の水女子大学教授の波多野完治に『教育心理学』の執筆依頼をしていた。しかし原稿は進捗しない。そんなとき神吉は「女房の書いたものを読んでくれないか」と波多野完治に勧められ、預かったのが『少年期』の原稿だった。〈はじめ私は、出版を断わろうと思った。断わる口実を見つけるために、一生けんめい読んだ。読んでいるうちに夢中になった〉と神吉は回想している。[*41] 内容に感銘を受け、〈すぐ、私は出版の話をきめてしまった〉のだ。[*42] 本は一九五〇年一〇月一日に刊行される。

夫の完治と違って、児童心理学者の勤子は生活童話の書き手ながら作者として無名に近い。しかも子息との往復書簡集であり、本にすると地味な印象しかない。光文社は講談社の子会社だが、知る者は当時さほどおらず、こちらも出版業界でごく地味な存在だった。出版企画者の神吉晴夫は講談社へ入社し宣伝部門を担当したのち、一九四五年の光文社創立に参加、当時は同社出版担当役員だった。船出したばかりの版元ゆえ、役員といっても一兵卒であり日々飛び回らないといけない。本を売るのも自ら現場で先頭に立った。

神吉はまず各方面への『少年期』寄贈作戦を敢行する。そのうちの誰かが評価してくれれば宣伝になると思ったのだ。また神吉は、事前の取次回りを敢行した。出版社の販売関係者は取次によく顔を出すが、編集者が来るのは珍しい。日販の松本昇平も、〈三十年も書籍の販売をやってきたが、出版社の編集部から直接こられて、出版をするまえに本の説明をきいたことは取次として初めてだ〉と回顧している。[*43] 神吉と

波多野勤子『少年期』

会ったのは、旧日配の拠点を引き継いだお茶の水駅近くの貧相な職員寮で、晴れた日の黄昏時《たそがれどき》には西日をまともに受けることから、社員によって「たそがれ荘」と自嘲気味に名づけられていた。

神吉との会見場は「たそがれ荘」二階八畳間で、汲み取り式トイレの臭いが吹き上げ、夏は南京虫でいっぱいになる部屋だった。〈光文社という貧乏な出版社は知っていたが神吉晴夫という名前を聞いたことのない駿河台〔日販のこと〕の幹部は、この来訪者を相手にしなかった〉という。[*44] しかし同社営業部長の紹介ということで、しぶしぶながら五、六名を集めた。神吉は企画発表というかたちで熱弁をふるった。もとより『少年期』の事前運動であり、日販の書籍担当者は〈お義理で聞いていた〉のだった。

神吉の話はわき道によく逸《そ》れる独得の調子で、ジェスチャーを交えて三時間に及んだ。[*45] 話を聞いた日販の面々には、講談社から同志とともに独立したが困難続きだった新興版元に対し、応援したい気持ちも起こった。とはいえ一方で、〈出版社はどこも自社のものは売れると思って本をつくるのはあたりまえのこと〉であって、しかも見本すら見せてもらえない時点で、神吉のように、〈自信満々で内容の解説までされることは押売りだ。どうも宣伝がうまいな〉という警戒心もわいた。それで慎重に八〇〇冊を仕入れることにしたのだという。[*46] ただ、〈この時の私たちがこの無名の一編集者から受けた出版への情熱は永久に忘れられない〉ものではあった。[*47]『少年期』の初版は五〇〇〇部。大手取次が八〇〇しか仕入れないのだから、厳しい結果も予想された。しかし本は売れた。販売のプロでもある大手取次の冷淡な対応に、神吉は、〈売れてみなければ、だれにも分からなかったのである〉と、後日コメントしている。[*48]

さて、刊行された『少年期』が大きく売れるきっかけは朝日新聞夕刊のコラムだった。同紙一九五〇年一〇月四日の匿名コラム欄「青眼《あおめ》・白眼《しろめ》」で激賞されたのである〈筆者は評論家の坂西《さかにし》志保《しほ》〉。〈純情で感じ易い少年の世に処する悩みを、そう明な母が真心と愛をもって指導して行くその経路が赤裸々に語られている〉〈あらゆる人に読ませたい尊い記録である〉とそこにはあった。[*49]

神吉はその日、雑誌も売れず本も売れずの苦境続きで、疲労困憊《こんぱい》して帰宅した。いつものように夕刊を広げていて、このコラムを目にしたのである。最初は、自分と同じような表題を付ける者もあるのか、と思うだけだったが、読み進めていくうちに『少年期』のことだとわかって仰天した。ここからが神吉の真骨頂である。彼はただちに手を打った。〈会社のあり金ぜんぶはたき、ただちに二万部相当の宣伝費をかけて、大新聞に広告を出した。むろん朝日新聞の『青眼・白眼』のコラム記事を全文転用することを忘れなかった。その年の年末には、そのころ珍しかった電車の中吊り広告もやった〉のである。[*50]

これらの展開は神吉の証言によるが、当初の「青眼・白眼」のコラムについては、別の事情もありうるようだ。波多野勤子は、神吉が当時の専務から『少年期』の広告費を余計に出してもらえることになって、その費用で新聞広告がはじまる時点で坂西のコラムが出たと話している。[*51]そうなると、新聞を広げて偶々《たまたま》コラムでの賞賛を目にし、それがきっかけで……という話も潤色の疑いが生じる。真相はわからないが、神吉がきわめて意識的に「ベストセラーづくり」に取り組んだことだけは、他のエピソードを見ても共通する。神吉の成功物語は、のちに「出版プロデューサー」なる語を神吉晴夫に冠するようにもなるが、編集製作だけでなく、宣伝と販売も併せておこなうその手法は、一九五〇年代からの「出版新体制」にあって新しい出版人のあり方を指し示したことは間違いない。

さて、神吉のさまざまな仕掛けによって、『少年期』は〈単なる読書界の話題ではなく、社会現象の相貌をもちはじめた〉。ジャーナリズムに一波乱を起こしながら『少年期』は部数を重ね、発売半年後には四〇万部を突破して[*52]、ついに一九五一年のベストセラーリストで一位となる。もちろん、売れてくると手厳しい批判もあらわれた。東京新聞の「大波小波」欄は、ひどいエゴイズムと鼻持ちならぬ演技精神だと酷評した。賞賛ばかりでなく悪評にも包まれるのは人気現象一般につきまとうが、『少年期』も売れてくるとその洗礼を浴びたわけだ。こうした「反響」について神吉晴夫は後年、〈私はこのとき発見した。仕事がホンモノでさえあれば、私たちにとってこわいのは、マスコミの悪口ではない。むしろ黙殺である〉と述べている[*53]。まさに「悪名《あくみょう》は無名に勝る」で、〈仕事がホンモノでさえあれば〉と断りつつ、〈悪口〉はむしろベストセラー、人気現象と親和性が高いと開き直る。神吉イズムの真骨頂といえなくもない。なお毀誉褒貶あったこの『少年期』は、三年後に光文社の新シリーズ「カッパ・ブックス」（後述）で二次刊行され、そこでも三〇版近くを重ねている[*54]。

ところで、〈お義理で聞いて〉、〈出版への情熱〉に感銘を受けたものの、〈自信満々〉な説明に〈押し売りだ。どうも宣伝がうまいな〉と思うばかりだった取次の人間は、この成功をどう見ていたのか。勝てば官軍で大いに肯定的となり、取扱量を増やしたのは商売上当然といえる。関連して上述の日販・松本は、著書のなかで出版社と取次の関係についてこう述懐している。出版物の成否によって、〈出版社のなかには倒産に追い込まれたり、斜陽化してゆく犠牲者の出〉ることは業界の常景といえる。大きな利益を得るのも出版社なら、リスクも出版社が一方的に負う。宣伝責任も出版社が全面的に負うものだ。そして成否にかかわらず、〈私たち取次という販売部門には儲けだけが残〉る。すなわち、〈出版社の死闘にくらべて、取次小売の販売側は労力だけ〉である。もちろんこれは出版業界だけでなく他業種にも類例が見られるし、〈労力だけ〉といってもその継続投下は並大抵の作業ではない。取次の弱い立場というのもあろう。しかし全体的に見れば、〈つくる出版社側の苦しみにくらべれば結局、販売側は駄々っ子のように気ままだったということだ〉との感慨に辿りつく。[*55] 取次小売業界で四六年を過ごした松本の述懐だけに、この言には真実を突くところがある。

『人間の歴史』『ニッポン日記』『ものの見方について』

『少年期』をヒットさせた光文社は、続く一九五二年（昭和二七）のベストセラーリストにも、一位に自社刊行書籍を送り込んだ。安田徳太郎の『人間の歴史』（第一巻）である。副題に「食と性の発端」とある。著者の安田は暗殺された労農党の山本宣治のいとこで、京大医学部を出て開業、ゾルゲの肺炎を治療したため投獄されたこともあった。その著『人間の歴史』は通常の歴史書のように時代を追う構成ではない。テーマごとにある程度独立したつくりであった。学術書と読み物の中間をいく内容で、読みやすさを追求したのはいかにも神吉晴夫が好みそうなところ

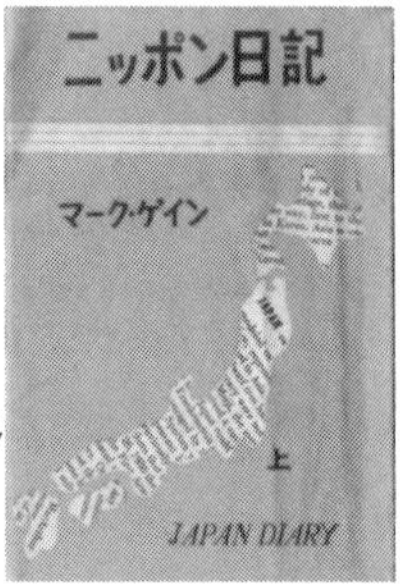

マーク・ゲイン『ニッポン日記』（上）

であろう。〈ＳＦ的なおもしろさ〉との評さえある。[56]『人間の歴史』は一九五一年一〇月刊の第一巻「食と性の発端」が同年のベストセラーリストの六位に入っており、一九五二年四月刊の第二巻「日本人の起源」と人気が続いて、併せて同年の一位獲得となった。一九五三年二月刊の第三巻「女の全盛時代」も好評であり、[57]『人間の歴史』シリーズは一九五四年までベストセラーリストに名を記している。

なお、一九五一から一九五二年にかけてのベストセラーに、マーク・ゲインの『ニッポン日記』（井本威夫《たけお》訳）がある。シカゴ・サン紙の特派員として、戦後まもない時期の日本の姿をつぶさに取材してきた著者による、日記体の体験記である。版元は筑摩書房。社内では『占領の内幕』など二〇を越えるタイトル案が出たが、臼井《うすい》吉見《よしみ》の主張もあって『ニッポン日記』となる。[58]この本は占領軍の内幕を暴く内容を含み、版元が慎重にＧＨＱと交渉していた経緯は『筑摩書房の三十年』に記されている。[59]

それを経て、また、訳文に小見出しを付加する等、編集作業を加えたうえで、『ニッポン日記』は一九五一年一一月、上下巻にて刊行される。まもなく好調な売れ行きとなり上巻が一六万、下巻が一四万へ達した。当時は統制廃止後とはいえまだ用紙が充分に得られず、この数字にとどまったが、のち紙が手に入り上下三万部ずつ増刷している。[60]刊行が講和独立の時期に重なったことも人気の要因であろう。

一九五一年のベストセラーリスト二位は、笠信太郎《りゅうしんたろう》『ものの見方について』（河出書房）で、著者は朝日新聞の論説主幹を務めたジャーナリスト。同年にとどまらず息長く売れ続け、総計で五〇万部を超えるロングセラーとなった。[*61] 同書は「西欧になにを学ぶか」の副題を持つが、在欧八年の体験をもとに、著者がイギリス、ドイツ、フランス三国の思考形式を平易に説くとともに、日本が学ぶべきところを指摘した内容である。[*62]

第二の「円本」時代

一九五三年と一九五四年（昭和二八、二九）は、全集ブームが起きたことで記憶される。角川書店『昭和文学全集』の第一期二五巻（のち第二期を加え全六〇巻）と、新潮社『現代世界文学全集』第一期二九巻（のちに第二期を加えて全四六巻）の刊行は、一九五二年一一月にスタートする。両全集は日刊紙に一頁大の広告を載せ、宣伝合戦を派手におこなった。それもあってともに一〇万部以上の成績を収めている。『昭和文学全集』第一回配本の「横光利一集」は二〇万部に達したが、これは長編「旅愁」の全篇収録という話題性もあった。[*63] ほかに『現代文豪名作全集』（河出書房）、『現代日本文学全集』（筑摩書房）などがこの時期に刊行され、これら四全集は一九五三年と一九五四年のベストセラーリストに顔を出している（二八〜二九頁参照）。『昭和文学全集』の好調なスタートは苦境に喘《あえ》いでいた角川書店を救ったし、破綻の瀬戸際まで追いつめられた筑摩書房は『現代日本文学全集』の成功で息を吹き返した。筑摩の全集は第一回配本が『島崎藤村集』で、収録された「破戒」は初版本の内容にて復元され話題となる。この

『島崎藤村集』は取次の奪い合いになるほどの評判を得、増刷につぐ増刷で総計二八万部に達した。『現代日本文学全集』は増巻もなされて、発行総部数は一三〇〇万冊を突破する。[*64] 筑摩書房は、ボーナスはもちろん社員への給与の遅配すら続いていたが、『現代日本文学全集』の大成功はそれも解消した。滞っていた原稿料は全部支払うことができ、膨らんだ借入金はきれいに完済された。そのうえ社屋の引っ越しがなされ、社員の数も増えたのである。[*65] 全集の成功が出版社の運命を一変させた例として語り継がれる出来事といえよう。

前後に刊行された全集は出版界全体で四〇種に及び、講談社の『現代長篇名作全集』（全一七巻）と新潮社『長編小説全集』（全一九巻）、河出書房『日本児童文学全集』（全一二巻）とアルス『日本児童文庫』（全五〇巻）のように、華々しい競合を演じた組み合わせもある。派手な新聞宣伝といい、あたかも昭和はじめの「円本《えんぽん》」再来といえる全集合戦がにわかに惹起したわけで、目立つ現象としてしばらく出版界を席捲した。

それとは別に、実は文庫合戦も起きていたのだ。先立つ一九五一年秋から、用紙統制の全面撤廃と紙価の高騰が重なった事情もあり、使用紙量が少ない小型判の文庫が各社から刊行され、たちまち「合戦」状態となった。岩波書店、新潮社の古顔の文庫が攻勢をかけ、それに加えて岩波少年文庫、角川文庫、春陽堂文庫、市民文庫（河出書房）、青木文庫、アテネ文庫（弘文堂）、創元文庫、三笠文庫などが続々「参戦」して、都合九〇余種に及んだ。[*66] この文庫大競争は一九五二年に持ち越されて盛況が続き、同年の暮れから、今度は上記全集合戦が起こり一九五四年まで続く。特異な大量生産状況が当時、出版界の特徴となっていたのである。

ただそのなかで単行本に個性的なヒットも出た。一九五二年一二月に翻訳刊行されたアンネ・フランク『光ほのかに』（皆藤幸蔵《かいとうこうぞう》訳、文藝春秋新社）である。ナチスに迫害された少女の日記で、若い世代を中心に多くの読者の胸を打ち、一九五三年のベストセラーリスト五位に入った。この本はロングセラー化し、三三版より副題の「アンネの日記」が正題となる。一九六四年には一〇〇版を数えるに至り[*67]、『アンネの日記』は同年のベストセラーリストに再登場している（八位）。

菊田一夫（本名・数男）の『君の名は』（宝文館）も、この時期の個性的なヒット作として挙げられる。この作品は元々、NHKラジオ第一で毎週木曜夜八時三〇分から九時まで放送されたラジオドラマで、一九五二年四月から一九五四年三月にかけて放送された。ドラマは次第に人気を集め、一九五二年一〇月一〇日から第一部が書籍化刊行され四部に及んだ。映画も人気を呼び、ヒロインの、ショールを頭にかぶり端を首に巻く「真知子巻き」は女性の間で大流行した。その影響もあり『君の名は』は好売上げを持続し、一九五三年と一九五四年で連続ベストセラーリスト入りを果たしている（三位と四位）。

なお、ソ連の『経済学教科書』（新書判・三分冊）が社会科学の専門出版・合同出版社から刊行され、一九五五年のリスト二位に入った。戦後の左翼全盛期ゆえの現象といえるが、こうした本がベストセラーの一角を占めたことも抜かりなく記憶されるべきであろう。

アンネ・フランク『光ほのかに』

（1）講談社八十年史編集委員会 編『クロニック 講談社の80年』講談社、一九九〇年、二二八頁。
（2）同上書、二二五頁。
（3）松本昇平『業務日誌余白――わが出版販売の五十年』新文化通信社、一九八一年、二二七頁。
（4）橋本求『日本出版販売史』講談社、一九六四年、六二二～六二三頁。
（5）同上書、六二三頁。
（6）同上書、同頁。
（7）塩澤実信編著『定本 ベストセラー昭和史』展望社、二〇〇二年、一〇〇頁。ただしこの言葉は、もとは『講談社の歩んだ五十年』（講談社、一九五九年。非売品、五八八頁）に出てきたものである。
（8）小川菊松『出版興亡五十年』誠文堂新光社、一九五三年、四七〇頁。
（9）直話。本書筆者は二〇歳代のとき牧野直属であり、牧野は編集者としての師にあたる。
（10）前掲『出版興亡五十年』四七一頁。
（11）同上書、同頁。
（12）前掲『ベストセラー昭和史』一〇四頁。
（13）前掲『出版興亡五十年』四七二頁。
（14）前掲『ベストセラー昭和史』一〇五頁。
（15）同上書、同頁。
（16）朝日新聞社編『ベストセラー物語』（上）朝日新聞社、一九七八年、四頁。
（17）前掲『ベストセラー昭和史』一〇八頁。
（18）前掲『ベストセラー物語』（上）、四頁。
（19）同上書、同頁。
（20）前掲『ベストセラー昭和史』一〇八頁。
（21）同上書、同頁。
（22）前掲『ベストセラー物語』（上）、四～五頁。
（23）前掲『ベストセラー昭和史』一〇八頁。
（24）瀬沼茂樹『本の百年史――ベスト・セラーの今昔』出版ニュース社、一九六五年、二八二頁。
（25）前掲『ベストセラー物語』（上）、三二頁。
（26）同上書、同頁。

(27)野平健一「太宰治著『斜陽』」。小宮山量平・西谷能雄・布川角左衛門 他著『名著の履歴書――八十人編集者の回想』上巻、日本エディタースクール出版部、一九七一年収録。同書、九一頁。
(28)前掲『ベストセラー昭和史』一一一頁。
(29)前掲『本の百年史』二八八頁。
(30)前掲『業務日誌余白』二三五頁。
(31)中央公論社『中央公論社の八十年』発行者・宮本信太郎、一九六五年、三三三頁。
(32)前掲『ベストセラー物語』(上)、九八頁。
(33)前掲『本の百年史』二九〇頁。
(34)前掲『ベストセラー物語』(上)、六九頁。
(35)前掲『本の百年史』二九〇頁。
(36)前掲『日本出版販売史』、座談会での藤井誠治郎の発言。同書、六〇三頁。
(37)同上書、六二三頁。
(38)同上書、六〇四頁。
(39)同上書、六二三頁。
(40)前掲『ベストセラー昭和史』一二三頁。
(41)神吉晴夫『カッパ軍団をひきいて――魅力を売りつづけた男たちのドラマ』学陽書房、一九七六年、一四〇頁。
(42)神吉晴夫『カッパ兵法』華書房、一九六六年、一七頁。
(43)前掲『ベストセラー物語』(上)、二六一頁。
(44)前掲『業務日誌余白』二三八頁。
(45)同上書、二三八〜二三九頁。
(46)前掲『ベストセラー物語』(上)、二六一頁。
(47)前掲『業務日誌余白』二三九頁。
(48)前掲『カッパ軍団をひきいて』三四頁。
(49)前掲『ベストセラー物語』(上)、二五七〜二五八頁。
(50)前掲『ベストセラー昭和史』一二五頁。
(51)掛野剛史「初期『カッパ・ブックス』考」。日本出版学会・出版教育研究所 共編『日本出版史料』(一〇)収録。同書、一〇四〜一〇五頁。

(52) 前掲『ベストセラー昭和史』一二五頁。
(53) 前掲『カッパ軍団をひきいて』三五頁。
(54) 前掲『ベストセラー物語』(上)、二六〇頁。
(55) 前掲『業務日誌余白』六九〜七〇頁。
(56) 前掲『ベストセラー物語』(上)、二三九頁。
(57) 前掲『本の百年史』三〇二頁。
(58) 臼井吉見「蛙のうた——ある編集者の回想」、『臼井吉見集2』筑摩書房、一九八五年収録、同書、一八七頁。
(59) 和田芳恵『筑摩書房の三十年』筑摩書房(筑摩選書)、二〇一一年、二〇八〜二一一頁。
(60) 同上書、二一一〜二一二頁。
(61) 前掲『本の百年史』三〇六頁。
(62) 前掲『ベストセラー物語』(上)、一四〇頁。
(63) 前掲『本の百年史』二九九頁。
(64) 前掲『筑摩書房の三十年』二三七〜二四二頁。
(65) 同上書、二四二〜二四三頁
(66) 前掲『本の百年史』二九四頁。
(67) 前掲『ベストセラー物語』(上)、一九一頁。

第二章

ブックス本の隆盛――戦後・二〇世紀②

軽装判の登場

文庫合戦、全集合戦に続いて、出版界では「軽装判の時代」が訪れ、光文社のカッパ・ブックスへ引き継がれる流れができる。[*1] そのはじまりは伊藤整『女性に関する十二章』(中央公論社)の成功だった。同書は『婦人公論』で前年連載されたエッセイを一九五四年(昭和二九)三月に書籍化したもの。版元の中央公論社は本の作りに軽い雰囲気を狙う。内容が知的ながら書きぶりは軽妙で、ユーモア・風刺・逆説をもって綴られた人生論だということもあり、女性読者を意識した装幀にしたのだ。カバー絵は花森安治による台所用品(フライパンと泡立て器、フライ返し)の装画とし、一九四頁と薄めで一三〇円、縦長で小型のいわゆる新書判型にした。おしゃれな作りで、鞄に入れて持ち歩きやすく、大きなポケットなら入るサイズである。

中央公論社は、岩波新書のイメージがある「新書」という言葉を使わず、この本のかたちを「軽装判」と名づけた。全体の雰囲気も「軽装判」が似合っていた。こうして世に送られた『女性に関する十二章』は刊行年末までに二八万部を売上げる。[*2] 勢いは続いて一九五四年のベストセ

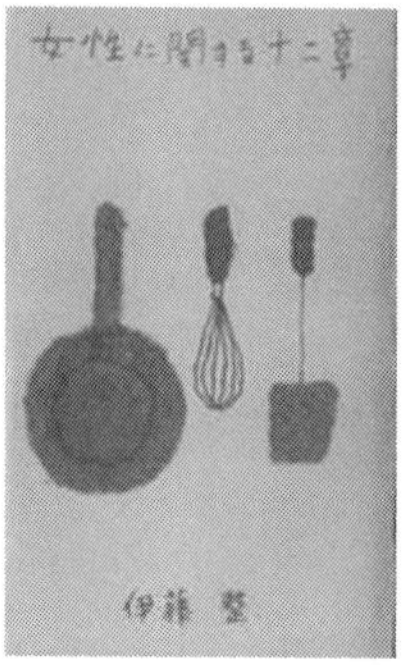

伊藤整『女性に関する十二章』

ラーリスト一位となった。同書の成功は「〇〇に関する××章」の書名を流行らせ、[3]同じ中央公論社からも『新聞の読み方に関する十二章』（笠信太郎、他著）が軽装判で出ている。[4]

また、『女性に関する十二章』の成功をきっかけに、伊藤整の軽妙なエッセイ集が各社から立て続けに刊行され、どれも好評となった。『文学と人間　百十一章』（角川書店）、『伊藤整氏の生活と意見』（河出書房）、『文学入門』（光文社）で、ともに軽装判であり、どちらも年内の刊行だった。他書も併せて、一九五四年の伊藤整ものは総計七〇万部を突破した。そして、「軽装判」の流行現象を捉え出版各社が新書サイズ本に続々と参入、一九五四年の秋にはその種類は五〇から六〇に及んでいる。[5]女性向けのおしゃれな作りの本ばかりではない。ジャンルは多岐にわたり、時事や社会科学から、文学、そして実用や趣味娯楽まで各分野に広がった。また岩波書店からは新書本での文学全集も出ている。

こうした「軽装判」のブームのなかで生まれ、とりわけ存在感が大きくなり、以後の昭和のベストセラー史に多くの作品を登場させたブランドこそが、光文社のカッパ・ブックスであった。

カッパ・ブックスの誕生には『女性に関する十二章』が関わっている。伊藤整は『文学入門』の書き下ろし原稿を光文社の編集者に渡したとき、次のように希望を伝えてきた。〈この本は、できるなら軽装判で出してもらいたいですね。ガッシリしたB六判の本にするには枚数もたりません。私の『女性に関する十二章』のような判型の方が、たくさんの人に読んでもらえるんじゃありませんか〉[*6]。上記した通り、中央公論社が仕掛けた「軽装判」は、一九五四年の秋にかけて出版界を席捲していた。とはいえ光文社の神吉自身は、新書サイズのシリーズ企画をすでに二年間かけて構想していたと『カッパ軍団をひきいて』で書いている。

中央公論社が「軽装判」を打ち出したように、光文社の神吉も新機軸にこだわった。サイズは同じでも、名称を「新書」にしてしまうと岩波のイメージを引きずる。それを排するというのは、オリジナリティを重視した神吉らしい。〈断じて岩波新書の真似をしてはならない。そんなわけで、岩波新書がもっていないものを新しく創り出すために、私には二年間という長い迷いが必要だった〉と彼は述懐している[*7]。

海外のペーパーバックスを調べてみると、動物の名前を使ったシリーズ名が多い。ペンギン・ブックス、ペリカン・ブックス、バンタム・ブックス、アルバトロス・ブックスなどである。神吉は、〈その昔、日本のじいさん、ばあさんがつくり出した想像上の動物なら、どうだろう〉として、龍、麒麟《きりん》、鳳凰《ほうおう》、人魚、ヌエなどが、社内の者のアイデアも含めて寄せ集まった。日本の風土性をムードとしても出したいという発想である。しかしどれも中国由来であり、重々しいイメージで新媒体には似合わない。

そんなとき、ふと神吉の目に、家の玄関壁にかかっていた清水崑《こん》の絵が飛び込んできた。カッパである。身近なところにヒントがあったのだ。神吉はピンときた。その後は早かった。神吉はすぐ「カッパ・ブックス」を商標登録する。シリーズのキャッチコピーはすらすら出てきた。神吉が捉えた「カッパ」のイメージがそこにある。〈裸一貫のカッパは、いっさいの虚飾をとりさって、真実を求めてやまない。たえず人びとの心に出没して、共に楽しみ、共に悲しみ、共に怒る。しかも、つねに生活の夢をえがいて、飽くことを知らない。カッパこそは、私たちの心の友である〉。[*8]

神吉はタイトルの重要性をよく知っていた。ベストセラーの名人にはこの点が共通項だといえる。ただ、ネーミングをどう適格につけていくかは、存外難問である。本格・端的は凡庸に繋がり、変格・奇抜は軽薄に繋がる。成功例は結局、後講釈《あと》で「うまくいった」と評されるにすぎず、タイトルづくりの名人でも、命名までには四苦八苦する場合は少なくない。しかも商業出版の場合、シリーズの命名は、本やシリーズそのものの浮沈に関わる。神吉は悩み考える日々だったが、そのなかで「カッパ」が閃《ひらめ》いた。神吉はかねてより、〈英語の広告のキャッチフレーズのうまさや、ネーミングのうまさにも感心をし、いつか役に立つこともあろうと、数々の古い資料も持っていた〉という。人知れず、コツコツと学んでいたのだ。それが天啓のような言葉の「出会い」をもたらす重要な一助になった。

かくして「カッパ・ブックス」は一九五四年一〇月に創刊される。伊藤整『文学入門』と中村武志『小説 サラリーマン目白三平』が創刊のラインナップだった。遠からず戦後ベストセラー史を彩る作品の大舞台となったが、はじまりは二冊というささやかなものであった。

さて、草創期物語はこうして伝えられているが、掛野剛史は初期のカッパ・ブックス作品を考証して、『文学入門』は叢書「考える世代とともに」の一冊であったのを、移行させたものだと判じている。また、初期カッパ・ブックスの本には、印刷工程に通常あるエンボス加工がなされてないものが見出され、時間的な制約があったことを推定している。[*9] 充分な準備と計画性があったとは考えにくく、そうなると神吉の「二年間かけて構想していた」も、仕掛け人本人の言はともかく、事実認識としては保留が必要となろう。

書き下ろし自伝の付載

初期カッパ・ブックスのヒット作としては、一九五五年（昭和三〇）のベストセラーリスト三位の望月衛《まもる》『欲望――その底にうごめく心理』と、一九五六年の同二位となった三笠宮崇仁《たかひと》『帝王と墓と民衆』を挙げておかねばならない。

前者は毎日出版文化賞を受賞した南博『社会心理学』（一九五〇年刊）や、『少年期』（一九五一年。前述）で成功した神吉晴夫が、続いて出した心理学ものの一冊。望月衛はすでに光文社で『青年心理学』刊行の実績があり、神吉はこの望月に、人間の欲望をテーマにした本を相談した。

望月は千葉大学教授ながら、戦後は一時、東宝撮影所にも勤務したこともある苦労人だった。一般向けの版元で書くときは学者然とせず、多くの読者を惹きつける表現上の工夫が必要と心得ており、また、〈アメリカでも、家庭、母、子という、人の関係がはいると、本が読みやすくなるといわれている〉という認識を持っていた。その望月が一年がかりで書き下ろしたのが『欲望』である。神吉はこのシンプルなタイトルについて、〈カッパ・ブックスの数ある書名の中でも、会心のものの一つである〉と書いている。[*10]

一方、三笠宮の『帝王と墓と民衆』だが、同書はニッポン放送にて連続放送された「古代文化の光」を元にした本である。ニッポン放送の放送人からの勧めで書籍化に動き、三笠宮の許可も得たが、放送内容を三回、四回と聞いてみると、古代オリエントの話であり一般には馴染みがうすい。平易な話しぶりではあるし、著者が珍しいという点もプラスに働くのだろうが、せいぜい五〇〇〇部程度しか売れまいと神吉晴夫は踏んでいた。なにか仕掛けが必要である。

ここで神吉は大胆な提案に出た。三笠宮に対して、本の付録に自伝を書き下ろしてくれないかと頼んだのだ。三か月ほど経った頃、四〇〇字づめ原稿用紙七〇枚の原稿ができたという連絡が入った。原稿では天皇の弟宮が、幼時から戦時中までどう生きたのかが綴られ、戦争批判も率直に記されている。〈よし、これで、この出版は成功うたがいなし〉と神吉は自信がついた。

本はメインタイトルを『帝王と墓と民衆』、サブタイトルを「オリエントのあけぼの」とした。ここまでは当初の内容通りである。さらにこの本では、追加原稿をふまえて、「付　わが思い出の記」という添え書きが加えられた。広告ではこの添え書きにポイントが置かれる。結果、『帝王と墓と民衆』は半年で一五万部を突破する結果に至った。[*11]

『はだか随筆』『広辞苑』『太陽の季節』

文庫、全集、軽装サイズ本の三ブームが波状的に訪れたあと、一九五〇年代の後半に入り、ベストセラーの事情はどうであったか。この節では各年リスト一位の本を中心に、出版界の様相を含めて述べていきたい。

一九五五年（昭和三〇）の一位は佐藤弘人《こうじん》の『はだか随筆』（中央経済社）である。軽装判ブームに乗り新書サイズで刊行された本の一つだった。著者は一橋大学の教授で経済地理学や商品学の専門家。軽いタッチの「おいろけ」随筆ながら、元の文は会計・簿記の業界誌に連載されたもので、一般読者には馴染みのうすい経済学専門版元での書籍化も相まって、埋もれてしまってもおかしくない。しかし、これが一九五四年一〇月に刊行されると評判になり、一年余りで六〇万部へと達したのである。[*12] 堅いと思われた経済学者が軽いイメージの艶笑ものを出版したというので、意外性から話題になったとされる。女性カッパが泳ぐ装画も目立ち、読者の関心を呼び込むきっかけになった。『はだか随筆』のベストセラー化は艶笑随筆の類いを一時氾濫させ、佐藤弘人自身も『いろ艶筆《えんぴつ》』『はだか人生』と続篇を刊行している。ともに新潮社刊で、前者は一九五七年のベストセラーリスト七位、後者は一九五八年の同六位である。

また、一九五五年には、新村出《しんむらいずる》編の『広辞苑』が岩波書店から刊行され（五月二五日）、同年のベストセラーリストで七位に入った。博文館刊の『辞苑』（近代篇参照）の改訂作業を引継いで出版されたもので、のち幾度か改版がなされるが、このときが第一版（初版）である。岩波書店は特価一八〇〇円で売り出し、一〇万部以上を売り尽くした。[*13]

佐藤弘人『はだか随筆』

なお、辞書・事典類では、一九六一年に平凡社から『国民百科事典』が刊行され、「全七巻・一万円」のキャッチフレーズの効果もあって都合二〇万部以上を売上げている。[*14] 関連すれば、同じ平凡社の『世界大百科事典』（全三二巻）と、大修館書店の『大漢和辞典』（諸橋轍次著、全一三巻）

は、出版界有数の大事業といえるが、長期にわたる編集作業を経て、それぞれ一九五八年と一九六〇年に無事完結に至った。

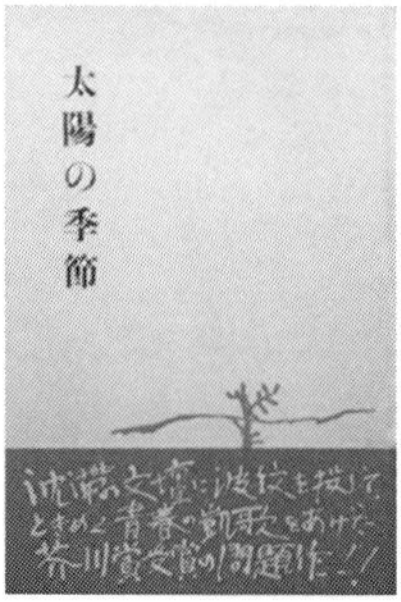

石原慎太郎『太陽の季節』

一九五六年のリスト一位は石原慎太郎の『太陽の季節』（新潮社）である。敗戦後一〇年を経過し、混乱期を終えて本格的な戦後社会が成立していた。『経済白書』が「もはや〝戦後〟ではない」との言葉を発表したのがこの一九五六年である。『太陽の季節』は第一回文學界新人賞、第三四回芥川賞を受けた作品を同年三月一五日に書籍化刊行したもの。エネルギッシュで無軌道な若者の姿と風俗性で波紋を巻き起こしながら、人気を大きくしていき、夏頃までに二二～二三万部、年末には二五万部へ達した。[*15]

作中人物に似せたイメージの若者として「太陽族」が登場し、作者の石原慎太郎は自身が映画スターであるかのような存在になり、その髪型は「慎太郎刈り」といわれ流行した。なおこの作品は映画化されこちらも話題を集めた。石原裕次郎がデビューしたことでも有名な映画である。

ムード広告と造本へのこだわり

一九五七年（昭和三二）のリスト一位は原田康子の『挽歌』であった。作家は無名、作品も元はガリ版刷りで出ていた同人雑誌『北海文学』に発表されたごく地味な小説である。講談社に送られ半年近く放置されたのち、姉妹会社の東都書房に持ち込まれてようやく本になった。当時の東都書房出版編集部長・高橋清次《せいじ》は『群像』（講談社）の初代編集長を務めた編集者で、作品に目を通したのち、女子大生の娘に読ませて感想を聞いたうえで刊行を決めた。[*16]

東都書房は『挽歌』出版にあたり、ムード広告ともいえる手法で宣伝した。冬の林や氷の海辺で若い女性がオーバーの襟を立てて佇《たたず》む「挽歌スタイル」の写真を、広告上に必ず配したのである。これが効果を上げげた。本は人気を博して、一九五六年一二月一〇日の発売から一年間で六七万部へ達したと『本の百年史』にはあり、[*17]『日本出版販売史』では〈七十数万部を売りつくした〉と記されている。[*18]

一九五七年は『挽歌』のほかにも文芸書のヒット作が集まった。上位ではベストセラーリスト二位が深沢七郎『楢山節考』、三位は谷崎潤一郎『鍵』でともに中央公論社刊、四位は三島由紀夫『美徳のよろめき』（講談社）となっている。「楢山節考」は第一回中央公論新人賞の当選作で、一九五六年一一月号の『中央公論』に発表された。姥棄《うばすて》伝説を題材にした小説で、編集者京谷《きょうや》秀夫は、雑誌発表まもなくすさまじい反響があったと回顧している。[*19]正宗白鳥は読売新聞で〈人生永遠の書〉と賞賛した。この年一月には既述のように、新人石原慎太郎の「太陽の季節」が芥川賞を受賞し話題を振りまいていたが、年末にもう一人、新人賞当選によって登場した新鋭が話題を集めたわけだ。「楢山節考」は他の作品も加えることで一九五七年二月、高橋忠弥《ちゅうや》の印象的な装幀にて『楢山節考』として書籍化、たちまち三〇万部に迫るベストセラーとなった。[*20]

この本の評判は副産物を生んでいる。京谷は回顧録のなかで、〈「楢山行き」という言葉が流行語になってしまって、サラリーマンの世界でも、定年退職者や左遷社員の溜り場を「楢山」と呼ぶようになった。それは一つの象徴となったのである〉と記している。そして、この現象まで招いた同書について、〈ベストセラーは宣伝によっても可能であろうが、作品自体が自己運動を始めるものである。『楢山節考』は正に自己運動を開始しようとしていた。それだけの生命力をもった作品であった〉と述べている。[*21]

　ベストセラーにとって、やはり初動には、「宣伝」や「書店展開」、「メディアへの露出と話題づくり」などの売り込み戦略は必要であろう（それをさほどしなくても、動き出すものはあるが）。とはいえ初動を得れば、〈作品自体が自己運動を始める〉のは、ベストセラー書の常である。〈自己運動〉なくして大部数は成せないともいえるのだ。

　中央公論社刊のもう一冊、谷崎『鍵』は造本にこだわった書籍だった。函入りでその函には楮《こうぞ》を用い、表紙ばりに手漉《す》きの鳥の子紙（上質和紙の一つ）を用いるという仕様にしたのである。装幀は棟方志功《むなかたしこう》。造本に手間がかかる『鍵』は限定版仕立てながら、刊行後一挙に三〇万を売り尽くした。豪華本ゆえ冊数分の資材入手や製作進行が並大抵の苦労ではない事態となった。[*22]大きく売れることを版元が前提としなかった本のヒットという点で、『鍵』は戦後ベストセラー史上、異色の一冊である。

　なお、一九五七年に好評を得た文芸書作者のうち、谷崎潤一郎と三島由紀夫はベストセラー作家としてすでに名が通った存在だった。谷崎の『細雪』は前記したが（七二頁）、ほかにも『源氏物語』（中央公論社）が一九五一年と一九五二年でリスト入りしているし（三位と一〇位）、三島由紀夫は『潮騒』（新潮社）が一九五四年のリスト五位である。これらをふまえ、作家として評価と人気が安定していた時期に、一九五七年のベストセラーが生まれたといえよう。

『人間の條件』

一九五八年（昭和三三）のリスト一位は五味《ごみ》川《かわ》純平の『人間の條件』で、第一巻が刊行されたのは一九五六年八月五日。〈第一巻が出てから一年半たって三十三年度のトップセラーとな〉ったと『日本出版販売史』は記し、〈偶発的なベストセラー〉と位置づけている。[*23]出版側があの手この手で売ろうと取り組み、計画的に生み出された本は少なくないが、『人間の條件』はそうではないという意味だ。読者は（作為に敏感ゆえ）人為に応じる単純な購買行動をとるばかりでなく、むしろ一切の作為なき本に飛びつく場合もある。後者の代表例として『人間の條件』が挙がるというわけだ。

五味川純平『人間の條件』（第六部）

『人間の條件』は数奇な軌跡を辿って世に送られた。版元の三一書房には知人を通じて原稿が持ち込まれたが、すでに数社をたらい回しにされたうえで、日の目を見ない作品だった。原稿用紙九〇〇〇枚という大長編は敬遠された理由の一つである。しかし三一書房社長の竹村一は、虚心坦懐にこれを読み出した。当初パラパラ見て、何か自分に伝わってくるものを得たからだろう。一気に最後まで読んで彼は即座に出版を決意した。作品の出来もあることながら、〈五味川の思想と行動に、ほとんどといってもいいぐらいに、竹村のそれが一致していたからだ〉と『ベストセラー昭和史』は書いている。[*24] 著者五味川は中国大連に生まれ、召集されてソ連―満洲（当時）の国境で激戦に参加したのち、終戦を迎えている。『人間の條件』は自身の体験をもとに描いた大河小説だった。

五味川は全くの無名で、応援してくれる文壇人はいない。刊行に至らないのが通常であり、竹村の刊行判断はほとんど心中覚悟だった。それどころか、竹村は続篇をすすめ、五味川は残りの四部計二〇〇〇枚を一年数か月で書き上げた。かくして『人間の條件』は全六部の巨編となる。判型は当時流行の新書サイズ。全巻完結は一九五八年二月である。同書は第一巻刊行時点において一部で話題となっていたが、部数が跳ね上がる契機となったのは、『週刊朝日』一九五八年二月一六日号のトップ記事だった。

〈新聞の広告にも出ない、批評家にもほとんど問題にされない一冊の本が、いま農村で、町で、職場で、家庭で読まれている。無名の新人五味川純平の『人間の條件』（六部作）が、それである〉と記事には書かれ、「日本の国民文学」として扱われた。『週刊朝日』の発行部数は当時、一五三万部（扇谷正造編集長の談）であり、[*25] 影響力は大きい。記事が出てから、〈一週間に五万組、三十万部出ていったね。以後月に一万から二万刷った〉とは、『ベストセラー昭和史』の編著者・塩澤《しおざわ》実信《みのぶ》が竹村自身から直接聞き取った話である。[*26] 一九五八年末には総計二五〇万部（各巻平均四二万部）に達したと『本の百年史』は記している。[*27]

『にあんちゃん』と『氷壁』

一九五九年（昭和三四）のリスト一位は光文社の「カッパ・ブックス」の本で、安本末子《やすもとすえこ》の『にあんちゃん』である。プロデュース出版（創作出版）で出版界を席捲した神吉晴夫と「カッパ」については次節で述べるが、この本は、経緯を見ると〈偶発的なベストセラー〉の性格が勝るようだ。「カッパ」の成功も全てがプロデュース方式の所産ではないことを示す好例といえる。

同書は佐賀の炭坑町に住む少女の日記をまとめたもの。両親を失った朝鮮人の四人兄妹は離散を含む厳しい生活に陥ったが、その一年半にわたる日々を、末妹の安本末子が、明るくカラッとした筆致で綴っている。「にあんちゃん」というのは二番目の兄という意味である。[*28]

本として刊行されるきっかけは、長兄が肋膜を病んで寝込んだことだった。療養費と一家の生活費を捻出しないといけない事情に迫られ、彼は、妹の日記を出版社に持ち込もうと思い立った。書店に行き、並んでいる本を見て、『少年期』や『愛は死をこえて』（エセル・ローゼンバーグ＋ジュリアス・ローゼンバーグ著、山田晃訳。一九五四年のベストセラーリスト八位）を目にして持ちこみ先を決める。どちらも光文社だった。末子自身は公表に反対したが、経済的な事情もあり、また日記の内容は出版に値すると長兄は思っていた。光文社出版局に送ったとき、すでに日記（一七冊のノート）は四、五年前のものではあったが。

安本末子『にあんちゃん』

無名の少女の、しかも日記である。光文社はこれをしばらく放っておいたところ、神吉晴夫が「あれはどうした」と言い出して、自ら読み込み、カッパ・ブックスの一冊として刊行することになった。[*29] 元々光文社はヒューマン・ドキュメントに関心があり、『少年期』や『愛は死をこえて』もその系統である。この流れもあって出版採用に至ったわけで、持ち込み先に関する長兄の判断は正しかったことになろう。刊行は一九五八年一一月五日。当初は「ネコの本か」と思われ、全く売れなかった。しかし、読者から感激の手紙が徐々に届くようになり、口コミでの広まりが実感されだした。そのうえでNHKラジオが連続ドラマに採りあげるに及び、一気に売れはじめ、ついには六〇万部を超えるベストセラーへ至ったのだ。[*30] 人気を受けて今村昌平監督で映画化もなされた。

さて、『にあんちゃん』と同時期のベストセラーとしては、井上靖の小説が複数ランクインしており、目立つ存在となっている。一九五八年二位の『氷壁』（新潮社）、一九五九年四位の『波濤』（講談社）、同一〇位の『敦煌』（同）であり、『敦煌』は一九六〇年の四位でもある。その一九六〇年では『河口』も九位に入っており、井上靖本は毎年のように売れ行き好調書に登場していた。

最初の『氷壁』は登山家の愛と死を描いた小説で、『天平の甍《いらか》』（一九五七年、中央公論社）など歴史小説に取り組んでいた井上が、現代ものを書いたことで話題になった。当時、登山がブームになっていたのも人気の背景と見られよう。「氷壁」は一九五六年一一月二四日から一九五七年八月二二日まで朝日新聞に連載され、連載後の一〇月三〇日に書籍化刊行された。初版は三万部だったというから、版元は売れると踏んでいた。実際、刊行後は順調に伸び二五万部近くへと至っている。[*31] なお一九五九年五月に新潮社から『日本文学全集』全七二巻が刊行開始されたが、その第一回配本は『井上靖集』で二〇万近くの部数を数えている。[*32] 一九五〇年代終わりの時期、小説では井上靖が人気の中心だった。

創作出版というアプローチ――『英語に強くなる本』

戦後の日本は九割が中流の豊かな国へと歩みを進めた。高度経済成長時代の到来は、多くの国民にゆとりをもたらした。教育熱が高まり知識への欲求も膨らむ。そして本を好む国民性は元来のものだ。江戸時代の出版事情から「スクラップ・ラッシュ」の状況まで、本好き民族の在りようが背景となっているのは間違いない。戦後社会も安定度を見せ、出版物の編集製作、流通、宣伝にかかわる体制も確たるものになった。読者対象の幅広さは、こうした諸条件をふまえて、ベストセラー史に新次元を切りひらいていく。部数の規模が格段に大きくなり、ミリオンセラーという言葉が珍しいものではなくなる時代がやって来たのである。出版側でこの現象を推し進め、数々の実績をつくったのが、神吉晴夫率いる光文社の「カッパ」シリーズだった。

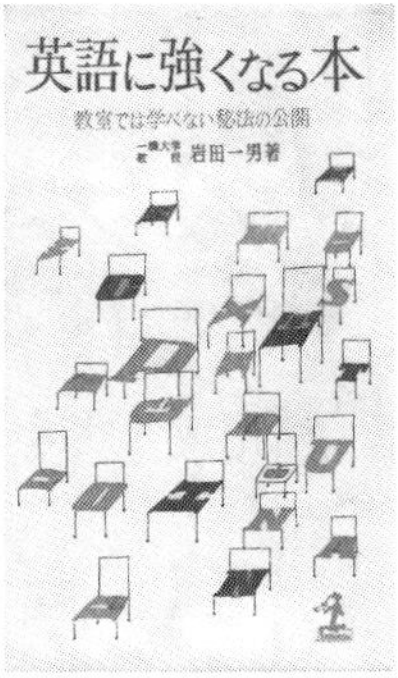

岩田一男『英語に強くなる本』

神吉晴夫は『少年期』と『英語に強くなる本』が、三〇年に及ぶ自身の出版活動にとってのエポックメーキングだったと述懐している。[*33] 彼は『少年期』成功を経てカッパ・ブックス創刊に至る時期、「創作出版」という言葉を口にしはじめていた。〈自分で企画を立てて、適切な著者を発見し、原稿の完成まで、著者と苦労を共にする。そして宣伝によって、できた本の読者人口を開発してゆく――手短かにいえば、「創作出版」とは、そうしたものである〉[*34]。有力な著者に完成された原稿をもらって本にする、という受け身の態度ではない。自ら企画全体をプロデュースし、著者とは共同制作のような関係を結ぶ。本づくりだけでなく、広告や販売にも力を入れて一体的な作業によって、ヒット作を意識的に生み出していく。これが「創作出版」であり、自らも本の「創作者」であるとの意識が、神吉と「カッパ」軍団にあったというわけだ。

神吉晴夫は一九五五年（昭和三〇）九月一〇日、朝日新聞夕刊の「私の話題」に談話を寄せ、〈創作出版は著者ひとりのもんでなく、プロデューサーとの二人三脚だと、わしゃ思っています〉と述べている。ただしこの時点でカッパ・ブックスは三〇点あったが、既刊を二次生産したものが目立ち、「創作出版」の条件ともいえる純粋な書き下ろしノンフィクションは三分の一に満たない九点しかなかった、という事実はある。加えて、神吉自らいう〈著者まかせの小説出版〉が一七点に及んでいる。[*35] つまりそこではまだ、神吉は自身の本づくり、とりわけ売れる本づくりの「理想」を語り、そのための馬力を生み出そうと自己鼓舞する段階にすぎなかった。「創作出版」の本格的な成功は後年のことになる。

さて、神吉と「カッパ」シリーズの成功軌跡において、メルクマールになったのは岩田一男の『英語に強くなる本――教室では学べない秘法の公開』だった。同書を世に生み出すにあたって、出版側にタイトルへの執拗なこだわりがあったことはよく知られている。

先行的な刊行物として一九六〇年のベストセラーリスト二位『頭のよくなる本――大脳生理学的管理法』がある。著者は慶應大学医学部教授の林髞《たかし》。木々《きぎ》高太郎《たかたろう》の筆名で推理小説も書くマルチタレントである。本のタイトルは、『頭をよくする本』か『頭のよくなる本』かで、会議が幾度となく揉めた。結果的に『頭のよくなる本』に決まったのは、「を・する」の組み合わせは、〈読者に努力を強制する響きがあるのではないか〉という見方からだった。対して、「の・なる」のほうは、〈自然によくなるような気がする〉というわけである。[36] かくして刊行された『頭のよくなる本』は六〇万部を超える大ヒット作になった。[37] 同書の成功は岩田一男の本に影響を与えた。

神吉晴夫は自著『カッパ兵法』で、当時を振り返ってこう記している。

〈「よく〈強く〉する」には、努力をしなければ英語に強くならないと、とられそうなニュアンスがある。ところが、「よくなる」は、この本を買って、机の上に置いておくだけで英語に強くなりそうだというイリュージョン（幻想）を生む。タイトルというものは、なにより、読者の感覚に訴えかけ、「読まなければ損をする。」と、感覚的に説得——いや、読者自身が思いこんでしまうようなものでありたい。すぐれたタイトルは、そのまま、有効な宣伝なのだ。[38]〉（傍点原文）

この経過をふまえて、続く一九六一年（昭和三六）のベストセラー『英語に強くなる本』が登場する。同書は当初『英語の学び方』というタイトルだった。当時、「英語には弱いが、テレビには強い」という言葉が流行語になっており、タイトリングのうちの「強く」はそこがヒントだった。そして、判断の理由として「強くなる」の「なる」にこだわったといわれ、上記「よくなる」の成功が背景にあった。[39]

著者の岩田は一橋大学の教授で、中学二、三年程度の英語でうまく表現できる、英語らしい言い回しを工夫していた。そのことが朝日新聞の記事で紹介されているのを目にした神吉は、かねてから依頼していた『英語の学び方』を推進するよう、若手の長瀬博昭に命じた。長瀬は岩田家に日参して原稿を取った。〈長瀬君は、岩田さんの二十五年にわたるぼう大な英語のコレクションから、教室では学べないセックスやトイレにかんする面白い表現を、話し合いのあいだに引きだす。「うん、それ、いけますね。それで一章つくってください。」適切な注文には、岩田さんはよろこんで応じてくれた〉という[*40]（傍点原文）。著者と編集者は一冊の本をめぐって、まさしく丁々発止《ちょうちょうはっし》のやりとりを繰り返していたのである。

『英語に強くなる本』の発売は一九六一年八月一日。書店に並ぶと早々に人気を得、売り切れ店が続出したという。発売一〇日後の八月一一日、光文社は朝日新聞に全五段の発売広告を打った。コピーには次のものが並んだ。

〈日本で初めてタテ組みで書かれ、漫画がドッサリはいった型破りの英語の本です。

学校で英語を習ったが、さっぱりモノにならなかった人もこの本でモノになります。

これからのビジネスで英語に弱いと仕事に自信がもてない。将来格差ができます。……〉

全五段の広告は読売新聞にも打たれ、続いて『週刊新潮』が特集記事をつくった。そうなると勢いは止まらなくなる。新聞・雑誌が次々とこの本を取りあげ、そのたびに部数は伸びた。光文社は九月一三日にも朝日新聞で全五段広告を打ったが、〈新学期の学生の間で引っぱり凧《だこ》——「パンのように売れる本」です〉と謳《うた》われた。本は通常の読者に買われるだけでなく、大学、高校、中学校の副読本への採用や企業での社員教育用材料に使われるなどもあり、その都度、大口のまとめ買いが入った。[*41] 売れ行きは続伸し、発売七〇〜七七日の一週間で二〇万部という記録的な増刷も経て、同年一〇月二〇日、ついに一〇〇万部突破がなされた。『英語に強くなる本』は

「カッパ」初のミリオンセラーになったのである。

戦後の日本出版界では次第に、プロデューサー型編集者――出版の場合、あらゆる職人芸を統合した「総合職人」というほうが正確である――がベストセラー産出の主演者となってくる。創作出版＝「神吉晴夫的な理想」を抱いて日々企画や編集に取り組む出版人が、いくつかの版元で個性的な活動をおこなう時代が到来したわけで、プロデューサー・タイプが影に日向《ひなた》に関わることで、ベストセラーの戦後史は豊潤なものになっていく。

なお、神吉晴夫が雑誌『日経広告手帖』（日本経済新聞社、一九五五年四月）に掲載した「ベストセラー作法十か条」は、よく引用されるが、神吉のベストセラーづくりの要点がわかるので摘記しておきたい。[*42]

①読者層の核心を二〇歳前後に置く。
②若い世代の純粋な感性に訴えるもの、あるいは素朴な正義感にこたえるもの。これは大ヒットするテーマである。
③たえず時宜を得ていること。前年歓迎されたからといって、今年もう一度と願っても、そうは問屋がおろさない。
④なんとなく良い作品、問題性の少ない作品は、宣伝の演出がしにくい。
⑤「この世ではじめてお目にかかった」という新鮮な驚きや感動を、読者に与えるものでなくてはならない。
⑥文章が「読者の言葉」であること。

⑦読者は作品から実生活の信条を引き出そうとする。二度とない人生をより幸福に生きるためにどうしたらよいか考える。それをねらうことだ。
⑧読者は正義を好む。不義をにくみ、不正を正そうとする。そういう読者の願いを代弁してくれる作品なら歓迎される。
⑨専門家が専門的知識をもとに書く場合は別だが、著者を読者より一段高い人間としてはいけない。著者は読者のなかにもやもやしてあるものを「形づくる」役割を担う。ゆえに著者と読者に上下があっていいはずはない。
⑩編集者はあくまでプロデューサー（企画、製作者）の立場に立たなければいけない。「先生」の原稿を押し頂くというのではベストセラーを作れない。
こういったところである。さまざまな前提がありうる条項だが、現場にもまれ続けた人物の言葉には迫真の力が宿っている。私《わたくし》流《りゅう》ではない普遍性の点灯がある。

モデル人形によるビジュアル化――『性生活の知恵』

本章は戦後期のなかで、東京オリンピック（一九六四年）の前までを対象にしている。テレビの登場と、高度成長での「豊かな社会」の到来以降のベストセラー事情は次章で扱う。そこで本章は以下で、一九六〇年（昭和三五）から一九六三年（昭和三八）のベストセラー作品のうち、既出を除いて取りあげていきたい。

一九六〇年のベストセラー一位は、謝国権《しゃこくけん》『性生活の知恵』（池田書店）となった。著者は産婦人科医である。性知識普及本は時折よい売れ行きを示しており、たとえば、ヴァン・デ・ヴェルデの『完全なる結婚』がその好例である。昭和五年に『完全なる夫婦』との邦題で抄訳が刊行されたが、発禁となっている。戦後いくつかのバージョンで出ており、なかでも一九四六年に刊行された『完全なる結婚――生理とその技巧』（神谷茂数＋原一平訳、ふもと社）は人気となり、一〇倍ものプレミアムが付いたほどだった。[*43] この本は一九四六年と一九四七年でベストセラーリスト入りをしている（六位と三位）。

性知識本の出版のさいは、態位をどうあらわすかが出版者の悩みであった。絵であらわすといささか生々しくなる場合もある。エロティックな本となれば、読者の一部を遠ざける。戦後まもない頃は、発禁にもなりやすい。その問題を『性生活の知恵』はうまく処理した。モデル人形による「性交態位分類法」というかたちでビジュアル化をはかったのである。人形の組み合わせで表現した。しかも著者は日赤本部産院産婦人科医局長であり、読者に良心的な印象を与えた。性愛関係本を買いにくい女性が三割を占めたのも、それらから来る「安心感」の結果であろう。[*44] 基礎読者層が増えれば、ベストセラーへの条件はさらに整う。

謝国権『性生活の知恵』

刊行は一九六〇年六月二五日。初版は五〇〇〇部にすぎなかった。人形での態位表現の本がそれほど売れるとは、版元でも思わなかったようだ。ところが意に反して本は版を重ね、年末には四〇万部に達した。翌一九六一年になっても『性生活の知恵』は売れ続け、同年だけで三八万部売れリスト三位に入っている。一九六二年、一九六三年も六位、三位と連続ランクインし、一九六六年九月末までに一五二万部へと達した。[*45]

こうした売れ行きに関して、豊かな社会の実現とレジャー時代の開幕を背景に、女性の性意識がより開放的になった面を『ベストセラー物語』は指摘している。[*46]

ブックス本というジャンルへ

光文社ではカッパ・ブックスの創刊（一九五四年）に続いて、一九五九年には小説を対象にしたカッパ・ノベルスをスタートさせており、一九六一年（昭和三六）は、両シリーズのカッパの本が年間ベストセラーリストを席捲した。一〇位までのうち実に八点を占めたのである。一位の『英語に強くなる本』については既述している。他にも南博編『記憶術――心理学が発見した20のルール』（二位）、林髞『頭のよくなる本――大脳生理学的管理法』（同四位、一九六〇年の二位でもある）、長洲《ながす》一二《かずじ》『日本経済入門――世界一の成長がもたらすもの』（八位）、坂本藤良《ふじよし》『日本の会社――伸びる企業をズバリと予言する』（九位）がカッパ・ブックスの本としてリストに並んだ。さらにカッパ・ノベルスの本として、松本清張の『砂の器《うつわ》』（五位）と『影の地帯』（六位）、水上勉『虚名の鎖』（一〇位）という三点がランクインしている。いずれも長篇推理小説である。

新書サイズではあるが岩波新書のイメージから離れるために、「新書」という名を使わなかったカッパの本は、タイトルや装幀も大衆向けに設定し、いくつもの流行をつくりだしていた。出版界に類書を呼び込んでおり、「新書」と分けるため、それらにはブックス本というジャンル名が付く場合もあった。ブックス本の先導者カッパの本がベストセラーを占拠する現象は、この時期、日本でのペーパーバックス隆盛を物語っている。その全盛期は一九六三年に一つの頂点へ達したと『本の百年史』は指摘している。[*47]

さて、「カッパ」のヒット群のうち、『記憶術』の南博は、光文社初期の話題作『社会心理学』の著者であった。神吉晴夫が雑誌『思想の科学』編集長の鶴見俊輔から、アメリカ帰りの青年学者として紹介され、無名のうちに神吉は彼を登用した。やさしく、分かりやすく書いてもらうために担当者は南の家に日参し、〈君は南博の秘書か光文社の社員か〉と神吉は冗談を飛ばすほどであったという。[*48]このときの縁が『記憶術』の刊行に結びついた。南博はのち一橋大学教授にもなるが、無名の青年時代に付き合った版元との縁は深いということなのだろう。

『記憶術』の章立ては〈記憶のよさは成功の条件〉にはじまり、〈強い動機を働かせよ〉〈注意ぶかく観察せよ〉〈記憶したいことに興味をもて〉など、心理学を基礎に具体的な提示がなされ、実用的側面が強調されている。文字ばかりにならぬよう真鍋博の絵がふんだんに使われているのも工夫の一つである。

清張の小説と『三等重役』

一九六一年（昭和三六）にカッパの本で二冊をベストセラー入りさせた松本清張は、前年一九六〇年にリスト一〇位入りした『黒い樹海』（講談社）以来、独自の社会派推理小説で人気を急上昇させていた。一九六二年にカッパ・ノベルス『風の視線』が一〇位、一九六三年にも同『時

源氏鶏太『三等重役』

間の習俗』が四位と、出す本を連続させてベストセラー入りさせている。『黒い樹海』も一九六二年にはカッパ・ノベルスで再刊されており、松本清張のブームは「ブックス本」という形式が生んだともいえるのである。清張はこの時期、井上靖、源氏鶏太とともに「ベストセラー三人男」と呼ばれる存在になり、吉川英治を抜き文壇高額所得番付の首位となった。[*49]

その松本清張はまだ人気を得る前、光文社から『点と線』『目の壁』を単行本で刊行していた。一九五八年のことである。当時は社会派推理小説が広く読者に認知されていなかったが、光文社は小説の内容を見ていわば「先物買い」をしたことになる。二冊の単行本にしても、当時は珍しかった全五段の広告を朝日新聞で打った。松本清張作品は着実に読者を増やして人気作家の仲間入りを果たした。そうなると、名の知られないときから積極的に本にして売る努力をしてくれた版元に対して、著者の好意も厚い。

やがてフィクションシリーズのカッパ・ノベルスが創刊されると、清張作品は目玉となった。『点と線』『目の壁』もこのシリーズで二次刊行されている。〈松本清張の長篇推理小説といえば、どれもこれもみんな光文社の「カッパ・ノベルス」から出版されているものと、読者の間に思いこまれてしまっている〉ほどになった。実際、一九七五年三月の調査では、カッパ・ノベルスに清張作品（長篇推理小説）は五一冊、その総発行部数は一九〇〇万部に及んでいる。当時「カッパ」の清張作品は、多くがベストセラーにしてロングセラーとなっていた。しかもこの時点で、

『点と線』と『砂の器』の二作がミリオンセラーに達している。[*50]

なお、松本清張と並ぶ前記「三人男」の一人源氏鶏太（本名・田中富雄）は、小説『三等重役』（毎日新聞社）を一九五二年のベストセラーリスト二位にランクインさせている。この作品の初出は『サンデー毎日』連載だが、編集長辻平一《へいいち》の発案で、一回の読み切りが何回も続く「読み切り連載」のかたちをとった。『三等重役』がヒットした理由の一つはこの形式にあると、文芸評論家・十返肇《とがえりはじめ》は指摘している。[*51] この作品はまた、〈サラリーマン生活の泣きと笑いを、恐妻ムードで戯画化することに成功した〉とされ、[*52] 戦後の女権拡張と「恐妻家」の登場という時期に合ったことも好評を得た理由といえよう。井上ひさしも〈妻の力というものを徹底して描いたのも、この小説の功績である〉と指摘している。[*53]

『三等重役』は続編、続々編が刊行され、さらにそれらが二度合本になって、延べ部数は四〇万部を超えた。[*54] また映画化されると東宝のドル箱になり、本の世評をさらに高めた。一九五〇年代に成された『三等重役』シリーズの連続ヒットは、源氏鶏太を「三人男」に押しあげる決定的な要因となったのである。

社名を列挙した『危ない会社』

さて、カッパ本の快進撃は一九六二年（昭和三七）も続いている。ベストセラー一位は黄小娥《こうしょうが》『易《えき》入門――自分で自分の運命を開く法』、二位も同じカッパ・ブックスで浅野八郎『手相術――自分で、自分の成功が予知できるか』、さらに、小池五郎『スタミナのつく本――体のリズムに乗る栄養生理学の法』が七位に入っている。カッパ・ノベルスの上記『風の視線』も加わり、一〇位中四点を占めた。

一九六三年も三作をランクインさせた。この年はじまった新シリーズ、カッパ・ビジネスの本、占部《うらべ》都美《くによし》『危ない会社――あなたのところも例外ではない』が二位であり、カッパ・ノベルスとして上記『時間の習俗』（四位）のほか、柴田錬三郎『図々しい奴』（三巻）が七位に入っている。

『危ない会社』はタイトルに強い引きがあった。著者占部は『経営革命』を主張していたが、カッパ・ビジネス編集部は『危ない会社』で押し切ったのである。この本は第三部が「経営革命への道」で、そこには事業部制の確立や会社合同による体質強化などが論じられている。経営学者の著者はこの箇所を本の要《かなめ》と考えていたはずで、だからこそ『経営革命』にこだわったのだ。

しかし、編集部の見方は違った。タイトルは内容の説明ではない（著者はしばしばこの点にこだわるが）。センスである。〈読者にイリュージョンをおこさせ〉、買いたい気持を生じさせるためにある。〈おもしろそうだ、読んでみたい――そういう感覚に訴える力〉、〈本文を読まなくて、買わせる魅力〉、その発生源こそタイトルなのだ。こう考える「カッパ」のリーダー神吉晴夫にとって、タイトルは即セールスのポイントだった。[*55]

実際、『危ない会社』は発売直後から人気を得て四十数万の部数を獲得した。ショッキングなタイトルゆえにであり、また、具体的に企業名を挙げ、売上高や利益率などの例示を重ねた第一部「会社は、なぜ傾くのか」と第二部「日本の会社を襲う黒い霧」への興味であって、著者意向の通り第三部を読ませる『経営革命』だったら、数千部しか売れなかっただろうと『ベストセラー昭和史』は書いている。[*56]

また、井上ひさしはこの本について、〈とくに話題を呼んだのは、危ない会社を何十となく実名で列挙した第一部だった。おかげで富士重工という会社などは株価を百円も下げた〉と述べて、ベストセラー書としての影響力を伝えている。[*57]

高度経済初期のヒット作

一九六一年から一九六三年（昭和三六〜三八）で、カッパの本以外の話題作を（既出を除き）挙げていくと、当時はまだ無名で、東大大学院の学生だった小田実《まこと》の『何でも見てやろう』（河出書房新社）がある。「一日一ドルの世界旅行」というチャレンジ精神が若い世代の共感を呼んだといわれ、一九六一年のベストセラーリストの七位に入った。前年一九六〇年に、医者で芥川賞作家・北杜夫の『どくとるマンボウ航海記』（中央公論社）がリスト三位に入っており、海外の旅ものが関心を持たれた時期でもある。高度経済成長が国民の暮らしを豊かにして、海外旅行をする者が増えてきていた。加えて、三年後にオリンピックが開催されるということで、人びとの目が「世界」に向かっていたことも背景にあろう。[*58]

一九六二年ではリスト三位に山口清人《きよひと》・久代の『愛と死のかたみ』（集英社）が入っている。「名ばかりの結婚」で結ばれた、女性と死刑囚との往復書簡で、四〇万部を売り捌《さば》いた。

一方、一九五〇年から長期の新聞連載が続いた山岡荘八の小説「徳川家康」の書籍化作がにわかに注目を浴び、一九六二年の四位を経て、一九六三年にはベストセラーリストの一位となっている。『徳川家康』はのち一九六五年までベストセラーリストにあがり、人気を継続させている。『徳川家康』が好評を得たのは、〈政財界人、会社経営者や会社員、中小企業主などに一種の〝経営読本〟として迎えられた〉面もあったからだとされる。[*59] この本は最終的に全二六巻となったが、一九六七年四月の段階で総部数は一五〇〇万部に達した。[*60]

一九六三年はベストセラー二位が『危ない会社』であるのは既出している。加えて五位の松下幸之助『私の見方・考え方』（実業之日本社、実日新書）、八位の林周二『流通革命』（中央公論社、中公新書）も二〇万部を超える部数となっており、会社もの、ビジネスものが関心を持たれた年だといえよう。なお、その一九六三年、ベストセラーリストに単体はあがってこないが、東京オリンピックを翌年に控え、英会話本が点数・部数ともに拡大している。[*61] この時期、総じて実利的な本が人気を博していたのは、高度経済成長期を迎え、国民生活が豊かになってきたことの反映だともいえよう。

二大潮流＝偶発と企画

『日本出版販売史』は一九五〇年代終わりから一九六〇年代前半頃のベストセラー状況について、概括的にこう述べている。[*62]

〈最近のベストセラーといわれるものを見ると、もちろんその内容が時流にマッチしたものであることが第一条件ではあるが、刊行当初はさほどでもなかったものが、何かのきっかけで話題となり、あるいはマスコミに採りあげられて一躍注目の的となり、連鎖反応式に動き出す場合も少なくない〉として、こうした〈偶発的なベストセラー〉の例に『人間の條件』と『徳川家康』を示している。他方、〈最初から〝ベストセラーは計画的に作り出すもの〟とするプロデュース出版が近時強く打ち出されてきていることも著しい現象である〉と書いている。

後者については、すなわち、〈的確な時代感覚に立って書籍のテーマと筆者を選定し〉、〈その原稿内容を吟味し〉、〈読みやすく買いやすい本につくる〉。そしてでき上がった本に対しては、〈マスコミにのせて強力に大衆に訴える手段を計画的に講じる〉のである。この在りようを『日本出版販売史』は、〈企画出版〉と表現して、〈出版社が主体性をもって必要条件をととのえ、大量生産から大量販売へ持っていこうとするやり方〉と示している。それは過去にもしばしば試みられ、成功例も少なくない（近代篇参照）。

加えて同書は、〈近時こうした綿密な出版作戦を継続的に行ない、特にめざましい実績をきずいたものに光文社がある〉と社名を特記しており、〈昭和二十九年に新書判の「カッパブックス」を起し、「経営学入門」「にあんちゃん」「頭のよくなる本」「英語に強くなる本」「易入門」「手相術」その他一連の教養ものや実益ものを、一貫した演出によって矢つぎ早やにヒットさせたことは、業界の一驚異であった〉と指摘する。創作出版を唱え、売れ行き良好書を連発していた「カッパ」の存在を、戦後の書籍界において、「ベストセラー・メイク」の領域に新スタイルをもたらしたものと評価する。

〈偶発的〉と〈企画出版〉——二つは当該時期のみに目立つ現象ではない。戦後の出版ベストセラー界において、各個にユニークかつ複雑な事情を包含しながら、全体としてさかんに展開していく二大潮流となっていくのである。

(1) ○○判は本のかたちのことであり、似た表現の○○版は出版形態のことである。たとえば新書判、新書版はこの違いを表している。
(2) 前掲『ベストセラー昭和史』一三二頁。
(3) 前掲『日本出版販売史』六六一頁。
(4) 前掲『本の百年史』三〇四頁。
(5) 同上書、同頁。
(6) 前掲『カッパ軍団をひきいて』四九頁。
(7) 同上書、五〇頁。
(8) 同上書、五一～五四頁。片柳忠男『カッパ大将——神吉晴夫奮戦記』オリオン社、一九六二年、一七六頁。
(9) 前掲「初期『カッパ・ブックス』考」、収録書、一〇六～一〇七頁。
(10) 前掲『カッパ軍団をひきいて』五六頁。
(11) 前掲『カッパ軍団をひきいて』六九～七五頁。
(12) 前掲『本の百年史』三〇六頁。
(13) 前掲『日本出版販売史』六五七頁。
(14) 同上書、六五七～六五八頁。
(15) 前掲『本の百年史』三〇八頁。
(16) 同上書、三一〇～三一一頁。
(17) 同上書、三一一頁。
(18) 前掲『日本出版販売史』六六一～六六二頁。
(19) 京谷秀夫「深沢七郎『楢山節考』」。小宮山量平・西谷能雄・布川角左衛門 他著『名著の履歴書——八十人編集者の回想』下巻、日本エディタースクール出版部、一九七一年収録。同書、一五一頁。
(20) 前掲『ベストセラー昭和史』一四七頁。
(21) 前掲「深沢七郎『楢山節考』」、収録書、一五二頁。
(22) 中央公論社『中央公論社の八十年』発行者・宮本信太郎、一九六五年、三四四頁。

(23)前掲『日本出版販売史』六六四頁。
(24)前掲『ベストセラー昭和史』一四九頁。
(25)同上書、一四七頁。
(26)同上書、一四八頁。
(27)前掲『本の百年史』三一二〜三一三頁。
(28)前掲『ベストセラー昭和史』一五二〜一五三頁。
(29)朝日新聞社編『ベストセラー物語』(中)、朝日新聞社、一九七八年、一二〇〜一二一頁。
(30)前掲『ベストセラー昭和史』一五三〜一五四頁。
(31)前掲『ベストセラー物語』(中)、六七頁。
(32)前掲『本の百年史』三一七頁。
(33)前掲『カッパ軍団をひきいて』八九〜九〇頁。
(34)同上書、五七頁。
(35)前掲「初期『カッパ・ブックス』考」、収録書、一〇八頁。
(36)新海均『カッパ・ブックスの時代』河出書房新社(河出ブックス)、二〇一三年、六七頁。
(37)前掲『本の百年史』三二二頁。
(38)前掲『カッパ兵法』一一九頁。
(39)前掲『カッパ・ブックスの時代』六八頁。
(40)前掲『カッパ兵法』一一五〜一一六頁。
(41)前掲『カッパ・ブックスの時代』七七〜七九頁。
(42)前掲『カッパ軍団をひきいて』六三〜六六頁。
(43)前掲『ベストセラー物語』(上)、一七頁。
(44)前掲『ベストセラー昭和史』一五六頁。
(45)前掲『ベストセラー物語』(中)、一三四頁。
(46)同上書、一三八頁。
(47)前掲『本の百年史』三二七頁。
(48)前掲『カッパ軍団をひきいて』二一頁。
(49)前掲『本の百年史』三二三頁。

(50) 前掲『カッパ軍団をひきいて』四五頁。
(51) 前掲『ベストセラー物語』(上)、二四六頁。
(52) 同上書、尾崎秀樹の書評より。二四七頁。
(53) 井上ひさし『完本 ベストセラーの戦後史』文藝春秋(文春学藝ライブラリー)、二〇一四年、九五頁。
(54) 前掲『ベストセラー物語』(上)、二五一頁。
(55) 前掲『ベストセラー昭和史』一七〇～一七一頁。
(56) 同上書、一七一頁。
(57) 前掲『完本 ベストセラーの戦後史』一三一頁。
(58) 前掲『本の百年史』三三二頁。
(59) 同上書、三三五頁。
(60) 前掲『ベストセラー昭和史』一六七頁。
(61) 前掲『本の百年史』三二九～三三〇頁。
(62) 前掲『日本出版販売史』六六二頁、六六四頁。

第三章

大競争の時代——戦後・二〇世紀③

高度経済成長

本章は東京オリンピックが開催された一九六四年（昭和三九）から、高度経済成長時代が終わる一九七〇年代にかけてを扱う（七〇年代は次章でも対象としている）。戦後日本は混乱と復興の初期一〇年を経て、一九五五年頃から一九七三年頃まで二〇年近くにわたる驚異的な連続好景気時代を迎えた。とりわけ、一九六〇年代に入ると実質経済成長率は年平均一〇%を超え続け、明治維新以来経験がなく、諸外国にも類例を見ない急速な経済発展を遂げたのである。ときの池田首相は所得倍増を語り、テレビ・洗濯機・冷蔵庫（「三種の神器」）はほとんどの家庭に行きわたった。所得は増え、国民の幅広い層が豊かさを実感できる時代となったのである。

出版史上もいくつかの大きな変化が起きている。なかでも、この時期のはじめ、雑誌の中心が月刊誌から週刊誌へ移行したのは重要な出来事である。『週刊新潮』（新潮社）、『週刊現代』（講談社）、『週刊文春』（文藝春秋。当時は文藝春秋新社）などが創刊されたのは一九五〇年代後半で、漫画文化を牽引する『週刊少年サンデー』（小学館）、『週刊少年マガジン』（講談社）が同日創刊されたのは一九五九年三月一七日であった。週単位で新しい記事やコンテンツが読者に届けられる。国民のライフスタイルも変わった。日本の就業人口で「被雇用者」が半数を超えたのは一九五九年で、併せて郊外に暮らし、長距離通勤するサラリーマンが大量に生まれた。彼らは通勤途上、駅の売店で週刊誌を買い、職場での話題を見つける習慣を持った。

ベストセラー史と関係が深い出来事として、この時代、テレビが普及したこともまた特筆せねばならない。NHKがテレビ放送を開始したのが一九五三年（昭和二八）年二月で、八月には民放もこれに続く。当初は受像器が高価で人びとは街頭テレビを見ていたが、一九五〇年代末頃から一般家庭にテレビ機器が普及してきた。一九六三年には受信契約数が一五〇〇万件へ達している。テレビの世帯普及率を大きく押しあげたのは、一九六四年開催の東京オリンピックであった。

テレビは情報をリアルタイムで伝えることを可能にし、結果として、人びとの生活サイクルを早めていく。素早い情報がより高い刺激性を伴って人びとを動かすようになった。月刊誌から週刊誌へという出版界の潮流も、万事がスピードアップした時代相と無縁ではない。

こうした現象には一方で、違和感も抱かれた。たとえば、テレビの急速な普及状況に対して、能動性や自律性を失い大勢に流される人間を氾濫させる時代の到来だとして、大宅壮一が「一億総白痴化」という強烈なコピーを用い批判している。

とはいえ、テレビの普及は止まることなき勢いであった。一九七〇年代に入るとカラーテレビが白黒と入れ替わり、「カラーの時代」が一気に進む。これらを背景に、一九八〇年代初頭には、テレビで名を知られた著者の本がベストセラーになる現象が生じた。あるいは、テレビでさまざまに取りあげられることでベストセラー化する書籍が登場する。テレビの普及を後追いするように、それらの書籍が出版界を席捲する「テレセラーの時代」が幕を開けるのだった。

もちろん、ベストセラー書の登場事情は、これまでもそうであったように、この時期もまた実に多様である。テレビの登場はそこに有力な要因を加えたということなのだ。「テレセラー」はベストセラー史を一色に染めたわけではない。ただ、相当に有力な現象として、その特徴的な姿を書籍販売の世界に浮上させたことは間違いないのである。

『愛と死をみつめて』

さて、「テレセラー」は次章から本格的に登場するのであって、本章では、まだメインテーマになり得ない。本章で扱うのは前章から続く企画出版、偶発性が大きな実を結ぶかたちに加え、テレセラーの初期的成功が混交したベストセラー状況である。同時期、戦後の出版文化の拡大も相まって、いわば「大競争」ともいえる様相が見られた。その展開をこれから辿るわけだが、まずは一九六四年（昭和三九）である。

明治維新期からのまさに一〇〇年を扱った瀬沼茂樹『本の百年史』は、「戦後最高のベストセラー」として『愛と死をみつめて』を挙げることでまもなく終筆を迎えている。部数的には『日米会話手帳』の短期で三六〇万部という実績はあるが（六三頁参照）、この本はパンフレットのような存在と見ていたようで、通常の書籍としては、当時、『愛と死をみつめて』が、『英語に強くなる本』を超える「最高」の部数的達成本となっていた。[*1]

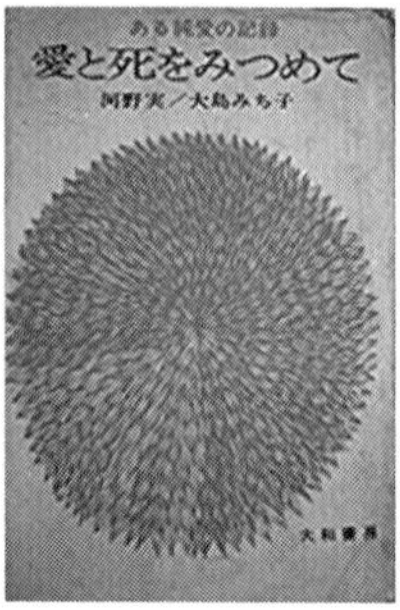

河野実＋大島みち子『愛と死をみつめて』

『愛と死をみつめて』は、ごく親しい、特定の人に向けて飾り気のない心情を綴った書簡が、むしろ幅広い感動を呼んだ本であって、戦後のベストセラーのなかでは『愛情はふる星のごとく』（六七頁参照）に連なり、無名の書き手の私的な記録が大勢の心を捉えたという点では、たとえば『にあんちゃん』（一〇三頁参照）にも通じる作品である。著者は河野実《まこと》と大島みち子で、二人は恋人同士であった。大島みち子は軟骨肉腫という病気となり二一歳で生涯を終えるが、彼女を励まし続けた河野実との純粋な愛の交流が本書である。往復書簡を版元の大和書房に持ち込んだのは河野で、それはこの出版社から刊行された『生命《いのち》ある日に』を、生前のみち子と読んで感動を共にした体験があったからだという。『生命ある日に』（一九六二年）は若くして亡くなった女子短大生・塩瀬信子の日記だった。

大和《だいわ》書房《しょぼう》の社長・大和《おおわ》岩雄《いわお》は『葦《あし》』（発行葦会、八雲書店）の編集部出身。『葦』は戦後まもない時期に、学徒兵をはじめとした無名の者の人生記録（日記、ノート、遺稿、書簡、手記）を掲載していた雑誌である。書簡を読み慣れていた大和は、河野と大島の原稿を預かって読み出し、即座に出版を決めたという。若くして顔の半分を切り取られる手術も受け、それでも死に向かうしかなかったみち子が、恋人と交わした書簡は、第三者の目に触れることは全く想定していない。それだけに二人の一体感は他者の存在を前提とせず、ひたむきに生きようと願う姿が深い感動を呼ぶものだった。書籍化にあたり五年間に及ぶ四〇〇余通から半分が選ばれた。[*2] 刊行は一九六三年一二月二五日、初版は一万部である。

　大和はマスコミ対策を積極的におこなう。この特異なヒューマン・ドキュメントに対する反応は、すぐにあらわれた。まず産経新聞が播州版で〈霊前へ急ぐ〝初刷り〟／いたましい青春の記録〉と大きく扱い、毎日新聞・家庭欄が続く。[*3] 週刊誌『女性自身』では特集記事が組まれ、その号の発売日に合わせて本も書店店頭に並べられた。[*4]

　ラジオ（ニッポン放送）がドラマ化「健康な日を三日」の放送で追いかける。このドラマ題は、大島みち子の別著『若きいのちの日記』（大和書房、一九六四年）に出てくる、みち子が書いた「健康な日を三日下さい」のくだりから採られた。

〈病院の外に　健康な日を三日下さい。／一日目、私は故郷に飛んで帰りましょう。そしておじいちゃんの肩をたゝいて、それから母と台所に立ちましょう。おいしいサラダを作って、父にアツカンを一本つけて、妹達と楽しい食卓を囲みましょう。／二日目、私は貴方の所へ飛んで行きたい。貴方と遊びたいなんて言いません。おへやをお掃仕《ママ》してあげて、ワイシャツにアイロンをかけてあげて、おいしいお料理を作って上げたいの。そのかわりお別れの時、やさしくキスしてネ。／三日目、私は一人ぽっちで思い出と遊びます。そして静かに一日がすぎたら、三日間の健康ありがとうと笑って永遠の眠りにつくでしょう。〉

　この箇所は読者に、とりわけ深い感銘を与えたといわれる。

　メディアでの露出効果もあって、『愛と死をみつめて』は発売まもなく、若い女性を中心に本の読者は大きく広がった。一九六四年上半期には四二万部へ達している。[*5] その後、テレビ「東芝日曜劇場」（TBS）でのドラマ化（大空眞弓、山本學出演）、コロムビアから唄青山和子でレコード「愛と死をみつめて」の発売（同年のレコード大賞を受賞）、さらに吉永小百合主演の映画化（日活、一九六四年九月一九日公開）と立て続けにメディアで取りあげられ、その後押しもあって本はミリオンセラー化する。同年年末には一三〇万部まで部数を伸ばしたのだった。[*6] なお、こうしたメディアによるブーム化＋ベストセラー化現象に対して、見《み》田《た》宗介《むねすけ》は次のように書いている。

〈それでは『愛と死をみつめて』は、マスコミの力によって人為的・計画的に「作られたベストセラー」であろうか。答えは然《しか》りであり、また否《いな》である。／マスコミの立体的な動員なしには、一〇〇万部はおろか一〇万部も売ることはできなかったろう。しかし一方、あるばあいには、当事者のためらいをおしきってまで、マスコミが積極的にとりあげたのは、本書の内容そのものが、現代の広範な読者大衆にアピールすると判断したからであろう。／そしてテレビの放送局に、開局以来という投書が殺到したことは、この判断が正しかったということをうらがきしている。ラジオ、テレビ、映画、レコードとすべての作品が、好評による再放送、ロングラン、ヒットセールをみたこともまた然りである。[*7]〉

マスコミの〈人為〉〈計画〉を投下すれば、ブームが起き、本がベストセラーになるというものではない。読者は作為に敏感だからだ。宣伝は「きっかけ」にはなるが、それ以上にはなれない。やはり作品そのものに魅力がなければ、本物の「売れる」現象は引き起こせないはずである。

なお、『愛と死をみつめて』は一九六四年のベストセラーリスト一位だが、この本の直後に刊行された大島みち子の『若きいのちの日記』も同年のリスト四位となった。大和書房の刊行書として、結核性脊椎カリエスによって二十歳で若い命を終えた女性の日記、佐伯浩子著『わが愛を星に祈りて』も続いて評判となり、一九六五年のリスト五位に入っている。

さて、恋人を失う出来事をテーマにした作品は、純愛ものの定番といえ、いくつかの話題作、ベストセラーが国内外にある。日本ではたとえば武者小路実篤『愛と死』がその一つで、恋人を待つ主人公のところへ、彼女の唐突の死が伝えられる。主人公の悲嘆の深さと無邪気な恋人の永遠の残像は、この小説を読んだ者に、〈そのあまりの美しさに幾度も泣いた。現代においては、美が人を泣かしめるということは稀有《けう》のことである〉との感慨をもたらした。*8 また『愛と死をみつめて』と同じく、女性が難病で亡くなる純愛ものとしては、二一世紀のベストセラーに『世界の中心で、愛をさけぶ』があり後述する。

オリンピック本と宗教書、『誰のために愛するか』そして『道をひらく』

一九六四年（昭和三九）の東京オリンピック（一〇月一〇日～二四日）は、敗戦から奇跡の復興を果たし豊かになった日本を世界にアピールする歴史的なイベントであり、なかでも女子バレーボールの活躍はたいへんな人気を呼んだ。ソ連との決勝戦はテレビの視聴率が八五％にまで達し、日本チームが無敵の強豪チームを破ったこの世紀の一戦は、のちのちまで語り継がれる国民的ドラマとなったのである。日本チームを率いた大松博文《だいまつひろぶみ》監督は一種の「英雄」になり、その指導術や人間性は幅広く人びとの関心を集めた。

その大松は前年一九六三年六月、講談社から『おれについてこい！』を上梓していた。大松率いるニチボー貝塚が一九六二年一〇月、モスクワでの世界選手権で優勝するまでの軌跡を記録した本である。これがオリンピックの影響で、一九六四年のベストセラーになった。オリンピック前から二三万部に達してヒットしていたが、オリンピック後に売れ行きは急上昇し、一九六五年四月までに三三万部へと達している。ベストセラーリストでは一九六四年の五位、一九六五年の三位である。オリンピックでの金メダル獲得で、同じ講談社から、大松の第二弾、『なせば成る！――続・おれについてこい』が一九六四年の暮れに急遽書き下ろし刊行された。こちらも一年ほどで四〇万部に達しており、[*9]一九六五年のベストセラー二位となっている。

安定度を増し物質的に豊かな時代を迎えた日本は、そのメルクマールともいえるオリンピックを終えて一つの達成感を得た。続く一九六〇年代後半、宗教ものがベストセラーの上位に挙がっているのは、物質的な充足によって満たされない「心」の充足を求める動機の拡大も背景にあったのかもしれない。

池田大作『人間革命』（聖教新聞社）は数巻に及ぶ大作だが、新刊が出るたびにベストセラーリストの首位ないし高位にのぼっている。庭野日敬《にっきょう》『人間への復帰』（佼成出版社）は一九六六年の二位である。

御木徳近《みきとくちか》の本は『人生は芸術である』（東西五月社）が一九六〇年、すでに五位にあり、一九六七〜一九六九年に『捨てて勝つ』（大泉書店）、『愛』（ベストセラーズ）、『大《おお》もの小《こ》もの』（読売新聞社）を相次いでベストセラーリスト入りさせた。

一九七〇年のベストセラーに二冊ランクインした高田好胤《こういん》の『心』と『道』（ともに徳間書店）

や、一九七二年のリスト二位になった小谷喜美《きみ》著・久保継成《つぐなり》編『天の音楽』（佛乃世界社）も、こうした系統の書籍といえよう。なお池田大作の本はこの時期、『人間革命』にとどまらず、『家庭革命』（講談社）、『科学と宗教』（潮出版社）、『私はこう思う』（毎日新聞社）、『私の人生観』（文藝春秋）と、聖教新聞社外の各社で出た本もまたリスト入りしている。

もちろん、これらの本のヒットが創価学会、立正佼成会、ＰＬ教団、薬師寺、霊友会の信者、関係者の根強い支持を背景にしている点は、容易に想定できる。ただ本がベストセラーになるほど売れるというのは、組織的な動員もあったろうが、宗教指導者が持つカリスマ性、あるいは迫力や図太さと、そこから生まれる「語りの引力」も含めた現象といえそうである。また、オリンピック後という時期にヒット作が集中しているのは、時代相が呼び込んだムードのようなものが背後に流れているという側面もあり、これらは、同系統本のベストセラー性を論じるさい、一定考慮しなければならないと思われる。

上記の宗教もののほかに、人生論ものといえる扇谷正造編『私をささえた一言』、曽野綾子『誰のために愛するか』（ともに青春出版社）が、主として女性読者に支持され、一九六六年と一九七〇年のベストセラーになった。『ベストセラー昭和史』はこれらの本が売れる一九六〇年代後半について、〈心の空白を充たすための導き書、安心立命の書が求められている時代〉と評している[*10]。

一九七〇年は大学紛争も激化した年で、若者の挫折と希望の喪失が世を暗鬱にしていた。『誰のために愛するか——すべてを賭けて生きる才覚』のヒットはその状況とも関連するはずである。希望なき殺伐の時代に伝えるべきは「愛」なのではないか。著者曽野と版元青春出版社・小澤和一《わいち》の一致した意向がこの本をつくりあげた。〈愛の定義を私はこういうふうに考える。その人のために死ねるか、どうか、ということである〉という同書「はじめに」の一節は、ベストセラー化の理由の一つだったと小澤は指摘する。確かにこれは、読者の心を摑み、本の世界へまっすぐ導くための名句であり、のち二一世紀の「新書ブーム」のときまで話題書を世に送り続けた曽野綾子の、読者受けする文章センスが光る。

『誰のために愛するか』は一九七〇年三月刊。初版四万部と強気ながら、発売三日後から注文が急増し、書店によっては欠本が生じるほどになった。一九七〇年のベストセラーリスト四位、翌一九七一年も七位でランクインしており、最終的には一〇〇万部へと達している。[*11]

なお、一九六七年のベストセラーリスト一〇位に、松下幸之助『道をひらく』(実業之日本社)が入っている。この本は、『出版指標年報』二〇一五年版が載せる戦後ベストセラーの総合順位で(二〇一四年一〇月調査)、一九六八年刊の改訂版(PHP研究所)が総計五一一万部となり、『窓ぎわのトットちゃん』(講談社)の五八〇万九五〇〇部に次ぐ二位となった。刊行年での爆発的なベストセラーではなく、長期的に売り伸ばしていった結果であって、各年のベストセラーを超えて総合的に高い順位を得た。同『出版指標年報』は、次のようにコメントしている。

〈松下幸之助の短編随筆集『道をひらく』は六八年の初版刊行以来、着実に部数を伸ばし、八九年に三七七万部、九五年に三九一万部、〇二年に四〇〇万部、〇八年に四四五万部、一三年に五〇〇万部を突破、そして一四年九月には五一一万部に達し、一年間で一一万部もの増刷をおこなった。感想文コンクールの実施や女性を意識した花柄のリバーシブルカバー版の発売などPHP研究所の積極的なPRもあり、女性をはじめ、新しい読者が毎年増えている。約半世紀に渡って伸び続けている驚くべき一冊だ。[*12]〉

松下幸之助関連の企業関係者による支持もあったろうが、それを含んでも、この本の長い販売実績には確かに驚かされる。

大河ドラマ原作の人気――『竜馬がゆく』『天と地と』

東京オリンピックはテレビの世帯普及率を一気に上げたが、一九六〇年代もテレビの普及は着実に進んだ。後半にはカラーテレビが登場し、一九七一年になるとNHKのカラー受信契約は一〇〇〇万件を突破、一九七六年には、カラーテレビの普及率は九四％に達している。ほぼ全家庭に行きわたったといえよう。

テレビの普及は本の世界にさまざまな影響を与えたが、NHK大河ドラマの原作本が人気となる現象はその一つである。司馬遼太郎『竜馬がゆく』は、維新ものの時代小説として、産経新聞に連載ののち一九六三年から一九六六年にかけて、全五編で文藝春秋から刊行された。刊行時は比較的地味な存在で、第一巻の初版部数は一万二〇〇〇部、第二巻も同様で、第三巻になって一万五〇〇〇部に増え、第四巻と第五巻は二万部の初版である。[*13]売れ行きには持続性があったが、この作品の後年の人気を考えると、当初はささやかな数字というしかない。

その『竜馬がゆく』を原作として、NHK大河ドラマが放映されたのは一九六八年（昭和四三）、竜馬役は北大路欣也だった。毎週、竜馬の活躍がテレビを通して多くの家庭に届けられる。視聴者に原作への関心が高まったことは、この年、『竜馬がゆく』がベストセラーリスト四位になったことからうかがえる。

翌一九六九年の大河ドラマ原作は、海音寺潮五郎の戦国時代もの『天と地と』である。ドラマでは上杉謙信役が石坂浩二だった。『天と地と』は『週刊朝日』に連載ののち、一九六二年に全二巻で朝日新聞社から一度、刊行されている。このときは上下で重版を併せても二万三〇〇〇部にすぎず、『竜馬がゆく』同様、地味な仕上がりだった。

ところが一九六九年に脚色されて大河ドラマで放映されると、「天と地と」ブームが起こった。朝日新聞社は放映期間に廉価版として全三巻で本を再刊し、上巻五二万八〇〇〇部、中巻四九万九〇〇〇部、下巻四八万三〇〇〇部と、各巻五〇万部近く売っている。[*14] この部数によって、『天と地と』は同年のベストセラーリスト二位になった。

ただ、この『天と地と』のベストセラー化については、著者海音寺の引退宣言という事件も招いた。NHKでの放映が三か月も進んだ頃だった。四月一日付毎日新聞朝刊に海音寺の談話が載ったのである。彼はこう断じたのだった。

〈あの本は発表した当時あまりうけなかったのに、テレビ・ドラマになってから急に新版がベストセラーになったんですね。文学が、テレビの力を借りなければ読まれないなんて、いやなことだ。作家も出版社も、テレビに気をつかわなければならないような傾向はますます強くなるだろうが、文学の道を歩むものとして、こんなおもしろくないことはありませんよ。テレビが栄えて、

文学がおとろえつつある。[*15]〉

海音寺は以後、ジャーナリズムの仕事を断り、『西郷隆盛』などの完成に専念したいとも語った。映像文化であるテレビが文字文化である文学への影響を増し、日に日に優勢になっていく状況を海音寺は見越していたのだろう。〈いささか皮肉なことながら、時宜を得た予言であった〉と、足立巻一《けんいち》はこの発言を評している。[*16]

テレビの優勢という〈時宜〉だが、一九六六年に起きた『氷点』ブームも、テレビドラマの高視聴率が関わっている。この小説は、朝日新聞が大阪本社創立八五周年を記念しておこなった「一千万円懸賞小説」の当選作。著者は三浦綾子で、同作が小説では最初の発表作になる（手記は『主婦の友』に投稿、入選したことがある）。朝日紙上で連載されたのち、一九六五年一一月一五日に同社から刊行された。当時としては破格の賞金による懸賞小説自体が話題であり、そこから無名の主婦が作家として登場したというのはトピックとなった。作品は登場人物の個性とプロットの巧みさで、新聞小説が得意とする家庭小説の骨法を押さえており、それも大衆的な興味を呼び込む理由となった。

書籍として刊行された『氷点』が人気を上昇させる過程では、ニッポン放送でのラジオドラマ化に続き、一九六六年一月から全国放送されたＮＥＴ（のちのテレビ朝日）連続ドラマの影響は大きい。第一回がすでに二二・六％という高視聴率で、ドラマが放映される日曜の夜は、「氷点」の話題で持ちきりになったという。ヒロイン演じる新珠《あらたま》三千代の着物は、「氷点」創作きもの展が催されるほどの人気を得た。『氷点』はのち映画化も進められる。朝日新聞社は「ブーム」到来をみて、ＰＲ作戦をさらに強化、かつての『挽歌』調のムード広告（九九頁参照）も展開した。[*17]『氷点』はこれらの相乗効果によって発売半年で四五万部へと達し、一年後には七〇万部まで部数を伸ばした。[*18]一九六六年のベストセラーリスト三位に入っている。

ロングラン書籍『頭の体操』

戦後ベストセラー史に数々の作品を送り込んでいた光文社の「カッパの本」は、一九六七年（昭和四二）になって、ベストセラーリストを席捲するシリーズを世に送る。同じ年に一位、三位、六位を一～三巻が押さえ、同じ著者の本が三冊ランクインするという記録を成し遂げた、多湖輝《たごあきら》『頭の体操』である。タイトルはジョン・ル・カレの『寒い国から帰ってきたスパイ』にあった「頭の体操」という表現を、光文社の者が気に入って使ったという。[*19]なお、東京オリンピックでは、体操の選手も大活躍し、「ウルトラＣ」の超技を連発し、その勇姿は国民の目に焼きついていた。「体操」はそのプラスイメージを読者にもたらした点はありえよう。副題を拾っていくと、第１集は「パズル・クイズで脳ミソを鍛えよう」、第２集が「百万人の脳ミソに再び挑戦する」、第３集は「世界一周旅行をパズルでやろう」である。

パズルの本はこれまでもあったが、どれも問題が頁に詰まり、解答は最終頁にまとめて載せるというスタイルだった。『頭の体操』はこれを大胆に変えた。問いの頁のすぐ裏に答えの頁を配置した。問いの頁もゆったりと組んでいる。こうしたデザインの取り組みは読者に読みやすさ、親しみやすさとともに、問いをめくると答えがあるというスピード感覚をもたらし、ヒットに繋がる要因となった。

もちろん、問い自体が斬新で面白いというのは、決定的なポイントである。著者多湖輝は、自著が人気になった理由について次のように述べている。

〈〔私の本は〕パズルを道具として、頭の柔軟性、創造性の開発を志しました。読んでいるうちに、どんどん頭がほぐれて、新しい考え方がでてくることが、実感としてわかっていただけたことが大きなベストセラーに結びついたのでしょう。〉[*20]

『頭の体操』は一九六六年一二月一五日刊の第1集が話題に話題を呼び、一年間で一〇〇万部へ迫るベストセラーとなる。第2集は五か月後に刊行されてこちらも勢いが出てまもなく五〇万部へと達した。これらの成果を受け、『頭の体操』はシリーズ化される。第3集までが同じ年にベストセラー入りしたのは既述している。第4集は翌一九六八年のベストセラーリスト五位。第5集は間を置いて一九七七年の刊行だが、同年中に五〇万部へと達してリスト八位となった。第23集『頭の体操 永遠の謎篇』（二〇〇一年）、さらに第二四巻にあたる『頭の体操 四谷大塚ベストセレクション』（二〇〇五年）までのシリーズ累計は一二〇〇万部に至り[*21]、戦後を代表するロングランシリーズといっていいだろう。

同じ著者の複数の本が同年にベストセラー入りするというなら、同じ光文社で一九六八年の佐賀潜《せん》の四冊というのも、たいへんな記録である。ともにカッパ・ビジネスの刊行で、『民法入門――金と女で失敗しないために』と『商法入門――ペテン師・悪党に打ち勝つために』が一九六七年の刊行、『刑法入門――臭い飯《めし》を食わないために』と『道路交通法入門――お巡わりさんにドヤされないために』が一九六八年の刊行。これらがすべて一九六八年のベストセラーリストで一〇位以内に入った。『民法』が二位、『刑法』が三位、『商法』が七位、『道路交通法』が九位である。

佐賀潜は経済検事を務めたあと弁護士になった松下幸徳《ゆきのり》の筆名。彼は弁護士経験を生かして書いた推理小説『華やかな死体』で江戸川乱歩賞を受賞しており、乱歩賞作家の筆力をもって一般向けに法律案内書を書いてもらえば、面白い本ができるというのがカッパ・ビジネス編集部の狙いだった。まず『民法入門』『商法入門』を出し、シリーズにて刊行を続け『憲法入門』まで実に一〇点に及んだ。『憲法入門』を除けば部数はどれも二〇〜三〇万に及び、『民法入門』はミリオンセラーとなっている。[*22]

この法律書入門シリーズについては、やはり初作『民法入門』の成功がシリーズ全体を引っ張ったといえよう。同書は六法全書のレベルからいったん法律を離して、「何をしたら罪になるのか」について日常生活の次元から説いている。簡単なストーリーが付いているのも身近さを印象づけた。見出しのネームには、〈バーのつけは、一年たったらはらわなくてもいい〉など、結論がわかる工夫がなされ、それが一一〇項目並ぶ。こうした本づくりの方法はシリーズ化成功を招いた理由の一つであろう。著者の佐賀はNETテレビ「女の学校」に法律コンサルタントとして出演し、〈ぼくが本に書いたようにね〉を連発して、それも一種の宣伝効果があったとされる。[*23]

『冠婚葬祭入門』──『バカの壁』以前、最大の新書ベストセラー

戦後日本における、東京オリンピックに続く国際的大イベントは万国博覧会であった。大阪府吹田《すいた》市の千里丘陵で開催され大阪万博ともいわれる。アメリカに次ぐ経済大国となった日本を象徴する出来事であり、国民的イベントになって人気を集め、総入場者数は六四〇〇万人を超えた。

開催された一九七〇年（昭和四五）はベストセラーリストの一位と二位を万博のガイドブックが占めている。一位は講談社編『日本万国博覧会公式ガイドマップ』だが、三三〇万平方メートルもの会場を平行透視図法による八色刷立体鳥瞰図とし、折りたたみ式の本とした。携帯に便利ということで入場者・入場予定者を中心に好評を得て、最終的に二七八万部を印刷し、実売は二七六万六九〇〇部に達したという。実売率九九・五％という完売に近い大変な数字で、一点ものとしてはそれまでの講談社の記録を塗り替えた。[*24]

この年、第三位に入ったのが塩月弥栄子《やえこ》『冠婚葬祭入門――いざというとき恥をかかないために』である。一九六九年にスタートした「カッパの本」の新シリーズ、カッパ・ホームスからの刊行だった。

塩月弥栄子『冠婚葬祭入門』

時代状況に歩調を合わせてヒットを生むのはベストセラーづくりの常道だが、『冠婚葬祭入門』は機を見るに敏な企画といえる。当時の日本では、豊かな社会の到来とともに、都市化の進展などもあって、核家族化が進んでいた。世帯数は人口増加を上回るペースにて増えており、一世帯当たりの人数は一九七〇年の調査でついに四人を切った。三世代同居ではない世帯が急増したことが推定できる。都市圏ではニュータウンの団地住まい世帯も増えた。家に年長者がおらず、近所で気軽に聞ける人はいない。突然のこともある冠婚葬祭では対処法が分からない、という人びとが、若い層を中心に増えていたのだ。

突然のお葬式でどういった服装にすればいいのか、香典にはいくら包んだらいいのか、斎場ではどう振舞えばいいのか……。『冠婚葬祭入門』はそうした時のバイブルになった。核家族化は急激に進んだが、古いしきたりに従わなくてはいけないという意識だけはまだ残っていた。二つが交錯する時期こそ、『冠婚葬祭入門』の刊行された一九七〇年前後なのである。

著者塩月は茶道家。父は裏千家の家元であり、日本の伝統を説くには信頼度が高いといえる。一方で塩月は赤いスポーツカーに乗り、ボーリングがプロ級の腕前だった。現代っ子の側面もあったのだ。彼女は『冠婚葬祭入門』刊行のち全国各地で講演会・サイン会をおこない、茶道家らしい立ち居振る舞いに加えて現代的な印象も与えることで、読者をさらに増やした。なお本の著者紹介は高峰三枝子が、袖（カバー折り返し）の推薦文は司葉子と考古学者の樋口清之が書き、それも注目度を高めた。[*25] 冠婚葬祭を説く本は類書がほかにあったものの、『冠婚葬祭入門』だけが一歩抜け出してベストセラー本になれたのは、これらから強烈な独自性を発信したうえで、読めば中身がやさしく解りやすい、という点がよかったと思われる。

同書は一九七〇年一月に刊行され、まもなく大きな話題を集めた。同年一〇月には『喜劇 冠婚葬祭入門』（松竹、監督・前田陽一、主演・三木のり平）として映画化もされている。本は続編、続々編が刊行となり、一九七〇年には正編と続編が、一九七一年には三点とも年間ベスト一〇入りを果たすという快挙を成し遂げた。

実は『冠婚葬祭入門』の刊行時期、光文社は「大争議」という社内紛争を抱えていた。神吉晴夫の極端な成果主義や抜擢人事に社内の不満が渦巻いたから、というのがよくなされる説明だが、それればかりではなかろう。本書筆者（澤村）も二〇歳代の頃（一九八〇年代中期）、勤務先で労組の立ち上げを実体験しその後の騒動の異様さも見知っているが、このとき上部団体の者から光文社闘争の話はよく聞かされたものだ。一般論だが、争議が起こるのは現場に何がしかのエネルギーがあってのことである。現場が活気に満ちており、自信作を世に送り出し売上げを立てているとき、会社への批判力がいくつかのきっかけで噴出する。現場に力がなければ反抗も起きないが、版元としては衰亡していく。経営陣も難しいハンドリングが必要となる。

さて、光文社闘争だが、カッパの本のヒットなども背景に現場にエネルギーがたまっていたわけで、それが沈静化に二四一四日を要すという対決的大闘争を招いたのである（終焉は一九七六年）。安保・全共闘運動が高揚した時代的雰囲気もあった。神吉晴夫は社長になっていたが、早々と社を去った。光文社闘争は無期限ストライキと暴力団投入という異常な局面を迎え、第二組合設立などもあり、暴力沙汰が日常化した（社会評論社『光文社争議団』にくわしい）。そのなかで多くの人材が退社していく。彼らは新しい版元で活躍するのだが、そのことは後述する。

『冠婚葬祭入門』はその大騒擾のさなかに刊行された。落ち着いて本を世に送り出せる会社環境ではない。しかし新聞広告は枠を取った以上、契約上も出稿しないといけない。当時の光文社販売部長は、〈取次からお叱りを受けたり、〔労組に〕押しかけられたり……品物がないから同じ広告ばかり打つ。それで逆に『冠婚葬祭入門』に火がついた面がある〉と証言している。[*26]『冠婚葬祭入門』は結局、四巻のシリーズとなり、総計七〇〇万部を売上げた。最初の巻（正編）は三一二万部に達し、三五年後に養老孟司『バカの壁』（新潮新書）がこの数字を超すまで、新書サイズ本で戦後最大のベストセラーの位置を保った。[*27]

著者の謎でマスコミを動かした『日本人とユダヤ人』

カッパの本の成功で大手版元になった光文社の書籍ばかりでなく、一九七一年（昭和四六）には、小版元が刊行した本もベストセラーリスト入りしている。イザヤ・ベンダサンの『日本人とユダヤ人』である。

版元の山本書店は聖書やヘブライ史関係の研究書を出していた小さく地味な出版社で、一般読者にその存在を知られることはなかった。一九七〇年五月二〇日、そこから一冊の本が刊行される。世界のアウトサイダーとして日本人とユダヤ人を取りあげ、その比較をもとに両民族の歴史から人間観、生き方までを解読的に描いた書籍『日本人とユダヤ人』であった。訳者は山本書店を一人でやっていた山本七平。スタイルは軽装サイズ本、活字が詰まって頁は二〇〇ほどだった。

宣伝力もない小版元から刊行され、日本人とはゆかりの薄いユダヤ人との比較をおこなった本ということで、当初は読書界で話題にならなかった。しかし、「日本教」といった造語が巧みで、日本人のあり方に対する指摘が的確なことから、次第に普及されていく。刊行二か月後に二版となり、三か月後に三版、四か月後に四版と、じわじわ売上げを伸ばした。[*28]

この本が注目されたのは、語り口のうまさによる本自体の魅力もさることながら、何といっても著者ベンダサンの匿名性が大きい。本の奥付にあった著者略歴によると、商用その他で日本とイスラエル、アメリカを行き来しているとあるだけで、正体不明だった。この謎にマスコミが飛びついた。ついには、ベンダサンの正体を探すために海外取材を敢行した新聞や週刊誌もあらわれ、その騒ぎが本の評判へと結びついていく。山本七平はベンダサンが実在し、何度か会っているとマスコミで証言しており、人物の謎はさらに深まった。『週刊文春』一九七一年四月五日号の記事では、同年三月中旬で一七万部に達したとある。その後、部数の伸びは止まらず、年内に六二万部を売るベストセラーとなった[*29]。版元による「著者の謎」作戦は成功したのだ。なお、ベンダサンが山本本人だというのはのちに定説となった。

『日本人とユダヤ人』が人気を得た背景として、日本人が日本人論を好む点はしばしば指摘される。アイデンティティのありかを求め自己確認を過剰におこなう傾向は、戦後にもいくつかの日本人論をヒットさせた。ルース・ベネディクト『菊と刀』（一九四八年）をはじめ、『日本人とユダヤ人』と同時期の本・土居健郎《たけお》『甘えの構造』（一九七一年）もそのなかに数えられる（一九五頁参照）。ベストセラー史に登場する本としては、エズラ・F・ヴォーゲル『ジャパンアズナンバーワン』（一九七九年）などが続き、幅広い日本人読者に迎えられている。

イザヤ・ベンダサン『日本人とユダヤ人』

『恍惚の人』『日本沈没』『かもめのジョナサン』

高度経済成長期の終わりは一九七三年（昭和四八）の石油ショックが機だといわれる。その前後、一九七二年から一九七四年のベストセラーをリスト首位で追うと、『恍惚の人』『日本沈没』『かもめのジョナサン』となる。

有吉佐和子『恍惚の人』は新潮社の「純文学書下ろし特別作品」として一九七二年六月一〇日に刊行された。有吉はすでに『華岡青洲の妻』（新潮社）を一九六七年のベストセラーリスト四位としており、人気と実力を兼ねた作家であった。戦後も二五年が過ぎ、豊かな暮らしが実現したことを背景に、当時の日本人は平均寿命が男性七〇歳、女性七五歳に至っていた。長寿はよい面ばかりではない。認知症となって老後を過ごす老人の問題が、日本社会に忍び寄っていた。その実態を人気作家が正面から捉え小説にしたわけで、ヒットする素地はあったのだ。もっとも有吉自身は、〈こんな小説的でない素材を小説にしたところで売れはしないだろう〉と思っていたそうだが。[*30] 一方、新潮社は売れると踏んだようで、『恍惚の人』を初版四万部でスタートさせた。本同社の予想は当たった。刊行一〇日ほど経った頃から、有吉家の電話は鳴りっぱなしとなる。本は大きな勢いで伸び、刊行年のうちに一四〇万部へと達した。本のタイトルはメディアで氾濫し、ときの流行語になる。[*31]

有吉佐和子は時代が抱える社会問題をテーマにした本を、続けて世に問うている。一九七五年、『複合汚染』が刊行され、こちらもベストセラーになった。同作は朝日新聞で前年に連載されたうえで、新潮社から上下二巻で上梓された（上巻は一九七五年四月、下巻は同七月刊）。小説のかたちをとるが、著名人が実名で登場し、環境問題、公害問題、食の安全性の問題を、資料に基づき真正面から取りあげたジャーナリスティックな作品である。有吉の筆力と人気に加え、身近なところに迫る危機を告発した内容も相まって、『恍惚の人』に続くヒット作となった。

小松左京『日本沈没』もまた、SF小説というかたちをとりながら、日本で同時代に進行しているとされる自然現象を扱い、人びとの不安心理を巧みに取り込んでベストセラーになった本である。光文社のカッパ・ブックスから一九七三年三月二〇日、上下二巻で刊行された（書き下ろし）。巨大なマントル対流によって日本列島が一年のうちに沈んでしまうという設定は、架空の話ということはわかっていたが、同時期の自然現象を背景にリアリティをもって読者に迫っていた。

本の初版は三万部。人気の小松作品とはいえ、当時のブックス本では特別高いとはいえない。しかし刊行してみると大成功だった。一〇万部単位での増刷も続き、結局、上下三八五万部へと達する。小松自身は当時、「SFは最大限七、八万部」という認識だったが、それをはるかに超えて上昇したのだ。しかも返本は一割以下という高い実売率も実現している。[*32]

光文社は『日本沈没』の新聞広告で、〈発売二カ月

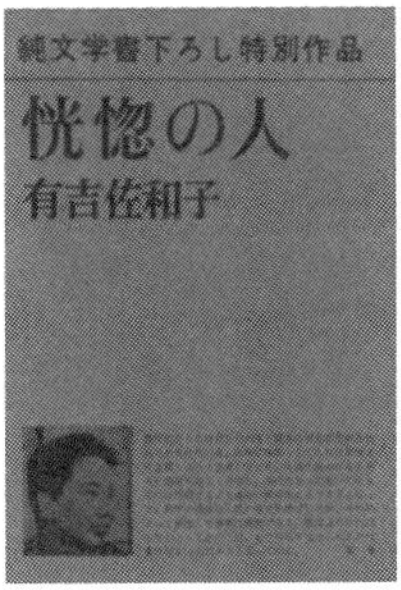

有吉佐和子『恍惚の人』

小松左京『日本沈没』（上）

半で百万部〈上・下合計〉突破〉とネームを打ったうえで、たまたま起きた小笠原群島西之島・東方海域の噴火写真を入れた。あまりのタイミングのよさに、光文社が本の販売のために噴火を仕掛けたのではないか、という冗談さえ飛び交った。[*33] 新聞広告ではさらに、〈一九七三年二月一日——浅間山大爆発、五月二三日——首都圏真下に大断層発見、五月三一日——小笠原沖海底噴火、六月一日——桜島突如大爆発〉とネームを載せる。[*34] どれも実際にあったことだが、あたかも刻々と「日本沈没」の危機が迫る印象を与えたのである。これが本の販売に大きく寄与した。

日本人読者の不思議さとして、崩壊とか危機、破滅といったネガティブなタイトルにむしろ惹かれ、将来は明るいといったニュアンスの本には興味を向けない傾向がある。不安感優位民族の真骨頂（?）といえるが、こうした傾向はたとえば『ノストラダムスの大予言』（後述）がヒットしたことにも繫がるだろう。地球破滅の予言がこれほど人気となるのは世界でも珍しいといえる。タイトルはネガティブ・ニュアンスのほうに圧倒的な引きがあるというのは、戦後の売れた本を縦断していっても充分いいうることである。『日本沈没』は、有力SF作家の筆力は当然としても、日本人読者の「破滅」好みがあってこそ、売上げは続伸して一大ベストセラーになったのだといえよう。なおこの本のパロディに筒井康隆の短編「日本以外全部沈没」がある。

樋口敬二は、当時の武者小路公秀《きみひで》・国連大学副学長の新聞寄稿文中の一節、〈『日本沈没』は、〈田中角栄首相が唱えた〉日本列島改造論のもっとも皮肉な反論〉、〈『日本沈没』は日本の対外依存度の大きさを極限状況という形でえがき出している〉を捉え、列島改造論の挫折、そして、この年の暮れに起こった石油危機（石油ショック）を、同書が読者を広げた要因と指摘している。[*35]

続く一九七四年のベストセラー一位は、リチャード・バック著、五木寛之訳『かもめのジョナサン』である。原著はアメリカのヒッピーたちに回し読みされながら人気化した本だった。当時、翻訳もののヒット作はベストセラー上位にあがっていない（イザヤ・ベンダサンは「別枠」とする）。しかも寓話というので、そのまま出したのでは部数を得るのは難しい、という判断があったのだろう。この本は五木寛之による創訳＝リーダブルな訳出がおこなわれた。風変わりなカモメ・ジョナサンの物語は「創訳」の成功も相まって、若者層を中心に読者の心を捉え、発売と同時に売れ出した。その後も人気は衰えることなく、〈発売一年で百数十万部に達した〉のである。*36

「ぐうたら」シリーズと『にんにく健康法』

一九七三年（昭和四八）には遠藤周作の「ぐうたら」シリーズが、ベストセラーに三作ランクインしている。純文学系の作家がストイックな文学作品を発表する一方、ユーモラスな柔《じゅう》文学（便宜的にこう称しておく）を書いて話題を集めることがある。

先行する例に北杜夫『どくとるマンボウ航海記』『どくとるマンボウ青春記』（ともに中央公論社）がある。前者は船医として半年間の航海生活を送った経験を題材にしているが、著者北自身が「あとがき」で、〈私はこの本の中で、大切なこと、カンジンなことはすべて省略し、くだらぬこと、取るに足らぬこと、書いても書かなくても変りはないが書かない方がいくらかマシなことだけを書くことにした〉と述べているように、飄々とした漫遊記であり、そこがかえって読者を面白がらせ、本の評判を高めた（一九六〇年のベストセラーリスト三位）。後者はそのほのとしたタッチを引き継ぎ、今度は敗戦直後の信州松本での青春の日々をユーモアたっぷりに描いた。こちらも人気を得て、一九六八年のリスト六位にランクインしている。

一方、遠藤周作の「ぐうたら」ものは、純文学作家が飄々としたタッチで綴り、読者をホッとさせつつ愉快がらせる内容で、北の「マンボウ」シリーズと似た位置にある。「マンボウ」に比するキャラクターは、遠藤の場合、「狐狸庵《こりあん》主人」である。この人物は作中、まさにぐうたら人間であるが、本来「ぐうたら」ではない遠藤が書くから面白いというのはあった。『ぐうたら人間学』『ぐうたら愛情学』『ぐうたら交友録』が一九七三年のリスト四位、六位、七位となり、続く『ぐうたら好奇学』は翌一九七四年の七位。シリーズとしてどれもが成功を収めている（すべて講談社刊）。

遠藤文学には重い主題を持つ『海と毒薬』や『沈黙』といった小説があるとともに、『おバカさん』『わたしが・棄てた・女』といった「通俗的」タッチの小説群がある。どちらも遠藤の世界といえるが、「ぐうたら」シリーズは後者の延長上に登場したエッセイ集といえるだろう。

高度経済成長も終わり、学園紛争の嵐が一段落した日本で、『日本沈没』のヒットが示すように、不安感が広がったという事情はあろうが、他方で、おっとりと優雅に、天下泰平を味わうムードも生まれていたのである。ごつごつした文芸作品がもてはやされなくなり、政治性抜きの柔らかい調子が読者を引きつけ始めたのは、一九六九年のベストセラーリスト七位、庄司薫『赤頭巾ちゃん気をつけて』（中央公論社）のヒットあたりからの現象であろうか。一九七三〜一九七四年の「ぐうたら」ブームはその潮流の一環ともいえよう。

なお、遠藤の「ぐうたら」シリーズがベストセラーリストに顔を揃えた一九七三年の五位は、渡辺正『にんにく健康法——なぜ効く、何に効く、どう食べる』であった。一九六九年にスタートしたカッパ・ホームスの一冊で、同年八月に刊行され、年末までに九〇万部の大ヒット作となる。健康関係書は時折ベストセラー史を賑わすが、この本は食品ものでは初期の成功作といえ、のちの健康本を先取りする特徴を押さえている。

『にんにく健康本』はまえがきで、西洋医学から出発した近代医学は〈局所的、一時的になることが多〉く、これに比べて、〈東洋医学、いわゆる漢方では、局所だけや、一時おさえでない全身をとらえた治療法をとる〉と示している。合理的ではあるが薬害なども起こす現代医学に対して、伝統的でより自然な（というイメージを持つ）東洋医学の重要性を唱えながら本編を語るという構成は、のち多くの健康本で定番になっており、『にんにく健康法』が手本になったといってもよい。

『にんにく健康法』の著者渡辺正は、当時、大阪市立大学家政学部助教授であり、ゆえに記述は専門的裏づけがあるとして本の存在感を高めた。それを前提に、「不老長寿の秘薬」「奇跡」「万能薬的」といった打ちだし方が効果的で、にんにく健康法の信奉者を増やし、本を評判にしていった。なおこの本は、〈にんにくはなぜ効くのか〉〈にんにくは何に効くのか〉〈にんにくはどう食べるのか〉の三章から成り立つが、「効く理由」「効能」「食べ方」というこの三本立ては（副題にもなっている）、のちの健康食品本に踏襲されたと大塚滋は指摘している。[*37]

この本はカッパの本らしくタイトルでもめたという。『にんにく強壮法』や『にんにくで強くなる』も案にあったが、担当の平川陽一が素直なタイトルがいいと主張して、重役の承諾を得たという。[*38] 一九七四年七月二六日、光文社は「夏のカッパ祭り」と称して新聞の一面広告を打った。そこには八九冊のカッパの本が並んだが、うちミリオンセラーは八冊で『にんにく健康本』はその一つに挙がっている。他は『英語に強くなる本』『頭の体操 第1集』『頭の体操 第2集』『冠婚葬祭入門』『続 冠婚葬祭入門』『日本沈没 上』『日本沈没 下』である。すべて本書にてこれまでに登場した作品ばかりだが、一九七〇年以降の新たな企画から登場したミリオンセラーは『にんにく健康法』だけであった（『日本沈没』については後述）。健康実用書では戦後初のミリオンセラーでもある。[*39]

健康実用書はさまざまなジャンルをもって、のちのベストセラー史に話題作を登場させる。東洋医学系のアプローチや独自のメソッドを主張し、ダイエット、健康食、視力回復、アレルギー改善など対象も幅広くなっている。『にんにく健康法』の翌一九七四年には、さっそく『食べるだけで やせる健康食』（中村鉱一著）がベストセラーリストの三位に入り、次の一九七五年には『眼がどんどんよくなる――確実に視力1・2にする驚くべき事実の公開』（ハロルド・ペパード著、高木長祥《ながよし》・横山博行訳）が同四位に入っている。前者はKKベストセラーズの本で、後者は青春出版社の「プレイブックス」シリーズの一冊である。

小松左京の小説『日本沈没』は前項で述べたばかりだが、関連してここでも述べれば、執筆開始は一九六四年であった。著者小松はSF作家として名を成しており、カッパ・ノベルスでも『日本アパッチ族』（一九六四年）を刊行済み。『日本沈没』はその次作としてオファーされたのだ。

小松は一九七〇年の日本万国博覧会でテーマ館サブ・プロデューサーを務めるなど、作家活動以外で当時多忙をきわめた。受け取る光文社のほうも大争議があり落ち着かない時期である。そのなかで執筆は長期に及び、結局、脱稿まで九年掛かった。当初小松が付けた本のタイトルは『日本滅亡――果てしなき流れの果てに…』、出発の日』で、編集の希望から実際の題になったという。[*40]

ベストセラーズと青春出版社

一九七〇年代前半のベストセラー史において、光文社とともに目立つのは、青春出版社とKKベストセラーズの本である。青春出版社は曽野綾子のミリオンセラー『誰のために愛するか』の版元としてすでに登場している（一三一頁）。同社は一九五五年（昭和三〇）、小澤和一が大和岩雄とともに創業した。大和はのち別れて大和書房を創業し、『愛と死をみつめて』をベストセラーにしている（一二六頁参照）。

青春出版社は元々、人生を描く投稿雑誌『葦』を創刊することで事業をはじめ、次第に書籍部門を強化していく。初期の同社組の一人に岩瀬順三がいる。岩瀬は編集長に達したうえで、退社して河出書房「ベストセラーズ」シリーズを運営、河出書房倒産にさいして「ベストセラーズ」の名義を譲り受け、KKベストセラーズとして独立した。設立年は河出時代の一九六七年（昭和四二）である。

一九六〇年代後半、青春出版社はベストセラー本を三書生みだしている。野末陳平『ヘンな本

――禁じられた「笑い」のすべて』（一九六六年ベストセラーリスト四位）、扇谷正造編『私をささえた一言』（同六位）、『誰のために愛するか』であった。

一方、KKベストセラーズのほうも、一九六〇年代後半から一九七〇年代前半にかけて、相次いでリスト入り作品を世に送りベストセラー界を賑わした。御木徳近『愛』（一九六八年八位）、奈良林祥《やすし》『HOW TO SEX――性についての方法』（一九七一年六位、一九七二年五位）、藤田田《でん》『世界経済を動かす ユダヤの商法』（一九七二年六位）、糸山英太郎『常識をぶち破る 怪物商法』（一九七三年三位）、吉田敏幸『どんと来い税務署――ひどい目にあわないために』（同九位）、『やせる健康食』（上述）、あのねのね『あのねのね』（一九七四年六位）という作品群である。

両社は新興版元にしてヒットメーカーに躍り出た存在だった。ともに小澤和一、岩瀬順三という個性豊かなリーダーが率いていたことは、神吉晴夫が「ラッパを吹き」社を引っ張った光文社と同じである。

実際、小澤、岩瀬は神吉をモデルとし、そのプロデューサー的手法を自社に導入した。岩瀬は、社員に神吉晴夫の著書を読ませて、売れる本づくりを学ばせていたという。[*41] ただし「カッパ」には強烈な対抗意識を燃やした。岩瀬がはじめたKKベストセラーズのワニブックスが、「カッパ」を喰ってしまうワニ」をイメージしたブランドとして創刊されたエピソードに、その一端があらわれている。なお青春出版社もカッパの本の同型シリーズ、プレイブックスを創刊しており、上記『ヘンな本』はそこでのヒット作にあたる。

岩瀬はまた、読者に新鮮な思いをしてもらうため、カッパや他社で本を出していた著者は、どんなに売れていようが決して使わない方針だった。また、類書がある本の企画はマイナス評価をしたという。[*42] 著者実績・類書実績と称して、近過去の数字が企画採否の要点となってしまった平成末期の出版事情とはだいぶ異なる。既成功作の類書を追っていくような守りの姿勢に対して、岩瀬のこだわりは出版業として明らかに正統といえよう。

さて、ＫＫベストセラーズのヒット群を個々に見ていきたい。まず『愛』だが、同書はすでに触れている（一三〇頁）。

『HOW TO SEX』は一〇年前の『性生活の知恵』に次ぐ性知識普及本ながら、それとは明らかに性格を異にする。『性生活の知恵』がタブーを破る画期的な本とはいえ、結婚生活の夫婦のいとなみを前提に書かれ、態位を人形で示した点も与《あずか》って女性読者が三割いた本だった（一一一頁参照）のに対して、一〇年後の『HOW TO SEX』はヌード写真を使用し、男性の女性に対する性技指南が主軸の本になっている。『HOW TO SEX』は売れ続けてミリオンセラーとなりシリーズ化もなされた。たとえば、同じ奈良林の著でＫＫベストセラーズ刊の『MY SEX』などがあり、一九八〇年のベストセラーリスト七位に挙がっている。

『ユダヤの商法』は、『日本人とユダヤ人』のヒットがユダヤものへの関心を広めていたタイミングで刊行されたことが、成功の一要因であろう。『どんと来い税務署』は一九六八年の佐賀潜の法律実用書ヒットを受けた本といえそうだ。

『あのねのね』は当時、一世を風靡したフォークソングデュオの本で、ＫＫベストセラーズが一九八〇年代前半にヒットを連発させるタレント本（ツービート、江本孟紀《えもとたけのり》。後述）の先駆的な作品である。著者「あのねのね」は、一九七三年より日本テレビ「金曜10時!うわさのチャンネル‼」に出演し、テレビを通して名が知られていた。その意味でテレセラー本の走りと位置づけられよう。

一方の青春出版社は一九七〇年代後半にヒット作を連発した。一九七五年の『眼がどんどんよくなる』は既出しており、さらに、野末陳平の『頭のいい銀行利用法――あなたの方法《やりかた》は間違いだらけ』と『頭のいい税金の本――返る、取られない、安くなる74の方法《やりかた》』を、それぞれ一九七七年、一九七八年のリスト二位入りさせている。

『頭のいい銀行利用法』は元々、『銀行公害』とのタイトルでカッパ・ブックスにて刊行される企画だった。レジュメまでできていたが、牧野幸夫編集長が「うちでは出せなくなった」と謝りに来て頓挫したという。それが青春出版社へ移ったのである。光文社では銀行を追及する本だったが、青春出版社の小澤は野末に、「むしろ銀行を利用し、トクする方法の本にしたらどうか」と提案してきた。実用性の重視であり、小澤らしい発想といえよう。野末はこれを受け止めた。『頭のいい銀行利用法』のタイトルは小澤が付け、加えて小澤は、著者の肩書きに「参議院大蔵委員」を利用したのである。[*43] 売れる本になる段取りは整った。

『頭のいい銀行利用法』は実際よく売れ、すると、間を置かず次作が企図される。野末は税金のことを国会で追及中であり、ラジオのレギュラー番組では税金に関するコーナーも設けていた。番組で野末は「こうすれば税金が返ってくる」とテクニックをさまざまに語り、「医療費控除」という言葉も流行らせる（新聞で取りあげられた）。そこに目をつけた小澤が依頼して、次作は

『頭のいい税金の本』となる。こちらも好評を得て勢いよくベストセラー入りした。[*44]

青春出版社の野末「お金」本は続いて、『自分のお金をどうするか』が一九八〇年のベストセラーリスト六位、『新・頭のいい税金の本』が一九八一年の九位にランクインし、人気は衰えなかった。これら「お金」本が成功した背景には時代的要因もあろう。不景気に加え重税感の増したことが、「一〇円でも無駄にしたくない」との考えを主婦層中心に広げていた。そうした時期だからこそ本はヒットしたのだ。〈難しい銀行、税金の話を、卵一個一円、二円の差の損得勘定と同レベルに引きおろし、徹底して〝トクする方法〟を追求した、その内容が、ミリオンセラー誕生の最大の秘密である〉と、伊藤隆紹も雑誌『創』の記事で書いている。[*45]

青春出版社の一九七〇年代後半のベストセラーとして、野末本に加え、和泉宗章《いずみそうしょう》本がある。一九七九年に『算命占星学入門――自分を知りつくす中国最高の占法』と『天中殺入門――自分の波を知る驚異の知恵』が、それぞれリストの一位と二位になった。ともにプレイブックスでの刊行である。後者は「算命占星学〈2〉」の角書《つのが》きがあり、二冊は正続編ともいえた。『算命占星学入門』カバー折り返しの言葉には、こうある。

和泉宗章『天中殺入門』

〈算命占星学とは、中国占星術とも呼ばれ、四柱推命学や気学などあらゆる占術のルーツというべき、恐るべき難解な学問、算命学を母体としたものである。人間の寿命までピタリと算出するというその正確さは古代中国から王の学問として一般には禁断の書とされてきたものだが、今回まったく独自

の簡略法に成功し、本邦初公開したのが本書である。〉

著者和泉は早稲田大学教育学部を中退したのち、作曲家として活動しながら占いの研究を始めたという。一九七八年に刊行した『算命占星学入門』は日本テレビの深夜番組で紹介され、それもきっかけとなって注目された。青春出版社は重版された本の帯オモテに〈テレビ「11《イレブン》 PM《ピーエム》」でも特集紹介、大反響！〉と唱い、テレビ登場をアピールしており、テレビとの連動を意識したテレセラーの一冊といえよう。

『算命占星学入門』の刊行は一九七八年四月三〇日だが、一年後の一九七九年四月二五日には二二五刷まで達するベストセラーとなった。同年六月に第二弾として『天中殺入門』が刊行され、第一弾と合わせて三〇〇万部以上を売上げている。天中殺はときの流行語になった。

なお、同書が話題になると、「天中殺」は怪しげであると和泉を告発する記事も出た。のち占いが外れたことから和泉は占い師廃業を宣言し、天中殺自体を自ら否定したばかりか、かつて批判記事を載せた『週刊読売』の版元・読売新聞社から『和泉宗章の占い告発』（一九八二年四月）なる占いのウソ追及本を刊行してもいる。読売とのこの奇妙な経緯《いきさつ》は、和泉がジャイアンツ長嶋茂雄監督の成果や去就に関する占いで話題を集めたことと関連があると思われる。

祥伝社とごま書房

光文社の大争議については前述したが（一四一頁）、長期にわたる混乱のなかで多くの優秀な社員が社を去った。結果、カッパの本のノウハウが社外に移っていったのである。移行先としてたとえば前項の青春出版社、ＫＫベストセラーズがある。他にも主婦と生活社、角川書店、筑摩書房など多くの版元に「カッパのＤＮＡ」は広がったわけだが、退社組による新会社の設立もなされた。神吉晴夫自身もかんき出版の立ち上げをおこなったが、準備中に逝去する（会社は神吉の遺志をついで発足し、活動を続けている）。

創業された新会社のなかで昭和ベストセラー史に登場するのは、祥伝社とごま書房である。祥伝社は藤岡俊夫、伊賀弘三良《こうさぶろう》、黒崎勇、櫻井秀勲《ひでのり》らによって一九七〇年（昭和四五）一一月に設立された。藤岡は営業室長、伊賀はカッパ・ノベルス、カッパ・ブックス、『宝石』の編集長、黒崎と櫻井は『女性自身』の編集長を経ている。彼らは光文社で営業、書籍、雑誌のベテランだった。祥伝社が小学館資本でつくられたのは、社名のうち「祥」の字が小学館創業者・相賀祥宏《おうがしょうこう》から採用されたことでも判る[*46]。

祥伝社は設立翌月、〈既成の価値に対する不安と疑い――これが現代の特色です。まさに〝否《ノ》定《ン》〟の時代と申せましょう。このとき私たちの「ノン・ブック」がスタートします〉と唱い、新書サイズ「ブックス本」のシリーズを立ち上げた。これがまず松原泰道『般若心経入門――276文字が語る人生の知恵』というヒット作を生み出す（一九七二年のベストセラーリスト八位）。そして、五島勉『ノストラダムスの大予言――迫りくる1999年7の月、人類滅亡の日』（一九七四年同二位）、樋口清之『梅干と日本刀』正続（一九七五年同一〇位）が続いた。

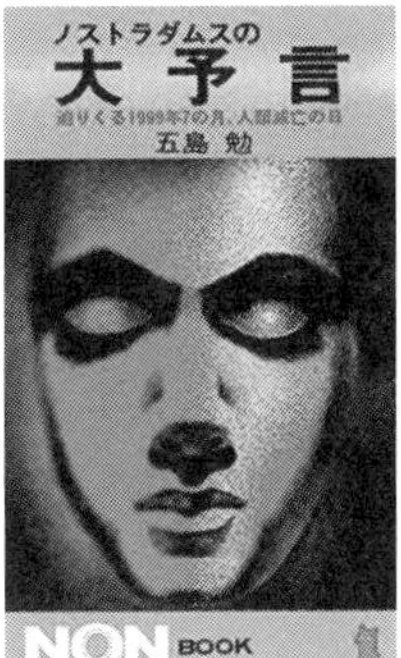

五島勉『ノストラダムスの大予言』

これらのうちで、異常ともいえるブームをつくりだしたのは『ノストラダムスの大予言』である。井上ひさしは流行の背景として「不安な時代」を挙げている。この本がヒットした一九七四年は、高度経済成長期が終わり、戦後はじめてマイナス成長となった年だった。対して消費者物価は二月時点の前年同月比で二六・三％も暴騰した。秋には長嶋茂雄の引退が国民的話題となり、『文藝春秋』の記事がきっかけで「今太閤」と呼ばれた田中角栄首相が退陣したのが年末である。井上は〈なんでも起こり得るが、確かなものはなにもない時代〉を象徴する出来事であると示し、〈人びとの心にあいた〉この穴にじんわりと入り込んできたのは「不安」という得体のしれない、暗く重い空気だった〉と告げている。[*47]

未来は暗い、という雰囲気が蔓延しだした。そのなかに「迫りくる1999年7の月、人類滅亡の日」との副題本が登場する。前述もしたように、日本人は不安に傾く特質がぬぐいがたくある。安心や希望を示した本より、崩壊、破滅、終焉といったネガティブ・イメージのほうに引かれる。メランコリー民族ということなのか。不安を惹起する言説に接することでむしろ安心を得るという面があるのだ。時代相が暗いと、とりわけ「暗さ」に転換しだした時勢においては、こうした側面は強調的に出る。それが『ノストラダムスの大予言』のヒットを生んだともいえよう。もちろん、新興版元祥伝社がおこなった、カッパの手法の数々――編集センス、販売方法、宣伝のやり方などが効果を発揮したことは確かである。ちなみに同書の読者は一〇歳代、二〇歳代の若年層が圧倒的だったようだ。[*48]

不安という〈暗く重い空気〉が『ノストラダムスの大予言』を生んだとしたなら、この本がシリーズ化され、一九八〇年の二位（ⅠとⅡ合計）、一九八一年の八位（Ⅰ〜Ⅲ合計）にランクインしているのは、それだけ不安時代が長く続いたということだろう。本が指し示す一九九九年七月はまだ遠いというのもある。さすがに実際同年が近づくと、本はリアリティと説得力を失い、人気もフェードアウトしていった。

さて、光文社から飛び出した人材がつくったもう一つの有力出版社に、ごま書房がある。カッパ・ブックスで多湖輝のヒット作を担当した二人の編集者、福島茂喜と篠原直《ただし》が、業務部にいた浜野晃を仲間に誘い、三人を中心として一九七一年二月に正式発足した。多湖、井深大《まさる》（ソニーの創業者の一人）、山崎富治《とみじ》（山種証券社長）の出資を得ており、これら有力者の資金援助があったのは、設立グループの実力への期待ゆえにであろう。篠原は、神吉「創作出版」路線を推し進めたと語っている。[*49]

ごま書房は設立年の六月に「ゴマブックス」を立ち上げた。第一弾は井深大『幼稚園では遅すぎる』。カバー中央に、〈放任主義もスパルタ主義も子どものためのものではない！　真の幼児教育とは何かを全国1000万の母親に問う〉とのキャッチコピーを配した、大胆な装幀としている。これが四五万部に達して初期成功を果たした。続く多湖輝『心理トリック』も四〇万部のヒットとなり、一気に社業を拡大させていく。一九七〇年代でベストセラーリスト入りしたのは、川上源太郎『親の顔が見たい』正続で一九七五年の六位である。舌を出し合う母娘のイラストが強烈で、カバー下に配置したキャッチコピーは〈娘の幸せは母親で決まる！〝女らしさ〟をとりもどし、愛される娘に育てる本〉であった。

ごま書房のベストセラー史上の功績に、細木数子にはじめて占いの本を書かせたことがある。彼女のデビュー作は篠原直が仕掛けた『六星占術による相性運入門』（一九八二年）で、同社ブックス本の新シリーズ「ゴマポケット」の一冊だった。細木本は続刊され、一九八六年には『運命を読む　六星占術入門』がベストセラーリスト八位に入っている。ところが、やがて細木と篠原の関係はうまくいかなくなったようで、細木は版元を祥伝社に切りかえ、『自分を生かす相性　殺す相性――六星占術による〝相性大殺界〟の読み方』と『大殺界の乗りきり方――六星占術で本当の幸せを摑《つか》むために』を、今度は「ノン・ブック」で刊行することになった。両作は一九八六年のリスト二位と一〇位にランクインしている。ごま書房と祥伝社で都合三冊を同年のベストセラー入りさせたわけだが、この一事もジャンプボードに、細木本は次々とヒットを重ねる人気シリーズの地位を築くのである。

（1）前掲『本の百年史』三三〇頁。
（2）前掲『ベストセラー昭和史』一七一～一七三頁。
（3）同上書、一七三～一七四頁。
（4）前掲『ベストセラー物語』（中）、二一七頁。
（5）前掲『本の百年史』三三〇頁。
（6）同上書、同頁。
（7）前掲『ベストセラー物語』（中）、二一八頁。
（8）武者小路実篤『愛と死』新潮社（新潮文庫）、一九五二年刊収録、本多顕彰「解説」。
（9）前掲『ベストセラー昭和史』一七四～一七五頁。
（10）同上書、一八〇～一八一頁。

(11) 同上書、一九三～一九四頁。
(12)『出版指標年報』全国出版協会・出版科学研究所、二〇一五年版、一三七頁。
(13) 前掲『ベストセラー物語』(中)、三一九頁。
(14) 朝日新聞社編『ベストセラー物語』(下)、朝日新聞社、一九七八年刊、三一頁。
(15) 同上書、三四頁。
(16) 同上書、三五頁。
(17) 前掲『ベストセラー物語』(中)、三〇一～三〇二頁。
(18) 前掲『ベストセラー昭和史』一八三頁。
(19) 前掲『カッパ・ブックスの時代』一〇〇頁。
(20) 前掲『ベストセラー昭和史』一八五頁。
(21) 前掲『カッパ・ブックスの時代』一〇〇～一〇一頁。
(22) 前掲『カッパ軍団をひきいて』一二六～一二八頁。
(23) 前掲『カッパ・ブックスの時代』一〇三～一〇五頁。
(24) 前掲『講談社の80年』三八一頁。
(25) 前掲『カッパ・ブックスの時代』一六一～一六四頁。
(26) 同上書、一六三～一六四頁。
(27) 同上書、一六一～一六二頁。
(28) 前掲『ベストセラー物語』(下)、九八頁。
(29) 同上書、一〇一頁。
(30) 前掲『完本 ベストセラーの戦後史』三三九頁。
(31) 同上書、同頁。前掲『ベストセラー昭和史』二〇四～二〇六頁。
(32) 前掲『カッパ・ブックスの時代』一七四頁。
(33) 前掲『ベストセラー物語』(下)、一九六頁。
(34) 前掲『ベストセラー昭和史』二〇八頁。
(35) 前掲『ベストセラー物語』(下)、二〇二頁。
(36) 前掲『ベストセラー昭和史』二一二頁。
(37) 前掲『ベストセラー物語』(下)、二二一頁。

(38) 前掲『カッパ・ブックスの時代』一七五頁。
(39) 同上書、一七五～一七七頁。
(40) 前掲『カッパ・ブックスの時代』一六九～一七〇頁。
(41) 寺口雅彦・元KKベストセラーズ取締役編集局長の証言より。二〇一八年一一月一六日、澤村聞く。
(42) 前掲、寺口証言より。
(43) 前掲『カッパ・ブックスの時代』一五八頁。
(44) 同上書、一五八～一五九頁。
(45) 伊藤隆紹「節約型主婦を動かした『頭のいい』シリーズ」。創出版『創』一九八二年一一月号掲載。同誌、一〇五頁。
(46) 前掲『カッパ・ブックスの時代』一四五頁。
(47) 前掲『完本 ベストセラーの戦後史』三五五～三五八頁。
(48) 藤田昌司、塩澤実信、大輪盛登「座談会　変貌するベストセラー――その過去と現在」。前掲『創』一九八二年一一月号掲載。同誌、二二二頁。
(49) 前掲『カッパ・ブックスの時代』一四九～一五二頁。

第四章

テレセラーの確立――戦後・二〇世紀④

テレセラーの本格始動――『欽ドン』と『毒ガス』

テレビでの広い著者認知・企画認知がヒット書籍を生み出す――これが「テレセラー」現象である。すでに『あのねのね』や『算命占星学入門』といった例を示しているが、本格的な潮流になってくるのは一九七〇年代後半からだった。

戦後日本の大衆文化を考えるうえで、テレビの普及は最も重要な出来事の一つであり、その普及事情はすでに前章で触れている。テレビが人びとの日常に入り込んでくると、テレビに出てくる人物はあたかも隣人のように身近で親しい存在となった。「すでにみなに知られた人」となり、その著書は手に取りやすいものになった。テレビタレントの本がよく売れる現象の背景には、こうした大衆心理もある。かくして、テレセラー本は書籍界の一大勢力へと伸びだす。鶴見俊輔が指摘するように、〈萩本欽一、イーデス・ハンソンなどの著作の人気は、これまでの日本の単行本の世界に新しい質をくわえたものと言える〉のだった。[*1]

萩本欽一は浅草軽演劇出身で、坂上二郎との寸劇コンビ「コント55号」でデビュー。興隆期のテレビに登場し、当意即妙なお笑い芸で人気を博した。大衆相手の演芸活動で実績を積んだのちテレビへ進出、成功を収めた初期的有名タレントの一人といえる。萩本は一九七五年の四月からフジテレビでバラエティ「欽ちゃんのドンとやってみよう！」をはじめた。全国から寄せられる葉書コントを彼が披露しつつ、スタジオの反応をもとに客とからんでいくさまを面白可笑《おか》しく見せる番組である。当時、「8時だヨ！全員集合」（TBS）が圧倒的な視聴率を誇っていたが、「欽ちゃんのドンとやってみよう！」はその裏番組としてはじまり、一時的には視聴率を抜くほどになった。[*2]萩本のこのテレビ番組は、同じように一般の投稿コントを紹介するラジオ番組「欽ちゃんのドンといってみよう！」（ニッポン放送）とともに、愛称「欽ドン」と呼ばれこの名前は広く定着した。

二つの「欽ドン」に寄せられた視聴者のコントを集めた本が『欽ドン――いってみよう やってみよう』である。一九七五年（昭和五〇）七月一五日、新書サイズで集英社から刊行され、好評となり第6集まで続いた。本格的なテレセラー本といえ、第1集と第2集の合計で同年のベストセラーリスト三位に入っている。

NHK「ニュースセンター9時」の初代編集長兼キャスターとして顔と名前がよく知られていた磯村尚徳《ひさのり》の著書『ちょっとキザですが』（講談社）が売れて、リスト九位に入ったのは翌一九七六年のことだった。こちらもテレセラー本の成功例である。

一九八〇年は大スター山口百恵の『蒼い時』（後述）がベストセラー首位となった年だが、三位に『ツービートのわッ毒ガスだ――ただ今、バカウケの本』が入っている。ツービートはビートきよし（本名：兼子二郎）とビートたけし（本名：北野武）による漫才コンビで、一九七二年に結成された。タブーとされていた題材を取り込むブラックジョークで、まず同業者のプロ仲間から評価を受けるようになり、一九七五年よりテレビ出演を果たす。一九七九年頃からの漫才ブームでさらにテレビ露出の機会は増えた。ＫＫベストセラーズは早くに目をつけ、そのギャグを収録した『ツービートのわッ毒ガスだ』を「ワニの本」シリーズの一冊として刊行、ベストセラーに育てあげる。

この企画の成立には次の経緯があった。[*3] ＫＫベストセラーズはすでに『あのねのね』をヒットさせており、岩瀬順三はテレビタレント本に手応えを摑んでいた。その後同社は、ラジオ深夜番組「セイ！ヤング」（文化放送）の人気コーナーを豆本で書籍化、『谷村新司の天才・秀才・ばか』として刊行し、全一二巻で一巻あたり二〇〜三〇万部のヒットシリーズに至らせる。こうした企画の成功をふまえて、今度はツービートに着目したのである。テレビ・ラジオでは大いに受ける芸人でも、出版の世界に来て成功する者としない者がいる。それは、お笑い芸でも活字に馴染むものと馴染まないものがあるからだ。ブラックジョークは活字に馴染むというのが岩瀬の判断で、ツービートの芸は本にしやすいと踏んだ。この判断が当たったのである。

『ツービートのわッ毒ガスだ』は一九八〇年六月に刊行された。帯のオモテには上部に代表的ギャグ〈赤信号　みんなで渡ればこわくない〉を配して、すぐ下に〈テレビ・ラジオで大人気の鬼っ子コンビ〉とコピーを載せた。メインコピーは〈ついに出たイッ発　日本中を笑撃！　窒息・残虐ギャグ〉である。まさにテレセラーを狙った本であった。

この本が好評を得たことで、ＫＫベストセラーズは次のテレセラー本に取り組み、今度は『プロ野球を10倍楽しく見る方法』を世に送ることになる（後述）。

『播磨灘物語』『限りなく透明に近いブルー』『間違いだらけのクルマ選び』

一九七〇年後半のベストセラーで、これまで登場した以外の本をまとめて紹介していきたい。

一九七五年から一九七七年まで（昭和五〇～五二）のリスト一位は『播磨灘物語』『限りなく透明に近いブルー』『間違いだらけのクルマ選び』である。

『播磨灘物語』（上・中・下）は黒田官兵衛を描いた司馬遼太郎の歴史小説。司馬作品は『竜馬がゆく』が一九六八年のベストセラーになったことは既述しているが（一三三頁参照）、その後も『坂の上の雲』（一～六、文藝春秋）が一九七二年の九位、『国盗り物語』（前・後、新潮社）が一九七三年の八位と、刊行する本を着実にベストセラーリストに挙げてきていた。その積み重ねのうえに、『播磨灘物語』の一位がある。本作は読売新聞に連載されたのち講談社から書籍化刊行された。

『限りなく透明に近いブルー』は村上龍の群像新人賞（講談社）当選作にして芥川賞受賞作である。若者の奔放な姿を描いた新人の小説が大きな話題を得るのは、石原慎太郎『太陽の季節』（九八頁参照）を思わせる。実際この小説は『太陽の季節』と比較されてよく論じられる。たとえば真《ま》継《つぎ》伸彦は、〈『ブルー』のコスモポリタニズムが、両者を根本的に区別しているのである。反対から言えば、『ブルー』には『太陽の季節』にみられる陰惨な権力志向が、毫《ごう》もみられないのである〉と述べている。[*4] 一種の「清潔」感があるというのだろう。
『限りなく透明に近いブルー』は米軍基地のある東京・福生《ふっさ》を舞台に麻薬とセックスに明け暮れる若者たちの日々を題材としており、そのスキャンダラス性はジャーナリズムの興味を引くに充分であった。文学自体の評価とは別に社会的関心も集め、講談社から刊行されると、たちまち一〇〇万部以上に達したのである。[*5]

『間違いだらけのクルマ選び』は自動車評論に新境地を開いた本である。版元の草思社は一九六八年二月、加瀬昌男によって設立され、七月刊のハンター・デヴィス『ビートルズ』（小笠原豊樹・中田耕治訳）が出版活動のはじまりだった。一九七六年一一月刊の『間違いだらけのクルマ選び』はこの新興版元を有名にした本で、のちシリーズ化されていく。著者の徳大寺《とくだいじ》有恒《ありつね》は自動車ジャーナリスト。レーシングドライバーを経て、男性誌『チェックメイト』の編集にたずさわりながら自動車記事を数多くのメディアに発表してきた。

敗戦の年、日本の自動車生産台数はわずか三五六四台だったが、一九八〇年には一一〇四万二八八四台まで急増した。海外への販売台数が増えるとともに、自家用車の所有が増えたのである。高度経済成長と軌を一《いっ》にして、モータリゼーション（自動車大衆化）が訪れた。もちろん交通事故死の急増や排気ガス問題の発生など

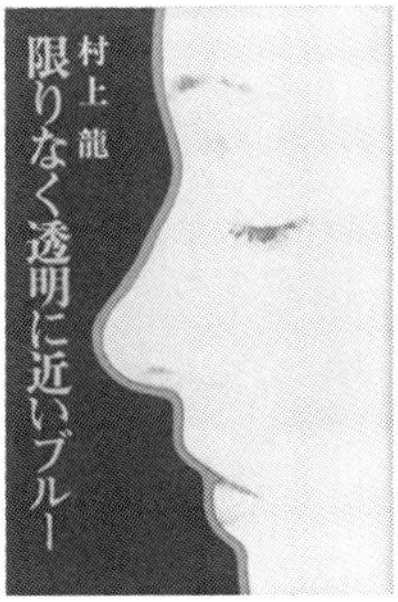

村上龍『限りなく透明に近いブルー』

徳大寺有恒『間違いだらけのクルマ選び』

陰画もあった。安易な車社会化への疑義を根底に持ちつつ、一般人の車選択に対して甘さを排し主張を展開する『間違いだらけのクルマ選び』がベストセラーになったのは、こうした時代状況と無縁ではありえない。まさしく、〈徳大寺有恒こと杉江博愛氏は、日常生活のための大衆車をレーシングカーかなにかと勘違いしていたメーカーとユーザーに厳しい批判を浴びせることでは画期的な役目を果たした〉のである。[*6] さらに同書ヒットの秘密として、井上ひさしは皮肉なことを書いている。そこには、〈外国仕込みの、かなり高度な知識が織り込まれていて、そこがまたよかったのかもしれない。たとえば、著者は、メルセデス・ベンツを「メルツェデス・ベンツ」と云い、ジャガーを「ジャグァー」と云う。そしてアクセルのことを「アクスル」と書く。日本の読者は、この種の厳格な原音忠実主義的表記に接して、何センチか外国に近づいたという幻想を持ち、手もなくひれ伏してしまう〉と。[*7]

当時、すでに自動車関係の雑誌や本は書店にあふれていた。しかしどれもが自動車メーカーの太鼓持ち的な内容だった。そのなかで、『間違いだらけのクルマ選び』は、〈トヨタパブリカ、普通車としては失格〉〈日産ローレル、存在価値なし〉〈三菱シグマ、個性喪失〉などと辛口批評を盛ったのだから、話題性は充分である。実名を列挙した『危ない会社』のベストセラー（一一六頁参照）と通じるところがある。徳大寺は筆名を使った理由を問われて、〈もちろん生きていたかったからですよ〉と答えた逸話があり、歯に衣着せずメーカーを叩きユーザーも叩く姿勢は当初から確信的だった。本人が正体を明かしたのは本の発売から一年近くも経ってからである。[*8]『間違いだらけのクルマ選び』は刊行翌年に続編が出て、正続合わせてミリオンセラーとなった。

さて、一九七〇年代後半に世評を高めた小説をここで挙げれば、まず山崎豊子『不毛地帯』（Ⅰ・Ⅱ、新潮社）、新田次郎『八甲田山死の彷徨《ほうこう》』（新潮社）、有吉佐和子『和宮様御留《おとめ》』（講談社）がある。それぞれ一九七六、一九七七、一九七八年でリスト三位と同じ位置を得た。また、『かもめのジョナサン』の訳者として一世を風靡した五木寛之が小説を立て続けにベストセラー入りさせたのも目を引く。一九七六年四位の講談社刊『青春の門 堕落篇』（上）、一九七九年六位、一九八〇年八位の集英社刊『四季・奈津子』（上・下）である。

さらに、『限りなく透明に近いブルー』に続いて、戦後的な価値観や人間観、文章性を際立《きわだ》たせた純文学作品が話題を集めたのもこの時期である。池田満寿夫『エーゲ海に捧ぐ』（角川書店、一九七七年七位）、中沢けい『海を感じる時』（講談社、一九七八年七位）、田中康夫『なんとなくクリスタル』（河出書房新社、一九八一年三位）は破格の部数となった。

同時期の経済・ビジネス分野では、ＴＢＳブリタニカから刊行された翻訳書二冊、ジョン・Ｋ・ガルブレイス著、都留重人監訳『不確実性の時代』と、エズラ・Ｆ・ヴォーゲル著、広中和歌子＋木本彰子訳『ジャパンアズナンバーワン――アメリカへの教訓』が人気の双璧で、題名はときの流行語となり、とりわけビジネス界でさかんに飛び交った。前者はＢＢＣテレビ講座を元にした経済史の本で、五〇〇頁の大著ながら四〇万部まで至っている。[*9] 後者は英語版から一か月で日本語版が刊行され、七〇万部を超えた。[*10] それぞれ一九七八年のリスト六位、一九七九年の七位に入っている。

『蒼い時』の登場

テレビが短期間のうちに普及して大衆文化の主流となり、本の世界に〈新しい質〉(鶴見俊輔)を導入したことはすでに述べた。チャンネルを回せばそこに居る「疑似隣人」が本を出せば、多くが振り向く。手に取り、頁をひらく。「疑似隣人」は週刊誌、スポーツ新聞など大部数媒体にも登場し、そのたびに近著が紹介されれば、著作は連日大量宣伝されるに等しい。もちろん、「疑似隣人」だからといって、本にすればみな売れるというほど単純な話ではない。前記もしたように活字に馴染むタイプと馴染まないタイプがあり、本の内容や性格によっても成否はまちまちだ。ただ、テレビメディアが大発展した一九八〇年前後の時期、テレセラーは一度成功すると、人気は急加速し止まらなくなるのが特徴で、歴史的なベストセラーもそこから生まれている。

代表的な作品としてまず、山口百恵『蒼い時』を挙げねばならない。

一九八〇年(昭和五五)九月二五日に集英社から『蒼い時』が刊行された。著者は人気アイドル歌手であり、しかも絶頂期で引退を表明、ファイナルコンサート直前というタイミングであった。

山口百恵は一九七二年一二月、オーディション番組『スター誕生!』(日本テレビ)に準優勝してデビューする。当時中学生だった。まもなく爆発的な人気者になる少女は、当初からテレビ時代の申し子だったといえよう。一九七三年四月、映画『としごろ』に出演、五月二一日に同名の曲で歌手としてもデビューし、森昌子、桜田淳子とともに「花の中三トリオ」と呼ばれた。同年にはテレビドラマでの初レギュラー出演も果たす（TBS「顔で笑って」）。一九七六年にはブロマイドの年間売上成績で一位となり、まさに時代を象徴するスターの地位を築いた。一九七八年のNHK紅白歌合戦では紅組のトリを務めている。

その百恵が芸能界引退を公表したのは一九八〇年三月だった。完全引退は一〇月である。「山口百恵」は一人のアイドルを超えて、社会現象となり、時代そのものという印象さえ引き起こしていた。そうしたなか、『蒼い時』が登場したのである。初版二〇万部が刊行日の午前中に書店店頭から「消えた」というのは伝説となっている。瞬時の完売であった。集英社は大増刷をかけ、一か月でミリオンセラーに達するスピード記録を打ち立てた。まさにテレセラー現象が生みだした歴史的ヒット作といえよう。

『蒼い時』がベストセラー化した理由は、超アイドルの本、絶妙なタイミング（引退直前）というにとどまらない。やはり内容が多くの読者を引きつけたのである。テレセラー現象を引き起こすだけでは、本の売れ方に底力は生まれない。『蒼い時』には本そのものに魅力があった。それが途轍もない成果を生んだのだ。

山口百恵『蒼い時』

同書の魅力は、著者がなぜこの本を書かねばならなかったか、という理由が、はっきり伝わってくる点にある。山口百恵は一九五九年一月一七日生まれで、妹と二人姉妹。『蒼い時』によれば、百恵は、母親の不倫により生まれた子だった。その後、母と娘たちは横須賀へ引越し、百恵はそこで少女時代を過ごす。

実の父親は頻繁に家を訪れ、山口百恵と妹をかわいがったが、結局本妻と別れることはなく、一家の家計は母親が支えていた。女手ひとつで二人の娘を育てた母親の苦労を知る百恵は、母親を愛する分、父親を憎むようになる。こうした経緯を赤裸々に描いたのが『蒼い時』だった。内容がショッキングだったことは、ベストセラー化の決定的な理由といえよう。

『蒼い時』にはこうある。

〈私には、父はいない。一つの肉体としてあの人が地球上に存在していたとしても、私はあの人の存在そのものを否定する。／あの人は、毎日夜になれば帰って来るという人ではなかった。帰って来るというよりは、やって来るといったほうがふさわしい人だった。〉

のち山口百恵が歌手として有名になると、この父親はカネを求めてくる。百恵はやむなく、手切れ金をわたし、父親との縁を完全に切ろうとした。

〈金銭で血縁を切る。／あの人の存在は消えたのではなく、自ら私の手で切ったのである。そのことに対して私は、いささかの後悔もしてはいない。〉

しかし『蒼い時』には、実父への批判や深い憤りばかりが綴られているわけではない。百恵の筆はふと視点が高くなることもある。

〈私が歌手という仕事を選択していなかったら、ごく普通に学校を出て、普通に就職した娘だったら……母やあの人の人生も昔のまま変化しなかったのではないかと。妻という形で世間に認められなくても、母は依然としてあの人を信じ、あの人の看病をしていたかもしれない。雑多な状況は別にしても、それなりに平和な四人家族でいられたかもしれない。〉

こうした感慨もまた含まれるのは、幅広い読者の感銘をさそい、本の価値をいっそう高めたのである。

売れっ子アイドルとなった山口百恵には、本を書かないかとの依頼は多数あった。しかしどれも、「名前だけ貸してくれればいい。こちらのゴーストライターがまとめるから」というものばかりだった。「私なんかに文章など書けるはずがない、という決めつけばかりだったので、全部断ってきた」と山口は回顧している。しかし、出版プロデューサーの残間《ざんま》里江子は、あくまで山口百恵自身が書くように勧めた。これが彼女の心を動かした。[*11]

かくして、百恵自ら筆を執ってできたのがこの自叙伝なのである。先ほど引用した箇所を読んでも、『蒼い時』はやはり、有名タレント歌手となった山口百恵が、自身の出自に関わることとして、どうしても書いておきたい本だったと思える。だからこそ、あたかも「名前だけ貸してくれ、こちらで書く」という依頼を断り、自分で書く道を選んだのだし、だからこそ迫真のものになって、多くの読者を引き寄せたのだといえよう。当然のように、『蒼い時』は一九八〇年のベストセラー首位となった。なお『集英社90年の歴史』は、二〇一六年末時点で同書の累計部数を一九八万部と記している。集英社歴代ベストセラー（単行本）の二位にあたる（首位は後述する『もものかんづめ』）。[*12]

史上一位のベストセラー『窓ぎわのトットちゃん』

出版科学研究所は二〇一四年一〇月、戦後ベストセラーの累計調査をおこなった。対象書籍は

黒柳徹子『窓ぎわのトットちゃん』

単行本と新書本である（四七〇頁）。ベストセラーのなかのベストセラーを確認する調査だが、その結果、全体で一位になったのは黒柳徹子《くろやなぎてつこ》『窓ぎわのトットちゃん』（一九八一年〈昭和五六〉三月刊）で、五八一万部だった。刊行から四〇年以上経った二〇一〇年代でも絶えず重版が掛かっている。二位『道をひらく』（松下幸之助著）との間が七〇万部開いているので、この地位はしばらく変わらないだろう。日本の出版史上最大のベストセラーだといってよい。しかもこの本は、廉価本（新書）ではないし映像化がなされたものでもない。

著者の黒柳は刊行当時、テレビの売れっ子タレントだった。講談社が黒柳に本の出版を持ちかけたのは二〇年前。その特異なキャラクターに目をつけたからだという。しかし、黒柳が多忙で実現しないままとなった。[*13]

黒柳徹子は一九三三年（昭和八）、いまの乃木坂で生まれ、大田区北千束町で育つ。父親は音楽家で、バイオリニスト、NHK交響楽団のコンサートマスターも務めている。母黒柳朝《ちょう》はエッセイストで、著書『チョッちゃんが行くわよ』（一九八四年、主婦と生活社）は一九八七年、NHK連続テレビ小説「チョッちゃん」としてドラマ化された。徹子は長女であり、弟にバイオリニストの黒柳紀明《のりあき》、妹にバレリーナでエッセイストの黒柳眞理がいる。

黒柳徹子は東洋音楽学校（現在の東京音楽大学）声楽科を卒業し、NHK放送劇団、文学座研究所を経て、一九五三年（昭和二八）、NHK専属テレビ女優の第一号になった。テレビの発展とともにマルチタレントとして活動を続け、紅白歌合戦の司会も務めている（一九五八年、一九八〇年、紅組）。テレビ朝日での「徹子の部屋」は一万回以上続き、長寿番組としてギネスに認定された。

黒柳はテレビ朝日の「モーニングショー」に出ていたとき、出身の私立トモエ学園の話をした。すると、番組の直後から電話が鳴り止まなかったという。その経験からトモエ学園のときのことを、いつかは書きたいと思っていた。講談社は二〇年前に執筆依頼をしていたが、出版部の岩本敬子がちょうど新たに話を持ち出していた。岩本は元々、劇作家の飯沢匡《ただす》に、いわさきちひろの評伝を頼んでいたが、原稿が進捗せず、飯沢はその代わりに黒柳を紹介したという経緯がある。[*14] 黒柳にはトモエ学園を書く希望が生じていて、講談社から改めて依頼を受けたとき、このテーマで書こうと決心したのだった。トモエ学園は自由が丘にかつてあった幼稚園と小学校（旧制）の学校。自由が丘の名はこの学園の前身、自由ヶ丘学園から来ている。

まもなく執筆がはじまった。タイトルにある「トットちゃん」とは、本人が舌足らずだったため、自身の名前徹子を「トット」と発音していたことにちなんでいる。また当時、リストラ予備軍のサラリーマンを窓際族と呼ぶようになった。黒柳徹子自身、最初に登校していた私立小学校を一年間で退学になっている。そこから「窓ぎわ」（辞めさせられる人間）という言葉のイメージを重ねてタイトルにした。

『窓ぎわのトットちゃん』のキャッチコピーはこうである。

〈「きみは、ほんとうは、いい子なんだよ！」。小林宗作先生は、トットちゃんを見かけると、いつもそういった。「そうです。私は、いい子です！」そのたびにトットちゃんは、ニッコリして、とびはねながら答えた。――トモエ学園のユニークな教育と、そこに学ぶ子供たちを、いきいきと描いた感動の名作。〉

刊行は新学期を前にした三月一〇日。知名度抜群の黒柳だったが、講談社は初版二万部でスタートした。一〇万部まで行けばいいと思っていた。タレント本は当たり外れが大きいからだ。実際、『窓ぎわのトットちゃん』は当初、売れ行きが良くなかった。しかし、刊行翌月の四月から売れ出した。学校の話なので、新学期の時期に注目され出したのだ。また当時、偏差値教育への批判が起きており、偏差値にとらわれない自由な学校の物語は受けたといわれる。

『窓ぎわのトットちゃん』はテレビ、新聞、週刊誌とマスコミ全体で取りあげられ、その都度、部数の上昇をもたらした。刊行後、売れ行きが落ちてくるたびに、タイミングよく本や著者に関する話題が登場し、それをパブリシティに生かして再上昇のエネルギーとした。マスコミが話題を提供したほか、著者のNHK紅白歌合戦の紅組司会決定、教科書への採用、著者の皇居園遊会への招待、英語版の出版などトピックが続く。[*15]これらを機に部数の再上昇を繰り返すことで、同書は八か月後にそれまでの歴代一位『日米会話手帳』を抜き、一年後には五〇〇万部へと達した。[*16]一九八一年のベストセラーランク首位は文句なしである。

一冊の厚みは約二センチなので、五〇〇万部というのは、積み上げると一〇万メートル、富士山の約三〇倍の高さに達する。単行本以外に文庫と英訳本があるので、それらを合わせると途方もない数字に至る。一九八八年段階で合わせて七〇〇万部といわれ、二〇一六年で七五〇万部とのことである（「徹子の部屋」三月二一日での黒柳発言）。累計八〇〇万部としているところもある（「トットてれび」ＨＰ）。

「生身」と「率直」

歴史的ベストセラーになった『蒼い時』と『窓ぎわのトットちゃん』。その登場の背景として、タレント像の変化を指摘する論者もいる。植田康夫は、カタログ本『タレントが書いた本全362冊』（辰巳出版、一九八一年）から編者・椿芳人の言葉を引いて、〈生身の人間らしさを晒《さら》け出して生きている〉のが、テレビ時代のタレントなのだと指摘する。[*17] 映画時代の俳優は「高嶺の花」であって、〈生身の人間らしさを晒け出〉した存在ではなかった。これをテレビが変えたのだ。

テレビタレントは、一見華やいだ世界に在って、かえって「生身」を打ち出すことで真のスターになる。テレビで繰り返し登場するこうしたスターの存在を、視聴者は自身の「生身」と通じ合う相手として強く意識する。身近な者、前記した「疑似隣人」として親しみを抱く。だからこそ、その率直な告白や生きざまの吐露が多くの支持を集め、巨大な部数の本が生まれるというわけだ。テレセラー成功の秘密の一端がここに見出される。

プロの書き手ではない著者が、〈生身の人間らしさを晒け出して生きている〉姿を綴った作品。それが大ベストセラーへと変じるのは、戦後社会においてテレビスターの本にとどまらない。二〇世紀終わりに登場した二つの大ベストセラー『五体不満足』『だから、あなたも生きぬいて』

〈後述〉を例示するまでもなく、タレントではない一般の者が、〈生身の人間らしさを晒け出〉した本は、むしろベストセラーの有力な範疇と見るべき時代がやって来たのだ。

多種多様な〈生身〉本は、ヒットの契機ということではテレセラーと親和性が高い。テレビでの紹介が決定的な転機となりベストセラー化するのは、これらの本の場合、むしろ定式的な現象となっていく。『五体不満足』『だから、あなたも生きぬいて』にもそうした流れがあった。その意味でテレセラーは、二一世紀まで続くベストセラー物語の有力な助演者となるのだ。

「テレセラー」という言葉自体は、テレビが出版物の売れ行きを左右するようになった〈昭和五〇年代〉（一九七五年以降）から、広く用いられるようになった。[*18]（本章冒頭でも触れたようにテレセラーの本格始動はその頃と考えてよいだろう。本章の扱う時期はまさに、ベストセラー史に特記しなければならない事態の到来期といえるのである。

テレセラーのヒット続く――『プロ野球を10倍楽しく見る方法』『気くばりのすすめ』

『窓ぎわのトットちゃん』が刊行されミリオンセラーになった翌一九八二年（昭和五七）は、ミリオンになる本がベストセラーランクに六点も入ったことで、これまでにない記録的な年となった。四点というのは一九七〇年にあるが、この年、上位二点は二社による『日本万国博公式ガイドマップ』で、三位と四位が『冠婚葬祭入門』と『誰のために愛するか』だった。万博ガイドは通常のベストセラー書籍とは性格が違う。その意味で一九八二年の六点というのは、たいへんな記録だといえよう。六点の内容は次の通りである。

まずは『窓ぎわのトットちゃん』で前年に続くランクイン（三位）。

次に『プロ野球を10倍楽しく見る方法』が挙げられる。阪神タイガースで投手をした江本孟紀《たけのり》が著者で、有名選手の性格や夜の行動、私生活に至るまで、プロ野球選手でしか知り得ない情報を満載にした本で、ＫＫベストセラーズ刊。「ワニの本」シリーズの一冊だった。当時、プロ野球人気は大きく、テレビの野球放送は視聴率が二〇〜三〇％もあった。子どもから大人まで野球が国民の共通関心だったのである。

テレビでの広い著者認知をもとにベストセラー書を生み出す「テレセラー」の対象には、タレントやキャスター、歌手などのほかに、野球選手を加えてもいい。テレビの草創期から二一世紀に至るまで、プロ野球はテレビ・スポーツ中継の重要コンテンツであり続けている。選手はテレビ画面にいつも映り、ニュースやワイドショーでも絶えず取りあげられる。ゆえにプロ野球選手の書籍もテレセラー本としてベストセラーにできる――そう岩瀬順三は見ていた。問題は著者である。江本は「ベンチがアホやから野球がでけへん」という名捨てゼリフを残して球界を去ったばかりだった。集英社の雑誌『プレイボーイ』のインタビューが面白かったのは、岩瀬が江本に声をかけるきっかけとなった。頭の回転が速く、野球を芯から理解し好きなことが伝わってきたからだ。

実際に会ってみると、誰かの借り物ではない彼なりの視点があった。しかも冷静に人を見ている様子が判ったのである。ＫＫベストセラーズは江本に『プロ野球を10倍楽しく見る方法』の企画を示した。「阪神の悪口を書いてくれ」というオファーばかりで、江本自身、辟易《へきえき》していたところだった。「楽しい本を」という提案ならば、と引き受けてくれたのである。聞き書きのうまいライターが間に入った。『プロ野球を10倍楽しく見る方法』はまもなく、一九八二年一月に上梓される。初版は数万だったが、出してみると暴露本への興味も膨らんで、あっという間に二〇〇万部へ達する大ヒット作になった。KKベストセラーズは同年九月、第二弾『プロ野球を20倍楽しく見る方法』を出して、こちらも一〇〇万部まで売り伸ばしている。[*19]『プロ野球を10倍楽しく見る方法』は一九八二年のベストセラーリスト一位、『プロ野球を20倍楽しく見る方法』は六位となった。江本孟紀はこの本が売れたことをきっかけに、テレビタレントに転身、のち政治家にもなっている。

六点中の四作目はリスト二位、『悪魔の飽食――「関東軍細菌戦部隊」恐怖の全貌!』である。社会派推理小説作家・森村誠一が戦争中の人体実験を告発したノンフィクションで、光文社カッパの本「ドキュメントシリーズ」の一冊として、一九八一年一一月に刊行された。同書はまず、テレビ朝日「トゥナイト」、日本テレビ「11《イレブン》PM」といった深夜番組での紹介が視聴者にインパクトを与え、一種の火付け役となって若者を中心に読者が広がった。さらにモーニングショーや昼番組でも取りあげられ、マスコミが過熱ぎみに本の内容を紹介するようになると、読者層も多様になっていく。[*20]勢いは止まらずついに一〇〇万部を突破、併せて国際的な反響も呼んだ。好評を得て『続・悪魔の飽食』が一九八二年七月に刊行され、こちらもランクイン（七位）している。

五作目はリスト四位の『気くばりのすすめ』で、著者はNHKアナウンサーの鈴木健二。鈴木は『歴史への招待』や『クイズ面白ゼミナール』の司会者として高視聴率を出しており、当時の有名なテレビ人間であった。語りの巧みさで人気を博しており、人柄も親しまれていた全盛期の鈴木が、日本人なら誰もが気になる人間関係を円滑にするコツを本にして出したわけで、テレセラー時代を迎えてベストセラー化する要素は多分にあった。版元は『窓ぎわのトットちゃん』でテレビタレント本を大成功させていた講談社。売り方や宣伝の仕方にノウハウも得ており、『気くばりのすすめ』はこれらの好条件に支えられて、ロングセラー化していく。翌一九八三年にはリスト一位へと達した。こちらも続編が出て同年の六位に入っている。

中島梓の『ベストセラーの構造』は一九八三年一二月、『窓ぎわのトットちゃん』『気くばりのすすめ』でテレセラーの大ヒット作を連続させていた講談社から刊行された社会評論だが、その書で中島は、『窓ぎわのトットちゃん』や『気くばりのすすめ』に読者が殺到するただ中にあって、次のように皮肉な問いを発している。

〈われわれはすでに、教養主義をすててしまった。われわれは、その代償として、道化となるほかないのであろうか？　ベストセラーを書くためにはまずTVに出て有名になること――そんな時代がやってくるのだろうか、いや、すでにやってきているというのだろうか？[*21]〉

江本孟紀『プロ野球を10倍楽しく見る方法』

鈴木健二『気くばりのすすめ』

日本のベストセラー

史は以後さらに複雑なものとなり、さまざまな様相を見せながら展開するが、その一翼は、中島が感じ取った現象がさらにリヴァイアサン（怪物）化していく過程でもある。もっとも、それを眺め尽くした後年の視座からすれば、中島のこうした「問い」は、牧歌的とさえ思えるほどになってしまうのだが。

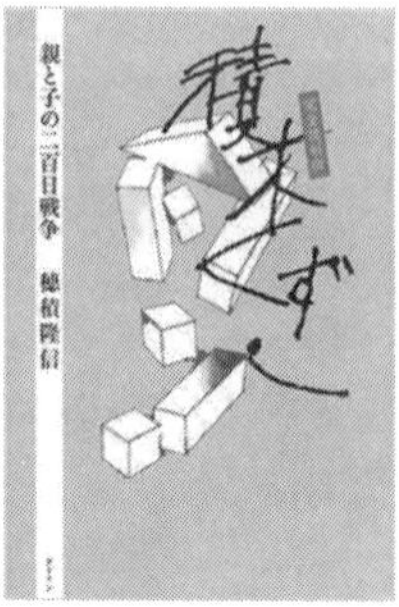

穂積隆信『積木くずし』

さてミリオン本の紹介に戻れば、六作目はリスト八位、『積木くずし』である。「親と子の二百日戦争」と副題にあるように、ある日突然不良少女になった実娘との二〇〇日にわたる顛末を描いた実話で、著者は俳優の穂《ほ》積《づみ》隆信《たかのぶ》。他の五点が大手からの刊行だが、この本だけは参考書や教科書を出していた中小版元・桐原《きりはら》書店の刊行物であった。あちこちの出版社に持ち込まれ、断られた挙げ句、知人を通じて桐原書店の社長山崎賢二の元へ届けられた。山崎は一読して感銘を受け、出版を決断する（この経緯は『人間の條件』とよく似ている。一〇一頁参照）。刊行まもなく『積木くずし』は話題を集め、映画化、テレビドラマ化もなされて、そのたびに本は売上げを伸ばしていく。一九八三年のリストでも二位に入り、結局、二八〇万部の大ベストセラーへと至った。

これら六点は、森村誠一を除いて、いずれもプロの物書きではない素人の書いた作品だというのも興味ぶかい。なお六点ものミリオンセラーというのは驚異といえるが、一九八〇年代後半以降、昭和の終わりから平成期に入れば、多点のミリオンセラーが出る年は珍しくなくなる。その様相はのちに扱う。

軽さと重厚さの両立

一九八〇年代前半の他の好評作としては、以下が挙げられる。

司馬遼太郎『項羽と劉邦』上中下（新潮社、一九八〇年四位）。青島幸男『人間万事塞翁《さいおう》が丙午《ひのえうま》』（同、一九八一年二位）。赤川次郎『探偵物語』（角川書店、一九八三年三位）。和田アキ子『和田アキ子だ 文句あっか!』（日本文芸社、同年四位）。坂東英二の『プロ野球知らなきゃ損する』（青春出版社、一九八四年一位）と『プロ野球これだけ知ったらクビになる』（同、同二位）。日本フラワー技芸協会編『ソープバスケット（1・2）』（二見書房、同三位）、赤川次郎『愛情物語』（角川書店、同四位）。

順不同で解説していこう。

一九八四年に一位と二位を占めたのは坂東の二書で、著者は当時、野球評論家と同時に、お笑いタレントとしても通じるテレビの人気者だった。野球界の内実を軽妙かつ過激に語るにはうってつけの存在といえる。江本孟紀本の好評で類書を求める層が広がっていたこともあって、二冊合計で一四七万部に達している。[*22] プロ野球はテレビでの大衆化を受けて、スポーツとして見るほかに、娯楽ショーとして楽しむ傾向が生まれたのである。一方、和田の本は典型的なタレント本だが、芸能界の内幕を暴露するゴシップ話が受けて、翌一九八四年まで売れ続け、同年ついに一〇〇万部へと達した。[*23]

『項羽と劉邦』のヒットは司馬人気の継続が下地《したじ》にある。青島は多芸多才なテレビタレントで、長谷川町子原作のテレビドラマ「意地悪ばあさん」の主人公役で出演し人気を博していた。『人間万事塞翁が丙午』はその意味でテレセラー本の一つといえよう。

「ソープバスケット」とは、化粧石けんに虫ピンを刺しリボンや造花をあしらう手芸。どこの家庭でもある材料で簡単に作れて、飾りとしてきれいなだけでなく、香りもいいことから口コミで人気が広がり、新聞や週刊誌に取りあげられることで流行現象が起きていた。新しい手芸でテキストもなかったことから、『ソープバスケット（1）』は一九八四年七月に刊行されると全国的な売れ行きを示し、六〇万部に達するベストセラーとなった。第2集も発行され、本の人気は同年秋の終わり頃まで続く。[*24]

推理小説家・赤川次郎が出版界に登場したのは一九七七年で、やがて執筆の早さと量産で編集者を驚かす存在になる。デビュー一〇年で百数十冊の本を書き下ろしたというから、そのレベルは尋常ではない。取次関係者からは「週刊赤川」ともいわれ、しかも出せば売れるのだから大いに喜ばれた。たとえば一九八四年では、文庫本、新書サイズノベルス本、四六判などその書籍は五一点の刊行に及んでいる。[*25]「週刊」は大げさではない。しかも各書二〇万部超というのだから、当時の赤川は出版界を広く潤す途轍もない存在になっていた。

量産しているにもかかわらず赤川の小説が売れるのは、〈作品の内容がたいへん現代感覚に富んでいて、コメディタッチでスピーディ、しかも読みやすい〉からだとの指摘がある。[*26]また赤川小説の場合、映画化、ドラマ化がされやすく、その評判が売上げに相乗効果をもたらす点は見逃せない。コンスタントに二〇万部売れていた赤川本のなかで、『愛情物語』が六五万部という大きな数字を得たのも映画の力が与《あずか》っている。

なお、赤川本人気はライトな感じが受けたというわけで、松本清張の重厚リアリズム路線のアンチテーゼといえなくもない。大ベストセラーが連続する時代は、読者も広がりその好みも広がったのである。ライトとヘビィが売れ筋で両立するのも、こうした時代相がもたらした現象といえよう。

一九八四年年九月上旬、毎日新聞社は全国の一六歳以上の男女を対象に実施した「第三八回読書世論調査」の結果を発表した。それによると、近年低迷していた読書率は上昇を示し、とりわけ書籍の読書率が前年を五％上回る大幅な上げ幅となり五〇％になった。読書量も伸びを示している。同調査報告によれば、五〇％乗せは一六年ぶりのことだった。その要因として『出版指標年報』は、文庫本や新書サイズ本など廉価書籍の出版ラッシュがあり、より気軽に読書を親しむ環境ができたとともに、〈「窓ぎわのトットちゃん」「気くばりのすすめ」といった大ベストセラーが出現したことによって、読者層の幅が広がった〉点を指摘している。[*27]

ブロックバスターとベストセラー症候群

『ベストセラー昭和史』はモートン・L・ジャンクローの次の言葉を引いて、一九八〇年代の日本の出版界を説明している。

〈よくも悪くも、編集者や出版人の古いスタイルは、出版界から徐々に消えつつある。いまや、はるかに精力的な、意欲的な、あえていうなら利益志向の出版人が現われている。[*28]〉

高度経済成長のもとで出版社も生産拡大を続け、なりふりかまわず利益を求める潮流が生まれていた。手工業的・属人的な「本屋」、あるいは個性重視で起業家色の強い「出版屋」から脱し、システム重視の企業体へと進化を果たす。出版物の点数・部数は上昇し販売方法も派手さを増す。出版社（の一部）が高賃金企業となったのもこの時期である。当然、毎年高い生産を上げ大きな利益を確保していかねばならない。

大量の資金や人的資源を投入し、それに見合う額を回収する発想が出版界に広がった。一区画（ブロック）を一気に爆破するような大胆なビジネス流儀をアメリカでは「ブロックバスター」というが、日本にもこういった手法が導入されてくる。それに併せて、テレセラーやメディアミックスへの積極姿勢は業界の常景となった。

関連すれば、山口百恵『蒼い時』、黒柳徹子『窓ぎわのトットちゃん』という、一九八〇年代初頭の巨大なミリオンセラーには共通する特徴がある。①人気の著者を起用し、②話題性を打ちだし、③読みやすく作り、④幅広い層に親しみ易い装幀にし（軽装本だったり、童話風だったり）、それを、⑤大量宣伝・大量販売によってベストセラーにしていくやり方である。なにより両作は著者の知名度が抜群である。アイドル歌手とテレビタレントであり、ともに人気絶頂期だった。そして、大手の集英社と講談社が版元である。資金力があり、宣伝に力を入れられる。「ブロックバスター」に似たあり方が自然と採用される背景があった。それはやがて角川書店の方法に展開される。

もちろん、こういった手法は、過去にもベストセラー史でたびたび登場している。しかし、ミリオンセラーどころかダブルミリオン（二〇〇万部）、トリプルミリオン（三〇〇万部）もあり得る時代に入ると、スケールは格段に違ってくるのだ。しかもテレビというマンモスメディアが登場し、雑誌も漫画もミリオン級の部数のものが続出していた。これらの大潮流の影響は、一九八〇年代以降、日本の出版界で顕著になっていく。

著者と編集者の手作り感覚が生かされ、刊行のさいは出版人個々が個人技的に取次・書店を回り書評対策をおこなう、といった「ホット」で血の通った出版の世界から、より戦略的でビジネスライクなかたち、すなわち「クール」な出版の世界が到来したのだ。その傾向に背中を押されて、出版社（の一部）は強迫的なまでに大部数志向となっていく。それはまさにベストセラー症《シン》候群《ドローム》と称してもよい態様といえた。

とはいえ出版は、寡占化が前提ともいえる映像・新聞・映画界とは違い、一〇〇〇単位の版元が星雲状に存在するのを常態とした業界である。「クール」が広がると、「ホット」も反撃して独自の出版文化を主張する。一筋縄ではいかない面はあるものの、十数万ときに数十万部のレベルがベストセラーだった時代は遠く過ぎ去ったのは間違いない。ミリオンセラー（一〇〇万部超）があたり前であり、それを目ざすのが当然という時代が、本章の扱う時期を通じて形成されていったのである。それは、大資本の版元を中心に、「クール」の優位が確立されたのと軌を一にしている。

日本ベストセラー史の質的転換は、神吉晴夫的手法の進化発展からテレセラーの拡大に至る本書第三～四章の時期を経ることで、成し遂げられたといえよう。

（1）前掲『ベストセラー物語』（下）、二六三頁。
（2）前掲『完本 ベストセラーの戦後史』三七六頁。
（3）前掲、寺口証言より。
（4）前掲『ベストセラー物語』（下）、二九四頁。
（5）前掲『ベストセラー昭和史』二二一〜二二五頁。
（6）前掲『完本 ベストセラーの戦後史』四〇一頁。
（7）同上書、四〇〇頁。
（8）同上書、三九五〜四〇一頁。
（9）前掲『ベストセラー昭和史』二三一頁。
（10）野嶋剛「40年前の『日本研究本』に中国人が群がるワケ」。『東洋経済ONLINE』二〇一六年七月一五日号。
（11）前掲『ベストセラー昭和史』二三四〜二三七頁。
（12）社史編纂室編『集英社90年の歴史』集英社、二〇一七年、四九〇頁。
（13）前掲『ベストセラー昭和史』二四五頁。
（14）同上書、同頁。
（15）松浦潤「『ザ・ベストセラー』からみたベストセラー」。前掲『創』一九八二年一一月号掲載。同誌、四四〜四五頁。
（16）前掲『ベストセラー昭和史』二四六頁。
（17）植田康夫『ベストセラー考現学』メディアパル、一九九二年、三一頁。
（18）同上書、一五頁。
（19）前掲、寺口証言より。
（20）川村真「正・続とものミリオンセラーをめざすドキュメント『悪魔の飽食』」。前掲『創』一九八二年一一月号掲載。同誌、六九〜七〇頁。
（21）中島梓『ベストセラーの構造』筑摩書房（ちくま文庫）、一九九二年、二一三頁。
（22）全国出版協会・出版科学研究所 編著『出版指標年報』全国出版協会・出版科学研究所、一九八五年版、九六〜九七頁。
＊『出版指標年報』はそれぞれ、年版で示された年の前年を対象としている。
（23）同上書、九四頁。

(24) 同上書、一〇〇頁。
(25) 同上書、一〇七頁。
(26) 前掲『ベストセラー昭和史』二六三頁。
(27) 前掲『出版指標年報』一九八五年版、五五〜五六頁。
(28) 前掲『ベストセラー昭和史』二四〇頁。

第五章

多点数化時代のベストセラー――戦後・二〇世紀⑤

ゲーム攻略本の席捲

日本は一九八〇年代半ば頃からバブル景気を迎える。金融緩和政策もあって、泡《バブル》が膨らむように土地や株の値段が異常に値上がり、経済が実体以上の急激な膨張を起こしたのである。J・K・ガルブレイスが「陶酔的熱病」というように、それは危険な虚栄時代といえた。膨らみきった泡は不可避的にはじける。経済は崩壊し反動で景気は極端な悪化局面に入る。実際、日本でも「バブル崩壊」は一九九〇年年末頃から顕著になった。そこに至る五～六年がバブル時代である。世の中にカネがあふれ、軽薄な消費主義が世を覆った――というように表層的状況からは見なされるが、大衆の動向が呼び込むベストセラー現象には、どのような反映がなされているのか。

四七～五二頁のベストセラーリストを眺めれば判るが、この時期に派手な消費行動や経済膨張を示唆するようなヒット作はあまりない。一冊の本を入手して読もうとするのは、少なくともテレビや新聞・雑誌に対するよりは、深く継続的な動機が必要である。よりまとまった時間を使い、一定の精神的傾注が必要だからだ。バブル関連本がベストセラーリストに見当たらないのは、バブル景気と、それが招いたジュリアナ東京に象徴されるバブル文化の表層性を改めて告げるかのごとくである。

それではバブル時代といえる一九八〇年代後半、ベストセラー書の傾向として目につくのはなにか。一つにはゲーム攻略本の席捲がある。カートリッジ交換式の家庭用ゲーム機・ファミコン（ファミリーコンピュータ）の登場は一九八三年（昭和五八）七月だった。開発・発売元は任天堂で、花札の製造に始まる明治からの老舗玩具会社である。任天堂は一九八五年九月、ファミコン用ソフト「スーパーマリオブラザーズ」を発売し、これがたいへんな評判を呼び一般家庭に広く普及した。それに併せて、ゲームの内容を解説し、クリアするまでのノウハウを明かした「攻略本」が登場し、それが短期的に売上げを伸ばして一九八五年のベストセラーリスト首位に躍り出た。『スーパーマリオブラザーズ完全攻略本』（徳間書店）である。この年は同一〇位にも『スーパーマリオブラザーズ　裏ワザ大全集』（二見書房）がランクインしており、攻略本は書籍界で唐突に目立つ存在となった。

ファミコンブームは子どもだけでなく徐々に大人も巻き込んでいた。その反映もあるのか、一九八五年に刊行されたゲーム攻略本は三七点にのぼり、ヒット作もそこから出ていた。『出版指標年報』はこの現象を前に、〈大衆から「分衆」なる言葉が生まれ、いままた〝知衆の時代〟とも言われる折りでもあり、消費の個性化、多様化に対応して、どんなベストセラーが生まれるか把握に困難な時、まさに揺れ動く時代といえるだろう〉と記している。[*1]

ソフト「スーパーマリオブラザーズ」は一九八五年九月に発売されて、年内に二三〇万個売れる大ヒットとなり、併せてファミコン自体も同年末に五八〇万台に達した。同ソフトの攻略本が相次いで刊行されるのは、ソフト発売の翌一〇月だった。『スーパーマリオブラザーズ完全攻略本』は発売わずか二か月で六〇万部に至り、年間ベストセラーの首位となったのだから、売れ方は爆発的といってよく、〈出版界のみならず、多方面にショックを与えた〉のである。一〇位の『スーパーマリオブラザーズ　裏ワザ大全集』も同じ二か月間で四〇万部へと達している。[*2]なお、『スーパーマリオブラザーズ完全攻略本』は翌一九八六年も一位、『スーパーマリオブラザーズ裏ワザ大全集』は同三位である。さらに『ツインビー完全攻略本』が同九位に入っている。

ゲーム攻略本は一九八七〜八九年はベストテンに挙がってこないが、のち一九九〇年代になると、ベストセラーの定番となった。リスト一〇位内に入った書籍を挙げていくと、『ドラゴンクエストⅣ 公式ガイドブック』上・下（エニックス、一九九〇年四位）、『ストリートファイターⅡ』〈徳間書店、一九九二年七位〉、『ロマンシング サ・ガ』〈徹底攻略編〉〈基礎知識編〉〈完全解析編〉（NTT出版、同九位）、『ドラゴンクエストV 公式ガイドブック』上・下（エニックス、一九九三年六位）、『ファイナルファンタジーV』〈基礎知識編〉〈戦闘解析編〉〈冒険ガイドブック〉〈完全攻略編〉（NTT出版、同七位）、『ファイナルファンタジーⅥ』〈設定資料編〉〈冒険ガイドブック〉〈基礎知識編〉〈完全攻略編〉（NTT出版、一九九四年六位）、『ダービースタリオンⅢ 公式パーフェクトガイド』（アスペクト、一九九五年八位）、『ダービースタリオンⅢ 全書』（アスペクト、同一〇位）となる。その後も続くが、二三頁のベストセラーリストは、注記にあるように一九九六年以降はゲーム攻略本を含んでいない。

個性的なビジネス書、そして『甘えの構造』

アメリカで発売五週間にして一〇〇万部を突破、六四週連続でベストテン入りした自伝が翻訳され、日本でも話題を得た。リー・アイアコッカ著、徳岡孝夫訳の『アイアコッカ――わが闘魂の経営』（ダイヤモンド社）である。貧しいイタリア移民の子として生まれ、フォードに入社。ムスタングを開発するなどして社長にまで達したが、創業者の孫から突然解任されたアイアコッカ。粗末な倉庫の一室を与えられるだけという屈辱を受けたのち、ライバル・クライスラーの社長に転じ、破綻寸前の同社を奇跡的に再建するというドラマティックな人生を歩んだ。その波乱と不《ふ》撓《とう》不《ふ》屈《くつ》の生きざまを描いた、いかにもアメリカ人が好みそうなビジネス・リーダーの著書がこの本であった。なお、原書の表紙には、彼の談話をもとに、本になる原稿をまとめたコラボレーターの名が示してある。日本では裏方となり名前は出さないが[*3]。

アメリカで大人気となったこの本は、日本版も五七万部に達する勢いで[*4]、一九八五年（昭和六〇）のベストセラーリスト二位になるほどよく読まれた。なお、『アイアコッカ』のヒットもあって同年は、リストには挙がってこないが翻訳ビジネス書がよく出ている。ドラッカー『イノベーションと企業家精神』（ダイヤモンド社）、A・トフラー『未来適応企業』（同）などである。『イノベーションと企業家精神』は日米同時発売であった。

またその一九八五年、リスト七位に入った堺屋太一の歴史長編『豊臣秀長』上・下（PHP研究所）は、トップである兄秀吉を支えた「ナンバー2」に光を当てた作品で、企業で求められる人材をめぐってビジネス書的な読まれ方をされたことが、この位置を得た理由といわれる。合計七〇万部まで達した。

ビジネス書への関心の広がりは翌一九八六年も続く。いくつかのヒット作があり、異色なものとして『マンガ日本経済入門』（日本経済新聞社）を挙げてもよい。同時代の経済事情を漫画で解説し、貿易摩擦、円高、金融革命などが扱われている。就職を前にした学生に好評だったのは大学生協でよく売れたことでも判る。[*5] こうして同時期にビジネスマンとその予備軍向けの本が陸続とあらわれるなか、一九八六年に、長谷川慶太郎『日本はこう変わる』（リスト五位、徳間書店）と、堺屋太一『知価革命』（六位、PHP研究所）が登場した。

『知価革命』のほうから紹介するが、これは小説『豊臣秀長』をベストセラーにした堺屋のビジネス書で、ポスト工業社会における価値観の変化を説いている。新しい企業環境が来るという時代的雰囲気のなかで、ビジネスマン層が「勉強本」としてこの書籍を手に取った。刊行は一九八五年一一月で、発売直後からよく売れて翌年には六〇万部を超えている。一方の『日本はこう変わる』も、人気の著者が経済環境の変化を巧みに捉えた本である。デフレ時代の到来という近未来像を前提に、そこにどう対応すればいいかを解りやすく説き、ビジネスマンを中心に幅広い読者を集め六五万部まで伸びた。[*6]

この時期のビジネス書ヒット作のなかには、有力企業の経営者が書いた本も目立ち、松下幸之助『経営の神髄』（講談社）、本田宗一郎『本田宗一郎「一日一話」』（PHP研究所）などがあるが、ベストセラーリストに入った代表的作品として、ソニー会長・盛田昭夫著『MADE IN JAPAN

――わが体験的国際戦略』（朝日新聞社）が挙げられる。エドウィン・M・ラインゴールドが原稿をまとめ、下村満子が翻訳した。自伝を含め経営哲学を書いた内容で、他の経営者本と通じるが、アメリカで出版されたのを逆輸入したのがこの本の特徴である。その点から話題性も増して四四万部まで伸び、一九八七年のリスト四位となった。同じ年の二位、キングスレイ・ウォード著、城山三郎訳『ビジネスマンの父より息子への30通の手紙』（新潮社）はカナダの実業家が息子への私信のかたちで、ビジネスの要諦（人間関係の構築やルールづくりなど）をやさしく説き、自身の人生論を織り交ぜた内容である。同年一月に刊行されたのちコンスタントに部数を伸ばして、九〇万部まで達した。[*7]

なお、一九八五年には、年ごとに見ていくベストセラーリストには挙がって来ない「隠れたベストセラー」が二〇〇万部に達している。精神医学者・土居健郎の『甘えの構造』である。一九七一年に出版され、日本人論の代表的著書としてロングセラーになっていた。版元の弘文堂は一九八五年一二月、出版社を顕彰する「梓会《あずさかい》・出版文化賞」を受賞した。人文・社会科学分野の専門書出版社として堅実な活動をしてきたことを評価しての授賞であったが、『甘えの構造』という印象的なロングセラーを刊行し、コツコツ重版を続けてきたことも評価の一つであろう。

ベストセラー史を辿るうえで一九八五年のつくば科学万博関係本についても触れておくと、一九七〇年万博のさいガイド本が大成功した記憶もあって、各社から関連書が出て賑わった。しかし、〈公式ものの発売が遅れて競合出版物が先行した影響もあり、一五年前の大阪万博ほどの盛況ぶりではなかった〉ようである。それでも講談社のガイドブックがリスト三位になっている。

この本と集英社のガイドマップが二大ヒット作で、両書合わせて八〇万部を超える売れ行きであった。[*8]

渡辺淳一と安部譲二

一九八六年から一九八七年にかけては（昭和六一〜六二）、三人の書き手がベストセラーリストに複数の作品を送り込み、ブームを引き起こした。

そのうちの一人は細木数子である。細木はベストセラーメーカーとしてすでに登場しているが（一六〇頁）、一九八六年になって再び人気が高まった。『自分を生かす 相性殺す相性』（祥伝社）を七五万部まで伸ばして同年のリスト二位にしたほか、『運命を読む 六星占術入門』（ごま書房）を五二万部――改題前の『六星占術による運命の読み方』以来では七〇万部超、『大殺界の乗りきり方』（祥伝社）を五〇万部として、同八位、一〇位にランクインさせている。この三冊にとどまらず、細木本はこの年、新刊、既刊書を問わず軒並みのヒットとなった。占いブームというより細木だけが人気を突出させたのである。全著作が息長く売れ続けたのが際立った特徴だが、文庫本で刊行された星別の占術六点なども含めて、この年だけで合計五〇〇〇万部を超えたというから、まさしく出版界を圧倒する存在となった。細木は自身の星回りを理由に「来年は本を出さない」と宣言し、それがまた話題を呼んで人気は衰えなかった。[*9]

二人目は渡辺淳一である。『ひとひらの雪』上・下（文藝春秋、一九八三年）、『愛のごとく』上・下（新潮社、一九八四年）と、不倫を題材に男女相克の姿を描いた小説を話題作とし、中年男女にファンを広げていった渡辺は、一九八六年に至り、ついに『化身』をベストセラーリスト四位へ押しあげた。〈これから先もずっと、男女のことを書き続けていくことになるんだろうけど、できたら谷崎さんや永井荷風のように、年齢をとっても油が抜けないのを書きたい〉という渡辺は、[*10]実際に男女の妄執的な関係を長らく描き続け、後年までベストセラーリストに時折顔を出す作者であり続けるが、『化身』はメルクマールとなる作品として位置づけられよう。同作は日本経済新聞に連載されたのち、一九八六年三月、集英社で上下二巻にて書籍化刊行された。大人の性愛を扱った手練《てだ》れの小説で、安定した著者人気を背景に上下計一二〇万部の売れ行きとなる。[*11]テレビドラマ化や映画化が話題を提供し、そのたびに部数を伸ばしたことも成功の理由といえよう。

渡辺淳一は翌一九八七年にも『別れぬ理由』をリスト七位に入れている。夫婦のダブル不倫を扱った作品として話題性は充分であった。『週刊新潮』に連載のち新潮社で同年五月に書籍化刊行される。一一月に映画が公開となり、その影響も大きく四〇万部まで伸びた。[*12]

細木、渡辺がキャリアのある書き手であったのに対して、三人目の安部譲二は、次項で紹介する俵万智とともに、新しい書き手として出版界に話題を提供し、一九八七年を象徴する作者となった。安部は元ヤクザで極道の世界や刑務所生活を経ており、その体験に基づいて書かれた本はエピソードが満載で、しかも軽妙であり、異色のキャラクターも相まってマスコミを賑わした。デビュー作『塀の中の懲りない面々』（文藝春秋）は一九八六年八月刊。まもなく評判を得て同年内に一〇万部まで伸びている。

一九八七年になると映画化から同書への話題性が高まるとともに、著者安部がタレントなみの扱いを受けてテレビへの登場回数を増やしたため、売れ行きに弾みがつき累計一〇〇万部へと達した。

同書の人気に併せて続編が次々と刊行され、どれも順調に部数を伸ばしていく。『塀の中のプレイ・ボール』（講談社）、『極道《やくざ》渡世の素敵な面々』（祥伝社）、『塀の外の男と女たち』（ワニブックス）などで、一九八七年内にそれぞれ四〇万部、四二万部、三三万部となった。安部の作品はデビュー作を含めて八点となり、どれもがよく伸びて合計二七〇万部という巨大な数字に至る。[*13] 同年のベストセラーリストで安部作品は『塀の中の懲りない面々』が三位、『極道《やくざ》渡世の素敵な面々』が六位、『塀の中のプレイ・ボール』が八位である。

短歌本の歴史的ヒット『サラダ記念日』

一九八七年（昭和六二）の書籍界は、戦後出版史でも特筆すべきベストセラーを迎えた。詩歌の本については近代篇で、相対的に好評を得たものとして、明治・大正期の与謝野晶子や石川啄木の本を紹介している（同書第三、第四章）。それらは評判になり一定の部数があったといっても、当時の水準が前提となる。その点、一九八七年の俵万智『サラダ記念日』は、部数のうえでは次元の違う存在となった。

戦後は出版産業が拡大した。読者も増え、市場はより大衆化した。そのなかで詩歌の本も数多く刊行されている。しかしそれらはせいぜい一〇〇〇部、二〇〇〇部という初版であり、どちらかというと関係者に興味を持たれる書籍にすぎない。実際、売れる本づくりで定評があり自らが俳人でもあった角川書店の角川春樹は、この本の企画書を自社の女性編集者が提出したとき、「売れるはずがない」とにべもない対応をとったという。[*14]

一方、河出書房新社で文芸誌『文藝』の副編集長をしていた長田《おさだ》洋一のほうは、多少の確信があった。長田は俵万智の短歌およびエッセイにかねてより注目しており、俵に短歌を送ってもらうよう頼んでいた。生原稿が届くと長田は一気に読み終え、出版を決めたという。寝食を忘れるほど没頭するという言葉があるが、まさにそうだったと長田は回顧している。[*15]

とはいえ短歌集である。著者は二四歳の一高校教師（国語）にすぎず、一般に馴染みのある者ではない。初版はやや強気ながらそれでも三〇〇〇部だった。ところが、ゲラ刷りを読み返すたびに、『サラダ記念日』のもつ新鮮な感覚に対する長田の評価は大きくなった。初版は五〇〇〇、六〇〇〇と増え、結局、八〇〇〇部に決まる。出版界では何といっても経験則が大手をふるう。短歌の本で八〇〇〇と聞いて耳を疑う同業者は少なくなかった。しかし、実際に作品に接した河出書房新社は、いけると踏んだのである。[*16] 定価は九八〇円、刊行日は一九八七年五月八日とされた。

長田と河出書房新社の見立ては当たった。当初は東京や大阪など大都市圏で売れる程度だったが、読売新聞の「よみうり寸評」で紹介され、社会面で記事になると注目を集め、他のマスコミも取りあげることで、六月の半ばから売れ行きに勢いがつき始めた。版元には注文や問い合わせの電話が一日一五〇〇本もかかるほどになる。『サラダ記念日』は多くの大ベストセラー書がそ

俵万智『サラダ記念日』

うであるように、一人歩きをはじめて、社会現象化していったのだ。八月にはミリオンセラーへと達する。読者カードは一〇月三〇日に一日二八五〇通となった（通常五〇〇〇部に対して、二～三通来ればいいほうだったという）。重版は最盛期には一回二〇万部という数になり、印刷所の機械は『サラダ記念日』に掛かりきりとなった。[*17] 若者から高齢者までまんべんなく読者を得て、同書は年末に一八四万部まで達している。[*18]

一九八七年の状況を報じる『出版指標年報』一九八八年版は、冒頭の「出版概況」欄を〈書籍復調の年〉との見出しで書き出し、『サラダ記念日』の名を挙げて次のように記している。

〈書籍はここ七～八年、低定価商品であった文庫本ブームによって、高価格の単行本の売れ足が鈍化、販売冊数では安い本が多く売れたが、販売金額としては低調に推移してきた。それが復調したのは、久方振りの複数のミリオンセラーの出現で、これが牽引車となって全般的に活況を呈した。俵万智の『サラダ記念日』が年内一八〇万部を超し、年末に発売された新買切商品として業界内に話題を提供した俵・浅井（慎平・写真）『「とれたての短歌です。」』と相乗効果を発揮して年を越しても未だその勢いを維持している。[*19]〉

第二弾ともいえる『とれたての短歌です』が、販売にあたり通常の委託制でなく買切制が採られたというのは、俵万智の本なら返品とならず確実に完売できる見通しがあったからだ。なお同書は好成績ながら二七万部にとどまり、『サラダ記念日』の水準には及ばなかった。一方、『サラダ記念日』のほうは、翌一九八八年に入ってまもなく二〇〇万部を突破している。大ベストセラーが登場すると亜流や便乗本が出るのは出版界の常だが、『サラダ記念日』についても多々登場し、『男たちの「サラダ記念日」』（泰流社）などパロディ的なタイトルもあらわれた。[*20]

出版科学研究所は二〇一三年八月に部数の大きい歴史的タイトル（単行本と新書本）に対して調査をおこない、歴代ベストセラーとして発表したが、その後、上位三〇位までと限定して、二〇一四年一〇月に再調査をしている。『サラダ記念日』はこの調査でも全体の二五位に位置し、総部数は二五〇万部だった。[*21]詩歌の本としては歴史的な存在になっていることがここでも判る。

村上春樹『ノルウェイの森』

一九七九年（昭和五四）に「風の歌を聴け」で『群像』（講談社）の新人文学賞を受賞してデビューした村上春樹は、すでに日本文学史上の存在となりつつある作家だが、一方で、国内外にて高い人気を継続させた稀有の書き手である。二〇世紀と二一世紀にまたがってベストセラー史に作品名を刻んでおり、本書では、彼のベストセラーリーダーとしての側面を、今後も含めて取りあげていく。

出版史の基礎資料『出版指標年報』で、売れる作家として村上の名が特記されたのは、たとえば一九八六年（昭和六一）の状況を報じた一九八七年版である。同書には、〈村上春樹は若い読者層に確固とした人気を得て、新刊が出れば間違いなく売れる〉と書かれている。ただこのときは、〈短篇集の『パン屋再襲撃』（文藝春秋）が一一万部となったほか、『羊男のクリスマス』（講談社〉も版を重ねた〉との、後年を考えるとごく「地味」な表記にとどまっていた。[*22] まだ大ヒット作者というほどではない。

その村上春樹が『ノルウェイの森』上・下〈講談社〉を刊行したのは一九八七年九月。刊行当時、すでに村上は、本を出せば一定の部数が〈間違いなく売れる〉存在となっていたわけだが、その基盤のうえに、メガセラー作家へ飛躍する契機になったのがこの本である。初版は上下各一〇万部だった。[*23]

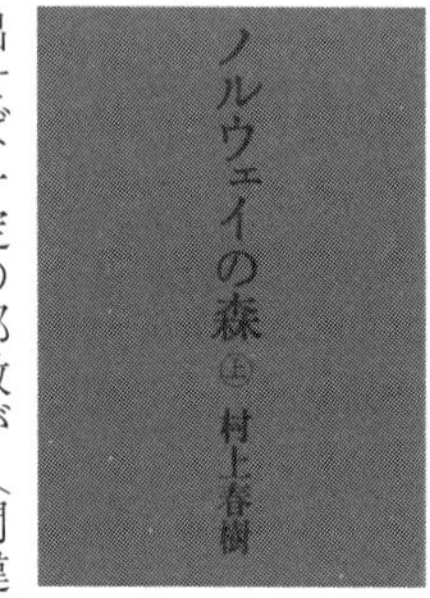

村上春樹『ノルウェイの森』（上）

『ノルウェイの森』は著者村上自身による、〈激しくて、物静かで、哀しい、100パーセントの恋愛小説です。〉とのキャッチコピー〈帯ウラに記載〉が示すように、恋愛と青春がテーマとなっている。文学の永遠の題材であり、読者にとっても永遠なる好みの対象である。その意味でまさに「本命」を狙った長編小説だった。それが成功したのである。刊行年のうちに、〈若い読者だけでなく、中年層へも広がって部数は大きく伸びた〉のだった。[*24]

ここで〈中年層〉というのは、ちょうどその年齢に達した団塊の世代を指すわけで、村上作品の主力読者が〈若い読者層〉から団塊の世代にわたる広い群を形成していたのが判る。それが一斉に動いて、『ノルウェイの森』を大ベストセラーに押しあげる原動力となった。性愛描写にかなり踏み込みながら、「性」にからめて「死」をも描き、「喪失」の雰囲気をただよわせるという方法で文学的格調をも保ったところが、商業性と文学性を巧みに融合させた村上春樹の筆達者といえるだろう。

同時期の出版界では、中年男女の性を、反道徳的であるがゆえに真率というニュアンスにて描き、ベストセラーを連発していた渡辺淳一という存在もあった。渡辺が開拓していた性愛小説の市場的下地のうえに、より純愛方面に展開した村上の小説が登場し、若者から中年まで幅広い読者を獲得したわけで、結果からみてタイミングは抜群であった。このあたりも、「商業性と文学性を巧みに融合させる」、村上のセンスの賜物《たまもの》といえる。

『ノルウェイの森』は装幀も特徴的で上巻は赤一色、下巻は濃緑一色、カバーオモテにタイトルだけを置いたシンプルなものだった。帯は抑えた金色で、これらは村上自身の提案に基づいている。[*25] クリスマス・カラーを意識したようで、「100パーセントの恋愛小説」と合わせてマーケティングをふまえた造りであった。村上春樹には書き手としての力量とともに、こういった戦略的な発想がある。上記の「融合」センスであるが、それに対しては、文学者の在りようの点でいくつかの批判もつきまとう。とはいえ、大部数という成功がどうしても説得力（偏ったものであるにしても）を持ってしまうのは、出版界という世界では否めない現象というしかない。

『ノルウェイの森』は刊行された一九八七年段階で、上下合計七〇万部まで伸びており、[*26] 同年のベストセラーリストで九位に入っている。『ノルウェイの森』の勢いはそれにとどまらなかった。翌一九八八年になって本の売れ行きはさらに拡大していく。この年の出版概況をまとめた『出版指標年報』の記事は、〈村上春樹『ノルウェイの森』（講談社）が上・下で三五〇万部を記録し未だ売れ行きが伸びている〉と特記している。[*27] 同年のベストセラーリスト二位になった。

この年には村上の次作『ダンス・ダンス・ダンス』上・下（講談社）が上梓され、こちらも

〈発刊後またたく間に、上・下九〇万部という好売れ行きを示した〉のであって、二タイトルの相乗効果はたいへんなレベルだった。[*28]『ダンス・ダンス・ダンス』のほうも一九八八年のリスト入りを果たしている（六位）。

一方、『ノルウェイの森』は翌一九八九年もベストセラーリスト九位にランクしており、さらに部数を重ねていたのが判る。前項末で挙げた出版科学研究所の「歴代ベストセラー」調査では、『ノルウェイの森』は上巻、下巻と別に調査されており、上巻が二四二万三五〇〇部で全体の二六位である。別に下巻が二一四万四〇〇〇部とあり、上下を合わせると全体の五位にあたる位置まで上がる。[*29]『窓ぎわのトットちゃん』や「ハリー・ポッター」シリーズなどと並ぶ、日本ベストセラー史上の一等星といえる存在と称して間違いない。

健康実用書の成功法則、そして「超訳」という方法

村上春樹のブームが巻き起こっていた一九八八年（昭和六三）、年単位では『ノルウェイの森』を押さえてトップセラーとなったのが、川津祐介『こんなにヤセていいかしら――1回30秒だけで1日1キロ落ちる』だった。青春出版社の「プレイブックス」シリーズの一冊で、カッパの本に由来する新書サイズ「ブックス本」の体裁である。「不思議な面白減量法」との角書《つのが》きが付されている。朝起きたらすぐにやるだけの「骨盤体操」でどんどん体重が落ちる、と謳われ、宿便を出す「はんぱ断食」なども紹介されている。

本書は健康実用書となるが、そのヒットづくりにはいくつかの秘訣がある。①知られていなか

った方法を初公開。②メソッドはシンプル。自宅で誰もができる。③お金がかからない。④短時間でできる。⑤具体的である（一回三〇秒だけで一日一キロ……）。⑥効果は自分で判るほど大きく、副次的なメリットもある。

これら健康実用書の成功法則を、『こんなにヤセていいかしら』は巧みに織り込んでいる。しかも廉価本ゆえに、「効果がなくてもこの値段ならいい、だまされたと思ってまずは買ってみよう」という読者心理が働く。実用書でヒットを狙う場合、こうした微妙なところもプロ的製作者なら当然、意識しているはずだ。購買に向かわせる多様なアイデアを咀嚼し、巧みに構成した編集力が本書成功の本筋といえる。

『こんなにヤセていいかしら』はもう一つの特徴があって、それは著者が医者でも栄養士や療法士の類いでもなく、テレビタレントだったことだ。すなわち前章で扱ったテレセラー本での成功例なのである。知名度の高いタレントや芸人、スポーツ解説者や俳優などの本が、大衆的人気を博するのは事例に事欠かなくなったが、戦後社会のなかで起きたメディアの発展と成熟がこの傾向をさらに推し進めていた。それは一九八〇年代末もさまざまなジャンルの本で成功例を引き出している。川津祐介は俳優に加えてテレビの司会者なども務めており、知名度の点で申し分ない。『こんなにヤセていいかしら』もテレビ出演というパブリシティがあり、本が評判になってからはメディアに取りあげられやすく話題性が話題性を生むという好循環ができた。

もっとも、タレントだからといってこの方法がいつも成功するわけではなく、むしろ失敗の事例は出版史にあふれている。タレント本は「当たり外れが大きい」というのが出版人の常識である。博奕《ばくち》性に富むというしかないのだが、同書は吉と出てベストセラーになった。

ただ一方で、同書に対しては、「ダイエット方法として効果なし」と当時、週刊誌などで叩かれることもあった。方法として有効かどうかの厳密な判断を待たずに、実用書自体の作りの巧みさで大ヒットへ至らせた面があるというのは、『こんなにヤセていいかしら』の場合、否《いな》むことはできない。

なお一九八八年は知名度を生かした本が、ほかにもベストセラーに挙がった。前年七月に亡くなった石原裕次郎の一周忌に合わせて上梓された妻の手記、石原まき子『裕さん、抱きしめたい』（主婦と生活社）がリスト五位、テレビ番組の書籍化である金子信雄『金子信雄の楽しい食卓』（実業之日本社）が同七位といったところである。

一九八八年から一九八九年（平成元）にはシドニィ・シェルダンのヒット作が続いたことも、出版界の目立つ現象といえよう。『ゲームの達人』上・下（アカデミー出版、中山和郎・天馬《てんま》龍行《たつゆき》訳）は一九八六年に単行本で出たのを、一九八八年に新書サイズで再刊したもの。版元が大がかりな宣伝をおこなったこともあり、上下計二二〇万部のベストセラーになった。[*30] アカデミー出版の翻訳書は、原作の舞台や登場人物を変え、ストーリーも一部を省略したり、順番を入れかえたりする作業を大胆に付した「超訳」で知られ、『ゲームの達人』はその初期成功例である。同書は一九八八年のベストセラーリスト三位に入っている。

アカデミー出版は続けて一九八八年七月にシェルダンものの超訳『明日があるなら』（天馬龍行・中山和郎訳）を刊行して、三四万部と好売上げ書にした。[*31] これらの成果を受けて、同社は一九八九年一〇月に同『時間の砂』上・下（天馬龍行・紀泰隆訳）を刊行する。スペインを舞台にしたサスペンスものである。こちらも版元は大宣伝をおこなって、『ゲームの達人』以来のシェルダン・ファンを呼び込み、大きなヒット作に仕立てた。『時間の砂』は一九八九年のリスト四位となり、上下合計一六〇万部へと達している。[*32]

アカデミー出版の「超訳」シェルダン本は、その後も、一九九〇年代前半のベストセラーリストに次々と名前を出している。一九九〇年はB六判の『真夜中は別の顔』上・下（天馬龍行訳）が二位で、新書サイズでの再刊『明日があるなら』上下が五位。一九九一年はB六判『血族』上・下（天馬龍行訳）が三位で、新書サイズでの『時間の砂』上・下が五位。一九九二年はB六判『明け方の夢』上・下（天馬龍行訳）が四位、新書サイズ『真夜中は別の顔』が六位。一九九三年はB六版『私は別人』上・下（天馬龍行訳）が五位。一九九四年はB六判『天使の自立』上・下（天馬龍行訳）が七位。

これらのなかにはミリオンセラーになった本もあり、「超訳」を付したうえで大宣伝を掛けるという、版元主導のベストセラーづくりを徹底して実行し連年の成果に結びつけたことは、ベストセラー史上、やはり注目すべき出来事なのである。訳者天馬龍行はアカデミー出版社長の筆名で、同社は「超訳」を登録商標している。なお、一九九五年以降、アカデミー出版の本はベストセラーリスト一〇位以内に挙がってはいない。

一九八九、吉本ばななの一年

平成がはじまった一九八九年は、天皇崩御・昭和の終焉にとどまらず、消費税実施、隣国中国での天安門事件、たび重なる首相交代での政治の混乱などがあり、激動の一年といえた。美空ひばりや手塚治虫の逝去もこの年である。時代が変わっていく印象が日本を覆い尽くし、出版の世界もこうした外部要因が新刊出版に影響を与えた。

それでは一九八九年は時宜ものがヒットの主軸になったかというと、そうではない。この年の出版界を席捲したのは、一人の女性新人作家だった。吉本ばななである。本名吉本真秀子《まほこ》。詩人・評論家吉本隆明の次女で、一九八七年に「キッチン」で『海燕』（福武書店）新人文学賞を受賞してデビューする。同作を収録した初の単行本『キッチン』は福武書店から一九八八年一月の上梓だった。

ベストセラーの点で、文芸書ジャンルは一九八七年頃から好調であった。とりわけ若い読者を引き込んだ村上春樹のブームは、読者層の重なる吉本ばなな現象の下地になったと考えられる。ただし、ばななな本ブームの場合、まんべんなく支持された春樹本とはやや異なり、女子中学・高校生を含めた若い女性読者が主導した点については多くの指摘がある。[*33]

一九八九年は前年に刊行された『キッチン』『うたかた／サンクチュアリ』（福武書店）、『哀しい予感』（角川書店）の小説三点に加え、新刊の小説として『TUGUMI』（中央公論社）と『白河夜船』（福武書店）が、さらに、エッセイ集として『パイナップリン』（角川書店）と、六点のばなな本が市場に出回った。これらのうち、『TUGUMI』が一四一万部、『キッチン』が累計一三三万部に至りミリオンセラーとなったほか、『うたかた／サンクチュアリ』が累計八八万部、『白河夜船』が七二万部、『哀しい予感』は六六万部、エッセイ集の『パイナップリン』も四三万部となる。[*34]「ばなな現象」というべき事態が起きたというのは、爆発的ともいえるこれらの成果で判る。六点が一九八九年のベストセラー上位に並んだというのも稀有な出来事であった。二つのミリオンセラー、『TUGUMI』と『キッチン』が一位と二位、『白河夜船』『うたかた／サンクチュアリ』『哀しい予感』は五〜七位となり、小説はすべてベストテン入りである。『パイナップリン』のほうも一二位と高位に上がり、吉本ばななという一新人の作品がリストを占拠するかのごとき様相となった。

他は、村上春樹、シドニィ・シェルダンという既成の人気作家の作を除けば、消費税解説の二冊が目立つだけである。前年の国会で関連法案が成立して、消費税導入は一九八九年四月からと決まっていた。国民の多くにとって切実性の高い制度変更だったが、分かりにくい面もあり、解説本が出版各社から次々と刊行される。全国各地の書店で「消費税本コーナー」が設置され、販売には力が入った。そのなかで、新書サイズ本の山本雄二郎著『消費税こうやればいい――業種別：重大ポイントのつかみ方』（青春出版社プレイブックス）と、山本守之『消費税 実務と対策はこうする――法律・政省令だけではわからない点を具体的に解明』（日本実業出版社）が抜け出して高い売れ行きを見

吉本ばなな『TUGUMI』

せた。

なお、しばらくベストセラー界を賑わせていたビジネス書は、ばなな現象と消費税本に押されて、この年はヒットに恵まれずじまいであった（一〇万部超えは少なかった）[*35]。新しい潮流が起こると、読者の関心も書店・取次の関心も一気にそちらへシフトする。流行現象につきものといえ、栄枯盛衰はベストセラー界の見慣れた光景なのである。

多点数化時代へ

一九九〇年代の書籍出版界は「多点数化」の時代を迎えていた。新刊の出版点数は一九九二〜一九九五年（平成四〜七）の四年間で一万点増となった。一九七二年以降、増加は続いていたが、一〇年間で一万点のペースだったので、従来の倍以上である。一九九五年は五万一一〇六点となり、ついに五万点をはじめて超えた。

とはいえ点数の増加は書籍出版が幅を広げたことを意味しない。実際、販売不振の状況はあったわけで、それを含めた事情について『出版指標年報』は次のように分析している。

〈新刊の増加は、出版社の苦境の表れでもある。販売不振になると新刊点数を増やして売上げを立てる傾向にあることは昔も今も変わらない。読者ニーズの多様化がより進んでおり、出してみなければ何が当たるかわからない。結果的に数少ない売れ筋に類似企画が集中し、市場全体の魅力を損なっているといえよう[*36]。〉

出版社側が〈売上げを立てる〉ために多点数の本が出て、市場にあふれる。しかも〈類似企画が集中〉している。販売側も売りやすい企画、実績のある企画に販売力を集中する。そのため何が起きたのか。「どれを買うべきか判らない」読者が増えた結果、売れている本に飛びつく「売れ筋追随型」が目立つようになったのだ。テレビや映画化で話題になっているから買い求める、大宣伝でよく書名が目につく本だから手に取ってみる、よく売れている作家の新刊だから取りあえず買ってみる、ベストセラーだといわれているから読む……といった傾向である。そのため、じわじわ伸びてベストセラーになるというタイプより、短期間に爆発的に売れてベストセラー化するというタイプが主流になった。ミリオンセラーが次々とあらわれるのもこの傾向と無縁ではない。メディアの発達とテレセラー現象が拍車をかけていた。

さて、多点数化時代がはじまる一九九〇年は、バブル経済が頂点をきわめ、崩壊をはじめた年でもある。この年のトップセラーは二谷友里恵の『愛される理由』（朝日新聞社）。タレント本であり、テレビをはじめマスコミに取りあげられやすいのは同書の強みとなっていた。なお「愛される」を正面から謳った点は反発を招くよりも、分かりやすいとプラスイメージになったという。「愛」は先行する春樹本、ばなな本のブームでキーワード化しており、読者に受け入れやすい下地が形成されていた点もあったろう。タレント本は刊行まもなく大きな話題を得ることがある。すると読者の「売れ筋追随」現象が起こり、部数は急伸長していく。『愛される理由』はその好循環もあって、一気に一三〇万部へと達した。〈歌手郷ひろみと結婚、自らもショップを開いたりするマルチぶりが、若い女性読者の羨望となってよく売れた〉と『出版指標年報』は書いている。[*37]

一九九〇年にはまた、特異なベストセラーも生まれている。前年一月に刊行された石原慎太郎、盛田昭夫共著『「ＮＯ」と言える日本』（光文社）である。対等の日米関係を築く方途を探った本だが、アメリカ国内で海賊版が読まれ、しかも議会関係者に流布される珍現象を経て、日本国内で関心が高まった。折から日米構造協議がはじまり、一九九〇年六月には最終報告書がまとめられたが、そこでは日米間の貿易不均衡の解消のために日本側に厳しい要求がなされた。かくして日米間に摩擦が生じる事態となっており、アメリカに「ＮＯ」を連発した本は充分に話題となりえた。著者の石原・盛田コンビも「アメリカにもの申す」貫禄を発信して、本の人気を後押しした。時宜に適《かな》う本ということで、売れるとわかれば追随現象が自然と起こったのだ。タカ派的ともいえる日米対等論は、こうした事情を背景に発売一年を経て売れ行きを一気に伸ばしたのである。結局、累計で一一五万部まで伸び[*38]、一九九〇年のベストセラー三位となった。

一九九〇年では、「今世紀最大の霊視者」とされるエドガー・ケーシーが日本の破局を予告した本、『「１９９８年日本崩壊」エドガー・ケーシーの大予告――日本人これから10年戦慄の興亡』（五島勉、青春出版社）が一月に刊行され、ノストラダムス本に続いて、破滅予測書の不思議な人気から五〇万部を上回るヒットとなった[*39]。また、筒井康隆の『文学部唯野《ただの》教授』（岩波書店）が、従来の筒井作品とは桁違いといえる五〇万部近い部数に達したことが目を引いた[*40]。両作はそれぞれ、同年のベストセラーリスト六位と七位に入っている。

なお、翌一九九一年、年間ベストセラーとは無縁の本ながら、出版史に名が刻まれるべき書籍が生まれている。岩波書店の『広辞苑 第四版』だった。『広辞苑』は『辞苑』を引き継いだ辞書として本書ですでに触れている（九七頁）。大巻ながら信頼できる基本書として堅実な支持を集め、事前の予約分だけで七〇万部に達した。[*41]

『Santa Fe』旋風

続く一九九一年（平成三）はバブル崩壊がはっきりあらわれた年だが、ベストセラーの上位にはそれを背景とした本は見当たらない。代わりにこの年の出版界を特徴づけ、社会現象にさえなった書籍にタレントのヌード写真集がある。

口火を切ったのは、一月刊の樋口可南子／篠山紀信撮影『water fruit』（朝日出版社）だった。大物女優のオールヌードということでマスコミに大々的に取りあげられ、話題を集めた結果、初版二万部は即品切れになるほどであった。樋口可南子がちょうどＮＨＫ大河ドラマ「太平記」に出演していたことも効果があった。一か月余りで一〇万部を突破し、その後も重版が続いて四二万部に至っている。なお、所謂ヘア問題については、「全体としては芸術的でわいせつに当たらない」と取締当局の見解が出されて決着した。これで類書のヌード写真集が出しやすくなった。[*42]

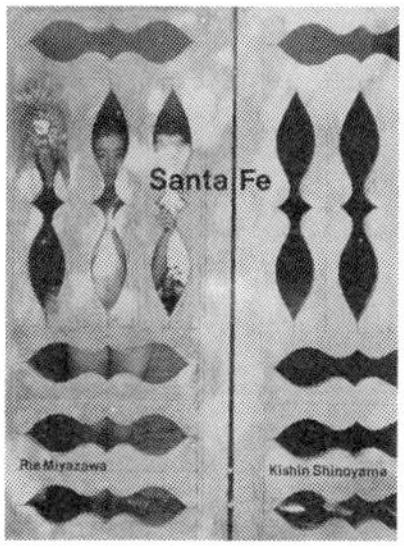

篠山紀信『Santa Fe』

写真集のヒットは販売面での貢献度が大きい。価格が高いことが主たる理由だが、『water fruit』も三二〇〇円の本であり、高額本が売れたのだから書店や取次関係者はかなり潤った。その『water fruit』は帯上部に「不測の事態」と大きく打ち、下部に「accidents 1」と記している。第一弾というわけで、次作が示唆された。
そして同年一一月一三日、同じ朝日出版社刊、篠山紀信撮影で『Santa Fe』が登場する。モデルはタレントの宮沢りえであった。『Santa Fe』刊行にさいして、版元は徹底的な情報管理をおこなう。そのうえで刊行一か月前の一〇月一三日、読売新聞に、翌一四日、朝日新聞に写真入りの全面広告を出したのだ。不意打ちのような宣伝作戦は功を奏した。人気絶頂の宮沢を起用したことで、マスコミも大騒ぎとなる。
連日さまざまなメディアが発売前の『Santa Fe』を取りあげた。反響は大きく、刊行前受注は数十万部に達した。発売日には初版と重版が一緒に出るという珍事も起きた。一一月一三日の発売だが、同月下旬には一二〇万部突破となり、年内で一六〇万部まで伸びていく。四五〇〇円の高額本であり、それがミリオンセラーとなったのだから、出版界全体の売上げ数字にも影響を与えるほどであった。これまでにない異常な現象というしかなく、『出版指標年報』は〈出版界にとどまらず、九一年の日本の事件〉とまで記している。[*43]
『Santa Fe』の大成功（部数と販売額）はヌード写真集への期待をさらに大きくした。各社から類書が陸続と刊行されるようになる。翌一九九二年には年間で二〇点が刊行され、突出した売れ行きがあったのは『島田陽子写真集 Kir Royal』（竹書房）で三八万部だった。[*44]
次の一九九三年は八〇点を超え出版ラッシュの様相となる。売れ行きのベストスリーは『SEX by MADONNA』（同朋舎出版）の三六万部、『川島なお美写真集 WOMAN』（ワニブックス）の三一万部、『石原真理子写真集 Marie!』（竹書房）の二七万部。他に二〇万部クラスが三点、一〇万部クラスが三点あった。どれも三二〇〇円から六〇〇〇円（『SEX by MADONNA』）という高額本ばかりで、同ジャンルの市場規模は一五〇億円といわれるようになった。[*45]

ヌード写真集は翌一九九四年も出版ラッシュが続き、ついに二〇〇点を超える。さすがにこれだけ刊行されると、小粒化するのは否めない。版元はパブリシティということで、写真集の発売に併せて週刊誌のグラビアに一部の写真を流す作戦を展開したが、それも新鮮味をなくした一因となった。一点あたり一〇万部を突破するものは少なく、[*46]ジャンルはあっという間に氾濫から衰退への道を辿りだす。一九九五年になるとついに、〈一世を風靡《ふうび》したヘア・ヌード写真集は鎮静した〉のである。[*47]ヌード写真集の「フィーバー」現象から氾濫、鎮静への経緯は、多点数化時代の書籍出版の問題を直截に表出した点で、きわめて特徴的といえよう。

番組そのものの書籍化本

ベストセラー上位を見ていくとき、書き手の知名度で本が買われるというのは、「テレセラー」以後、ありふれた事態となっていた。有名人のノンフィクション・エッセイはヒットに結びつきやすく、あるいは、著者のテレビ出演をきっかけにベストセラーが生まれる。たとえば「霊能者」といわれた宜保《ぎぼ》愛子の、『宜保愛子の幸せを呼ぶ守護霊』（大陸書房、一九九一年リスト一〇位、四五万部）など一連の著作が主婦層に受けたのは、著者のテレビ出演がきっかけだった。[*48]

そのなかで、今度は「テレビ番組をそのまま本にした」書籍が人気となる。先行例として、一九九一年のリスト七位、『タモリ・ウッチャンナンチャンの世紀末クイズ』（扶桑社）がある。フジテレビの高視聴率番組「笑っていいとも！」のレギュラーコーナーのクイズをまとめた本で、初版一五万部をすぐに売り切り、コンスタントに伸びて五一万部へと至った。[*49]

「テレビ番組をそのまま本にした」書籍は続く一九九二年（平成四）も出版界を席捲し、ベストセラーリストを賑わす存在となる。『それいけ×ココロジー（1・2・3）』（青春出版社）が一位、「笑っていいとも」編の『世紀末クイズ（1・2・3）』（扶桑社）が前年から引き続く人気で五位へ入り、さらに、『たけし・逸見の平成教育委員会』（扶桑社）が八位といった具合である。『ココロジー』と『世紀末クイズ』は三冊計でそれぞれ二五〇万部、二〇八万部であって、単体の『平成教育委員会』は四〇万部まで進んだ。[*50]

なお、この本の元になった番組「たけし・逸見の平成教育委員会」は高視聴率を続けたが、司会者逸見政孝の癌逝去という出来事があった。闘病記『ガン再発す』（逸見政孝・晴恵、廣済堂出版）は広く関心を集めて七五万部まで伸び、一九九四年のベストセラー八位になっている。[*51]『出版指標年報』は一九九二年の状況を前提に、〈テレビの人気がそのまま出版物に跳ね返るストレートな反応はここ数年続いているし、今後もますます影響を受けることは確かである〉とコメントしている。[*52]この推測は現実になった。テレビ番組本のベストセラーは途切れることはなく、一九九七年には『ビストロスマップ完全レシピ』（フジテレビ出版発行、扶桑社発売）がリスト一位、続編の『ビストロスマップ KANTAN レシピ』（同）も翌一九九八年のリスト三位に入っている。

なお、「番組そのもの本」が好売上げを果たすなか、一九九〇年代後半にあっても、テレビタレントの本はベストセラーの常連であり続けている。一九九一年のリスト六位はビートたけし

『だから私は嫌われる』（新潮社）で、同年六月の刊行月に一三万部、年間累計で六〇万部まで達した。[*53] また『猿岩石日記 Part 1』（日本テレビ放送網）が一九九六年のリスト六位に入っている。後述するダウンタウンの本や『大往生』も、同時期にヒットしたタレント本の系列といえよう。

これらも考慮すれば、テレビの影響力を背景に大部数本が世を風靡するなかで、池田大作の著書『人間革命』や大川隆法の著書『永遠の法』など宗教関連書が、ベストセラーの首位や二位にまで入るのは、組織力の賜物とはいえ相当な「力量」といえよう。並み居るベストセラー書を抑えて、『人間革命（11）』（聖教新聞社）は一九九二年のリスト二位、『人間革命（12）』（同）は一九九三年の同一位、『新・人間革命（1・2・3）』（同）は一九九八年の同一位となっており、『永遠の法』（幸福の科学出版）は一九九七年の同二位、同『幸福の革命』が一九九八年の同二位にランクインしている。

さくらももこエッセイ本と『磯野家の謎』

一九九〇年代のベストセラー史において目を引く現象のもう一つに、さくらももこエッセイ本の連続ヒットがある。一九九一年（平成三）の『もものかんづめ』にはじまり、一九九九年（平成一一）の『さくら日和《びより》』まで一〇点がベストセラーリストの二〇位までに常に入り、七点が一〇位以内のランクインを果たしている。

一九九一年はビートたけし『だから私は嫌われる』や漫画家柴門ふみ『恋愛論』（一九九〇年リスト八位、一九九一年同一六位）など、有名人のノンフクション・エッセイ集が評判になったが、

さくらももこ『もものかんづめ』

『もものかんづめ』もその系列の一冊といえる。一九九一年に集英社から発売されると、テレビの人気アニメ『ちびまる子ちゃん』の背景が分かる本として好評を博した。「ちびまる子ちゃん」は、さくらももこによる漫画作品。一九八六年八月、少女漫画雑誌『りぼん』（集英社）にて連載開始された。〈静岡県清水市（現 静岡県静岡市清水区）を舞台に小学校三年生のまる子と家族や友だちとのほのぼのとした日常を、楽しく、面白く、時に切なく描いた心温まる作品です〉と、「ちびまる子ちゃんオフィシャルサイト」にある。漫画は評判となり、『りぼん』の看板作品といわれる存在となった。「ちびまる子ちゃん」の人気はテレビ化で爆発的になる。テレビアニメ「ちびまる子ちゃん」は一九九〇年一月七日（日）夕方六時、フジテレビ系列で放送開始された。第一話は「まるちゃんきょうだいげんかをする」の巻で視聴率は一七・八％に達する。視聴率はそのまま高水準を維持して七月八日には二六・一％、八月一九日には二八・〇％と高い数字を記録し、九月二日には三五・一％、その後は三〇％台を連発していく。初代エンディングテーマ曲は「おどるポンポコリン」。B・B・クィーンズの一枚目のシングルで、さくらももこ作詩である。「おどるポンポコリン」は一九九〇年四月に発売されるとこちらもヒットし（ミリオンセラー）、同年の日本レコード大賞ポップス・ロック部門を受賞している。

テレビアニメが大ヒットし、「ちびまる子ちゃん」が一大ブーム化した翌一九九一年三月、エッセイ『もものかんづめ』が、漫画と同じ集英社から刊行された。ベストセラーになる条件は整備されていたといえる。「売れるものに飛びつく」現象は、テレビのヒット＋主題歌のヒット、それを受けて翌年のエッセイ集のヒットへと繋がったわけである。『もものかんづめ』は一一五万部まで伸びて、[*54]同年のベストセラーリスト二位になった。『集英社90年の歴史』によれば、二〇一六年末時点で同書の累計部数は二〇九万部で、『蒼い時』を抜いて集英社歴代ベストセラー（単行本）の首位にある。[*55]

さくらももこのエッセイ集は続刊され、『さるのこしかけ』（集英社）が、〈お待たせしました！　あの『もものかんづめ』の著者による超笑撃エッセイ第二弾‼　読んで悔いなし!!!〉との帯コピーで一九九二年七月刊に刊行。八三万部へと達し、[*56]ベストセラーリスト三位に入った。続いて『たいのおかしら』が翌一九九三年七月に同じ集英社から刊行される。初版四〇万部という部数でスタートし、〈小学生からお年寄りまで幅広く読まれ、発売五カ月でミリオンセラーを記録した〉。[*57]同年のリスト四位になっている。

さくらももこ本の人気は一過性のブームではなく、『ももこのいきもの図鑑』（マガジンハウス）が一九九四年のリスト一六位、『そういうふうにできている』（新潮社）は一九九五年の同一五位、『あのころ』（集英社）が一九九六年の同九位で、一九九七年は『ももこの世界あっちこっちめぐり』と『まる子だった』（ともに集英社）が同八位、九位となった。通常数年でブームは終息するが、ももこ本は例外である。一九九八年に『ももこの話』（集英社）がリスト九位、一九九九年も『さくら日和』（同）が一三位となった。一〇年に及ぶロングヒットを続けたわけで、ベストセラー史上も滅多にない事例といえよう。

ももこ本は漫画・アニメのヒットを受けた関連書籍だが、アプローチは違うものの、一九九〇年代のベストセラー書のうち、漫画・アニメ関連の本として東京サザエさん学会編『磯野家の謎』正続（飛鳥新社）が挙げられる。人気作品の主人公の「謎」を解く「謎本」は一九九三年の書籍界を賑わした。ドラえもんの「謎本」などもあったが、朝日新聞などで連載された国民的人気漫画「サザエさん」の「謎本」はとりわけ好調で、一九九二年一二月に刊行された『磯野家の謎』がそのなかで最も好売上げの書となり、一九九三年内に正続で一八六万部へと達した。同年のベストセラーリスト二位はこの本である。

一位になった政治家本と『遺書』

一九九四年（平成六）は浜田幸一『日本をダメにした九人の政治家』がトップセラーとなった。政治関連書が首位を得るのは珍しく、前年七月二九日に非自民七党の連合政権が誕生し、三八年間続いた「五五年体制」が終わったことで、国民の間で政治への関心がにわかに増大したのが背景にある。

すでに前一九九三年、政治関連書は競って出版され、書店では専用のコーナーを設けるところもあらわれた。売れ行きで一歩抜きん出たのが、小沢一郎の『日本改造計画』（講談社）である。小沢は動乱のキーマンで、新政権の舵取り役となったことから、その手法や人間性を分析し、政治家としての「謎」に迫る本も『小沢一郎の秘密』（データハウス）など多数出版されていた。とはいえ、なんといっても小沢本人の著書が世評高く、好売上げをもたらした。『日本改造計画』

は彼が主催する政策研究会の論議をまとめた本で、初版は三万部。[*58] 小沢が代表幹事を務めていた新生党などの関係者が一定のまとめ買いをしたこともあって、順調な伸びを示し、一九九三年のリスト九位にランクインした。翌一九九四年になって六一万部を突破している。[*59]

新しい政治を担うキーマンの本は一九九三年の秋口まで出版界を席捲し、それが一段落した年末になると、今度は元自民党代議士・浜田の『日本をダメにした九人の政治家』が登場した。同年一二月八日の刊行である。実名を出しながら歯に衣を着せず斬っていくスタイルが受けて、発売一か月半でミリオンセラーへと達し、一九九四年に一六七万五〇〇〇部まで部数を重ねた。[*60] 政治関連書の底上げのなかからこの大ヒットも生まれたのだが、元野球選手や芸能人による内幕暴露ものが一九八〇年代前半から評判を得ていた流れも背景として指摘できよう。

浜田幸一はハマコーの愛称で呼ばれて、衆議院議員を引退後はテレビ等に露出してタレントのような存在になっていた。独特のパフォーマティブなキャラクターは広く人びとの耳目を集めていたのである。その意味で『日本をダメにした九人の政治家』は政治家本であるのと同時に、タレント本の性格を持ち、テレセラー現象も相まって爆発的に伸びる要素を含んでいたのだ。なおこの『日本をダメにした九人の政治家』のミリオンセラー化によって、『永田町、あのときの話』（講談社）などの新作ばかりでなく、旧作（一九八九年刊、文藝春秋）の『不肖《ふしょう》ハマコーがゆく』も含めて、種々のハマコー本が軒並み売れ筋化していった。

『日本をダメにした九人の政治家』が一位となった翌一九九五年、リスト一位になった本は松本人志《ひとし》『遺書』である。ほぼ新書サイズの単行本で、軽装かつ一六四頁と薄め。後述する『大往

松本人志『遺書』

生』（岩波新書）と同じ一九九四年の刊行だった。著者松本は、浜田雅功《まさとし》とダウンタウンを結成、強烈ながらどこかシュールな笑いで人気を博していた。彼の『週刊朝日』連載コラム「オフオフダウンタウン」がまとめられ、書籍『遺書』となる。テレビの松本は過激な言動もしたが、本音を率直に発し、しかも言い方がうまい。反撥されつつ同感だと思わせる話法があった。メディアタレントとして多くの視聴者を巻き込むこうしたセンスは『遺書』にも出ており、多くの読者に支持される理由の一つとなっている。読みやすい文章を仕上げる能力も相まって、松本は書籍でも成功した。

『遺書』は一九九四年九月に刊行されると、部数を急伸させまず七五万部へと達する。〈骨太な意志で、潔く己の仕事や世界に挑んでいる姿勢が中高生を中心に受けており、二〇〇万部突破の勢いを感じさせる〉と、同年の状況を報じた『出版指標年報』にて書かれており、すでにダブルミリオンセラーの予測までなされていた。[*61] 実際、同書の勢いは翌一九九五年も止まらず、二五〇万部を突破して同年のリストで一位を得たばかりか、同年九月刊の続編『松本』（朝日新聞社）も二〇〇万部に達して二位となった。両書で芸能人が発表したエッセイ集の売上げ歴代二位という記録も達成している（一位は『窓ぎわのトットちゃん』）。

『遺書』が大ヒットした理由として、既述の繰り返しも含め次の六点が挙げられよう。①テレビで人気者となって、常日頃、露出している（テレセラー）。②週刊誌の連載であり、連載中に目を通している人も多く、前宣伝のようになっている（連載が面白ければ、本になって買おうという層も厚くなる)。③誰もが心の中で思っていても、言えないことをズバズバ述べるところ。④読みやすい文章。⑤ところどころにアイキャッチ(目を引く箇所)がある——隠されたエピソードをあかす、など。⑥書き手の人柄のようなものが伝わってくる——好き嫌いをはっきり示す、など(そうなると身近な感じが出る)。

なお一九九五年は、松本人志本のベストセラーを受けて、相方の浜田雅功も一二月に『読め!』(光文社)を刊行、たちまち四〇万部へ急伸させた。[*62] 好調は翌年も続き、同書は一九九六年のベストセラーリスト七位に入っている。

翻訳書の話題作——『マディソン郡の橋』『ソフィーの世界』ほか

異例の売れ行きを示した翻訳書が一九九三年(平成五)から続いたのも、九〇年代の目立つ現象だといえる。シドニィ・シェルダンの「超訳」本は通常の翻訳書とは違うので除き、健闘した他の翻訳書を挙げてみたい。なにより特筆すべきは、ロバート・ジェームズ・ウォラー著、村松潔訳『マディソン郡の橋』である。農場主の妻と写真家のひとときの情事を描いたこの小説は、アメリカでベストセラーになっていた。文藝春秋が版権を得て邦訳刊行すると、発売九か月で一二三万部に達する大きな伸びを示し、[*63] 一九九三年のベストセラーリスト三位を得ている。翌一九九四年も好調さを持続させ、年内に九九万部を増刷して累計二二二万部へと至った。[*64] 同年もまたリスト三位に入っている。本の帯には〈すでに愛の古典〉というキャッチコピーまで使われた。

その一九九四年はリスト五位にロバート・K・レスラー+トム・シャットマン著、相原真理子

ロバート・ジェームズ・ウォラー『マディソン郡の橋』

訳『FBI心理分析官——異常殺人者たちの素顔に迫る衝撃の手記』（早川書房）が入っている。猟奇的殺人事件の捜査にたずさわった著者が、心理分析的に犯人割り出しをおこなった経緯を克明に記したノンフィクションで、一九九四年四月に発売されると内容の衝撃性もあって話題を集め、八五万部まで一気に売れ行きを伸ばした。[*65] ベストセラー史に時折あらわれる異常心理学やサイコパスもののヒット作中、最大級の部数を得た本として長く語り継がれている。

一九九五年には、ヨースタイン・ゴルデル著、池田香代子訳『ソフィーの世界』（NHK出版）がリスト三位、ウィンストン・グルーム著、小川敏子訳『フォレスト・ガンプ』（講談社）が同四位にランクインした。

前者『ソフィーの世界』は海外でベストセラーになっていた哲学ファンタジーで、「不思議の国のアリス」のイメージを援用している。六六七頁という厚さで定価二五〇〇円ながら、一四歳以上を読者対象に、巧みな比喩で語る「一番やさしい哲学の本」というアプローチが成功し、日本でも大きく部数を伸ばした。日本版では哲学者の須田朗《あきら》が監修をしており、それも好評を得るのにひと役買ったようだ。二〇歳代の女性を中心に幅広い読者に支持され、一〇二万部まで達した。[*66]『ソフィーの世界』の好調は翌一九九六年も続き、累計一七三万五〇〇〇部へとさらに伸びる。本の好評を受けて、同年には、監修者須田朗の著『もう少し知りたい人のための「ソフィーの世界」哲学ガイド』（NHK出版）も刊行された。

後者『フォレスト・ガンプ』も一九九五年のミリオンセラーで、一〇一万に達した本である。IQは低いが純真な心を持つ青年フォレストの数奇な人生を描いた原作は、全米ベストセラーの一位になっていた。海外での大ヒット作を翻訳して日本でも成功させた作品として、『マディソン郡の橋』『ソフィーの世界』『フォレスト・ガンプ』と三作が連続したことになる。

続く一九九六年にはグラハム・ハンコック著、大地舜訳『神々の指紋』(上・下)が登場している。世界の遺跡や遺物、また神話などをもとに一万年以上前の文明の存在を説いた本で、二月二九日に翔泳社から発売されると、TBSテレビ「世界ふしぎ発見!」で取りあげられたことや、著者の度重なる来日もあって好調を続け、年内に上下計二二五万部へと伸びた。本の人気を受けて、「神々の指紋ツアー」を企画・販売した旅行会社さえあらわれている。[*67]

「出版は不況に強い」のか?

ベストセラーを海面に高くあがる波頭《なみがしら》だとすれば、大小の潮流や波飛沫《しぶき》を含んだ出版という海洋は、時代の好不況という天候現象とどのような関係があるのか。ベストセラー書の産出や席捲とも多少の関連があるこの問題について、ここで一考してみよう。

出版史は時代から超然とした出版物の歴史ではない。それも重要な要素として含むが、自立的な商業出版社によって構成されるわが国の出版界の場合、売上げと利益の確保は事業継続のために必須であって、そのためにも幅広い読者を得るための行動は必然である。

それ以上に、本来「出版する」という行為は、自身の見方や考え方、感じ方を他者に伝えることであり、多くの読者を獲得せんとするのは、出版物を出そうとする者の本能のようなものだ。その極限形がベストセラーだといえるかもしれない。

景気変動による好不況は同時代の多数の行動をある程度、規定するわけで、だとしたら大部数化した書籍の出現という事態の把握にとっても、「景気変動と出版物の生産・販売の関係」は、念頭におきたいところである。もっともその全面的な分析は本書のテーマとは離れる。そこで問題を絞り、一般に「出版は不況に強い」といわれるが、本当かどうかという点だけに限って触れておくことにする。ベストセラー論議にもこの点は多少の関わりがあろう。

一九九四年の事情を説明する『出版指標年報』一九九五年版は、冒頭の「概況」の欄で、「出版は本当に不況に強いのか?」について考察している。バブル経済の崩壊で後退局面に入っていた日本経済は、ちょうど回復基調に転じようとしていた。しかし足どりはなお重いという情勢である。不況色の濃かった一九九三年、出版のほうは活発で業界は成長を遂げたが、一九九四年は一転して低成長に陥った。「出版は本当に不況に強いのか?」との疑問がわき上がる格好のタイミングであった。

そこで同年報は、一九七〇年（昭和四五）以降の名目GDPと出版物の前年比伸張率を検証してみたのである。結論は〈確たる法則性を発見するまでには至らなかった〉である。しかし、おおよそ次のことが判った。[*68]
一、知的資産としての必要度が高いためか、書籍は、景気変動に対して概して中立的である。つまり不況に強い傾向がある。

二、広告収入のウエイトが高くなっているなどの事情もあり、雑誌については、相対的に景気変動の影響を受けやすい。つまり不況に弱い傾向がある。

三、「出版界の景気回復は一般産業界のそれから遅れてやってくる」とよくいわれるが、過去の実績は概ねこれを裏付けている。

そうなると不況下では書籍にウエイトを置き、世の景気回復からワンテンポのちに雑誌への売り伸ばし作戦を敢行する——単純化するとそうなってしまうが、もちろん、個々の本や雑誌がどれだけ売れるかは出してみないと判らない。多くの要素が複雑にからみながら「売れる」現象が起こり、膨らむからだ。

そうした理解の一方で、出版一般の運営法を離れてベストセラー現象に注目すると、書籍単体に起こるこの現象は、上記（一）が基本は当てはまると考えてよい。単体が唐突に大きな売上げを得ることは好況のなかでも起こるし、不況下でも珍しくない。その例は本書で幾たびか既述しているし、のちも頻繁に登場する。景気への「中立性」という書籍の特徴は、ベストセラー書の基本的な在りようになっている。

岩波新書のミリオンセラー

廉価軽装の教養書シリーズとして、岩波新書は、戦前からの確固としたブランドであり、その堅実な編集と販売の方針は、知識層の厚い信頼を得ていた。派手さから意識的に遠ざかっていたため、ベストセラー史上の言及対象になりにくかった。一九九四年（平成六）、そこからミリオ

永六輔『大往生』

ンセラーが登場する。永六輔《えいろくすけ》『大往生』である。

永六輔は本名永孝雄。テレビ草創期からの放送作家で、早稲田大学在学中すでにプロとして活躍していた。台本や構成を手がけるだけでなく、自身も出演して軽妙な語りを披露し視聴者に親しまれる。その一方、「上を向いて歩こう」や「こんにちは赤ちゃん」の作詞家としても有名で、マルチタレントの走りのような人物だといえよう。その永が全国を旅しながら、各地で出会った無名の人びとの老いや死についての本音を書き留めたのが『大往生』である。テレビ・ラジオで鍛えた著者の「面白がらせる」精神が存分に発揮されており、この本を大ヒットさせた要因であろう。

〈「世の中が平和でも、戦争がなくても／人は死にます／必ず死にます／その時に　生まれてきてよかった／生きてきてよかったと思いながら／死ぬことができるでしょうか／そう思って死ぬことを／大往生といいます」〉（『大往生』一九五～一九六頁）

〈人はみな必ず死ぬ。死なないわけにはいかない。それなら、人間らしい死を迎えるために、深刻ぶらずに、もっと気楽に「老い」「病い」、そして「死」を語りあおう。本書は、全国津々浦々を旅するなかで聞いた、心にしみる庶民のホンネや寸言をちりばめつつ、自在に書き綴られた人生の知恵。死への確かなまなざしが、生の尊さを照らし出す。〉（『大往生』カバー折り返しキャッチコピー）

これらは『大往生』の個性と魅力を伝えている。硬いといわれた岩波新書から刊行されたことも、話題を呼んだ。一九九四年三月に初版三万六〇〇〇部で発売され、九月には一〇〇万部を突破、年内に一四五万部を超えていく。岩波新書のそれまでの部数一位は清水幾太郎の『論文の書き方』だったが、『大往生』はその記録を大きく塗り替えることになった。[*69] 同年のベストセラーリスト二位を得ている。

『大往生』は翌一九九五年も好売上げを続け、同年に五五万五〇〇〇部を重版し累計で二〇三万六〇〇〇部に達した。この年もリストに六位で入っている。続編『二度目の大往生』が同年一〇月に発売されると、死や老いを明朗に扱うという正編からの姿勢が受けて（帯のキャッチコピーは端的に〈二〇〇万読者におくる〉である）、こちらもヒットし四五万部まで一気に伸びた。[*70]

『大往生』に続き、岩波新書は一九九〇年代にもう一点、ミリオンセラーを出している。一九九九年の大野晋《すすむ》『日本語練習帳』だった。著者は著名な国語学者で、主著は『日本語の起源』『日本語の文法を考える』など。『岩波古語辞典』の編纂者としても知られる。岩波新書の著者として永六輔が異端とすれば、大野晋は正統といえよう。その著『日本語練習帳』の内容はこう紹介されている。

〈どうすればよりよく読めて書けるようになるか。何に気をつけどんな姿勢で文章に向かえばよいのか。練習問題に答えながら、単語に敏感になる習練から始めて、文の組み立て、文章の展開、敬語の基本など、日本語の骨格を理解し技能をみがく。学生・社会人のために著者が60年の研究を傾けて語る日本語トレーニングの手順。〉（岩波新書HPより）

また『日経ビジネス』一九九九年三月八日号のレビューでは、次のように中身が伝えられる。

〈たとえば、「うれしい」と「よろこばしい」とはどこが違うのか。「わあ、うれしい」とは叫んでも、「わあ、よろこばしい」とは言わない。それは「うれしい」が個人の期待や願望がかなったときに使う言葉であるのに対し、「よろこばしい」は、社会的におめでたい事柄を祝う気持ちを表す言葉だからだ。〉

岩波新書らしい有名学者の書いた教養書であり、それでいて、専門色が出すぎるわけではない。日本語という身近な存在について、具体例を満載しながらやさしく解説したところが、幅広い読者を集める決定的な理由となった。その『日本語練習帳』は一九九九年一月の刊行で、四月頃から急に部数を伸ばす。テレビや新聞が取りあげるようになり、七月にはついにミリオンセラーへと至った。さらに年間で一六二万部まで伸び[*71]、『五体不満足』（後述）というメガヒットに次ぎ、同年のベストセラーリスト二位に入っている。

岩波新書の『大往生』と『日本語練習帳』は、二一世紀の「新書ブーム」（第六章で詳述）を先取りし、ブーム到来を予測させた大ヒット作だといえよう。

『脳内革命』と人生指針の書

脳に関係した本はベストセラー史に時折顔を出しており、後述する「新書ブーム」でも登場するが、一九九〇年代半ばにこのテーマで大部数へ達する本が出た。春山茂雄『脳内革命』（サンマーク出版）である。副題に「脳から出るホルモンが生き方を変える」とある。このホルモン（エンドルフィン）は老化を防止し自然治癒力を高めるそうだが、本書によると、これを多く分泌するにはプラス思考を心がける必要があり、また鍼灸《しんきゅう》、瞑想、運動、精進料理によって分泌を促すことができるという。著者春山は東京大学医学部出身の医師で、その履歴は本の価値を高めるのに役立ったといわれる。彼は神奈川県大和市に田園都市厚生病院を開設し、西洋医学と東洋医学を融合した治療・健康指導を実践していた。そのなかから得た独自の医療観をもとに『脳内革命』を書いたのである。

同書の刊行は一九九五年（平成七）五月だが、年末になって売上げが急伸、六五万部まで伸びている。[*72] 翌一九九六年になっても勢いは止まらず、〈大体三カ月か四カ月ごとに一〇〇万部ずつ重版をしていた〉というほどになった。[*73] 主婦や若者も含め幅広い層に読者が拡大していったのである。同年に累計三五〇万部へと達し、[*74] ベストセラーリストの一位になる。この年九月には実践編といえる『脳内革命（2）』も発売され、こちらもミリオンセラーを達成した（同リスト四位）。『脳内革命』は翌一九九七年においてさらに部数を乗せ、ついには戦後全体でのベストセラー二位の地位まで登りつめる（二〇一四年一〇月調査では七位。四七〇頁参照）。驚異的な部数に至った理由として、『出版指標年報』は、〈新聞紙上での大々的な広告、著者のTV出演など宣伝のうまさが目を引いた〉と記している。[*75]

同書はのち内容が疑問視されもしたが、「脳」への関心を高めるのには一定の役割を果たしたといえよう。『脳内革命』の成功で、「脳」を冠したタイトルの本や脳関係の新刊が相次ぐようになる。「脳本」の小ブームが起きたわけで、一九九六年にはその数、年間一〇〇点を超えるほどになった（医学書は除く）。ただし内容を見れば、発想法や思考法などビジネス書系が多かった。[*76]

七田眞『超右脳革命』（総合法令出版）などである。

版元サンマーク出版は、続いてリチャード・カールソン著、小沢瑞穂訳『小さいことにくよくよするな！――しょせん、すべては小さなこと』をヒットさせている。アメリカで数十万部の売れ行きだったときに出版契約を結んだところ、日本で刊行する頃には五〇〇万部まで（アメリカで）伸びていた。結果として、海外のベストセラーを日本版で出すことができたわけで、〈大変ラッキーな本〉とサンマーク出版の植木宣隆《のぶたか》社長も語っている。[*77] ただしこの本のアドバンスは相場の二倍程度だったという。即断即決する気風の会社だからこそ可能となった出版物であろう。[*78]

『小さいことにくよくよするな！』は一九九八年六月刊。「一年たてば、すべて過去」など一〇〇章に分かれ、一章が二～四頁という構成。金言をもとにした短文を集めた本だといえる。多忙なビジネスマンや、短時間でメンタル・サポートを得たい者でも、個々の章ならすぐ読みきれるところが人気の秘密となった。一〇五万部に達して、同年のベストセラーリスト五位入りを果たす。[*79] 翌一九九九年はさらに部数を伸ばし、ビジネスマンだけでなく主婦層などにも読者を広げ、累計一七〇万部へと至っている。[*80] 同年もリスト六位入りした。

『小さいことにくよくよするな！』は幅広い読者を得たが、本のカテゴリーとしてはビジネス書に分類される。一九九〇年代後半は、この本をはじめ自己啓発的なビジネス書にヒットが続いたのだった。そのなかの一冊に、リーダーシップの研究者スティーブン・R・コヴィーの『7つの習慣――成功には原則があった！』がある（ジェームス・スキナー、川西茂訳）。人生で成功を果たすために必要なことを説いたもので、こちらはビジネス書の性格がよりはっきりしている。一九九六年一二月にキングベアー出版から翻訳刊行されると、経営者、ビジネスマンを中心に読者は広がり、翌一九九七年に累計八〇万部へと達して、[*81]ベストセラーリスト六位に入った。

同時期のビジネス書系ヒット作として、一九九七年一〇月に刊行されたフランチェスコ・アルベローニ著、大久保昭男訳『他人をほめる人、けなす人』（草思社）も挙げておきたい。翌一九九八年にかけて売上げを伸ばし、累計一二一万部を超え同年のリスト六位となった。〈「人を見抜く目」をよみがえらせてくれる、現代人のバイブル！〉が帯のキャッチコピーである。なお、この本の原題は『L'ottimismo（楽観主義）』。それを離れ、思い切った邦題とすることで注目度を上げたわけで、しかもタイトリングのある種の明快さはアピール性が大きかったようだ。実際、『他人をほめる人、けなす人』の成功に触発されて、「……する人、……しない人」のタイトル本が続出している。[*82]また、ニュアンスが同じものとして、『話を聞かない男、地図が読めない女――男脳・女脳が「謎」を解く』（主婦の友社発行、角川書店発売）というヒット作も同時期に出ている。

『話を聞かない男、地図が読めない女』はビジネス書には分類されない。脳のしくみから人間の行動を説明する本であって、『脳内革命』が開拓した脳関係書の系譜に連なる一冊だといえる。男女の違いを扱ったところが魅力となった。二〇〇〇年四月に発売されて、その年のベストセラーリスト二位を得ている。翌二〇〇一年も勢いは続いて三月段階で累計一五〇万部を超え、[*83]同年もリスト六位に入った。売れ行きは続伸して、二〇〇二年三月には一九〇万部へと達している。[*84]

なお、この『話を聞かない男、地図が読めない女』の成功自体がまた、ニュアンスの似通ったタイトル本をいくつか生んだ。『ウソを見抜く女と結婚したがらない男』（竹書房）などである。

「超」本とシンプルライフ書

本のタイトリングで目立つ現象といえば、一九九四年（平成六）の「超」本ブームもその一つといえよう。同年刊の本で七〇点を数え、バブル崩壊後の不況、円高、失業を背景にしたビジネス書に多かった。二〇万部売れた長谷川慶太郎『「超」価格破壊の時代』（東洋経済新報社）などである。ブームの背景に関して『出版指標年報』は、〈既存概念の創造的破壊を迫られる社会や企業、個人らを「超」の一字で捉えよう〉とする狙いを読み、〈目まぐるしく変化する今日を象徴している現象ともいえる〉と指摘している。[*85]

一方で、記憶術や整理法といった実用書系に「超」の付くものが集まった。それは、「超」本ブームをつくりだしたきっかけが、野口悠紀雄『「超」整理法』（中公新書）だったこともある。同書は一九九三年一一月刊。ロングセラーとなって、一九九四年には六八万部へと至り、[*86]ベストセラーリスト九位に入った。カッコ付きの「超」を入れるアイデアは、中公新書編集部と著者の間で生まれた。

野口悠紀雄の「超」本は、中央公論社から講談社へと舞台を移し、一九九五年一二月に単行本『「超」勉強法』が〈勉強は、実は楽しい。〉の帯コピーにて刊行された。著者の体験に基づき、体系を全体として習得する「全体法」をノウハウとして示した学習術の本であり、高校生から社会人まで読者を広げつつ、二か月足らずでミリオンセラーへと達する。[*87]その後も部数は伸びて一三一万部に至り、一九九六年のリスト二位となっている。

一方、「超」本ブームをつくった中公新書の『「超」整理法』のほうは、一九九六年もロングで売れ続けて一〇〇万部に迫る勢いとなった。[*88] 短期間で一〇〇万部を突破した岩波新書『大往生』(二二八頁参照)とともに、教養新書二大ブランドからのベストセラーの登場は、二一世紀「新書ブーム」への助走となり、初期的底流を成したといえるだろう。

一九九〇年代はまた、派手さはないものの、シンプルライフ系の書籍がいくつかベストセラーになっていることも見逃せない。冷戦終結による「大きな物語」の終焉、未来が見通せなくなった社会状況、バブルの崩壊による「失われた一〇年」といわれる長期不況、そして阪神淡路大震災、オウム真理教による地下鉄サリン事件……これらが人びとの間に深い喪失感、不安感を招き寄せていた背景は指摘せねばならない。そのなかで、現状に対する〈創造的破壊〉志向が生まれ「超」本ブームが起きる一方、むしろ生活の質実を把握し直そうとする傾向もまた生じたのである。覚束《おぼつか》ない世上から一歩身を引いて、堅実な生を回復・再構築しようとする志向といえよう。それを背景に三点のベストセラーが読者の支持を集めた。『清貧の思想』『節約生活のススメ』『「捨てる!」技術』で、ともにリストの一〇位内に入った書籍である。

『清貧の思想』(草思社)は作家中野孝次のエッセイ集。西行・兼好・芭蕉などの世捨て人的生き方を紹介しながら、心の充実をめざしてシンプルな生活を送る伝統が日本にあったことを示した。それを「清貧」と称したことが新鮮で、話題を呼ぶのにひと役買ったといえる。バブル崩壊が人びとの暮らしに深刻な影響を及ぼしはじめた一九九二年九月に刊行され、翌一九九三年に六九万部へと達してベストセラーリスト八位に入っている。[*89] 文藝春秋で文庫化された（一九九六年一一月）さいの帯コピーのなかに、〈バブル日本に猛省を促したベストセラー〉とある。

『清貧の思想』から若干の時期を経て、二一世紀も近い一九九八年一〇月に刊行されたのが『節約生活のススメ』（飛鳥新社）である。著者山崎えり子はドイツ流シンプルライフに学んだうえで、節約の暮らしをこの本で提案した。「シンプル」は当時、一部でライフスタイルのキーワード化しており、書籍にもデボラ・デフォード著、中村藤美訳『居心地のいい簡単生活』（文香社）、大原照子著『少ないモノでゆたかに暮らす――ゆったりシンプルライフのすすめ』（大和書房）などがよく読まれていた。[*90]『節約生活のススメ』はこうした系統で最も売れ行きがよかった本で、一九九九年のリスト八位となっている。

『「捨てる！」技術』は宝島社新書の一冊で、著者はフリーのマーケティングプランナー辰巳渚《なぎさ》。企画が持ち込まれてから三か月後の出版で、執筆期間は一か月だった。[*91]〈捨てられない理由から、捨てるための考え方・テクニック一〇か条など、「捨てるという発想」の基本を具体的に教えます〉と版元による内容紹介にある。二〇〇〇年四月に刊行され、一〇〇万部を超えて同年のリスト五位にランクインした。[*92] 後年のミリオンセラー『人生がときめく片づけの魔法』（二〇一〇年、後述）の著者近藤麻理恵は、この本に影響を受けている。

『子どもにウケる科学手品』ほか個性的なヒット作

さて、一九九〇年代に話題となった作品では、次の個性的な五点にも言及しておかねばならない。『日本一短い「母」への手紙』（大巧社）は、福井県丸岡町が町おこしの一環にと一般から募集した、母への思いコンクールの文章を一冊にまとめたもの。新書サイズ本で一九九四年（平成六）四月に刊行されると反響を呼んで六一万部に達し、[*93]同年のベストセラーリスト一〇位となった。「読者参加本」のヒット作として記憶される。

桐生操『本当は恐ろしいグリム童話』（ベストセラーズ）はⅠが一九九八年六月刊、Ⅱが一九九九年二月刊。著者名は欧州の大学で文学や思想を専攻した女性二人の共同ペンネームである。同書のⅠは白雪姫、シンデレラ、青髭の妃などを採りあげ、Ⅱはヘンゼルとグレーテル、ブレーメンの音楽隊、人魚姫などで、グリムのほかアンデルセンやオスカー・ワイルドの童話までを対象としている。童話が「恐ろしい」背景を含むとは従来からいわれてきたが、この本は執念や残虐性を際立たせることで、「恐いものみたさ」の読者を広く集めた。怪談本など同系統でのヒット作は時折登場するが、『本当は恐ろしいグリム童話』は二巻合計で二五六万七〇〇〇部に達して、[*94]部数的には破格の存在となった。一九九九年のリスト三位に入っている。

講談社ブルーバックス刊『子どもにウケる科学手品77――簡単にできてインパクトが凄い』は、自然科学の本にしてメガヒットまで達した珍しい例である。身近にあるものを使い、子どもが驚く理科的現象を見せる方法を示したこの本は、〈子どもにウケるということは…職場でもウケます。酒場でもウケます。そして、奥さんにもウケます。〉と帯のキャッチコピーにあるように、親が子にやって見せるという目的を超えて、さまざまな場面で使えるとしたのが、幅広い読者を得た理由でもある。実験といわずに「科学手品」をタイトルにしたことも成功の秘訣といえよう。

著者後藤道夫は高校や大学の講師を務めたのち「親子科学教室」などを指導する科学教育者。実践活動を経て本にしたわけで、科学書ながら親しみやすい内容となっており、著者のテレビ出演も相まって、一九九八年一一月の刊行後じわじわ伸びて、二〇〇〇年三月で七四万部に達している。[*95] 一九九九年のリスト七位の本である。

なお、「子どもを相手にする大人が読む本」としては、ドロシー・ロー・ノルト＋レイチャル・ハリス著、石井千春訳『子どもが育つ魔法の言葉』（ＰＨＰ研究所、一九九九年九月刊）も同時期の話題作。海外で多くの読者を得た子育て本の翻訳書だが、日本でも部数が伸びて二〇〇〇年のリスト八位となった。この本はロングセラー書となり、二〇〇五年、令和の天皇が皇太子時代、その詩を朗読したことで話題を集めたこともある。同年には著者ノルトが来日するなどのイベントもあって、部数は一五三万部へ続伸し、二〇〇五年に最も売れた教育関連書となった。[*96]

『これを英語で言えますか？』は一九九九年一〇月に創刊された「講談社パワー・イングリッシュ」の本。同企画は実用英語書の総合シリーズとして、講談社インターナショナルから新書サイズで刊行開始された。『これを英語で言えますか？』は創刊ラインナップの一冊である。「ばれたか！」など日常的な英語を、雑学をふんだんに含めながら解説していく内容で、大手書店の店頭で多面展示がなされたこともあって人気が出てきた。二〇〇〇年にはテレビで紹介されることも相まって、同年三月一四日時点で累計七五万部に達し、[*97] 同年のベストセラーリスト四位となっている。

英語関連本は時折ヒット作が出るが、二〇〇〇年はこのジャンルが好調で、ほかにも『話すための英語』（PHP研究所）や『英単語スーパー〝語源〟記憶術』（宝島社）などが売れ筋となった。どれも新書サイズ本である。

一九九〇年代後半の文芸書

日本人作家による文芸関係書は、吉本ばななの小説がベストセラー上位を占めた一九八九年以降、村上春樹『国境の南、太陽の西』が一九九二年のリスト一〇位に入るなどはあったが、しばらく目立つ書籍は登場しなかった。そうしたなか、一九九五年に至り、新人作家瀬名秀明の『パラサイト・イヴ』（角川書店）が話題となって、文芸書復活を印象づけた。同作は第二回日本ホラー大賞（角川書店・フジテレビ）を受賞することで世に出ている。作者の瀬名は当時、東北大学大学院薬学研究科の院生だった。

一九九五年（平成七）は、年間ベストセラーの上位三〇点に文学部門の本が一七点（文芸書一〇点、ノンフクション・読み物七点）ランクインして賑やかになったが、[*98]新人の『パラサイト・イヴ』はベテランの日本人作家を抑えて、同年のリスト七位（日本人作家では首位）となった。

翌一九九六年（平成八）には石原慎太郎の『弟』（幻冬舎）がリスト五位を得ている。大スター裕次郎を兄慎太郎が書いたという話題性もあって、同年七月に刊行されると、二か月近くで一〇〇万部へと達する勢いを示した。日本の小説では、吉本ばなな『TUGUMI』（一九八九年）以来、七年ぶりのミリオンセラーである。

続く一九九七年（平成九）はベテラン渡辺淳一の『失楽園』（上・下）がリスト三位、妹尾《せのお》河童《かっぱ》の『少年H』（上・下）が同五位、浅田次郎の『鉄道員《ぽっぽや》』は七位となり、上位に日本の文芸書が複数入った。

『失楽園』（講談社）は同年二月刊。日本経済新聞で連載中から話題を呼んでおり、加えて、テレビドラマや映画だけでなく、ラジオドラマからコミックまでさまざまなメディアで作品化されたことで、本の人気をさらに高めていった。メディアミックス成功の典型例といえ、上下計で二六六万部に達している。[*99] なお「失楽園」は一九九七年の「日本新語・流行語大賞」に選ばれている。『失楽園』の成功は、林真理子『不機嫌な果実』（文藝春秋）など、不倫をテーマにした小説やテレビドラマをあふれさせた。

『少年H』（講談社）は同年一月刊。グラフィックデザイナーや舞台美術家のほかエッセイストでもあるマルチタレントの著者が、自らの少年時代を振り返った自伝的作品である。朝日新聞「天声人語」に三度にわたって紹介されたほか、夏にはテレビアニメやラジオドラマにもなり、映画化も決定された。これらのメディア展開は本の話題性をその都度大きくし、同書はついに上下計一六〇万部へと至った。[*100]

『鉄道員』（集英社）は同年四月刊の短編小説集。エンターテインメント作家として実力を示してきた著者の新作ゆえに、発売まもなく好調な売れ行きを示す。直木賞受賞でさらに部数を伸ばし、六九万部に至っている。[*101] 『鉄道員』は一九九八年もリスト一七位、降旗《ふるはた》康男監督、高倉健主演の映画が話題となった一九九九年には累計一〇一万部へと達し、[*102] リスト九位に上がっている。

続く一九九八年（平成一〇）は、四月に刊行された『大河の一滴』（幻冬舎）が累計九三万部に伸び、リスト四位へ入った。親鸞の思想をもとに人生と人間を描いた作品である。著者五木寛之はベストセラー史にたびたび登場しているが、この時期、再び人気が上昇していた。一九九三年に『生きるヒント』（文化出版局）をリスト一〇位に入れ、人生論で先行的な成功を収めており、『大河の一滴』にて大きく飛躍した。

五木の本は一九九八年に、『他力』（講談社）、『夜明けを待ちながら』（東京書籍）も、前者が累計三〇万、後者が同一〇万とスマッシュヒットしており、*103 さらに『大河の一滴』を機にして、五木寛之の人生論は主として中高年層から広い支持を受けるようになる。二〇〇〇年には、前年一一月刊行の『人生の目的』（幻冬舎）が累計八四万部まで伸び、リスト一〇位へ入った。*104

なお、一九九〇年代末の文芸書のベストセラーとしては、本来、「ハリー・ポッター」にも触れる必要があるが、このミリオンセラー・シリーズは二一世紀が刊行と話題化の中心であり、のち第七章で改めて俎上《そじょう》に載せることにしたい。

講談社の歴史的ミリオンセラー

二〇世紀も終わる一九九九年と二〇〇〇年、トップセラーはそれぞれ『五体不満足』と『だから、あなたも生きぬいて』だった。ともに書き手としては素人による自伝的作品で、ともに講談社刊行である。

『五体不満足』は先天性四肢切断という重度障害を持った著者乙武洋匡《おとたけひろただ》が、生い立ちや周囲の人びととの交流を描いた作品。特異な生まれや、貧困など苛酷な体験のなかで成長していく人間のドキュメンタリーは読者の感動をさそい、また話題性も大きく、かねてよりベストセラーに結びつくことは多い。たとえば戦中期に豊田正子の『綴方教室』(一九三七年)、野澤富美子《ふみこ》『煉瓦《れんが》女工』(一九四〇年)があり(近代篇第八章参照)、戦後も安本末子『にあんちゃん』(一九五九年)など例示には事欠かないのである。『五体不満足』のあとでも、大平光代『だから、あなたも生きぬいて』がそうであるし、麒麟《きりん》・田村裕《ひろし》『ホームレス中学生』(二〇〇七年)ほか「青少年期の苛酷な体験もの」はいくつかベストセラーが挙げられる。

『五体不満足』はそのなかの歴史的ヒット作といえる。ただしこの作品は「苛酷な体験」「不幸な運命」というイメージをあえて払拭して、普通の人間として生きてきた面を打ち出すことで、新鮮なメッセージを読者に与えた。〈障害は不便です。しかし、不幸ではありません〉と著者はいう。これは三重苦のヘレン・ケラー女史の言葉を受けてであるが、その表現がごく自然なものとして受け取れるほど、著者の屈託のない個性は印象が深いものだった。好感度あふれる著者イメージは、本を評判にするのに決定的な役割を果たしたと思われる。それから『五体不満足』は文章が読みやすい。これはどのようなジャンルにしても、ベストセラーとなる第一の条件であることは間違いない。

『五体不満足』はアイキャッチなタイトルとカバー写真の効果もあって、驚異的ともいえる売れ行きを示した。一九九八年一〇月刊行ののち一二月には五〇万部まで伸び、その後さらに急伸して、翌一九九九年(平成一一)二月は単月で一三〇万部を増刷、累計二二五万部に至る。著者のテレビ出演も相当なアピールになった。[*105] 同書は一九九九年内に累計四二四万部へと達して、この時点で戦後のベストセラー累計ランキングの二位を得た[*106]。単行本と新書本を対象にしたこのランキング（出版科学研究所）は二〇一四年一〇月に再調査され、『五体不満足』は四八〇万八〇〇〇部で全体の四位に位置する（四七〇頁参照）。上位であることは変わらず、タレントでも文筆のプロでもない一般の書き手が斯《か》様《よう》な歴史的成果を残すのは、類い稀な出来事といえよう。

なお、「障害のある人間でも普通の人生を送る」という明るいメッセージを出して、それが印象に残った著者乙武ではあるが、後年、不倫問題を起こしてマスコミで騒がれた。人気者になることで人生を変えていったわけだが、こちらはあまりに類い多き、見慣れた出来事だといってよい。

『五体不満足』の大きな成果をきっかけに、一般の書き手による個性的な自伝が次々と刊行され、テレビとのタイアップもあってそのいくつかは好売上げの本となった。井上美由紀『生きてます、15歳。』（ポプラ社）、鈴木ひとみ『命をくれたキス』（小学館）などである。二〇〇〇年（平成一二）の二月に刊行された『だから、あなたも生きぬいて』は、その系列の本にして、『五体不満足』と並ぶ二〇世紀末のもう一つのメガヒットとして存在感は大きい。

乙武洋匡『五体不満足』

大平光代『だから、あなたも生きぬいて』

著者大平光代は女性弁護士。中学生時代にいじめを受け、自殺未遂騒動などを起こしたのち、暴走族からついには暴力団の世界へ入る。水商売の世界にいたが立ち直って猛勉強をし、二九歳のとき司法試験に合格するという波乱の半生を歩んだ。その後は弁護士として青少年問題を担当し、非行少年の更生活動などにたずさわっていた。その大平が壮絶にして変転めまぐるしき自らの生きざまを描いたのが、『だから、あなたも生きぬいて』なのである。

この本は、名古屋の地元テレビに出ていた大平を、たまたま帰省中の講談社社員が見たことから企画化が進み、出版に至ったという。自伝としての圧倒的迫力とともに、タイトルにあるごとく、どんなに辛い状況でも「生きぬく」ことを伝えた姿勢が幅広い読者の支持を集めた。発売二か月で一〇〇万部を超え、二〇〇一年三月には累計二〇〇万部へと達している。[*107] 二〇世紀最後を飾る記録的ベストセラーである。

(1)『出版指標年報』一九八六年版、一〇頁。 ＊『出版指標年報』はそれぞれ、年版で示された年の前年を対象としている。なお以下、同書年度版の編著者名（全国出版協会・出版科学研究所）、「前掲」表示を省略する。
(2) 同上書、一〇一頁。
(3) 前掲『ベストセラー昭和史』二五七～二六〇頁。
(4)『出版指標年報』一九八六年版、八三頁
(5)『出版指標年報』一九八七年版、一八頁。
(6) 同上書、七二頁。
(7)『出版指標年報』一九八八年版、六〇頁。
(8)『出版指標年報』一九八六年版、七六～七七頁。
(9)『出版指標年報』一九八七年版、六五頁。
(10) 前掲『ベストセラー昭和史』二五六頁。

(11)『出版指標年報』一九八七年版、五八頁。
(12)『出版指標年報』一九八八年版、八〇頁。
(13)同上書、八一～八二頁。
(14)前掲『ベストセラー昭和史』二六五頁。
(15)同上書、二六五～二六六頁。
(16)同上書、二六六～二六七頁。
(17)同上書、二六八～二六九頁。
(18)『出版指標年報』一九八八年版、四六頁。
(19)同上書、一七～一八頁。
(20)『出版指標年報』一九八八年版、七九頁。
(21)『出版指標年報』二〇一五年版、一三六～一三七頁。
(22)『出版指標年報』一九八七年版、九三頁。
(23)前掲『ベストセラー昭和史』二七〇頁。
(24)『出版指標年報』一九八八年版、四六頁。
(25)前掲『ベストセラー昭和史』二七〇頁。
(26)『出版指標年報』一九八八年版、八〇頁。
(27)『出版指標年報』一九八九年版、一七頁。
(28)同上書、同頁
(29)『出版指標年報』二〇一五年版、一三六～一三七頁。
(30)『出版指標年報』一九八九年版、九七頁。
(31)同上書、九七～九八頁。
(32)『出版指標年報』一九九〇年版、一二八頁。
(33)同上書、二二一頁など。
(34)同上書、一二二頁。
(35)同上書、七六頁。
(36)『出版指標年報』一九九六年版、七六頁。
(37)『出版指標年報』一九九一年版、一九頁。

(38) 同上書、九五頁。
(39) 同上書、八四頁。
(40) 同上書、一八頁。
(41) 『出版指標年報』一九九二年版、一八頁。
(42) 同上書、一〇二頁。
(43) 同上書、一〇三頁。
(44) 『出版指標年報』一九九三年版、九八頁。
(45) 『出版指標年報』一九九四年版、一〇四〜一〇五頁。
(46) 『出版指標年報』一九九五年版、一〇七頁。
(47) 『出版指標年報』一九九六年版、七七頁。
(48) 『出版指標年報』一九九二年版、七七頁。
(49) 同上書、一〇八頁。
(50) 『出版指標年報』一九九三年版、一九頁。
(51) 『出版指標年報』一九九五年版、一一四頁。
(52) 『出版指標年報』一九九三年版、六九頁。
(53) 『出版指標年報』一九九二年版、一〇四頁。
(54) 同上書、一八頁。
(55) 前掲『集英社90年の歴史』四九〇頁。
(56) 『出版指標年報』一九九三年版、一〇五頁。
(57) 『出版指標年報』一九九四年版、一一一頁。
(58) 同上書、九一頁。
(59) 『出版指標年報』一九九五年版、九四頁。
(60) 同上書、同頁。
(61) 同上書、一一四頁。
(62) 『出版指標年報』一九九六年版、一二七頁。
(63) 『出版指標年報』一九九四年版、一一一頁。
(64) 『出版指標年報』一九九五年版、一一三頁。

(65) 同上書、一一四頁。
(66)『出版指標年報』一九九六年版、八八頁。
(67)『出版指標年報』一九九七年版、八二頁。
(68)『出版指標年報』一九九五年版、一七～一八頁。
(69) 同上書、八五頁。
(70)『出版指標年報』一九九六年版、八八頁。
(71)『出版指標年報』二〇〇〇年版、一一八頁。
(72)『出版指標年報』一九九六年版、一一三頁。
(73) 植木宣隆「ベスト&ロングセラーをつくり、海外でもヒットさせる方法とは?」全国出版協会・出版科学研究所平成二六年度第二回出版セミナー収録『出版月報』増刊、二〇一五年六月二五日発行、一頁。
(74)『出版指標年報』一九九七年版、九二頁。
(75) 同上書、同頁。
(76) 同上書、同頁。
(77) 前掲「ベスト&ロングセラーをつくり、海外でもヒットさせる方法とは?」二頁。
(78) 新文化編集部 編『ベストセラーの仕掛人』アーク出版、二〇〇五年、一五五頁。
(79)『出版指標年報』一九九九年版、七九頁。
(80)『出版指標年報』二〇〇〇年版、九八頁。
(81)『出版指標年報』一九九八年版、八〇頁。
(82)『出版指標年報』一九九九年版、七九頁。
(83)『出版指標年報』二〇〇一年版、一〇一頁。
(84)『出版指標年報』二〇〇二年版、一〇一頁。
(85)『出版指標年報』一九九五年版、九一頁。
(86) 同上書、同頁。
(87)『出版指標年報』一九九七年版、八五頁。
(88) 同上書、一一七頁。
(89)『出版指標年報』一九九四年版、一一二頁。
(90)『出版指標年報』二〇〇〇年版、一四〇頁。

(91)新文化編集部 編『ベストセラーの仕掛人』アーク出版、二〇〇五年、一四七頁。
(92)『出版指標年報』二〇〇一年版、一二五頁。
(93)『出版指標年報』一九九五年版、一一五頁。
(94)『出版指標年報』二〇〇〇年版、一二〇頁。
(95)同上書、一〇四頁。
(96)『出版指標年報』二〇〇六年版、九一頁。
(97)『出版指標年報』二〇〇〇年版、一一八〜一一九頁。
(98)『出版指標年報』一九九六年版、一二五頁。
(99)『出版指標年報』一九九八年版、一〇〇、一〇二頁。
(100)同上書、一〇〇頁。
(101)同上書、同頁。
(102)『出版指標年報』一九九九年版、一〇二頁。
(103)同上書、同頁。
(104)『出版指標年報』二〇〇一年版、一一八頁。
(105)『出版指標年報』一九九九年版、七八頁。
(106)『出版指標年報』二〇〇〇年版、九六頁。
(107)『出版指標年報』二〇〇一年版、九四頁。

Ⅱ　二一世紀

二一世紀の歴代ベストセラーリスト

※二一世紀を扱う本リストでは、戦後二〇世紀のリストと同様、公益社団法人全国出版協会・出版科学研究所『出版指標年報 二〇一九年版』（二〇一九年四月二五日刊）三五九〜三八八頁掲載のリストを使用している。註記は戦後二〇世紀を扱った二三頁と同じである。

※このリストは本書第六〜九章に対応するが、そこでは一一位以下にも言及している場合が少なからずあるため、二〇位までの記載に増やした。

※二三頁にも記した通り、このリストはベストセラーランキングの通例に従い、文庫本、コミック、絵本・児童書、趣味・生活書、学習参考書、辞書事典、宗教関連書を対象外としている。ただし、「ハリー・ポッター」シリーズは児童書ながら例外的に対象としており、また、『漫画 君たちはどう生きるか』『大家さんと僕』はコミックではなく読み物に分類され対象とした。

※対象外のジャンルである文庫や趣味・生活書、児童書で、リストにはないがベストセラー現象の観点から取りあげたほうがいいものがあり、本文で扱っている。なおこれらの書籍は、当リストの対象外と断ったうえで、リストに入るとしたら〇位にあたる旨を表記した。

※作品はすべて本書第六、七、八、九章で取りあげられており、参照されたい。

二〇〇一年（平成一三）

①スペンサー・ジョンソン 著、門田美鈴 訳『チーズはどこへ消えた?』扶桑社

②J・K・ローリング 著、松岡佑子 訳『ハリー・ポッターと賢者の石』、『ハリー・ポッターと秘密の部屋』、『ハリー・ポッターとアズカバンの囚人』静山社

③大川隆法『奇跡の法――人類再生の原理』幸福の科学出版
④ロバート・キヨサキ 著、シャロン・レクター 著、白根美保子 訳『金持ち父さん 貧乏父さん』筑摩書房
⑤池田大作『新・人間革命』(9・10) 聖教新聞社
⑥アラン・ピーズ 著、バーバラ・ピーズ 著、藤井留美 訳『話を聞かない男、地図が読めない女――男脳・女脳が「謎」を解く』主婦の友社
⑦オグ・マンディーノ 著、坂本貢一 訳『十二番目の天使』求龍堂
⑧飯島 愛『プラトニック・セックス』小学館
⑨堀場雅夫『仕事ができる人 できない人』三笠書房
⑩高見広春『バトル・ロワイアル』太田出版
⑪高森顕徹『光に向かって100の花束』1万年堂出版
⑫西尾幹二ほか『新しい歴史教科書 市販本』扶桑社
⑬齋藤 孝『声に出して読みたい日本語』草思社
⑭ブラッドリー・トレバー グリーヴ 著、石田 享 訳『The Blue Day Book――誰でも落ち込む日がある。』竹書房
⑮宮部みゆき『模倣犯』(上・下) 小学館
⑯ケリー・グリーソン 著、楡井浩一 訳『なぜか、「仕事がうまくいく人」の習慣――世界中のビジネスマンが学んだ成功の法則』PHP研究所
⑰今井 彰『プロジェクトX リーダーたちの言葉』文藝春秋
⑱梅宮アンナ『「みにくいあひるの子」だった私』講談社
⑲竹中平蔵『竹中教授のみんなの経済学』幻冬舎
⑳明橋大二+伊藤健太郎 著、高森顕徹 監修『なぜ生きる』1万年堂出版

二〇〇二年（平成一四）

①J・K・ローリング 著、松岡佑子 訳『ハリー・ポッターと賢者の石』、『ハリー・ポッターと秘密の部屋』、『ハリー・ポッターとアズカバンの囚人』、『ハリー・ポッターと炎のゴブレット』（上・下）静山社

②向山淳子、向山貴彦、studio ET CETRA、たかしまてつを『ビッグ・ファット・キャットの世界一簡単な英語の本』幻冬舎

③日野原重明『生きかた上手』ユーリーグ

④齋藤 孝『声に出して読みたい日本語』草思社

⑤池田香代子 著、C・ダグラス・ラミス 訳『世界がもし100人の村だったら』マガジンハウス

⑥国川恭子『ベラベラブック vol.1』（青版）ぴあ

⑦池田大作『新・人間革命』（11）聖教新聞社

⑧大川隆法『常勝の法――人生の勝負に勝つ成功法則』幸福の科学出版

⑨石原慎太郎『老いてこそ人生』幻冬舎

⑩柴田 武『常識として知っておきたい日本語』幻冬舎

⑪文・石黒謙吾、写真・秋元良平『盲導犬クイールの一生』文藝春秋

⑫アレックス・シアラー 著、金原瑞人 訳『青空のむこう』求龍堂

⑬五木寛之『運命の足音』幻冬舎

⑭インタービジョン21 編『図解「儲け」のカラクリ』三笠書房

⑮宮部みゆき『模倣犯』（上・下）小学館

⑯陰山英男『本当の学力をつける本――学校でできること 家庭でできること』文藝春秋

⑰スティーヴ・ビダルフ 著、菅 靖彦 訳『男の子って、どうしてこうなの？――まっとうに育つ九

つのポイント』草思社
⑱日野原重明『人生百年 私の工夫』幻冬舎
⑲村上春樹『海辺のカフカ』(上・下)新潮社
⑳デイヴィッド・ベッカム 著、東本貢司 訳『ベッカム すべては美しく勝つために』PHP研究所

二〇〇三年(平成一五)

①養老孟司『バカの壁』新潮社(新潮新書)
②片山恭一『世界の中心で、愛をさけぶ』小学館
③フジテレビトリビア普及委員会 編『トリビアの泉 ～へぇの本』(1～4)講談社
④スマステーション-2『ベラベラブック-2』マガジンハウス
⑤木村拓哉『開放区』集英社
⑥池田大作『新・女性抄』潮出版社
⑦大川隆法『大悟の法――常に仏陀と共に歩め』幸福の科学出版
⑧李 友情 著、李 英和 訳『マンガ金正日入門――北朝鮮将軍様の真実』飛鳥新社
⑨香取慎吾『ダイエット SHINGO』マガジンハウス
⑩アラン・ピーズ+バーバラ・ピーズ 著、藤井留美 訳『嘘つき男と泣き虫女』主婦の友社
⑪岩崎峰子『祇園の教訓――昇る人、昇りきらずに終わる人』幻冬舎
⑫国川恭子『ベラベラブック vol.1』(青版)ぴあ
⑬陰山英男『学力は家庭で伸びる――今すぐ親ができること41』小学館
⑭石原結實『「体を温める」と病気は必ず治る――クスリをいっさい使わない最善の内臓強化法』三笠書房
⑮本田 健『ユダヤ人大富豪の教え――幸せな金持ちになる17の秘訣』大和書房

⑯綾小路きみまろ『有効期限の過ぎた亭主　賞味期限の切れた女房――綾小路きみまろ独演会』PHP研究所
⑰小林よしのり『新ゴーマニズム宣言SPECIAL　戦争論』（3）幻冬舎
⑱横山秀夫『半落ち』講談社
⑲大谷光真『朝《あした》には紅顔ありて』角川書店
⑳ジェームズ・アレン 著、坂本貢一 訳『「原因」と「結果」の法則』サンマーク出版

二〇〇四年（平成一六）

①J・K・ローリング 著、松岡佑子 訳『ハリー・ポッターと不死鳥の騎士団』（上・下）静山社
②片山恭一『世界の中心で、愛をさけぶ』小学館
③養老孟司『バカの壁』新潮社（新潮新書）
④アレックス・ロビラ＋フェルナンド・トリアス・デ・ベス 著、田内志文 訳『Good Luck』ポプラ社
⑤綿矢りさ『蹴りたい背中』河出書房新社
⑥村上龍 著、はまのゆか 絵『13歳のハローワーク』幻冬舎
⑦川島隆太『川島隆太教授の 脳を鍛える大人の音読ドリル――名作音読・漢字書き取り60日』、『川島隆太教授の 脳を鍛える大人の計算ドリル――単純計算60日』くもん出版
⑧上大岡トメ『キッパリ！――たった5分間で自分を変える方法』幻冬舎
⑨市川拓司『いま、会いにゆきます』小学館
⑩池田大作『新・人間革命』（12・13）聖教新聞社
⑪養老孟司『死の壁』新潮社（新潮新書）
⑫キム・ウニ＋ユン・ウンギョン 著、うらかわ ひろこ訳『もうひとつの冬のソナタ』ワニブックス

⑬大川隆法『幸福の法――人間を幸福にする四つの原理』幸福の科学出版
⑭金原ひとみ『蛇にピアス』集英社
⑮樋口裕一『頭がいい人、悪い人の話し方』PHP研究所（PHP新書）
⑯キム・ウニ＋ユン・ウンギョン 著、宮本尚寛 訳『冬のソナタ』（上・下）日本放送出版協会
⑰原田真裕美『自分のまわりにいいことがいっぱい起こる本』青春出版社
⑱中野独人『電車男』新潮社
⑲ダン・ブラウン 著、越前敏弥 訳『ダ・ヴィンチ・コード』（上・下）角川書店
⑳加藤浩美『たったひとつのたからもの――息子・秋雪との六年』文藝春秋

二〇〇五年（平成一七）

①樋口裕一『頭がいい人、悪い人の話し方』PHP研究所（PHP新書）
②池田香峯子 述、主婦の友社 編著『香峯子抄』主婦の友社
③山田真哉『さおだけ屋はなぜ潰れないのか？――身近な疑問からはじめる会計学』光文社（光文社新書）
④池田大作『新・人間革命』(14) 聖教新聞社
⑤岡村久道＋鈴木正朝『これだけは知っておきたい 個人情報保護』日本経済新聞社
⑥Yoshi『「もっと、生きたい…」』スターツ出版
⑦中野独人『電車男』新潮社
⑧大川隆法『神秘の法――次元の壁を超えて』幸福の科学出版
⑨北原保雄 編著、いのうえさきこ イラスト『問題な日本語――どこがおかしい？ 何がおかしい？』大修館書店
⑩門昌央と人生の達人研究会 編『ワルの知恵本――マジメすぎるあなたに贈る世渡りの極意』河出

書房新社
⑪リリー・フランキー『東京タワー――オカンとボクと、時々、オトン』扶桑社
⑫Yoshi『恋バナ』（青・赤）スターツ出版
⑬白岩 玄『野ブタ。をプロデュース』河出書房新社
⑭青木和雄＋吉富多美『ハッピーバースデー――命かがやく瞬間《とき》』金の星社
⑮ダン・ブラウン 著、越前敏弥 訳『ダ・ヴィンチ・コード』（上・下）角川書店
⑯柳澤桂子 著、堀 文子 画『生きて死ぬ智慧』小学館
⑰白石昌則＋東京農工大学の学生の皆さん『生協の白石さん』講談社
⑱三浦 展『下流社会――新たな階層集団の出現』光文社（光文社新書）
⑲新谷弘実『病気にならない生き方――ミラクル・エンザイムが寿命を決める』サンマーク出版
⑳寺門琢己『骨盤教室』幻冬舎

二〇〇六年（平成一八）

①藤原正彦『国家の品格』新潮社（新潮新書）
②J・K・ローリング 著、松岡佑子 訳『ハリー・ポッターと謎のプリンス』（上・下）静山社
③リリー・フランキー『東京タワー――オカンとボクと、時々、オトン』扶桑社
④大迫閑歩 書、伊藤 洋 監修『えんぴつで奥の細道』ポプラ社
⑤新谷弘実『病気にならない生き方――ミラクル・エンザイムが寿命を決める』サンマーク出版
⑥竹内一郎『人は見た目が9割』新潮社（新潮新書）
⑦池田大作『新・人間革命』（15～16）聖教新聞社
⑧明橋大二『子育てハッピーアドバイス』（1～3）1万年堂出版
⑨野口嘉則『鏡の法則――人生のどんな問題も解決する魔法のルール』総合法令出版

⑩劇団ひとり『陰日向に咲く』幻冬舎
⑪美嘉『恋空――切ナイ恋物語』（上・下）スターツ出版
⑫白石昌則＋東京農工大学の学生の皆さん『生協の白石さん』講談社
⑬養老孟司『超バカの壁』新潮社（新潮新書）
⑭安倍晋三『美しい国へ』文藝春秋（文春新書）
⑮東野圭吾『容疑者Xの献身』文藝春秋
⑯安部司『食品の裏側――みんな大好きな食品添加物』東洋経済新報社
⑰三浦展『下流社会――新たな階層集団の出現』光文社（光文社新書）
⑱木村元彦『オシムの言葉――フィールドの向こうに人生が見える』集英社インターナショナル発行、集英社発売
⑲早坂隆『世界の日本人ジョーク集』中央公論新社（中公新書ラクレ）
⑳江原啓之『人はなぜ生まれいかに生きるのか』ハート出版

二〇〇七年（平成一九）

①坂東眞理子『女性の品格――装いから生き方まで』PHP研究所（PHP新書）
②田村裕『ホームレス中学生』ワニブックス
③渡辺淳一『鈍感力』集英社
④飯倉晴武『日本人のしきたり――正月行事、豆まき、大安吉日、厄年…に込められた知恵と心』青春出版社（青春新書インテリジェンス）
⑤池田大作『新・人間革命』（17）聖教新聞社
⑥関暁夫『ハローバイバイ・関暁夫の都市伝説――信じるか信じないかはあなた次第』竹書房
⑦美嘉『恋空――切ナイ恋物語』（上・下）スターツ出版

⑧藤原正彦『国家の品格』新潮社（新潮新書）
⑨メイ『赤い糸』（上・下）ゴマブックス
⑩美嘉『君空』スターツ出版
⑪佐藤多佳子『一瞬の風になれ』（1～3）講談社
⑫凛『もしもキミが。』ゴマブックス
⑬岡田斗司夫『いつまでもデブと思うなよ』新潮社（新潮新書）
⑭福岡伸一『生物と無生物のあいだ』講談社（講談社現代新書）
⑮早坂 隆『世界の日本人ジョーク集』中央公論新社（中公新書ラクレ）
⑯古市幸雄『「1日30分」を続けなさい！――人生勝利の勉強法55』マガジンハウス
⑰新谷弘実『病気にならない生き方』（2）サンマーク出版
⑱大川隆法『復活の法――未来を、この手に』幸福の科学出版
⑲加島祥造『求めない』小学館
⑳松井秀喜『不動心』新潮社（新潮新書）

二〇〇八年（平成二〇）

①J・K・ローリング 著、松岡佑子 訳『ハリー・ポッターと死の秘宝』（上・下）静山社
②水野敬也『夢をかなえるゾウ』飛鳥新社
③Jamais Jamais『B型自分の説明書』文芸社
④Jamais Jamais『O型自分の説明書』文芸社
⑤Jamais Jamais『A型自分の説明書』文芸社
⑥田村 裕『ホームレス中学生』ワニブックス
⑦坂東眞理子『女性の品格――装いから生き方まで』PHP研究所（PHP新書）

⑧坂東眞理子『親の品格』PHP研究所（PHP新書）
⑨**Jamais Jamais**『AB型自分の説明書』文芸社
⑩茂木健一郎『脳を活かす勉強法――奇跡の「強化学習」』PHP研究所
⑪池田大作『新・人間革命』（18・19）聖教新聞社
⑫東野圭吾『流星の絆』講談社
⑬姜　尚中『悩む力』集英社（集英社新書）
⑭上野千鶴子『おひとりさまの老後』法研
⑮TBS「イブニング・ファイブ」編『余命1ヶ月の花嫁』マガジンハウス
⑯大川隆法『生命《いのち》の法――真実の人生を生き切るには』幸福の科学出版
⑰上地雄輔『上地雄輔物語』ワニブックス
⑱勝間和代『お金は銀行に預けるな――金融リテラシーの基本と実践』光文社（光文社新書）
⑲天野　明　原著、子安秀明　著『家庭教師ヒットマン**REBORN!**　隠し弾2　X‐炎』集英社（**JUMP j BOOKS**）
⑳阿川弘之『大人の見識』新潮社（新潮新書）

二〇〇九年（平成二一）
①村上春樹『1Q84』（BOOK 1・2）新潮社
②出口宗和『読めそうで読めない間違いやすい漢字』二見書房
③池田大作『新・人間革命』（20）聖教新聞社
④『私服だらけの中居正広　増刊号〜輝いて〜』扶桑社
⑤湊かなえ『告白』双葉社
⑥マーシー・シャイモフ　著、茂木健一郎　訳『「脳にいいこと」だけをやりなさい！』三笠書房

⑦齋藤真嗣『体温を上げると健康になる』サンマーク出版
⑧CNN English Express編著『対訳 オバマ演説集』朝日出版社
⑨香山リカ『しがみつかない生き方――「ふつうの幸せ」を手に入れる10のルール』幻冬舎（幻冬舎新書）
⑩野中広務＋辛淑玉『差別と日本人』角川書店（角川oneテーマ21）
⑪姜尚中『悩む力』集英社（集英社新書）
⑫渡辺淳一『欲情の作法』幻冬舎
⑬清原和博『男道』幻冬舎
⑭天野 明 原著、子安秀明 著『家庭教師ヒットマンREBORN! 隠し弾3』集英社（JUMP j BOOKS）
⑮大川隆法『勇気の法――熱血火の如くあれ』幸福の科学出版
⑯吉崎達郎＋明橋大二 著、太田知子 イラスト『子育てハッピーアドバイス 知っててよかった 小児科の巻』1万年堂出版
⑰野口 敏『誰とでも15分以上会話がとぎれない！ 話し方66のルール』すばる舎
⑱蓮池 薫『半島へ、ふたたび』新潮社
⑲東野圭吾『新参者』講談社
⑳空知英秋＋大崎知仁『銀魂――3年Z組銀八先生』（4）集英社（JUMP j BOOKS）

二〇一〇年（平成二二）

①岩崎夏海『もし高校野球の女子マネージャーがドラッカーの『マネジメント』を読んだら』ダイヤモンド社
②村上春樹『1Q84』（BOOK 3）新潮社
③池上 彰『伝える力』PHP研究所（PHPビジネス新書）

④池田大作『新・人間革命』（21・22）聖教新聞社
⑤大川隆法『創造の法――常識を破壊し、新時代を拓く』幸福の科学出版
⑥柴田トヨ『くじけないで』飛鳥新社
⑦フリードリヒ・ヴィルヘルム・ニーチェ 著、白取春彦 編訳『超訳ニーチェの言葉』ディスカヴァー・トゥエンティワン
⑧マイケル・サンデル 著、鬼澤 忍 訳『これからの「正義」の話をしよう――いまを生き延びるための哲学』早川書房
⑨P・F・ドラッカー 著、上田惇生 編訳『マネジメント――基本と原則』（エッセンシャル版）ダイヤモンド社
⑩池上 彰『知らないと恥をかく 世界の大問題』角川SSコミュニケーションズ発行、角川グループパブリッシング発売
⑪沖方《うぶかた》丁《とう》『天地明察』角川書店発行、角川グループパブリッシング発売
⑫武良《むら》布枝《ぬのえ》『ゲゲゲの女房――人生は……終わりよければ、すべてよし!!』実業之日本社
⑬野口 敏『誰とでも15分以上会話がとぎれない！ 話し方66のルール』すばる舎
⑭姜尚中『母―オモニ―』集英社
⑮村上春樹『1Q84』（BOOK 1・2）新潮社
⑯明橋大二 著、太田知子 イラスト『子育てハッピーアドバイス 大好き！が伝わるほめ方・叱り方』1万年堂出版
⑰夏川草介『神様のカルテ』小学館
⑱島田裕巳『葬式は、要らない』幻冬舎（幻冬舎新書）
⑲五木寛之『親鸞』（上・下）講談社
⑳小松 易『たった1分で人生が変わる片づけの習慣』中経出版

二〇一一年（平成二三）

①東川篤哉『謎解きはディナーのあとで』小学館
②長谷部 誠『心を整える。──勝利をたぐり寄せるための56の習慣』幻冬舎
③岩崎夏海『もし高校野球の女子マネージャーがドラッカーの『マネジメント』を読んだら』ダイヤモンド社
④近藤麻理恵『人生がときめく片づけの魔法』サンマーク出版
⑤齋藤智裕『KAGEROU』ポプラ社
⑥大川隆法『救世の法──信仰と未来社会』幸福の科学出版
⑦柴田トヨ『くじけないで』飛鳥新社
⑧東川篤哉『謎解きはディナーのあとで』（2）小学館
⑨曽野綾子『老いの才覚』ベストセラーズ（ベスト新書）
⑩池田大作『新・人間革命』（23）聖教新聞社
⑪大川隆法『教育の法──信仰と実学の間で』幸福の科学出版
⑫福島文二郎『9割がバイトでも最高のスタッフに育つ ディズニーの教え方』中経出版
⑬嵐『ニッポンの嵐』（ポケット版）M.Co. 発行、角川グループパブリッシング発売
⑭ウォルター・アイザックソン 著、井口耕二 訳『スティーブ・ジョブズ』（Ⅰ・Ⅱ）講談社
⑮柴田トヨ『百歳』飛鳥新社
⑯池上 彰『伝える力』ＰＨＰ研究所（ＰＨＰビジネス新書）
⑰古賀茂明『官僚の責任』ＰＨＰ研究所（ＰＨＰ新書）
⑱長友佑都『日本男児』ポプラ社
⑲河北新報社『巨大津波が襲った3・11大震災──発生から10日間の記録 緊急出版特別報道写真

集』河北新報社
⑳ワンピ漫研団『ワンピース最強考察』晋遊舎（新書）

二〇一二年（平成二四）

①阿川佐和子『聞く力――心をひらく35のヒント』文藝春秋（文春新書）
②渡辺和子『置かれた場所で咲きなさい』幻冬舎
③池田大作『新・人間革命』（24）聖教新聞社
④三浦しをん『舟を編む』光文社
⑤中村仁一『大往生したけりゃ医療とかかわるな――「自然死」のすすめ』幻冬舎（幻冬舎新書）
⑥近藤麻理恵『人生がときめく片づけの魔法』サンマーク出版
⑦大川隆法『不滅の法――宇宙時代への目覚め』幸福の科学出版
⑧南雲吉則『「空腹」が人を健康にする――「一日一食」で20歳若返る！』サンマーク出版
⑨南雲吉則『50歳を超えても30代に見える生き方――「人生１００年計画」の行程表』講談社（講談社＋α新書）
⑩落合博満『采配』ダイヤモンド社
⑪東川篤哉『謎解きはディナーのあとで』（１・２）小学館
⑫トルステン・ハーフェナー 著、福原美穂子 訳『心を上手に透視する方法』サンマーク出版
⑬藤巻忠俊 原作、平林佐和子 著『黒子のバスケ -Replace-』（１・２・３）集英社（JUMP j BOOKS）
⑭五木寛之『下山の思想』幻冬舎（幻冬舎新書）
⑮西尾維新『恋物語・憑物語』（「物語」シリーズ）講談社
⑯守 誠『読めますか？ 小学校で習った漢字』サンリオ

⑰植西 聰『「折れない心」をつくるたった1つの習慣』青春出版社（青春新書プレイブックス）
⑱田中慎弥『共喰い』集英社
⑲東野圭吾『ナミヤ雑貨店の奇蹟』角川書店発行、角川グループパブリッシング発売
⑳東野圭吾『虚像の道化師 ガリレオ』（7）文藝春秋

二〇一三年（平成二五）

①近藤 誠『医者に殺されない47の心得――医療と薬を遠ざけて、元気に、長生きする方法』アスコム
②村上春樹『色彩を持たない多崎つくると、彼の巡礼の年』文藝春秋
③阿川佐和子『聞く力――心をひらく35のヒント』文藝春秋（文春新書）
④百田尚樹『海賊とよばれた男』（上・下）講談社
⑤池井戸 潤『ロスジェネの逆襲』ダイヤモンド社
⑥池田大作『新・人間革命』（25）聖教新聞社
⑦曽野綾子『人間にとって成熟とは何か』幻冬舎（幻冬舎新書）
⑧話題の達人倶楽部 編『できる大人のモノの言い方大全』青春出版社
⑨渡辺和子『置かれた場所で咲きなさい』幻冬舎
⑩大川隆法『未来の法――新たなる地球世紀へ』幸福の科学出版
⑪ケリー・マクゴニガル 著、神崎朗子 訳『スタンフォードの自分を変える教室』大和書房
⑫桜木紫乃『ホテルローヤル』集英社
⑬林 真理子『野心のすすめ』講談社（講談社現代新書）
⑭東川篤哉『謎解きはディナーのあとで』（3）小学館
⑮佐々木圭一『伝え方が9割』ダイヤモンド社

⑯齋藤 孝『雑談力が上がる話し方――30秒でうちとける会話のルール』ダイヤモンド社
⑰水野敬也『夢をかなえるゾウ(2)――ガネーシャと貧乏神』飛鳥新社
⑱伊集院 静『大人の流儀(3)――別れる力』講談社
⑲姜尚中『心』集英社
⑳西内 啓『統計学が最強の学問である――データ社会を生き抜くための武器と教養』ダイヤモンド社

二〇一四年(平成二六)

①水野敬也+長沼直樹『人生はニャンとかなる!――明日に幸福をまねく68の方法』文響社
②和田 竜『村上海賊の娘』(上・下)新潮社
③池井戸 潤『銀翼のイカロス』ダイヤモンド社
④大川隆法『忍耐の法――「常識」を逆転させるために』幸福の科学出版
⑤池田大作『新・人間革命』(26)聖教新聞社
⑥坪田信貴『学年ビリのギャルが1年で偏差値を40上げて慶應大学に現役合格した話』KADOKAWA+アスキー・メディアワークス
⑦フランクリン・コヴィー・ジャパン 監修、小山鹿梨子 漫画『まんがでわかる7つの習慣』宝島社
⑧渡辺和子『面倒だから、しよう』幻冬舎
⑨渡辺和子『置かれた場所で咲きなさい』幻冬舎
⑩岸見一郎+古賀史健『嫌われる勇気――自己啓発の源流「アドラー」の教え』ダイヤモンド社
⑪村上春樹『女のいない男たち』文藝春秋
⑫室谷克実『呆韓論』(新書)産経新聞出版発行、日本工業新聞社発売
⑬東野圭吾『虚ろな十字架』光文社

⑭水野敬也＋長沼直樹『人生はワンチャンス！――「仕事」も「遊び」も楽しくなる65の方法』文響社
⑮矢作直樹『おかげさまで生きる』幻冬舎
⑯佐藤優『人に強くなる極意』青春出版社（青春新書インテリジェンス）
⑰藻谷浩介＋NHK広島取材班『里山資本主義――日本経済は「安心の原理」で動く』KADOKAWA（角川oneテーマ21）
⑱百田尚樹『殉愛』幻冬舎
⑲曽野綾子『人間にとって成熟とは何か』幻冬舎（幻冬舎新書）
⑳養老孟司『「自分」の壁』新潮社（新潮新書）

二〇一五年（平成二七）

①又吉直樹『火花』文藝春秋
②ジェニファー・L・スコット著、神崎朗子訳『フランス人は10着しか服を持たない――パリで学んだ〝暮らしの質〟を高める秘訣』大和書房
③下重暁子『家族という病』幻冬舎（幻冬舎新書）
④大川隆法『智慧の法――心のダイヤモンドを輝かせよ』幸福の科学出版
⑤渡辺和子『置かれた場所で咲きなさい』幻冬舎
⑥池田大作『新・人間革命』（27）聖教新聞社
⑦篠田桃紅『一〇三歳になってわかったこと――人生は一人でも面白い』幻冬舎
⑧曽野綾子『人間の分際』幻冬舎（幻冬舎新書）
⑨坪田信貴『学年ビリのギャルが1年で偏差値を40上げて慶應大学に現役合格した話』KADOKAWA＋アスキー・メディアワークス

⑩上橋菜穂子『鹿の王』（上・下）ＫＡＤＯＫＡＷＡ
⑪池上彰＋佐藤優『新・戦争論――僕らのインテリジェンスの磨き方』文藝春秋（文春新書）
⑫元少年Ａ『絶歌――神戸連続児童殺傷事件』太田出版
⑬岸見一郎＋古賀史健『嫌われる勇気――自己啓発の源流「アドラー」の教え』ダイヤモンド社
⑭西　加奈子『サラバ！』（上・下）小学館
⑮百田尚樹『大放言』新潮社（新潮新書）
⑯東野圭吾『ラプラスの魔女』ＫＡＤＯＫＡＷＡ
⑰池井戸　潤『下町ロケット（２）ガウディ計画』小学館
⑱和田秀樹『感情的にならない本――不機嫌な人は幼稚に見える』新講社
⑲高橋こうじ『日本の大和言葉を美しく話す――こころが通じる和の表現』東邦出版
⑳水野敬也『夢をかなえるゾウ（３）ブラックガネーシャの教え』飛鳥新社

二〇一六年（平成二八）

①石原慎太郎『天才』幻冬舎
②Ｊ・Ｋ・ローリング＋ジョン・ティファニー＋ジャック・ソーン著、松岡佑子訳『ハリー・ポッターと呪いの子　第一部・第二部　特別リハーサル版』静山社
③住野よる『君の膵臓をたべたい』双葉社
④岸見一郎＋古賀史健『嫌われる勇気――自己啓発の源流「アドラー」の教え』ダイヤモンド社
⑤大川隆法『正義の法――憎しみを超えて、愛を取れ』幸福の科学出版
⑥宮下奈都『羊と鋼の森』文藝春秋
⑦村田沙耶香『コンビニ人間』文藝春秋
⑧池田大作『新・人間革命』（28）聖教新聞社

⑨又吉直樹『火花』文藝春秋
⑩橘玲『言ってはいけない――残酷すぎる真実』新潮社（新潮新書）
⑪渡辺和子『置かれた場所で咲きなさい』幻冬舎
⑫岸見一郎＋古賀史健『幸せになる勇気――自己啓発の源流「アドラー」の教え（2）』ダイヤモンド社
⑬創価学会婦人部 編『幸福の花束――平和を創る女性の世紀へ　池田SGI会長指導集』聖教新聞社
⑭佐藤愛子『九十歳。何がめでたい』小学館
⑮住野よる『また、同じ夢を見ていた』双葉社
⑯井上章一『京都ぎらい』朝日新聞出版（朝日新書）
⑰川口俊和『コーヒーが冷めないうちに』サンマーク出版
⑱百田尚樹『カエルの楽園』新潮社
⑲安田正『超一流の雑談力』文響社
⑳小保方晴子『あの日』講談社

二〇一七年（平成二九）

①佐藤愛子『九十歳。何がめでたい』小学館
②恩田陸『蜜蜂と遠雷』幻冬舎
③大川隆法『伝道の法――人生の「真実」に目覚める時』幸福の科学出版
④ケント・ギルバート『儒教に支配された中国人と韓国人の悲劇』講談社（講談社＋α新書）
⑤村上春樹『騎士団長殺し』（第1部：顕れるイデア編、第2部：遷ろうメタファー編）新潮社
⑥呉座勇一『応仁の乱――戦国時代を生んだ大乱』中央公論新社（中公新書）
⑦池田大作『新・人間革命』（29）聖教新聞社

⑧横山光昭『はじめての人のための3000円投資生活』アスコム
⑨川口俊和『コーヒーが冷めないうちに』サンマーク出版
⑩住野よる『君の膵臓をたべたい』双葉社
⑪又吉直樹『劇場』新潮社
⑫住野よる『か「」く「」し「」ご「」と「」』新潮社
⑬吉野源三郎 原作、羽賀翔一 漫画『漫画 君たちはどう生きるか』マガジンハウス
⑭岸見一郎＋古賀史健『嫌われる勇気――自己啓発の源流「アドラー」の教え』ダイヤモンド社
⑮髙橋幸枝『こころの匙《さじ》加減 100歳の精神科医が見つけた』飛鳥新社
⑯村田沙耶香『コンビニ人間』文藝春秋
⑰河合雅司『未来の年表――人口減少日本でこれから起きること』講談社（講談社現代新書）
⑱星野 源『いのちの車窓から』KADOKAWA
⑲中野信子『サイコパス』文藝春秋（文春新書）
⑳佐藤愛子『それでもこの世は悪くなかった』文藝春秋（文春新書）

二〇一八年（平成三〇）

①吉野源三郎 原作、羽賀翔一 漫画『漫画 君たちはどう生きるか』マガジンハウス
②矢部太郎『大家さんと僕』新潮社
③大川隆法『信仰の法 The Laws of Faith――地球神エル・カンターレとは』幸福の科学出版
④池田大作『新・人間革命』（30・上）聖教新聞社
⑤吉野源三郎『君たちはどう生きるか』マガジンハウス
⑥田村耕太郎『頭に来てもアホとは戦うな！――人間関係を思い通りにし、最高のパフォーマンスを実現する方法』朝日新聞出版

⑦若竹千佐子『おらおらでひとりいぐも』河出書房新社
⑧辻村深月『かがみの孤城』ポプラ社
⑨下重暁子『極上の孤独』幻冬舎新書
⑩佐藤愛子『九十歳。何がめでたい』小学館
⑪磯田道史『日本史の内幕――戦国女性の素顔から幕末・近代の謎まで』中公新書
⑫川口俊和『コーヒーが冷めないうちに』サンマーク出版
⑬池井戸潤『下町ロケット　ゴースト』小学館
⑭創価学会婦人部 編『幸福の花束――平和を創る女性の世紀へ：池田大作先生指導集（2）』聖教新聞社
⑮齋藤孝『大人の語彙力ノート――誰からも「できる！」と思われる』SBクリエイティブ
⑯すみれ『かみさまは小学5年生』サンマーク出版
⑰日野原重明『生きていくあなたへ――105歳 どうしても遺したかった言葉』幻冬舎
⑱住野よる『青くて痛くて脆い』KADOKAWA
⑲河合雅司『未来の年表――人口減少日本でこれから起きること』講談社（講談社現代新書）
⑳丸山くがね『オーバーロード』（13）KADOKAWA

第六章
新書ブーム――二一世紀①

ベストセラーと「ブーム」

二一世紀初期の出版を特徴づける出来事に教養新書ブームがある。これまでも「ブーム」の類いや盛況現象は少なからず起きており、再々数年にわたって続いた。あるジャンルや形式の本が各社から競合的に多産され、市場が拡大し話題作が続くといった状態である。二一世紀の新書ブームもそれらの一つといえようが、格段に規模は大きく、多くの出版社が参入し裾野の広いことで注目される。大部数作品が連続して生み出された点でベストセラー史上の画期的事態であって、その内容が多岐にわたる点で出版史上の特筆すべき事件だといえる。

二一世紀に入り出版は、「雑高書低」から「書高雑低」への移行期に直面した。主役が雑誌から書籍に交替していくわけで、歴史的過程といえ、その経緯は本章から第九章にかけて折に触れ言及している。より正確にいえば、雑誌は連年のように市場規模がシュリンク（縮小）し、書籍は年ごとの事情はあるにせよ相対的には落ち込みを抑えているなか、書籍が主人公になったのである。その「書籍の時代」形成期に、マイナーな位置から主演者というべき存在へ転じたのが、廉価軽装の書き下ろしで、知的なイメージとアクチュアリティを併せもつ教養新書だった。各社が参戦して、企画内容も範囲を広げ、あたかも（フィクションを除く）出版の全域がそこで表現されるかのごとくに至った。

新書サイズ本の「ブーム」は過去にもあり、本書でも扱っている。二一世紀の新書ブームはそれとどこが違うのか。いつから本格化し、どれくらい続いたのか。内実は如何なるものだったのか。これらの問いに本章は向き合っていく（なおこの章で扱う新書「ブーム」は本格ブームを指す。定義はのちに幾度か述べる。本書既述では「ブーム」を、「話題となった」という次元での小ブームの意で使う場合もあったが、それとは異なっている）。

本章はまた、しばしば問題とされるベストセラーと市場規模について考察を加える。いうまでもなく、ベストセラーは書籍単体に起こる現象である。その出現と分野自体の盛況は重なり合わない。ベストセラーの登場は、ブーム＝市場規模の拡大を伴っているわけではない。そうであるにもかかわらず、ベストセラーという大波現象を前にすると、分野全体のブーム到来が錯覚される。二一世紀のはじめ、「五万部で成功、一〇万部でベストセラー、三〇万部で大ヒット[*1]」といわれた地味な（教養）新書にミリオンセラー級の本が連続した。それは（新書）市場全体の賑わいのせいなのか、あるいは、市場に本当の賑わいをもたらしたのか、どうか。その内実を辿りつつ、ベストセラーとブームとの関連性を検討していくのも本章の役割である。二一世紀はじめに出版界で起きた「新書ブーム」は、ベストセラーとブームの関係を数年から十数年のスケールで捉えるために絶好の材料を提供している。

新書の形式と分類

まずここで、新書という形式と、わが国出版界における新書史を整理しておこう。

新書とはB40判と呼ばれる仕上がり寸法の本で、小型の軽装廉価判の一つである。一般的に使われている紙サイズにA判とB判があり、B40とはB全判で四〇頁取れる裁断形式をさす。『出版事典』ではタテ一八二ミリ×ヨコ一〇三ミリとなっている。ただし、実際の新書本は社によってサイズに多少の違いがある。平均値をとると一七三ミリ×一〇七ミリで（カバーを外したヌードサイズでの数値）、すなわち各社新書は厳密なB40判ではない。出版科学研究所は一八〇×一一〇までの範囲をおおよその「新書サイズ」としている。そして、新書イメージを大枠で規定するものとして、〈ハンディな形態、廉価な値段、書き下ろし、そしてシリーズのブランド力〉が挙げられる。[*2]

日本出版史において新書がはじめて登場したのは、一九三八年（昭和一三）一一月二〇日創刊の岩波新書で、イギリスのペリカン・ブックス（一九三七年創刊）に着想を得た。米英では同時期、ペリカン・ブックスのほか、ペンギン・ブックス（一九三五年創刊、英）、ポケット・ブックス（一九三九年創刊、米）などが刊行され、これらペーパーバックスは新書判とほぼ同じ判型であった。一般に流布するとともに、第二次世界大戦にさいしては前線兵士の読み物とされた。

岩波新書は斎藤茂吉『万葉秀歌』など二〇点の創刊ラインナップでスタートする。「新書」という呼称は、その出現によって認知され定着したことは確かである。岩波新書こそ新書の原点であり、新書イメージの一貫した発信源であり続けており、それは二一世紀においても変わらない。かつて同じ新書サイズの「カッパ・ブックス」（光文社）は、岩波新書から距離を取ることを意識した（九三、一一二頁参照）。「新書」とせずに「ブックス」と称したのは、この企図を象徴している。逆にいえば、それだけ岩波新書の影響力は大きかったのだ。

二一世紀になって、その光文社は光文社新書を創刊（二〇〇一年）する。ここでは逆に、「カッパ」から距離を取り、岩波新書へ接近するブランド戦略が見てとれる。同社は二〇〇三年八月、カッパ形式の新書サイズ本の製作を止め、『頭の体操』二四作目にあたる「四谷大塚ベストセレクション　脳内宇宙開発プロジェクト発進！」篇（二〇〇五年一月刊）が、八四四点目にして、カッパのマークと「カッパ・ブックス誕生のことば」の入った最後の本になった。[*3] 筆者の手元にある多湖輝『頭の体操BEST』（二〇〇九年八月刊）はブックス本の形式ながら、「カッパ・ブックス誕生のことば」はなく、カッパのマークはどこにも付していない。

とはいえ、岩波新書系の本とカッパ系の本は、同じ新書サイズゆえに一括して「新書」とされる場合も多く、その括《くく》りで論じている文章も少なくない。そのため、両者の違いを含めた新書の分類について、まず簡単に整理しておく。本章で詳述する二一世紀の新書ブームは前者の「ブーム」であり、その点からも前提として押さえておきたいところだ。

新書サイズ本は分野としてノンフィクションとフィクション（小説）に大別され、後者は「ノベルズ」と称される。ノベルズについては、たとえば、一九九〇年代後半、〈推理小説、シミュレーション戦記、耽美小説が中心。最近は書き下ろしではない単行本や文庫の二次出版というケースも見られる〉実状だったことからも判るように、[*4]ジャンル特化の小説本シリーズだといえる。ノンフィクションは大枠、岩波新書形とカッパ・ブックス形に分かれる。後者は「ブックス本」ともいわれ、本書でもそう称してきた。両者は外見上、だいぶ趣を異にする。前者は岩波新書がそうであるように、地味な装幀であり、見出しは格調の高さをイメージしている。そのぶん限られた知識人・読書人を相手にする面が打ち出され、まさに「教養」新書である。

一方、後者はカラフルで派手な装幀であり、キャッチーな見出しがあふれる。神吉晴夫の「創作出版」路線を背景に、岩波新書のエリート性を否定して一般大衆へと読書を開放する企図を宿していた。雑学やハウツー、タレント本系など幅広いジャンルを誇ったのもその背景からである。両者の違いは外見上（装幀）だけでなく、内容やタイトリングにまで及んでいた。

本書では上記整理を前提に、前者を教養新書、後者をブックス本、さらにフィクション系をノベルズと称して、以下、叙述していく。なお、新書サイズであったとしても、旅行ガイドやハンドブックもの、学習参考書や児童書、年度版実用書、さらに単発もの、またコミックは基本「新書」に含まれない。

第一次、第二次ブーム

岩波新書は昭和戦中期すでにベストセラー本を生みだしていた（近代篇第八章参照）し、本書（現代篇）でも戦後しばらくの時期、ベストセラーリストに散見される。とはいえ、全体としては堅実かつ地味な存在に終始した。「五万部で成功、一〇万部でベストセラー、三〇万部で大ヒット」がそれをあらわしている。ベストセラー史でも新書はたえずわき役であった。

新書サイズの本が部数的に巨大な姿を見せるのは、本書第二章で記したカッパ・ブックスの登場（一九五四年）からである。繰り返しになるが、光文社のカッパの本は、新書サイズながら読書人向けの教養書路線を歩む岩波新書と一線を画し、大衆性を意識的に打ち出した。それは成功した。カッパの本系統の「ブックス本」は各社から立ち上げられ、出版界のメインプレーヤーになっていく。〈ポピュラーなマスセールブックとして次第に読者の間に浸透して〉いき、[*5] ベストセラー史に数々の作品を送り込んだことは本書でも述べてきた。これが新書サイズ本の第一次ブームである。教養新書ではなくブックス本のブームといえた。

なお、教養新書のほうは、岩波新書のほかに中公新書（一九六二年創刊）、講談社現代新書（一九六四年創刊）が御三家とされ、教養新書の中心的ブランドとして認知された。ただし、一九六〇年代後半、大学紛争が激しくなるなかで、若者の学問に対する考え方が変化し、岩波新書が発信する「教養」を読む風潮が薄れた。この頃から教養新書は長期低落傾向に陥る。挽回のために岩波新書は一九七七年、「黄版」を刊行し存在をアピールしたが、注目を得るには至らなかった。

一方、隆盛をきわめたブックス本は、一九七〇年代の中盤になると勢いにかげりがみえてきた。ブランドも点数も増えすぎ、類似企画が多くなって読者に飽きられたのである。ちょうどその頃、文庫が台頭してきたのも影響した。気軽に読める本を求める読者は文庫へと関心を移し、文庫人気が起きて廉価軽装本の主役が入れ替わったのである。かくして新書全体が低調になっていく。

新書サイズ本が出版で再び注目されてきたのは、一九七〇年代後半から一九八〇年代前半にかけてである。きっかけの一つはカドカワノベルズや講談社ノベルスといった、フィクションシリーズの「ノベルズ」創刊が相次いだことだった。そこでは赤川次郎や西村京太郎などが主要な書き手となる。加えてブックス本も、一九八〇年代になって、『天中殺入門』『プロ野球を10倍楽しく見る方法』『こんなにヤセていいかしら』といった雑学・ハウツーもののミリオンセラーが登場し、多少は賑やかさを取り戻した。

しかしこの第二次ブームというべきものは、〈一部のヒット商品が全体を引っ張る傾向にあって、決して新書全体が活況を呈していたわけではなかった〉のである。加えて、若い読者の新書離れが強まった。強力な企画も生まれなくなったし、ノベルズについては、新しい売れ筋作家が登場しなくなった。かくしてノベルズ、ブックス本ともに、一九八〇年代後半から売れ行きが下降線を辿り、一九九〇年代に入る頃には、〈書店では新書棚が削られ、地盤沈下が目立つようになって〉なっていく。[*6]

入れ替わって、岩波新書系の旧来の教養新書が復活し、次第に読者の関心を集めるようになった。きっかけは岩波新書の「新赤版」登場である。創刊五〇周年を機として一九八八年に創刊されたこの「新赤版」は、読みやすさを追求し、その実現に腐心した。行間をあけ、ひらがなを多めにし、ビジュアル要素を加えた。旧来の教養新書にあった「堅さ」をやわらげる工夫を導入したのである。「語りかけの文章」採用もその企図からだった。著者の幅も広げた。アカデミシャンだけでなく、永六輔や水木しげるなど、在野の書き手を登用する。テーマにしてもより「柔らかいもの」が意識された。

これらの取り組みは、一九九〇年代の岩波新書に、『大往生』（一九九四年）というミリオンセラーをもたらした。同時期、「御三家」の中公新書からも、『ゾウの時間ネズミの時間』（本川達雄、一九九二年）、『「超」整理法』（一九九三年）というヒット作が出る。こうした流れを受けて、一九九〇年代は後半を中心に教養新書の創刊が相次ぐ。ちくま新書（一九九四年）、ＰＨＰ新書（一九九六年）、文春新書（一九九八年）、平凡社新書（一九九九年）、集英社新書（同）などである。

もっとも、上記したヒット群は大部数を得たものの単発的であり、教養新書全体が底上げされるという意味での「ブーム」にはほど遠かった。創刊が途切れなく続いたことについては、「新書ブームではなく、新書創刊ブームにすぎない」とさえいわれた。ただし助走は始まっていたのである。教養新書は幅広さを求める傾向を強め、部数的な潜在力を持ち始めていた。あとは読者の拡大である。それは二一世紀に入り、〇〇《ゼロゼロ》年代の教養新書「ブーム」へと結びつく。

市場不振のなかの参入ラッシュ

一九九〇年代に「助走」がはじまったと述べたが、もう少し実態に目を向けてみよう。出版科学研究所は、〈教養新書の売れ行きが増えたのかというと、残念ながら、現在の段階で肯定は難しい〉と、一九九九年九月号の『出版月報』で述べている。『大往生』に続くメガセラー『日本語練習帳』（大野晋、一九九九年一月刊）が、すでに登場していた時期にもかかわらず、である。

同月報は「肯定できない」理由として、次の二点を挙げている。一つは読者の広がりがないことだった。教養新書の中心読者はこの時期、学生からビジネスマンへと移行していた。団塊の世代が学生から社会人になり、そのまま中心読者がスライドしたというわけで、新しい読者が入って来ていないことを意味する。中心読者は年々高齢化していた。

二つは売れる書店の特化である。教養新書を求める読者が向かう先は都市部のターミナル書店が中心となり、〈広くあまねく売っていた六〇年代とは質が違う〉状況に陥っていた。ここでも広がりを欠く現象が出来《しゅつたい》していたのだ。実際、一九九五年から一九九九年にかけて、教養新書の一点当たりの配本部数は二~三割も減った。[*7]「肯定できない」どころか、低迷・不振状態だといってよい。

ではなぜ、当時、出版業界的には教養新書が注目され、「ブームなき創刊ブーム」などともいわれる現象が起きたのか。結局それは「五万部で成功、一〇万部でベストセラー、三〇万部で大ヒット」といわれた教養新書の世界に、三〇万部超、そしてミリオンセラーが出るようになったからだ。頂点が目立つと全体が大きく見えるというわけだが、それだけではない。単発とはいえ「頂点」を見せたことで、マイナーと思われた教養新書という存在の重要性に、出版各社が目を向けるようになった経緯は大きいと思われる。背後には単行本の売れにくさがあった〈ベストセラーは出ていたものの、全体は潤っていなかった〉。こうした状況下、ハンディにして廉価、そして読者層も安定していた教養新書は、〈単行本に比べて売れ行きがある程度見えるジャンル〉との認識が広まった。[*8]しかも、大ヒットが出る可能性も示されたのである。

廉価軽装にして読者への利便性も高い。幅広く配本ができて、大部数販売も可能である。しかも、書き下ろしなので、文庫などへの二次生産もありうる。書店棚での長期にわたる販売ができて、ロングセラーも狙いやすい。[*9] これらの新書サイズ本一般の特徴に加えて、教養新書の場合、その知的雰囲気がもたらすプラス面も意識された。出版社のブランドイメージ向上に寄与する、というわけだ。編集者も自身の知的好奇心をもとに企画ができるゆえに、ジャンルとしての期待度が大きくなっていた。

他のものが売れないからという理由もあろうが、教養新書への注目度は、ジャンル全体の「低迷・不振」のなか、かくして一層増していくのだった。実際、教養新書の参入ラッシュは二〇〇〇年以降もペースが落ちない。教養新書を持っていなかった出版社からの創刊と、すでにブランドがある出版社から第二、第三のシリーズ創刊がおこなわれ、拡大の一途を辿る。二〇〇〇年には『講談社＋α新書』（講談社）、『角川 one テーマ21』（角川書店）など、二〇〇一年にも『中公新書ラクレ』（中央公論新社）、『光文社新書』（光文社）、『生活人新書』（日本放送出版協会）などが続き、二〇〇二年には『岩波アクティブ新書』（岩波書店）などが創刊された。

こうした参入ラッシュの影響で、新刊点数は大幅に増えた。しかし、教養新書市場の不振・低迷状態は相変わらずである。ベストセラーも出なくなった。出版科学研究所の年間ベストセラーリストでは、二〇〇〇年の上位二〇のうち、教養新書は五位にランクインした『「捨てる！」技術』（辰巳渚、宝島社新書）の一点のみ（三〇位以内でもこれ一点）。二〇〇一年はゼロで、三〇位までを見ても『中坊公平・私の事件簿』（中坊公平、集英社新書）が二四位で唯一ランクインしたきりとなっている。二〇〇二年に至っては、二〇位以内はもちろん、三〇位以内まで広げても新書はゼロというありさまになった。

売れ行きを伴わない点数増が続けば、そのジャンルは厳しい局面に陥る。「単発のヒットはあるが全体の活況には繋がらない」から、次第に、「活況はなく単発のヒットもない」という限界的な状況も見えてきた。実際、二〇〇一〜二〇〇二年（平成一三〜一四）、教養新書市場の売上げは急激に落ち込んだ。市場規模＝実売（販売）総金額を見ていくと、一九九九年が一三〇億円だったのに対して、新刊点数増大があったにもかかわらず、二〇〇〇年は一二七億円へと落ち込み、さらに二〇〇一年は一一五億、二〇〇二年が一一〇億と逆に下降線をたどっていく[*10]（二八七頁の表参照）。

それでも新規参入は続いた。二〇〇三年（平成一五）四月一〇日、低迷期のただなかにあった教養新書界に、「新書創刊最後発」と謳《うた》って登場したブランドがあった。「最後発」というのは、教養系も実用系もすべて出尽くしたあとの創刊という意であろう。新書の参入潮流は最終局面との認識を背後に持ち、あるいは、退潮前夜という諒解だった。それが判っていて、あえてスタートする猛者《もさ》がいたのだ。新潮新書である。

『バカの壁』

「最後発」が世に送った一冊の本は、不振続きの教養新書界を劇的に変えることになった。〈『バカの壁』の大ヒット。二〇〇三年の新書本マーケットは、この一事につきるだろう。〉

そう総括されるほどの事態を、「最後発」新潮新書の『バカの壁』が生みだしたのである。〈長期低迷にあえぐ新書本を、前年比で一〇％以上上回る好成績に持ち上げた〉のだ[*11]。

同書は、『裸の王様』（ビートたけし）、『武士の家計簿――「加賀藩御算用者」の幕末維新』（磯田道史）、『死ぬための教養』（嵐山光三郎）などと共に創刊ラインナップの一冊であり、当初から突出した売上げを見せた。〈またたく間に一〇〇万部を突破〉し、年内に二四七万部へと達する。「五万部で成功、一〇万部でベストセラー、三〇万部で大ヒット」という教養新書界で、ミリオンセラーどころか、ダブルミリオン（二〇〇万部級）になったのだから、驚異というほかはない。『バカの壁』の勢いは翌二〇〇四年に入っても衰えず、同年累計三一〇万部へ至り、一九七〇年刊の光文社カッパの本『冠婚葬祭入門』（が最終的に達した）三〇八万部を抜いて、出版史上最も売れた新書本になった。[12] そして、この一冊の本だけで、二〇〇三年（平成一五）の新書界全体の〈好成績〉を招き寄せたのである。『バカの壁』はその後もロングレンジで売れ続け、二〇一四年一〇月調査の歴代ベストセラーでは、ついに四三七万八〇〇〇部まで到達して、全体の五位に入っている（四七〇頁参照）。

著者は解剖学者・養老孟司《ようろうたけし》。「まえがき」冒頭に、〈これは私の話を、新潮社の編集部の人たちが文章化してくれた本です〉とあるように語り下ろしであって、従来、新書イメージを規定してきた「書き下ろし」（執筆）主体からすれば（二七四頁）、異色である。対談や講演を文章にするのはよくやることだが、独白を文章にするのは初めての体験だと、養老は書いている。[13] この取り組みに対して『出版指標年報』は、〈話したことを文章化した読みやすいスタイルだったことも（『バカの壁』

養老孟司『バカの壁』

が」多くの読者を惹き付けた要因だ〉と評価した。[*14]

こうした原稿製作方法は、雑誌のやり方である。『出版月報』二〇一一年六月号で後藤裕二編集長は、「新潮新書は『週刊新潮』のにおいがする」とのインタビュアーの問いに対し、〈私を含めてほぼ全員が雑誌出身者なんです〉と発言している。[*15] 教養新書のプロパーとは違うラインで編集経験を積んだ者が作ったからこそ、採用される方法だといえよう。それが長期低迷に陥っていた新書に劃期をもたらした。聞き書き形式だけではなく、他にも雑誌の手法を大胆に導入して新書を作るわけで、〈このテーマだったら誰が一番面白く書けるか？　という企画の作り方になることがあります。悪く言えば話題性、あざとい作り方なのかもしれません。その両方のハイブリッドが上手くできているのではないでしょうか〉と後藤編集長は話している。[*16]

こうした〈ハイブリッド〉性は、一九九〇年代から断続的にはじまり二一世紀初頭に本格化した、創刊・参入ラッシュの産物であった。各社ともにマンパワーを新書に集めた結果、実用書や文芸書といった教養新書とは別種の書籍編集経験者だけでなく、週刊誌をはじめとする多種多様な雑誌経験者も加入し、培われた編集手法をそのまま取り入れて新書を作る。これが教養新書の幅を広げ、新しい読者を呼び入れ活性化をもたらした。〈ハイブリッド〉は、閉塞感を打ち破るエネルギーを教養新書に与えた一方、「教養」の質を変貌させたともいえよう。あるいは広義にした。その結果、教養新書と他媒体との境界を曖昧にさせたのは間違いない。かつて「御三家」が、「五万部で成功」という地味な世界を構築していた時代の教養新書とは、性格が一変したのである。『バカの壁』の歴史的成功はそれを象徴している。

「ブーム」未だ来らず

『バカの壁』はまた、タイトリングが話題を集めた。同書「まえがき」で著者は、〈題名の「バカの壁」は、私が最初に書いた本である『形を読む』(培風館)からとったものです〉と断っている。ただ一方、新書界では二〇〇二年来、『まれに見るバカ』(勢古浩爾《こうじ》、洋泉社新書y)など、「バカ」をキャッチワードにしたものが好評を得ていた。

アプローチの点でも先行的状況は考慮される。二〇〇二年には『女は男のどこを見ているか』(岩月謙司、ちくま新書)など、男女の性差を解説したものが売れてもいる。新書ではないが、脳のしくみから人間の行動を説明する『話を聞かない男、地図が読めない女』(二〇〇〇年四月発売)が一九〇万部に達したのも二〇〇二年のことだ(二二三頁参照)。「通じない」相手に関する本が部数を伸ばしていた。これらが前年の出来事だった点を考えると、『バカの壁』の歴史的成功には下地《したじ》があったと察せられる。たとえば〈話しても通じない、相手の考えが全く理解できないなど、公私にわたって日常感じる様々なストレスの根っこを、柔らかい言葉で面白く解説したのがヒットする傾向にあり、『バカの壁』もその延長上にある〉という『出版指標年報』の分析は、[*17]『バカの壁』の達成が出版物の近過去の潮流を受けての面もあったことを示している。

さてではメガセラー『バカの壁』の登場と、それが新書界に〈前年比で一〇%以上上回る好成績〉をもたらした事情は「新書ブーム」を招いたのか、という問いである。どうやらそれはノーというべきで、出版科学研究所はずばりこう指摘している。〈しかしこの『バカの壁』を除くと、

〔新書の〕実績は九〇％台に落ち込む。市場が回復したというにはほど遠く、読者が新書の棚に戻ってきたわけではなさそうだ〉という状況だったのだ。[18] 二〇〇三年の新書は市場規模（販売金額総計）こそ前年を上回ったが、ジャンル全体が底上げされることを「ブーム」というならば、『バカの壁』の大ヒットと「ブーム」到来はリンクしていない。驚異的ベストセラーの登場はあっても、それを除くと活況とはいえず、単体でのトピックにとどまったことになる。

実際、同年のベストセラーリストで『バカの壁』は一位だが、新書は二〇位以内にこれ一点のみである。三〇位まで範囲を広げると、小泉十三『頭がいい人の習慣術――この行動・思考パターンを知れば、あなたは変わる！』（KAWADE夢新書）が加わるとはいえ、それでも都合二点にすぎない。〈一部のベストセラーを除いて売れ行き不振は続いている〉のだった。[19] これが教養新書をめぐる二〇〇三年の総括となる。こうした状況のなか、新書界は二〇〇四年を迎えることになる。

二〇〇四年、飛躍の「前夜」

翌二〇〇四年（平成一六）、『バカの壁』はロングセラー化して累計三七四万部まで続伸、この年もベストセラーリストの三位に入った。加えて同年は、養老孟司『死の壁』（期間内六二万部、リスト一一位）、樋口裕一『頭がいい人、悪い人の話し方』（同四七万部、一五位）、橋本治『上司は思いつきでものを言う』（同二七万部、二八位）などがヒットしている。[20] この三書は新潮新書、PHP新書、集英社新書の本であり、複数の教養新書に読者の目が注がれだす傾向が生じてきた。

単発のヒットではなく全体の活性化が予測された。取次や書店の扱いも積極姿勢に変化する。メディアで教養新書が取りあげられる機会も増えた。『バカの壁』効果が年をまたいで出て来たことになる。

実際、『出版指標年報』は二〇〇四年の新書界を総括して、〈〇三年に大ヒットした『バカの壁』の反動で販売金額は前年を大きく下回ったが、『バカの壁』要因を除いて考えると、むしろプラスに振れたといえる〉[21]と記している。単体のヒットにとどまらず、市場規模が拡大してきたのだ。「ブーム」のはじまりである。

市場規模とは前述もしたように実売（販売）金額の総計であって、ジャンルの底上げ状況がこの指標ではっきりする。ベストセラー現象の把握と並行して、この指標を眺めていくことは、二一世紀の教養新書事情、また、出版界全体を考察するうえで欠かせないのであり、左上の表にまとめた。出版科学研究所が「市場回復にはほど遠い」とした二〇〇三年だが、『バカの壁』の大ヒットが押しあげることで市場規模は一三一億円へと達しており、『日本語練習帳』の出た一九九九年の水準に戻している。翌二〇〇四年は微増ながら一三四億とさらに増え、上向きの状況が見え出した。

1996年（平成8）	70
1999年（平成11）	130
2000年（平成12）	127
2001年（平成13）	115
2002年（平成14）	110
2003年（平成15）	131
2004年（平成16）	134
2005年（平成17）	160
2006年（平成18）	200
2007年（平成19）	185
2008年（平成20）	142
2009年（平成21）	130
2010年（平成22）	128
2011年（平成23）	133

※以後は調査方法が変更されている。〈連続性はないことに留意されたい〉と『出版指標年報』2013年度版135頁でも記載されている。そこで、2011年では旧調査と新調査の数字を併記することとした。　〔↓新調査〕

2011年（平成23）	230
2012年（平成24）	198
2013年（平成25）	180
2014年（平成26）	175
2015年（平成27）	166
2016年（平成28）	154
2017年（平成29）	157
2018年（平成30）	153

表　教養新書　市場規模（販売金額推移）
単位：億円
＊出所：出版科学研究所

その二〇〇四年は前述の通り、養老孟司が現代人の生と死について考えた第二弾『死の壁』（同年四月刊）がヒットし、同年のリスト一一位に入った。『バカの壁』のロングセラー化が牽引効果を発揮したのは間違いないが、加えて、「世界一受けたい授業」（日本テレビ）で紹介されたことが伸長に寄与した面はある。[*22] こちらもロングで売れていく本となった。

『頭がいい人、悪い人の話し方』

二〇〇四年は「話し方」系書籍の新刊が六〇点近く刊行され、出版界のトピックの一つとなった。人間関係がギクシャクする問題を解決し、よりよいコミュニケーションを構築するための指南書は、すでに数年前からヒット作を成し読者を拡大している。一九九八年のベストセラー『他人をほめる人、けなす人』（草思社）や、二〇〇〇年と二〇〇一年のベストセラー『話を聞かない男、地図が読めない女』（主婦の友社発行、角川書店発売）がこの系統であるし、『バカの壁』にしても、コミュニケーション不全を「バカ」と称する観点で述べられた本である。一方、日本語本も『声に出して読みたい日本語』など、いくつかのヒットがあった。話し方本は日本語本の派生系といえる。六〇点を見ていくと、〈ビジネスや人間関係を円滑にするための話術、話が通じない相手への対処法、異性の口説き方、美しい話し方など、テーマはバラエティに富んで〉おり、子ども向けにも一〇点余り刊行されたというから、読者のニーズは広く、また深くなっていた。[*23]

二〇〇四年七月に刊行され、教養新書のミリオンセラーの一つとなった『頭がいい人、悪い人の話し方』（ＰＨＰ新書）は、こうした同時期の潮流を受けた本といえる。コミュニケーション術の本＋話し方本が人気を博して読者層が拡大していたタイミングで、両方の要素を巧みに入れ込み、実例豊富にして読みやすい本にして世に送ったわけで、成功の要素を多分に含んでいた。しかも『バカの壁』の大ベストセラーで、教養新書に目が向けられてきた矢先である。「頭がいい、悪い」というのは、養老孟司が開拓した新書界での「脳」ブームを継承しているし、「いい人、悪い人」という対比的なタイトルは、『他人をほめる人、けなす人』『話を聞かない男、地図が読めない女』のほか、二〇〇一年のベストセラー『金持ち父さん 貧乏父さん』(筑摩書房)など成功例が続いている。二〇〇三年にはずばり『頭がいい人の習慣術』という教養新書のヒット作もあった。これらを背景に、企画面での工夫を徹底しておこなったのが、『頭がいい人、悪い人の話し方』なのである。

著者樋口裕一は受験小論文の指導者として、論理的に書くための「樋口式」を提唱して受験界の人気講師だった。すでに一九九〇年代から受験参考書を量産しており、二一世紀に入ってからは『やさしい文章術――レポート・論文の書き方』(中公新書ラクレ、二〇〇二年)や、『ホンモノの思考力――口ぐせで鍛える論理の技術』(集英社新書、二〇〇三年)など、教養新書での実績もあった。まさに手《て》練《だ》れの作者である。

樋口裕一『頭がいい人、悪い人の話し方』

いくつもの人気潮流を取り込み、しかも小論文の指導者らしく、総花的なバラバラ感を抑え一冊の本として整理され、テーマがはっきりした構成を持つ著書であった。加えて著者のメディア露出も多く、売れる条件が結集された本だといえる。実際、刊行まもなく売れ行き良好書となり、しかもロングで伸びて二〇〇四年末に八〇万部を超え、翌二〇〇五年に入ってミリオンセラーへと達した。[*24]『頭がいい人、悪い人の話し方』は同年のベストセラーリスト一位となり、新書ブームが「ホンモノ」であることを出版界に告げる役割を果たした。その後も続伸して、戦後ベストセラーの総合二一位に至っている（二〇一四年一〇月調査で二六二万部。四七一頁参照）。

なお、二〇〇四年には、「御三家」の一つで四〇年の歴史を持つ講談社現代新書が三三年ぶりにカバーデザインを変更、イメージの刷新を図った。[*25]教養新書の本格的な「ブーム」到来を意識しての積極策であった。

意表をつくタイトル

『頭がいい人、悪い人の話し方』が首位となった二〇〇五年（平成一七）、教養新書界から二一世紀における三作目のミリオンセラーが登場する。山田真哉の『さおだけ屋はなぜ潰れないのか？――身近な疑問からはじめる会計学』（光文社新書）である。同年二月に刊行されると、一一月には一二〇万部へ達する大ヒット作となった。[*26]

同書は「身近な出来事から『会計』がわかる！」を謳い、専門用語は使わず、スーパーの完売御礼や飲み会のワリカンといった身近な出来事から会計学を説いた本である。複雑な計算などから敬遠されてはいたが、一方で「知りたい」との潜在的読者はいたジャンルを狙い、一般の人でもよく分かり役立つ知識を、読み物の要素を入れ込みながら、かみ砕いて伝えた。教養新書らしい発想に「カッパ」のセンスを加えた本だといえよう。

『さおだけ屋はなぜ潰れないのか？』が話題を呼んだのは、内容とともに、ユニークなタイトルだった。売れる本のために重要なこととして、三つの「T」――テーマ、タイミング、タイトルが度々いわれる。中身をよく知らず、関心も持ちようがない読者を、本の世界に引き込むきっかけとしてタイトルの意味は大きい。それは本にとって門構えであり、興味を持たせる第一印象の発信源であって、ここをいかにキャッチーにできるかどうかは、出版側がいつも苦心するところである。ベストセラー史においても、タイトルが多くを惹きつけるきっかけをつくったと考えられる例は少なからずあり、本書でも既述してきた。『バカの壁』も『頭がいい人、悪い人の話し方』もタイトルの引力は大きい。編集者に必要な才覚として、コピーライティングのセンスを挙げる者もいるくらいだ。

『さおだけ屋はなぜ潰れないのか？』は、さおだけ屋という商売がなぜ成り立つのかを示唆したもので、そのからくりから会計学の基本へと誘う意図を持った名付けである。著者と担当編集者の間で交わされていた「キーワード」をそのまま用いたというが、古谷《ふるや》俊勝編集長でさえ最初は「まさか」と思ったそうだ。[*27] とはいえ、トリッキーなこの題がかえって強いアイキャッチとなり、本を評判とするのにひと役買った。サブタイトルの「身近な疑問からはじめる会計学」こそ本の内容を的確に表現しているが、それではミリオンセラーまで達しなかっただろうというのが、多くの捉え方である。

山田真哉『さおだけ屋はなぜ潰れないのか？』

結果論といえなくもないが、本が大成功したのは事実なのだ。タイトリングに王道はない。センスが左右するゆえに各社各人の特色は出るだろう。「さおだけ屋はなぜ潰れないのか？」にはカッパの流儀がどこかに揺曳しているように思える。カッパの本の時代、神吉晴夫のもとで、光文社はタイトルやサブタイトルに執拗なこだわりを持っていたことはすでに述べている（一〇七頁ほか）。その手法ないしスピリットのようなものは、どこかに引き継がれているのだろう。実際、かつてカッパ・ブックス編集部に在籍していた者も、光文社新書編集部で本を作っている。

そして「ブーム」はやってきた

二〇〇五年は『頭がいい人、悪い人の話し方』や『さおだけ屋はなぜ潰れないのか？』にとどまらず、三浦展の『下流社会』（光文社新書）、高橋哲哉の『靖国問題』（ちくま新書）が登場した。二〇〇五年一一月までの累計で前者が四〇万部、後者が二八万部に達しており、それぞれ同年のベストセラーリスト一八位、二七位となっている。さらにロングセラーとなった『バカの壁』がこの年も二九万部上乗せし、リスト二五位に入った。「五万部で成功、一〇万部でベストセラー、三〇万部で大ヒット」といわれる教養新書の（かつての）基準を持ち出せば、二〇〇五年はベストセラーが一四点も出たことになり、〈「大当たりの年」といえる〉状態になった。[*28]

単体のミリオンセラーは出ても、ジャンル自体の底上げとなる「ブーム」には懐疑的だった見方もこれで一変した。『出版指標年報』は二〇〇五年、教養新書界が〈V字回復に転じた〉と評している。[*29]実際、市場規模はこの年、一六〇億円となり一九九九年の一三〇億を二三％も上回った。もちろん〈トップセラーとそれ以外との部数格差が大きく、ジャンルとして安定していると は言いがたい〉面はあったが[*30]、『バカの壁』をはじめとする大部数作の登場が契機となって、二年後に至り、〈V字回復〉というべき状況を成したことは間違いない。ベストセラーがついに教養新書市場を大きく底上げさせたのである。なお、二〇〇五年は書籍全体としても、〈ライトな教養ものが売れる傾向にあり、〔そのなかで〕読者に最もわかりやすく、かつ安価に提供される「教養」である教養新書が、爆発的に売れたといえる〉という分析もある[*31]。

読書人・書斎人がじっくり読むアカデミックな本を淡々と世に送り続け、一〇万部で「よく売れた」といわれるほどの、地味で堅実な世界にあった教養新書は、一九九〇年代からの変貌の階梯を踏みながら、ついに出版の主役級となった。「ブーム」は到来したのだ。ただ一方で、この拡大のドラマは「教養」の質を変え、他との境界を曖昧にしたことは否めない。読者層も学生や読書人にとどまらず大衆化を果たし、とりわけビジネスマンが中心となって、そこから幅広い老若男女へ展開する様相を見せた。各社のブランドイメージも、「役に立つ知」「時代に沿ったやわらかいもの」「現場にある知」というように、多様化した。それと対応するように、さまざまな編集製作手法が入り乱れ、教養新書の世界はがぜん賑やかになる。

この「賑やかさ」は、出版全体がシュリンクしていく二一世紀初期にあって、とりわけ目立つものであった。出版各社は教養新書にマンパワーを投入し、市場に参戦していく。その結果、かつて雑誌に対していわれた「出版の激戦区」の呼称は、教養新書界にふさわしいものになった。新しい発想やラディカルな取り組みも試みられる。それは「激戦区」ならではの独自性の模索であった。

活況を受けて、「最後発」とされた新潮新書がそうではなくなった。創刊活動は再び活発になる。二〇〇五年は祥伝社新書（祥伝社）、ちくまプリマー新書（筑摩書房）などが、二〇〇六年にはソフトバンク新書（ソフトバンククリエイティブ）、幻冬舎新書（幻冬舎）、朝日新書（朝日新聞出版）、二〇〇七年もアスキー新書（アスキー・メディアワークス発行、角川グループパブリッシング発売）、扶桑社新書（扶桑社）などが続いた。創刊レーベルの数の多さはこの二〇〇七年がピークである。[*32]

二〇〇八年に至っても、小学館101新書（小学館）、日経プレミアシリーズ（日本経済新聞出版社）、二〇〇九年にアフタヌーン新書（講談社）などと途切れなく創刊がおこなわれている。これは他の出版ジャンルが縮小していくなか、例外的に「賑やか」なのが教養新書だからという面が強い。教養新書にビジネスチャンスがあるというより、雑誌など他の媒体にビジネスチャンスが失われた不吉な事情をも背後に宿しているといえる。いずれにしても、二一世紀の〇〇年代、出版界で最も変容を遂げたのが教養新書であった。

『国家の品格』

教養新書市場は二〇〇六年（平成一八）にさらなる向上を迎えた。刊行点数は一二〇〇点を数えており、市場が拡大した前年と比しても点数・部数は高いレベルで推移した。実際、同年の教養新書では、これまでに増してヒット作がコンスタントに登場しているのが知れる。〈書籍全体で見ても、〇六年年間ベストセラー三〇点中、教養新書は何と一一点を占めている。〇六年にいかに教養新書が売れたかがわかる〉という状況だった。[*33] このなかには前年からの作品も含まれ、ロングセラーも多いことがわかる。新刊のベストセラーと旧刊のロングセラー、その両輪が力強く動くという理想的な売れ方が現出していたのだ。

　市場規模はついに二〇〇億円に達する（二八七頁の表参照）。ブーム到来が明確になった前年からさらに二五%増加し、一つの目安だった一九九九年（『日本語練習帳』がヒットした年）の一三〇億円からは五割以上の伸張を成した。教養新書は二〇〇三年来、コンスタントに話題作を送り、ベストセラーを生んで市場全体を活性化させてきたが、二〇〇六年はひとつのピークを迎えたことになる。

　視点を変えて、たとえば部門別というカテゴリーで出版界を見てみよう。二〇〇六年の社会科学部門を例にとると、売れ行き良好書では（単行本に比して）教養新書が目立っている。後述する『美しい国へ』や『下流社会』のほか、『他人を見下す若者たち』（速水敏彦、講談社現代新書）、『憲法九条を世界遺産に』（太田光＋中沢新一、集英社新書）など多様性も高い。〈これは、『国家の品格』や『人は見た目が9割』、『超バカの壁』（以上、新潮社）などが大ヒットしたことにより、社会科学的な内容を扱った新書が増加し、また読者の注目も集まった事が要因〉であった。[*34] こうした現象は、従来なら別の書籍の体裁で刊行されていた作品が、教養新書に移行したことを意味する。ブー

藤原正彦『国家の品格』

ムの影響はこうしたかたちも招いたのだ。さまざまな部門でこの流れが生じており、それは「新書ブーム」をさらに押しあげていく。

盛況となった二〇〇六年、部数的にとりわけ巨大な存在は『国家の品格』である。この本は前年二〇〇五年一一月、新潮新書から刊行された。講演記録をもとにした本であり、「語り」から入るという意味では『バカの壁』と相通じる。帯のキャッチコピーは、〈すべての日本人に誇りと自信を与える画期的日本論！〉となっている。国際化が進展するなか、グローバリズム（アメリカ化）を批判し、日本の良さを再発見していこうとする機運はかえって高まっていたが、それを巧みに捉えた作品だといえる。キーワード「品格」はのちしばらく教養新書界で重宝され、これを冠したいくつかのベストセラーも生まれている（後述）。

『国家の品格』は明快な書き方が幅広い支持を集め、二〇〇六年の上半期から一貫して高い売上げを続けた。年間累計でついに二二二万部に至り、同年のベストセラーリストでは、ダブルミリオン書『ハリー・ポッターと謎のプリンス』さえ押さえて首位に立った。二〇一四年一〇月におこなわれた戦後ベストセラー調査でも全体の一九位に位置し、ベストセラー史上の巨大な存在となっている。

三年前に『バカの壁』を世に送り、「ブーム」のきっかけをつくった新潮新書の好調ぶりが、この年は目立った。『国家の品格』のメガヒットにとどまらない。前年に刊行された（二〇〇五年一〇月）竹内一郎の『人は見た目が9割』が累計で八九万部に続伸してリスト六位となり、養老孟司の『超バカの壁』（二〇〇六年一月刊）が同五六万部に達してリスト一三位となっている。*35

『人は見た目が9割』は〈「非言語コミュニケーション」入門〉を謳った本で、言葉以外の膨大な情報の意味を探っている。コミュニケーションに関する企画は多々出ていたが、この本は、キーワードとして「見た目」を打ち出した点が注目された。さらに、「9割」のタイトリングはアイキャッチ効果があったとされ、その後類似のものが多出して、成功の後追い現象を招いている。著者竹内一郎は九州大谷短大助教授などを経て著述業。アカデミズムから離れた在野の書き手が大ヒット作を出すというのは、二〇世紀末からの教養新書の特徴になっており（たとえば永六輔『大往生』）、ダブルミリオンセラー『頭がいい人、悪い人の話し方』の著者樋口裕一もその一人である（のち多摩大学教授となった）。

二〇〇六年に教養新書のベストセラー上位三点を占めた新潮新書は、「最後発」ながら、短期間に多くのベストセラー作品を市場に送り込んだ結果、創刊三年足らずで総発行部数が一〇〇〇万部を超え、中軸的存在にせり上がった。[*36]

日本肯定の潮流と階層化への関心

教養新書はすでに全体の底上げが起きており、好売上げ本は新潮新書にとどまらない。二〇〇六年は上半期から『国家の品格』が好調だったが、その勢いを引き継いだのは、安倍晋三の『美しい国へ』（文春新書、二〇〇六年七月刊）、三浦展『下流社会――新たな階層集団の出現』（光文社新書、二〇〇五年九月刊）、早坂隆『世界の日本人ジョーク集』（中公新書ラクレ、二〇〇六年一月刊）である。この三作は同年のベストセラーリストで一四位、一七位、一九位に入り、同年期間内の累計部数はそれぞれ五一万部、八〇万部、四〇万部となった。[*37]

『美しい国へ』は著者安倍晋三の政権獲得（第一政権）目前の時点で刊行され、タイミングは絶妙であった。総理の座を得ると「美しい国へ」は所信表明演説に使われ、安倍内閣のキーワードとして繰り返しアピールされる。それをタイトルにした本ゆえに、新政権への期待もあって好評を得たのだ。

二〇〇六年は勝ち組・負け組という表現が多く登場し、「格差社会」が流行語になった年でもある。ニートやワーキングプアがさかんに取りあげられ、階層化のすすむ社会が問題視された。『下流社会』はこうした問題を正面から扱い、時代の傾向を受けて読者の支持を大きく集めた。すでに前年の二〇〇五年、同書はベストセラーリスト一八位に入っており、ロングセラー化している。著者三浦展はマーケティング・アナリストで、豊富なデータを駆使し、また巧みなカテゴリー分けを多用して、アクチュアルなテーマを描いたところがこの本の魅力だった。とりわけ若い世代の価値観、生活、消費の変化を捉えることで、「下流」の実像に迫ったところが若者文化論として注目を集めた。メディアでも「下流」は取りあげられやすく、本の注目度をそのたびに押しあげた。

『世界の日本人ジョーク集』も二年連続（二〇〇七年のリスト一五位）でベストセラーとなった本である。日本人をネタにしたジョーク集はかねてからあったが、同書は一部で日本人のポジティブな側面をも打ち出しており、これが新しさを生み人気を得るポイントとなった。その意味で、『国家の品格』『美しい国へ』をベストセラーにした日本肯定の時代潮流が、この本のヒットにも作用している。中公新書ラクレでは二〇〇三年の『世界ビジネスジョーク集』(元財務官・おおともみつ著)を初発としてジョーク集をさまざまに刊行しており、好調に推移させていた。第一二回週刊金曜日ルポルタージュ大賞優秀賞を受賞した早坂隆は、フリーのノンフィクション作家一二人を集めた石井政之編著『文筆生活の現場——ライフワークとしてのノンフィクション』(二〇〇四年七月刊)への企画参加を通じて編集部と縁ができ、『世界の紛争地ジョーク集』(同年三月刊)、『世界反米ジョーク集』(二〇〇五年一月刊)を出版していた。これらが版を重ねた実績をもとに、ジョーク集第三弾として『世界の日本人ジョーク集』の刊行が成され、ベストセラーに至らせたのである。なお、同書は民族や人種の特徴をオチにしたもので、ネタになっているのは日本人だけではない。

同書は新書を買う通常のサラリーマン層に売れた一方、テレビのワイドショーで繰り返し取りあげられることで主婦層にも浸透し、また、インターネットの「2チャンネル」などで話題になりジョークを寄せ合うツリーも複数立つことで若者層へ読者を広げた。複数の読者層を同時並行的に活性化させるのは、流布上のポイントとなり、ベストセラーを導く秘訣となるのである。

三〇〇万部級の大ベストセラー『女性の品格』

続く二〇〇七年(平成一九)はケータイ小説がよく売れた年であり(第七章で後述)、それと両輪を成すように教養新書が出版の主流となる。年間ベストセラー三〇に教養新書は九点挙がり、ケータイ小説は五点がランクインしている。両ジャンルの共通項は安価ということで、教養新書

坂東眞理子『女性の品格』

は七〇〇～八〇〇円台が中心、ケータイ小説は一〇〇〇円程度である。これらが大量に売れたわけで、見方によれば廉価本シフトのなかで新書も好調を持続したことになる。[*38]

教養新書は前述したように新規参入が相次いでおり、新刊が旺盛に刊行された。市場規模は一八五億円で、前年からやや落ちたがそれでも高いレベルである。新書ブームは活気を継続させていた。そのなかで、新たなメガセラーが登場する。『女性の品格——装いから生き方まで』（ＰＨＰ新書）である。書籍界では二〇世紀末頃から、よりよく生きるための実用的な本が読者の評価を得てきたが、二〇〇七年はこの傾向の本が突出した。『出版指標年報』は次のように述べている。

〈〇七年は生き方本が大ブレイクした年。生き方本には、健康で長生きしようという趣旨の「フィジカル系」と、マインド面をあらゆる方向から支える「メンタル系」とがある。哲学・宗教部門における生き方本は後者に該当し、書店店頭では教養新書やビジネス書コーナーに置かれるものも多い。実に様々な切り口の新刊が刊行されており、売れ行き良好書も多数生まれている。〉[*39]

「生き方本」全体が注目度を上げるなかから、教養新書で『女性の品格』が登場する。著者坂東《ばんどう》眞理子は内閣府の初代男女共同参画局長を務めたのち、昭和女子大学教授を経て同大学長であった。版元のＰＨＰ研究所は同書を、〈ビジネスから装い、話し方、恋愛にいたるまで、女性としての振舞い方を具体的にアドバイス〉した本と紹介し、〈「礼状が書ける」「約束をきちんと守る」「型どおりの挨拶ができる」「姿勢を正しく保つ」「贅肉をつけない」「人に擦り寄らない」

「よいことは隠れてする」「得意料理をもつ」「恋をすぐに打ち明けない」〉と内容を列挙している（HPより）。この内容列挙形式のコピーは同書裏の帯面でも使われており、アイキャッチ効果はあったようである。

女性の社会進出が当然となった時代に、この本はかえって、よき女性らしさの意味と価値を押しだした。それが読者への訴求力を生むのだった。『国家の品格』（二〇〇五年）が二〇〇万部を超える成果を出してそう日を措《お》いていない。伝統的な価値を見直す流れもはっきり出ていた。これらを併せて、女性層に焦点を当てた同書には、伸びていく条件が整っていたのである。二〇〇六年九月に刊行されるとロングセラー化して、翌二〇〇七年のベストセラーリスト一位になったばかりか、二〇〇八年三月には累計三〇〇万部へと達し、『バカの壁』に次ぐ教養新書三〇〇万部級の本になった。[*40] 戦後全体でもベストセラー一四位に位置し（四七一頁参照）、二一世紀の「新書ブーム」を象徴する本として記憶される存在となった。

教養新書はこれで、二〇〇三年から二〇〇七年の五年において、年間ベストセラー首位を四回果たし、そこでの四作は二〇〇万部超、うち二作は三〇〇万部を超えるという途轍もない実績を成した。「五万部で成功、一〇万部でベストセラー、三〇万部で大ヒット」といわれた小さく地味な世界がこれだけの結果を生んだのだから、出版史上特別に記憶すべき事態と断じないわけにはもはやいかない。

ピーク続く二〇〇七年

二〇〇七年には教養新書はヒット作が多い年で、ベストセラー三〇位以内に九点と前記したが、うちの七点は二〇位以内である。『女性の品格』に続いて、リスト四位の『日本人のしきたり』（飯倉晴武、青春新書インテリジェンス）がこの年八〇万部超、そして八位は『国家の品格』で、こちらも同約四〇万部と依然部数を大きく乗せている。*41

飯倉晴武『日本人のしきたり』

インターネット社会化が急速に進み、グローバリズムが行きわたりだした二一世紀の〇〇年代では、人びとの平衡感覚もあって、一方において伝統的なあり方を見直す機運が高まり、日本的なものを回復させようとする意識が強まった。すでに述べてもいるが、こうした時代傾向は『国家の品格』や『女性の品格』の大ヒットに結びついており、『日本人のしきたり』が多くの読者に迎えられた理由の一つがそこに見出せる。この本の著者は宮内庁書陵部図書課首席研究官、同陵墓課陵墓調査官等を歴任しており、年中行事やしきたりを紹介する書き手として信頼が大きい点は見逃せない。

「知」的であることを基本線として共有する教養新書は、テーマや内容だけでなく、書き手への信頼性も重要である。もちろん、それがあるからといってよい本ができ、部数的に成功するとはいえないが、それが明確なことは、本の受け入れにさいして大小のプラス作用を働かせることは、教養新書の場合、確実なのである。『日本人のしきたり』は、日本のしきたりの由来と意味を、最適の著者が、コンパクトかつ平明に紹介した本として、時代の雰囲気にも背を押されてロングセラー化し、のちにミリオンセラーへ達した。

二〇〇七年の一一位から二〇位までには、岡田斗司夫『いつまでもデブと思うなよ』(新潮新書)が一三位、福岡伸一の『生物と無生物のあいだ』(講談社現代新書)が一四位で、前年来のベストセラー『世界の日本人ジョーク集』が一五位に入り、松井秀喜『不動心』(新潮新書)が二〇位と、教養新書は四点ランクインしている。

『いつまでもデブと思うなよ』は、読者ニーズが大きいジャンルながら実用書らしい作りがふさわしかったダイエット本を、教養新書の世界でもヒットさせた点で注目される。太っていた頃のズボンをはくことで効果を直截に見せた帯写真とともに、「一年間で五〇キロの減量に成功した」との謳い文句がアイキャッチとなり、同時に、「ダイエットは楽しく知的な行為である」という観点を提示することで教養新書らしさを打ち出したのが成功を呼び込んだ。

『生物と無生物のあいだ』はすでに書き手として定評のあった著者が、専門的知見をもとに「生命とは何か」という基本問題を探った本で、第二九回(二〇〇七年)サントリー学芸賞・社会・風俗部門を受賞している。テーマの面白さと知的な展開と文章の味わいという三拍子を揃えた教養新書の本道を行く一冊で、好意的な書評がいくつか出てロングセラー化を後押しした。

『不動心』はヤンキースで活躍した松井秀喜の初の著書で、ケガをしてから復帰するまでのメンタル・コントロール法を「不動心」として綴っている。軽装廉価の新書で読める松井本ということで野球ファンをはじめ幅広く支持され、三一万八〇〇〇部まで読者を伸ばした。[*42]

これらを筆頭としてさまざまなタイプのヒット作に恵まれた二〇〇七年は、新規参入も途切れなく続いたこともあって、教養新書は、六〇シリーズおよそ一五〇〇点が新刊として出版された。宣伝広告や店頭での仕掛けなど販売施策が効果を生み、既刊のブレイクやロングレンジでの販売も目立っている。[*43] 市場全体の盛況は明らかで、教養新書の勢いはすでに継続三年目へと経過していた。

それはあっという間の出来事だった。既述したように、『バカの壁』や『頭がいい人、悪い人の話し方』が出た二〇〇三〜二〇〇四年頃、教養新書の市場規模は一九九九年のレベルを回復したにすぎない。その指標から見れば、「低迷・不振状態」から立ち直った状態というしかなかった。市場規模はそこから一気に上昇する。続く二〇〇五〜二〇〇七年、話題の新作が多産され、既刊も大きく続伸してベストセラーが増えた。市場規模は急拡大し二〇〇六年には二〇〇億円へと達する。教養新書は読書界を席捲し、書店店頭では人気ジャンルゆえの派手さが生まれた。新聞宣伝も賑々《にぎにぎ》しい。あらゆる点で教養新書は活気づいたのである。少なくともこの三年間は、どの点から検証しても「新書ブーム」を告げないわけにはいくまい。

もちろん、繰り返すが、出版界全体がシュリンクするなかで、相対的に期待度が高まった事情は指摘せねばならない。それゆえに多くの版元による参入現象が起こり、各社ではマンパワーが一気に投入され、販売・広告の力点も教養新書により強く置かれたのである。点数も拡大し裾野が広がった。かくして教養新書界は賑やかさを増し、ベストセラーが出やすい条件は整備されたのである。とはいえ反面、一部の大ヒット、ベストセラーは目を引くものの、過当競争のために、目立たずに埋もれてしまう本も相当数に及んでいた。市場の拡大が「賑やかさ」ばかりでなく、いわば影の部分も生んでいたのだ。

勢いの鈍化

目を奪うベストセラー現象と市場の拡大、それらを背景に、期待の大きさも膨らんで起きた過熱状態は、二〇〇八年（平成二〇）には早くも息切れがはじまった。「教養新書は売れる」という認識が広がり、新刊点数は前年を一〇〇点近く上回ったものの、供給過剰の影響がさっそく出始めたのである。『女性の品格』が前年からの好調を維持してこの年も一〇〇万部を売り伸ばしたが、新刊については、ヒット作こそ出たが全体に小粒となった。[*44]

二〇〇八年のベストセラーリストに入った教養新書は『女性の品格』が七位で最も高く、〈〇八年上半期には「品格ブーム」が起こった〉というほどの牽引効果を書籍界にもたらした。「品格」関連本が多産されたのだ。『国家の品格』『女性の品格』と大成功作が連続した後ゆえ当然の現象といえる。坂東眞理子自身も続編『親の品格』（ＰＨＰ新書）を二〇〇七年一二月に刊行している。同書は翌二〇〇八年によく伸びて八七万部へ達し、リスト八位となっている。[*45] ただ、「品格ブーム」といっても、〈内容やテーマ性に関係なく、タイトルに「品格」を冠する書籍が増えたというのが実情だった〉ようだ。[*46]

教養新書で同年のリスト一〇位内は坂東の二点のみである。一一位から二〇位に三点あり、リスト一三位となった姜尚中《カンサンジュン》『悩む力』（集英社新書）が同年五四万部と一定の売れ行きを示したが、一八位の勝間和代『お金は銀行に預けるな――金融リテラシーの基本と実践』（光文社新書）は三九万部、二〇位の阿川弘之『大人の見識』（新潮新書）は三六万部である。この後三〇位まではコミュニケーション系が二点並ぶ。福田健『女性は「話し方」で9割変わる』（リュウ・ブックス アステ新書、三〇万部）が二三位、高橋克徳ほか『不機嫌な職場――なぜ社員同士で協力できないのか』（講談社現代新書、二五万部）が三〇位である。坂東本を除くと小粒なものが続き、市場を牽引する新刊は過去三年に比して見出しにくかった。[*47]

実際、二〇〇八年になると教養新書は全体的に勢いが鈍化した。とりわけ年中盤頃からその傾向があらわれている。入れ替わるように、この年は同じ軽装廉価本の文庫が映画化・テレビドラマ化作品を中心に好調となった。ワーキングプア問題への関心から『蟹工船』（新潮文庫）が話題を得、新訳の『カラマーゾフの兄弟』（光文社古典新訳文庫、全五巻）が注目されるなどもあり、文庫が活性化した結果、新書の存在感が薄れたことも「鈍化」の理由の一つであろう。[*48]

この年、教養新書の市場規模は一四二億円へと落ちた。指標となる一三〇億（一九九九年）はまだ上回っていたものの、一五〇億を超え二〇〇億にも達していた二〇〇五～二〇〇七年から見れば、明らかに退潮といえる局面へ入ってくる。

ダイナミズムの果てに

市場はピークを超えて退潮傾向にさしかかったが、教養新書の新刊ラッシュは止まらず、二〇〇九年（平成二一）には新刊点数が前年より一割近く増加した。創刊・参入が「アフタヌーン新書」（講談社）、「ハヤカワ新書juice」（早川書房）、「PHPサイエンス・ワールド新書」（PHP研究所）、「ワニブックスPLUS新書」（ワニブックス）など活発だったためである。

一方、二〇〇九年の教養新書売れ行き良好書をみると、トップセラーは香山リカ『しがみつかない生き方――「ふつうの幸せ」を手に入れる10のルール』（幻冬舎新書）となったが、同年では四〇万二〇〇〇部にしか至らず、続く野中広務と辛淑玉の『差別と日本人』（角川oneテーマ21）が同三三万部、『悩む力』が同三一万五〇〇〇部（累計八五万部）と上位の部数を見ても、小粒化がさらに進んだことがわかる。[*49] それぞれベストセラーリストの九位、一〇位、一一位であって、二〇位内はこの三点しかない。

二〇〇九年は村上春樹の小説『1Q84』が突出した以外は、書籍界全体が沈滞した一年だったが、そのなかでも教養新書の落ち込みは歴然としていた。『出版指標年報』は、〈ベストセラーランキング三〇位までの発行部数水準を見ても、例年にない低い水準で、〇三年の『バカの壁』以来ヒット商品が相次いだ教養新書も勢いがなかった〉と総括的に述べている。[*50] 『しがみつかない生き方』はひとり勝ちを脱することを提唱した本で、『差別と日本人』は当事者の立場から「部落とは、在日とは、なぜ差別は続くのか」を語っている。昨年からのヒット『悩む力』を含め、上位三作にリベラル系の著作が並ぶのは二〇〇九年の特徴といえる。ちょうどアメリカでは初のアフリカ系大統領としてバラク・オバマが登場した。その演説集が売れたこともあり（後述）、ベストセラー現象からはリベラル・ムードのせり上がりが印象させられる一年となった。

トップセラーは以上の様相だが、裾野を含めて見ていくとどうなるか。二〇〇九年の市場規模は一三〇億円と、ついに一九九九年の指標数字まで戻してしまう。好調さが失われたのだ。教養新書が勢いをなくしたことは以後、はっきりしてくる。

翌二〇一〇年（平成二二）は市場規模が一二八億とさらに落ち、「ブーム」の終わりを告げるかのごとくであった。〈販売動向は、池上彰氏の一連の著作の動きが目立ったほかは、突出して売れる本が出ず、全体としては盛り上がりに欠けた〉のである。[*51] もっとも、『伝える力』（PHPビジネス新書、二〇〇七年刊）は、著者のテレビでの活躍もあって息長く売れ、累計一二〇万部へと達しているし、[*52] 年後半からは曽野綾子『老いの才覚』（ベスト新書）が急伸して、翌二〇一一年にかけてミリオンセラーに到達する事例もあった。『老いの才覚』は初版八〇〇〇部だったが、口コミなどでじわじわと売れていき、刊行半年後、著者がNHK「おはよう日本」へ登場してからは、さらに二〜三倍のペースで売れ出したという。[*53]

なお、二〇一〇年の六月二八日には、「ブーム」の震源となった『バカの壁』が増刷（二万部）でついに一〇〇刷へと至る。この時点での累計部数は四三二万五〇〇〇部。新潮社で一〇〇刷以上を達成したのは太宰治『人間失格』、夏目漱石『こころ』、三島由紀夫『仮面の告白』などだが、すべて新潮文庫の作品で、しかも日本文学の古典ばかりであった。それらに交じって、二一世紀新刊の新書『バカの壁』が達成作品の仲間入りをしたわけだ。初版から七年三か月での達成は同社の最速記録だという。[*54] この七年三か月の間に、教養新書をめぐって「ブーム」の高揚と退潮というダイナミックな出来事が起きたことを考え併せると、一〇〇刷というのは、偉業をあらわすのと同時に、区切りを示す象徴的な数字といえなくもない。

ブーム終焉と新書の将来

二一世紀初期に起きた「新書ブーム」を、ここで歴史的にもう一度振り返っておこう。

まずベストセラー産生状況だが、出版科学研究所の年間ベストセラー（単行本+新書）で三〇位以内にランクインされた数で、教養新書が四点以上となるのは、二〇〇四年にはじまり平成末の二〇一八年まで続いている。それ以前の一九九〇年代後半から二〇〇三年は、『日本語練習帳』や『バカの壁』が出た年も含め〇～二点だったことを考えれば、ヒット作がもたらす賑わいは一五年間継続しているといってよい。ベストセラー現象に目を向ければ、二一世紀のほぼ平成期全体において、教養新書が一貫した中心的存在だったのは間違いない。

一方、市場全体の様子を判断するために、実売（販売）金額の総計を意味する市場規模を見ていくとどうなるか。二〇〇五～二〇〇七年の三年間は一五〇億を超えており、まさに「ブーム」といえる状態だった。ピークは二〇〇六年で二〇〇億円に達する過熱ぶりを示した。とはいえ「ブーム」のほうは短期の出来事というべきである。二〇〇八年には一四二億へ落ち、〈教養新書バブルは終焉〉と『出版月報』も記す状態に至った。翌二〇〇九年になって、市場規模はあっさりと一〇年前（一九九九年）の水準まで戻ってしまう。その後は、二八七頁に挙げた教養新書の市場規模推移表でわかるように、多少の増減はあってもこの水準を維持する傾向さえつくれず、二〇一一年から二〇一八年にかけては、三分の二近くまで落ち込む下降の途をたどっている。年間データが得られる平成最後の時期に至っても低迷傾向は続き、大きな変化はない。市場規模を考えると、「新書ブーム」は〇〇年代で終息していたと見るしかないだろう。

ただし、教養新書が間欠泉的に大部数を得るのは、二〇一〇年代でも見出せる。二〇一二年に阿川佐和子『聞く力――心をひらく35のヒント』（文春新書）がミリオンセラーへと達して、同年のトップセラーになった例は好例中の好例といえる。時折こうした大ヒットが生まれるので、教養新書の出版活動は二〇一〇年代になっても各社活発で、「ブーム」は去ったにもかかわらず、撤収局面が生じたわけではない。平成末を迎える二〇一八年一一月に至ってもなお、河出新書（河出書房新社）の創刊が成されている――同新書は六〇年前にあった教養新書レーベルの「再始動」だとしている。廉価軽装という読者獲得のしやすさ、幅広い配本と大部数の販売も可能である点、ロングセラーも狙いやすく、さらに、知的雰囲気がもたらすプラス面が期待できる、といった教養新書の長所（二八〇頁参照）は、出版界全体が一貫してシュリンクしていくなかで、なお相対的には魅力があるとされているのだ。

苦境を迎えた出版界のなかで〇〇年代に「ブーム」を起こし、二〇一〇年代に至っても依然魅力的な媒体とされ、ベストセラー史の重要な存在であり続ける二一世紀の教養新書とは、現象として一体何であったか。大衆化路線への転換と、多様な製作方法の常態化、ブランドの乱立と類書の氾濫……これらは「教養」の質を変えていった。古典的な教養新書の「教養」は、すでに一九六〇年代から徐々に変質はしているが、二一世紀になってさらに大きな変化を遂げた。そこに教養新書が果たした役割は小さくない。

これは功罪の「功」というには保留が必要だが、「罪」というほど事態は単純ではない。「教養」とは何かという問題は、事大主義的な発想が意味をなさないほど、設定自体に変化が迫られているのが二一世紀の読書界なのである。インターネット文化とデジタル化社会の発達が、人びととの「知」にどういった影響を及ぼしたのかも、関連してなお検討が必要であろう。教養新書の「ブーム」とベストセラー史の主役化は、こうした時代相のなかでの出来事だったことは前提とせねばならない。

構造的苦境に陥った出版界が取り組んだ試行錯誤のなかから、教養新書へのシフトが起こったのは重要である。出版の不振状況は一九九〇年代からはじまり、深度を大きくして、ネット社会の進展で、もはや後戻りできないところまで来ている。「新書ブーム」はその過程におけるあだ花的現象であったのか、どうか。少なくともいえるのは、「ブーム」は終わったにしても、新書という形式と、教養新書という構えは、ネットコンテンツに拮抗する出版の伝統的コンテンツとして、しばらくは有効であるはずだということだ。

「教養」は表層現象としては格段の変容があったものの、刊行する各社・各編集部では、岩波新書を祖型とする教養新書の品位を基本意識していることは、たとえば『出版月報』二〇一一年六月号の各社インタビュー記事などを見ても明らかである。そのうえで、市場性を模索しヒットを狙う。それは、ネット文化・デジタル社会がさらに進展するなか、相対的には意味ある戦略だといってよいと思われる。

「教養」に対する期待自体は普遍的であり、どのような時代相を迎えようとも、我々から失われはしないはずである。教養新書の重要な存在意義は、それに応えることだろう（「教養」をどう捉えるかは依然、存外難問にしても）。「ブーム」への起点を成した『バカの壁』の著者養老孟司は、岩波新書創刊八〇年を機にした新聞の特集記事のなかで、寄稿文を寄せ、次のように述べている。〈今の日本では、大学生が新書を読む教養主義はほぼ消えたが、知的なことは社会で共有されることに意味がある。そこに新書の役割があるのでしょうね〉[*55]。教養新書の将来を見通したうえでの端的な言葉といえよう。

（1）全国出版協会・出版科学研究所編著『出版月報』全国出版協会・出版科学研究所、二〇〇五年九月号、一〇頁。同『出版指標年報』同、二〇〇六年版、一二〇頁。

＊『出版指標年報』はそれぞれ、年版で示された年の前年を対象としている。なお以下、『出版指標年報』『出版月報』については、編著者名（全国出版協会・出版科学研究所）、「前掲」表示を省略する。

（2）『出版月報』一九九九年九月号、四頁。

（3）新海均『カッパ・ブックスの時代』河出書房新社（河出ブックス）、二〇一三年、一四〜一五、一二三頁。

（4）『出版月報』一九九九年九月号、五頁。

（5）同上誌、六頁。

（6）同上誌、八頁。

（7）同上誌、九頁

（8）同上誌、同頁。

（9）『出版月報』一九九七年一一月号、四頁。

（10）『出版月報』二〇〇五年九月号、八頁。

（11）『出版指標年報』二〇〇四年版、一二〇頁。

（12）同上書、同頁。

（13）養老孟司『バカの壁』新潮社（新潮新書）、三頁。

(14)『出版指標年報』二〇〇四年版、三〇頁。
(15)『出版月報』二〇一一年六月号、一一頁。
(16)同上誌、同頁。
(17)『出版指標年報』二〇〇四年版、一二〇～一二一頁。
(18)同上書、一二〇頁。
(19)同上書、同頁。
(20)『出版指標年報』二〇〇五年版、二九～三〇頁。
(21)同上書、三一頁。
(22)『出版指標年報』二〇〇六年版、八三頁。
(23)『出版指標年報』二〇〇五年版、一一四頁。
(24)同上書、一二八頁。
(25)同上書、一一七頁。
(26)『出版指標年報』二〇〇六年版、八八頁。
(27)「教養新書にヒット続出 意表つく『タイトル』知恵比べ」、『読売新聞』二〇〇五年九月一四日夕刊掲載。
(28)『出版指標年報』二〇〇六年版、一二〇～一二一頁。
(29)同上書、一二〇頁。
(30)同上書、三〇頁。
(31)同上書、一二〇頁。
(32)『出版月報』二〇〇九年六月号、八頁。
(33)『出版指標年報』二〇〇七年版、一二七頁。
(34)同上書、九三頁。
(35)同上書、一二八頁。
(36)同上書、三〇頁。
(37)同上書、一二八頁。
(38)『出版指標年報』二〇〇八年版、二九頁。
(39)同上書、八八頁。
(40)同上書、八八頁。

(41) 同上書、一三三頁。
(42) 同上書、一〇六頁。
(43) 同上書、一三二頁。
(44) 『出版指標年報』二〇〇九年版、二八～二九頁、一三〇頁。
(45) 『出版指標年報』二〇一〇年版、一二九頁。
(46) 『出版指標年報』二〇〇九年版、一三一頁。
(47) 同上書、一三二頁。
(48) 同上書、二八頁。
(49) 『出版指標年報』二〇一〇年版、一二九～一三〇頁。
(50) 同上書、二九頁。
(51) 『出版指標年報』二〇一一年版、一三〇頁。
(52) 同上書、同頁。
(53) 『出版月報』二〇一一年六月号、一〇頁掲載、ベストセラーズの高橋伸幸常務取締役の発言より。
(54) 『出版指標年報』二〇一一年版、一三〇頁。
(55) 『朝日新聞』二〇一八年一一月一九日。

第七章

ネット社会のなかのベストセラー――二一世紀②

「読者」の変化

この章では〇〇《ゼロゼロ》年代（二〇〇一～二〇〇九年、平成一三～二一）のベストセラー事情を扱う。教養新書については前章で述べたのでそちらに譲るが、本章でも文脈上、端的に触れる場合はある。

前章ですでに述べたことだが、かつて書籍は出版の主役ではなく、その位置に在ったのは雑誌だった。存在感も訴求力も雑誌が出版の中心を担った。二一世紀に入ってこの構図に変化が起きる。主役交替に向かう流れができたのだ。逆転は二〇一六年であり第九章で述べるが、そこへ至る〇〇年代にしても、雑誌は不調、書籍は堅調ないし現状維持というのが、年によって多少の違いはあるが全般的な潮流を成した。『出版指標年報』（出版科学研究所）が示すように、定期購読性の高い雑誌から読者が離れ、〈その時その時の関心や必要に応じて買う書籍のほうに需要がシフトしている〉、というのが、〇〇年代の出版状況といえよう。*1

背景としてインターネットの影響があるのは、いうまでもない。情報の鮮度や早さの点で出版物はネットに敵《かな》わない。しかもインターネットは基本的にコストが（定額等ゆえ）個々にはかからず、入手の手間もない。一点一点に対してパーソナルな購入行動が求められる出版物はやはり不利となる。とりわけネットと競合しやすい雑誌の不利は決定的だ。多様な意見を集約的に知ることができる点でもインターネットの優位性は明らかである。

さらに構造的な問題もある。出版、とりわけ雑誌を支えていた若者人口の減少と彼らのネットへのシフトである。これらによって雑誌が売れなくなった結果、〈一誌一誌の部数が小さくなり、書店の減少という要因も重なって読者への訴求力が低下している〉[*2]。これでは悪循環が止まらず、ネットの攻勢に太刀打ちできない。雑誌の不振はどうやら永続的な現象というしかなくなってきた。発想を大きく変えた媒体が登場しない限り、挽回は難しいと多くの分析が告げている。

一方の書籍は、速報性や一過性とは別の価値を持ち、しかも、次号が出れば店頭から姿を消す雑誌と違って長期展開できる。ネット時代の出版界で書籍が主役になるのは、当然の成り行きといえなくもない。その結果、書籍に起こるベストセラーの歴史も、「主役」ゆえより賑やかな状況が現出する。

ただし、「賑やかさ」は危機と背中合わせであった。むしろこの「賑やかさ」は、ネット社会の進展に歩を合わせるように出版全体のシュリンクが起きたことと関係が深いのだ。

出版科学研究所の『出版指標年報』は、二〇〇一年の事情を述べるなかで、〈販売の傾向として、一部のベストセラーを除き、書店店頭での商品寿命が短くなってきている〉と指摘し、〈読者の目も他のメディア等で紹介された売れ行き良好書に集中し、ベストセラーが類書販売の牽引力になっていない状況〉を憂慮している。[*3]個々にベストセラーが続出し、ときにミリオンクラスまで上昇しやすくなったのは、確かに二一世紀書籍界の特徴であって、前章で扱った「新書ブーム」もこれを反映している。しかし、賑やかなのはベストセラー周辺だけとなり、市場全体は重苦しいというのもまた、二一世紀の基調なのだ。それは早くも、新世紀入り口の二〇〇一年で指摘せざるを得ないところになっていた。

一方、〈メディア等で紹介〉が大部数をもたらすのは、一九七〇年代後半から出版の常景となって久しい。二一世紀になってもこの「景色」は変わらないわけで、テレビの影響力の大きさは、後述していくベストセラー書成立事情からも容易に見出せる。なおテレセラー、映画化による話題といった二〇世紀的風景に加え、二一世紀はネットメディアの影響が無視しがたくなる。

それと同時に、〈やわらかい装丁、読みやすい文体、理解しやすい内容が好まれ、時間と予算の限られた中で、効率よく読書しようとする読書傾向にある〉というのが、ネット社会下の読書人の姿となった。[*4] 新書をはじめ軽装判がもてはやされるのはこの〈傾向〉を反映している。もっとも長編の「ハリー・ポッター」シリーズの歴史的成功も生じており、〈効率よく読書しよう〉一辺倒はありえず、二一世紀においても読者動向に多面性が伏在しているのはいうまでもない。

また上記もしたが、二一世紀の事情として中心的な読者層が変わってきた点は見逃せない。かつては若者が本の牽引役だった。読書人の比率としても高い。若年層は出版物への関心が強く、清新を求め新奇を面白がる。しかも購入行動はきわめて能動的であった。それは出版活動に大きな影響を及ぼした。「カッパの本」を率いた神吉晴夫の「ベストセラー作法十か条」が、第一に〈読者層の核心を二〇歳前後に置く〉を掲げていたのも（一〇九頁）、こうした背景からである。

若者の支持を得る工夫は、二〇世紀を通して、魅力的な本・売れる本をつくるための出版側の知恵比べポイントだった。実際、爆発的なヒットは若い層の支持をきっかけに誕生していた。二一世紀になるとここに地殻変動が起きる。若年層はネットと親和性が高く、本や雑誌から離れていく。入れ替わるように、読者の主力として登場したのが中高年層である。『出版指標年報』の次の分析はそこを突いている。

〈ベストセラーの成り立ちにも変化が見られた。これまでは学生や二〇代が購読者層の中心であったが、〇一年はそれが中高年にシフトする傾向にあった。三〇代以上のビジネスマンや中高年層から売れ始め、テレビなどのパブリシティ効果により若い女性や主婦層に広がるというのが新しいパターンだ。[*5]〉

若者から中高年層へ、想定読者の変容は本づくりに重大な影響を及ぼしてくる。

ベストセラー史とも深く関連する、二一世紀（本書で扱う平成末までだが）を通じた出版環境の重大な変容は、すでに二〇〇一年段階で初動が指摘されているのだ。それらを冒頭、列記的に示したわけで、続けて以下、〇〇年代の事情を見ていくことにしよう。

【二〇〇一年】「寓話」仕立てのビジネス書

二一世紀がはじまる二〇〇一年（平成一三）、ビジネス系の二書がベストセラーリストの上位に入った。ともに翻訳書である。

後述する「ハリー・ポッター」シリーズを押さえて、スペンサー・ジョンソンの『チーズはどこへ消えた?』（扶桑社）が首位を得た。二匹のネズミと二人の小人を登場させて、ようやく発見したチーズが消えてしまったときどうするかを描いた、寓話仕立ての内容である。原著は一九九八年にアメリカで発売されて、ＩＢＭやアップルなどの大企業や官公庁などで社員研修用テキストに使われた結果、三〇〇万部を超えるメガセラーになっていた。[*6] これを邦訳刊行したのが『チーズはどこへ消えた?』である。

本国アメリカでは完全なビジネス書で、体裁もハードカバーだったが、日本では幅広い読者層を狙ったつくりとした。ビジネス書にありがちな「いかめしさ」を排して、寓話であることを強調した柔らかく、親しみやすい本にしたのである。

タイトルもその企図から付けており、カバーイラストは童話風を選んだ。体裁はＢ六サイズで九四頁、定価も八八〇円（税込）という設定で、持ち歩きをしやすいカジュアルな雰囲気を演出し、加えて割安感のある値段としたのだ。二〇〇〇年一一月三〇日に初版二万部で刊行開始され、扶桑社は都内の私鉄各線でドア横ステッカーや窓上広告を展開するなど積極宣伝に取り組み、書店でのワゴン展開もおこなった。[*7] 経費やマンパワーの先行投入が必要な方法だが、版元では社を挙げて仕掛けていったことになる。結果は吉と出た。発売三か月弱の二〇〇一年二月二〇日に、早くも一六四万部まで達する成果を得たのである。

この本はビジネスマン向けの本として読まれる一方（企業の一括買いもあった）、テレビのパブリシティ効果で主婦

スペンサー・ジョンソン『チーズはどこへ消えた?』

や学生層へと読者を拡大させた。[*8] 結局、読者層は九歳から八四歳まで広がり、[*9] 短期間でのミリオンセラー達成を後押しする。扶桑社は新しい読者層の獲得を目ざして、帯と掲載コピーを何度か入れ替えることもおこなった。それらが効果を発揮して勢いは持続し、発売一年でついに三五〇万部まで駆け上がったのである。[*10]

同書はその後もロングで売れ続け、後年、野球の大谷翔平が愛読書として紹介したこともあって、二〇一七年には三八一万七〇〇〇部へと至っている。[*11] 二〇一四年調査の戦後総合ランキング（四七〇頁）なら一〇位内に入る水準の総部数となった。

『金持ち父さん　貧乏父さん』

二〇〇一年にはさらに一冊、リスト四位に入り大きく売れたビジネス系の本がある。こちらも翻訳書であり、従来のビジネス書から一線を画した「親しみやすさ」を強調している。筑摩書房刊、ロバート・キヨサキ＋シャロン・レクター著の『金持ち父さん　貧乏父さん』である。

『金持ち父さん　貧乏父さん』は同社の「にこにこブックス」から企画開発された。「にこにこブックス」は女性向け実用書シリーズとして一九九六年からはじまっている。独立した編集部ではなく、各編集部から女性編集者の有志が集まり遊撃隊的な活動をしていた。起案はそこの一員だった磯部知子で、仕事を共にしてきた翻訳家の白根美保子の紹介で、キヨサキの本と出会ったのである。原著はあちこちの出版社で断られたのち、事実上の自費出版で一〇〇〇部刊行されたマイナーな存在だったが、一部で話題になりはじめていた。この段階で本の紹介を受けたのである。

原著を読んで磯部は翻訳出版に動き出し、企画決定会議への提案に至った。その場で〈書店はいま、こういう本を待っている〉と、積極的な支持の声をあげたのは営業部だった。[*12]

日本版ではビジネス書らしからぬ体裁を意識して採用した。どこか物語風のカバーイラストを使い、判型は、厚さを出さないためと同時に、教科書で馴染んだかたちとしてA五判並製にする。肝心のタイトルだが、当初『起業家父さんが教えるお金の話』としたものの異論が出て、紆余曲《うよきょく》折《せつ》の末、結局、原題 **Rich Dad, Poor Dad** に従うかたちとなった。[*13]「金持ち」「貧乏」という対比的なタイトリングは、『話を聞かない男、地図が読めない女』が先行するベストセラーにあったし、ミリオンセラー『頭がいい人、悪い人の話し方』の登場もそう遠くない二〇〇四年である。結果論的にいえば、時勢上も比較的受け入れられやすい（というのは営業部で売り込みやすいことでもある）タイトリングに落ち着いた。

『金持ち父さん　貧乏父さん――アメリカの金持ちが教えてくれるお金の哲学』は二〇〇〇年一一月一五日に初版二万部で刊行された。翻訳書であり、日本版はビジネス書らしからぬ仕立てとした点で同書は『チーズはどこへ消えた？』と類似点を持つが、奇しくも刊行月と初版部数が同じとなっている。

ロバート・キヨサキ＋シャロン・レクター『金持ち父さん、貧乏父さん』

『金持ち父さん　貧乏父さん』は製作を経て刊行に至る時期、アメリカで原著が売上げを急上昇させ、日本語の発売時にはミリオンセラーになっていた。これで筑摩書房の営業部も積極姿勢を強めたのである。本は発売直後から読者に支持され、配本から四日後には重版三万部が決まった。朝日新聞、日経新聞を皮切りに地方紙にまで新聞広告が出される。テレビもベストセラー書として取りあげ、多くの雑誌で紹介された。加えて、二〇〇一年一月には、共同通信が「話題の本」としてまとめた記事が全国の地方版に出て、これを機に勢いはさらに増した。そこから二月の前半にかけては、毎週一〇万部を増刷していくペースとなる。[*14] 四月には一〇〇万部を超え、一二月段階の累計は一二六万部へと至った。[*15]

この本の成功をみて筑摩書房はキヨサキ本をシリーズとして刊行していく。二〇一〇年の秋時点でその数は全二〇点、シリーズ累計三一七万部となった。[*16]

なお、自社出版物に独自のこだわりを持ち、それがブランドイメージとなっていた筑摩書房ゆえに、『金持ち父さん 貧乏父さん』は毀誉褒貶《きよほうへん》に晒《さら》されることもあったという。[*17] 本書筆者は中央公論社・中央公論新社に勤務していたので、その様相をいくぶん推測することができる。ベストセラーに毀誉褒貶はつきものだが、時には版元イメージとの整合性も問われてしまうのだ。「成功」は中長期的に見ればプラスだけではないとの論議もあり得てしまうのである。商業出版としての宿命と、ブランド力維持という宿命の二律背反だが、ただ、二律背反を背負えるというのは、出版人として不幸なことではないはずである。

モニターの感想を帯に

二〇〇一年は「ハリー・ポッター」の本がベストセラーリスト二位となった。このシリーズは以後も続き、二〇〇二年と二〇〇四年にはリスト首位を得たこともあり、シリーズ全像を対象に後述としたい。

他のベストセラーを見ていくと、二〇〇一年ではまず、創価学会・池田大作と幸福の科学・大川隆法の著書が突出した売れ行きを示している。両著者の書籍がベストセラーの常連を続けるのは、本章が扱う〇〇年代を通じて見られ、組織的な動きが背景にあろうが相当な継続力といえよう。

オグ・マンディーノの『十二番目の天使』（求龍堂）は、『チーズはどこへ消えた？』『金持ち父さん 貧乏父さん』同様、全米ベストセラーの翻訳出版で、日本でもよく売れた本である（同年リスト七位）。リトルリーグ・チームの監督と秘密を抱えた少年の物語で、生きる希望をなくした男が人生を取り戻していくのがテーマの小説であった。年間を通じてコンスタントに売れ続け、二〇〇二年三月には六六万部まで部数を伸ばしている。[*18] 発売前に読者モニターを募集し、その感想を本の帯に使ったことは、本の支持を広げるため一定の役割を果たしたといわれる。

二〇〇〇年来のベストセラー『話を聞かない男、地図が読めない女』は、ロングセラー化して二〇〇一年もリスト六位に入った。二〇〇二年三月段階で累計一九〇万部に達している。[*19] また、堀場製作所（の前身）を京都大学生時代に設立し、経営の実績を築いた堀場雅夫の『仕事ができる人 できない人』（三笠書房）が累計で八八万部へ達するヒットとなった。[*20] リスト九位である。

タレントの自伝本、飯島愛の『プラトニック・セックス』（小学館）はスキャンダラスな内容が話題を呼び、こちらはリスト八位。また高見広春による新書ノベルズ『バトル・ロワイアル』（太田出版）は一九九九年四月の刊行だが、二〇〇〇年一二月に映画公開（R－15指定）があり、それも背景に二〇〇一年になって売上げを伸ばした。同年のリスト一〇位となり、翌二〇〇二年も続伸して四月には一〇三万部へと至った。*21

『白い犬とワルツを』

これらが二〇〇一年の好売上げ書であるが、リスト外の本として、挙げておかねばならないものがある。ベストセラーは新規発行（一次生産）の書籍に起こる現象であって、二次生産物である文庫は対象ではないが、二〇〇一年には特異な経緯を辿って大ヒットに結びつけた文庫本があり、ベストセラー史の観点から興味ぶかいので例外的に採りあげる。

二〇〇一年の文庫売れ行き良好書のトップは、テリー・ケイ著、兼武進訳の小説『白い犬とワルツを』（新潮社）であった。孤独な老人と白い犬の交流を描いたメルヘンの話で、まさに〈大人の童話〉（版元のキャッチコピー）といえる。

この本は、〈これまでの文庫ベストセラーと完全に一線を画す、異例のヒット〉であった。一九九八年二月の発売で、入れ替わりのとりわけ早い文庫界では旧作の部類になる。版元の営業も通常、販売に力を入れる対象ではない。それが〈一書店の手書きPOPと仕掛け販売に端を発し、全国的な売れ行きに繋がった〉のだ。異例というのは主にこの経緯を指す。POP（ポップ）とは**point-of-purchase**の略で、「購買時点で」の意である。この場合は書店店頭で書籍を紹介する小広告で、手書きで作成するほうが親近感をもたらし目立つとされている。

『白い犬とワルツを』は、昭和堂（千葉県習志野市津田沼）の木下副店長が〈何度読んでも肌が粟立ちます。感動の一冊です！〉などと手書きしたＰＯＰをつくり、それを使って仕掛け販売を行ったところ、四、五、六月は同店文庫一位の売れ行きとなったのである。これを知った新潮社が当該ＰＯＰをそのまま印刷して全国の書店に配り、販売促進に使ってもらうようにした。この一件が話題性を呼んだ。朝日新聞やテレビで報道された結果、『白い犬とワルツを』は大きく伸び、二〇〇二年三月で累計一五〇万部に達した。〈そのほとんどが〇一年夏以降の積み上げ分である。既刊でも光の当てかたによって思わぬ売れかたをするという好例を示した〉のだった。[*22]

　単行本と文庫で単純比較はできにくいものの、部数だけからは、二〇〇一年のリスト四位になった『金持ち父さん　貧乏父さん』クラスの売れ行きだったことになる。

　一店舗の小さな取り組みが旧作に光を当て、全国的なベストセラーに導いたというのは多くの版元に注目され、研究もされて、類似の掘り起こし策が以後、試みられるようになる。編集上の工夫や積極宣伝、テレビのパブリシティ効果狙いなどの方法だけが、ヒット作を生み出すのではないことが示されたという意味で、『白い犬とワルツを』のミリオンセラー化は一種の事件であった。

テリー・ケイ『白い犬とワルツを』

　ただ、この一件で「カリスマ書店員」とされた木下副店長は、のち、「書店員推薦」を宣伝に利用する出版業界を批判して書店現場から離れている。[*23] そして、舞台となった津田沼の昭和堂は、「街の本屋」が成立しなくなった時代を象徴するかのごとく、二〇一八年九月一五日、閉店を迎えた。

「ハリー・ポッター」シリーズ

わが国ベストセラー史のうえで、二一世紀初頭の「ハリー・ポッター」シリーズほど目を奪われる現象は、滅多に見つかるものではない。まずは順を追ってその稀有《けう》なる実績を述べていこう。

ファンタジー児童文学「ハリー・ポッター」シリーズは、一九九七年、イギリスで原著第一作『ハリー・ポッターと賢者の石』が出版されたことにはじまる。初版はわずか五〇〇部。ごくひっそりした刊行だった。書き手はシングルマザーだったローリングで、全くの無名。イギリスで版元探しは、作家自身がおこなうというより、著作権代理事務所を通じるのが常道である。書き手はまず代理人事務所を見つけなくてはならない。「ハリー・ポッター」はその段階で没が繰り返された。〈売り込みの原稿にいいものなんてまずない。〔あるとしたら〕それはちょうど、干し草の山から針を一本見つけるレベルだ〉というのは、代理人クリストファー・リトルだが、そのリトルがようやく引き受けることになったのだ。[*24]

とはいえ、その後も原稿はなかなか日の目を見ない。イギリス中の大手出版社から全て断られたという。ネックになったのは作者が無名であることと、子どもが読む児童書にしては分量が多すぎるという点だった。出版にさいして費用を負担するのは出版社である。いわば出版社はリスクを負って本を出すのであって、回収の見込みがなければ話を進めることはできない。それはどこの国のどの出版社でも同じである。

それでも「ハリー・ポッター」は、代理人事務所の関係者をはじめ、読んだ者はみな面白いと認めていた。だから代理人は出版のために努力を惜しまなかったのだ。やがて一年がかりで、ロンドンの中堅版元ブルームズベリーからようやく出版機会を得る。それから先の急激な評価上昇と、世界的なベストセラー化はすでに著名な出来事となっている。五〇〇〇部ではじまった「ハリー・ポッター」シリーズは、刊行二〇年を経て世界中に行きわたり、一〇〇〇万倍にあたる五億部へ達したといわれている。

日本版の刊行はこちらも無名の小出版社・静山社がおこなった。社長の松岡佑子が熱意で版権を獲得し、自ら翻訳を手がけて一九九九年一二月一日に『ハリー・ポッターと賢者の石』の刊行に至らせた。〈事前の露出と版元の営業活動、そして取次と書店の協力がタイミングよく嚙み合って読者に浸透、一二月単月で刷り部数二八万部という、驚異的なセールスを記録した〉のである。「ブックサポートシステム」（出版社や取次などを定年退職した者がスタッフの営業代行会社）の助力も成功の陰にあるといわれている。

第二巻『ハリー・ポッターと秘密の部屋』は翌二〇〇〇年九月一四日の刊行で、第一巻の人気を受けて書店からの事前注文が四〇万部にのぼった。同年末までに第一巻は一三〇万部、第二巻は九五万部へと達する。〈一巻と二巻の売れ行きに大差がないのは希有なケース〉であって、シリーズの勢いはかなりの水準であることが察せられた。本体価格が一九〇〇円にして厚い本であるにもかかわらず、この成果を見せたのである。[*25]

J・K・ローリング『ハリー・ポッターと炎のゴブレット』（上）

【二〇〇二年】初版二三〇万部

二〇〇一年七月一八日に刊行された第三巻『ハリー・ポッターとアズカバンの囚人』はさらに強い初速で、発売一〇日でミリオンセラーに到達するという偉業を成し遂げた。同年末の累計部数は第一巻が四一六万部、第二巻が二八八万部、第三巻が二四〇万部に至り、同シリーズは二〇〇一年の一年間で計七二〇万部、販売金額は一三七億円を記録した。

二〇〇一年の書籍界では、推定販売部数に比べて推定販売金額のマイナス幅が小さいという、奇妙な現象が起きた。〈書籍の出回り平均価格一二〇六円より約七〇〇円高い、『ハリー・ポッター』シリーズ（既刊三巻、各一九〇〇円）の大ヒットの影響〉は明らかである。ただしそれでも、二〇〇一年の販売金額は五年連続の前年割れで、一九九一年のレベルまで戻っている。[*26]「ハリー・ポッター」など一部の驚異的ベストセラーが出たものの、停滞としかいいようのないのが二一世紀はじまりの年であった。

続く二〇〇二年（平成一四）、ベストセラーリスト一位はついにこのシリーズが得る。同年一〇月二三日、第四巻『ハリー・ポッターと炎のゴブレット』が上下巻にて刊行されると、すでに社会現象化していた事情を背景に、この新作にも人気が集まった。そのため出版史上の驚くべき出来事が起きている。初版が二三〇万部に設定され、書籍の初版部数記録を大幅に塗り替えたのである。セット販売（分売不可）で本体価格は三八〇〇円の本となるが、それでもこの途轍もない部数が可能だった。そのうえで販売条件は「事前注文制・買切」とされた。確実に捌《さば》ける見込みがないと成立しない方策である。大量の部数ながら、同書はそれを打ち出すことができたわけだ。[*27]

実際、初版部数はすぐに捌《は》けて、版元には追加注文が殺到する事態となった。一一月までに一二〇万部の増刷がおこなわれ、加えて、既刊三巻も重版により部数の上乗せがなされた。〈各巻の累計発行部数は第一巻五〇六万部、第二巻四三三万部、第三巻三六五万部、第四巻三五〇万部、総計で一六五四万部に達した。このうち二〇〇二年だけでは七一〇万部となる〉という、まさに「魔法のような」現象が引き起こされたのだ。[*28]書店も特別態勢で発売に臨んだ。〈発売解禁が午前五時とあって、多くの書店で早朝販売を実施。待ちかねた読者が開店前に列を作る光景も見られた〉のである。[*29]

これら前代未聞の事態には、映画『ハリー・ポッターと賢者の石』のヒットも背景にあった。作品の映像化と本のベストセラーは関係が深いことはこれまでも例示しているが、「ハリー・ポッター」は桁違いの規模になった。それに合わせて新作が次々投入される。新規読者が拡大し、それがベストセラーをさらに巨大化させていった。

英語「勉強し直し」本と日本語本のヒット

ハリー・ポッターの大旋風が出版界を仰天させた二〇〇二年で、他のベストセラーを見ていくと次の本が挙がる。

向山淳子、向山貴彦他著『ビッグ・ファット・キャット の世界一簡単な英語の本』は幻冬舎から二〇〇一年一二月に刊行された。英語の勉強し直し本といえるが、一度英語に挫折した者でも取り組みやすい方法を伝授し、〈英語は話せるようになりたいが苦労（努力）はしたくない、という読者に応えて大ヒットした〉。文法用語を使わない説明や、イラストを多用しビジュアル化をはかった点もヒットに繋がった。一年で累計一三五万部へと達し、リスト二位になっている。[*30]加えて同年は、『ビッグ・ファット・キャットとマスタードパイ』『ビッグ・ファット・キャット、街へ行く』と続刊も好調な伸びを示した。

苦労せず英語が話せるようになりたいという要望に応えた本としては、『ベラベラブックvol.1』（ぴあ）、『ベラベラブック－2』（マガジンハウス）のヒットも、二〇〇二から二〇〇三年にかけて出版で目立つ出来事といえる。テレビ番組の派生本であり、〈日本人が得意な丸暗記学習法と、口語的な日常会話の表現が生きた英語をイメージさせて〉好評を得た。典型的なテレセラーである。二〇〇二年四月刊行の『ベラベラブックvol.1』は年末に一〇〇万部を突破し、[*31]同年のベストセラーリスト六位、続刊の『ベラベラブック－2』（二〇〇二年一一月刊）は翌二〇〇三年のリスト四位と、連続して一〇位以内に入った。

二〇〇二年は日本語関連書にもベストセラーが相次ぐ。二〇〇一年九月に刊行された齋藤孝『声に出して読みたい日本語』（草思社）がロングで売上げを伸ばし、二〇〇二年のリスト四位入りを果たした。この書籍は日本語本人気のきっかけをつくったといわれる。身近な三五一の言葉の語源を示し、日本語の歴史と面白さを紹介した柴田武『常識として知っておきたい日本語』（幻冬舎）がリスト一〇位に入ったほか、ブームをリードした齋藤孝自身の本も、二〇〇二年七月刊行の続編が翌二〇〇三年三月時点で二五万部に達する伸びを示した。なお『声に出して読みたい日本語』は、発売一年半を経過した同時点で、累計一四二万部に至っている。これらを中心に「日本語関連書がヒットした」わけだが、〈大量に刊行された関連書の切り口は、読み物や言語論、ビジネス書など様々。「日本語」が〇二年ヒット作の一つのキーワードであり、タイトルに冠していると売りやすかったという側面があった〉との内実は、指摘しておかねばならない。[*32]

日本語関連書は中高年層によく売れたといわれる。ただし、一ジャンルにとどまらず、二〇〇二年は書籍全般で熟年読者が活発に動いた年だった。とりわけ、老境に達した書き手が「老い」を積極的に捉え、本音で生きる本を、中高年読者が支持してヒット作へと押しあげる構図ができた。若者が書籍の部数を中心的に引っ張る時代は遠ざかり、ベストセラーをもたらす重要な読者層として中高年が浮上してきたのだ。本章ですでに触れた通り、これは二一世紀を特徴づける現象で、二〇一七年に佐藤愛子『九十歳。何がめでたい』がトップセラーとなった例を挙げるまでもなく、一貫して見られるものとなった。かつて「若者」だった団塊の世代が熟年に達してそのまま中心読者層にスライドしている様相もあり、結局は中心読者が入れ替わっていないという問題もあるわけで、出版の構造的苦境がもたらした現象といえなくはない。

それはともかく、二〇〇二年は、九〇歳の現役医師・日野原重明の『生きかた上手』(ユーリーグ)が一二〇万部のミリオンセラーとなり、東京都知事・石原慎太郎の『老いてこそ人生』(幻冬舎)も六九万部となって、リストの三位と九位につけた。ともに熟年のエッセイを中高年が支持し、よく売れたことが特徴的である。『生きかた上手』のヒットもあってこの年、日野原の本は次々と刊行され、「日野原コーナー」を設置する書店も続出した。[*33]

人種の割合や富の偏在などの現状を、統計をもとに一〇〇人の村にたとえることで説明した異色の本、池田香代子著、C・ダグラス・ラミス訳の『世界がもし100人の村だったら』（マガジンハウス）も、リスト五位に入った二〇〇二年のベストセラー書である。元々はeメールで世界中に広がっていた、〈インターネットによるフォークロア（民話）〉（版元の紹介文より）であって、絵と英文対訳を付けて六四頁の本にまとめられた。二〇〇一年一二月の刊行まもなく話題になって、同年一〇月二七日の朝日新聞「天声人語」で紹介されるほか、テレビなどでも取りあげられて、そのたびに部数は続伸、発売二か月でミリオンセラーに到達した。同じ切り口（さまざまな統計データを一〇〇人の村にたとえる）で日本の問題を取りあげた『日本村100人の仲間たち』（日本文芸社）が登場し、こちらも好評を得て、二〇〇二年に三五万部へと至っている。[*34]

【二〇〇三年】『世界の中心で、愛をさけぶ』

国民各層にまんべんなく売れた「ハリー・ポッター」などは別として、ベストセラー産生を導く中心読者層が中高年へスライドしていく現象は二一世紀に顕著となり、教養新書ブームも実はそこが背景にあると考えられる。ベストセラーが出るのは好ましいにしても、出版が若手に牽引されない事態は見過ごせない。前記したように、好奇心や知識欲が旺盛な若い世代はかつて、最も強力な読者層だった。その若者をめぐる環境の変化について、たとえば出版科学研究所は、出版の将来に結びつけて次のように憂慮を示している。

〈若者の人口の減少、そして彼らの雇用状況が不安定で、収入も伸び悩んでいるという構造的な影響は相当なものと考えられる。また、多チャンネル化が進むテレビ、普及したインターネットや携帯電話など新しいメディアに時間が奪われていることも一因だろう。書籍・雑誌は自ら求め、その都度対価を払うパーソナルなメディア。1カ月まとめて使用料を払うテレビ、新聞、インターネット、携帯電話などとは違うシビアさがある。[*35]〉

若者が出版物に関心を持たなくなる理由が列記されていくが、若年層の状況は出版の未来に厳しい認識を生まざるを得ない。〈シビア〉な時代が来たというわけだが、ただし二〇〇三年（平成一五）は、必ずしも熟年読者向けとはいえない本がいくつもベストセラーになっている。

二〇〇三年には二つの突出したベストセラーが誕生した。一点は『バカの壁』で既述している（二八二頁）。もう一点は片山恭一の恋愛小説『世界の中心で、愛をさけぶ』である。

片山恭一『世界の中心で、愛をさけぶ』

『世界の中心で、愛をさけぶ』は二〇〇一年四月に小学館より刊行された。著者片山恭一は愛媛県宇和島市出身、九州大学で農業経済学を学んだ。作家をめざして大学院を中退、『文學界』（文藝春秋）の新人賞を受賞するものの、不遇期間は長かった。デビューから一〇年近くが経ち、持ち込みから最初の単行本『きみの知らないところで世界は動く』（新潮社、一九九五年）を刊行した。続けて一九九七年には、単行本第二作『ジョン・レノンを信じるな』（角川書店）を出すが、第一作とともに部数は伸びなかった。新人にはチャンスが与えられる。しかしそれをものにすることができなかったら、対応は冷酷になる。どの時代、どこの国でも出版界はそうである。版元はリスクを背負って本を刊行するわけで、利益を得ないと商業出版は成り立たない。片山もその後は本の出る可能性がなくなっていた。

ただし一方、出版界は広いのである。さまざまな人間がさまざまな関心をもとに仕事をしている。また、出版社側に特別な事情が生じて、そこから縁が発生する場合もあり得る。一九九七年頃、文芸部門を立ち上げたばかりの小学館は、作家を探していた。同社出版局の菅原朝也副編集長は『きみの知らないところで世界は動く』を読んでおり、作品に好感を持っていた。縁が生まれ、育ちはじめる。菅原が作者の片山に連絡を入れたところ、未発表の原稿があるという。そこで送ってもらったのが、『世界の中心で、愛をさけぶ』の元になる作品だった。[*36]

原稿は編集の要請で、抜本的な構成の改訂も含む四度にわたる改稿がおこなわれた。それに応じた片山も、丁寧に指摘を出した編集もかなりの労力だったろうが、それは報われたのだ。前二作が不振だった作家の次作であって、社内の反応は厳しく難産だったが、それを超えて二〇〇一年の四月にようやく本は刊行された。初版は当初六〇〇〇部。これに不満を持った担当編集の石川和男が自ら書店を回り、文芸担当の書店員にゲラを読んでもらってその好感度を社内に伝えることで、二〇〇〇部が上乗せされて八〇〇〇部となった。刊行されると、四か月経って二〇〇〇部が重版となり、一年後さらに二〇〇〇部が重版となった。のちの部数を考えるときわめて地味な売れ方だったが、本はコツコツと持続的に動いていたのである。[*37] これは版元が自社広告（女性誌上）にこの本を扱い続け、また書店員の手書きＰＯＰを販売促進のために使うなどの展開を続けた成果でもある。そうした取り組みが、ある時点で本の評価を一変させる。

女優の柴咲コウが『ダ・ヴィンチ』の二〇〇二年四月号（三月刊）に「おすすめの本」として同書を紹介、そのコメントから抜粋されたコピー、〈泣きながら一気に読みました。私もこれからこんな恋愛をしてみたいなって思いました〉が本の帯に採用されて話題を呼んだ。読者カードの戻りは一〇歳代から二〇歳代の女性が多かったという。回想形式の物語、若き恋、ヒロインの運命的な死、残された者の過去を追想する旅、といった青春純愛小説の人気パターンを取り入れたところが、作品への親しみを加速させる。

本が本格的に動き出したのは二〇〇三年に入ってから。一月に四〇〇〇部、二月に八〇〇〇、三月に四万五〇〇〇、四月は二万五〇〇〇、五月は五万という重版ペースになった。[*38]動き出すと評判が評判を呼び、自働的に伸びていくのはベストセラーの特徴である。著者片山はのち、月に一〇万部ずつ増刷していた時期について、〈もうこうなると、自分の手を離れた現象になっているという感じが強いですね〉と、『ダ・ヴィンチ』でコメントしている。[*39]『世界の中心で、愛をさけぶ』は一気に部数を積み重ね、同年一二月末時点で一四一万部へと達した。[*40]ミリオンセラーになったのだ。

『世界の中心で、愛をさけぶ』は二〇〇四年に東宝で映画化され、こちらも大ヒットして、本のさらなる売上げに寄与した。映画公開後に三〇〇万部を突破、「セカチュー」と略されて流行語にもなった。二〇一四年一〇月に出版科学研究所がおこなった戦後のベストセラー調査で、同書は全体の一三位に入っており、この時点で三二一万部へ達している（四七一頁参照）。

刊行後二年経っての急伸がここまでの部数的成果を成した。前述した『白い犬とワルツを』もそうだが、新刊ばかりでなく既刊の旧作にも、何かのきっかけで大ベストセラーになる本は埋もれているはずだ。それが見出され、世に押し出されていくためには、いくつかの地味な取り組みと、いくつかのきっかけの重なりが必要ではあるけれども。

SMAP本の成功

二大ベストセラーに続く二〇〇三年のリスト三位は『トリビアの泉 ～へぇの本（1～4）』（講談社）である。人生にあまり必要のない雑学的な事柄や知識（＝トリビア）を品評する人気テレビ番組から生まれた本で、同年六月に一、二巻が同時発売されて一か月で第一巻が三〇万部、二巻二八万部に達する売れ行きとなった。九月に第三巻、一一月に第四巻も発売され、年内一～四巻合計二〇〇万部を突破している。ベストセラー現象に因縁浅からぬテレセラーの力によるものだ。同書シリーズのヒットで、二〇〇三年は「トリビア」や「へぇ」をタイトルに冠した書籍の出版が相次ぎ、『へぇ～!!! おもいっきりトリビア』（西新社）など二〇点にのぼった。[*41]

テレビで人気絶頂のSMAP・木村拓哉によるフォト・エッセイ集『開放区』（集英社）は、雑誌『Myojo』連載のエッセイに写真を加えたもので、「キムタク」の素顔が見える本として好評を得て、五〇万部に達した。[*42] 上記『トリビアの泉 ～へぇの本』、昨年来の『ベラベラブック』に続き、二〇〇三年のベストセラーリスト五位となっている。『バカの壁』『セカチュー』のあとテレセラーが三点連続したわけだ。

またこの年、SMAP・香取慎吾が挑んだ減量の記録『ダイエットSHINGO』(マガジンハウス)が九月に刊行され、部数を伸ばし同九位に入った。〈「あのアイドル・香取慎吾が、苦しい条件下でダイエットに励み、成功したドキュメント」が、ファンや、ダイエットに興味を持つ読者に強力アピール。発売数カ月で累計五〇万部を突破した。同書には、ダイエット前後の香取慎吾の全身写真が袋とじでついており、これも購買意欲を大いにそそった要因だった〉と『出版指標年報』は指摘している。[*43]

二〇〇三年は北朝鮮問題が国民の関心を高めた。リスト八位を得た『マンガ金正日入門』(飛鳥新社)は、五年前韓国で刊行され、発禁処分になった本が元となっており、日本版ではこれに日本人拉致問題や核の問題などを加筆している。〈北朝鮮の実態が漫画によって分かりやすく描かれており、メディアでの反響も高く、読者の興味を誘った〉ことで、五三万部を突破した。

またこの年、リスト一〇位に入ったのは、男女が理解しあえない理由を示した『嘘つき男と泣き虫女』(主婦の友社)だった。累計二〇〇万部を超えた『話を聞かない男、地図が読めない女』と同著者の続編で、二〇〇三年一月に刊行され同年四四万部へ至っている。[*44]

なお同年、池田大作、大川隆法の宗教関連書の部数的な強さは相変わらずである。

【二〇〇四年】ミリオンセラー小説の続出

二〇〇三年は『バカの壁』『世界の中心で、愛をさけぶ』とメガセラーが二点生み出された(最終的には三〇〇万部、四〇〇万部級である)。続く二〇〇四年(平成一六)はミリオンクラスの点数が増え、しかも『バカの壁』（同年のリスト三位）を除くと小説であって、文芸書の好調ぶりによって特徴づけられる一年となった。
文芸書ミリオンセラーはまず、「ハリー・ポッター」シリーズの第五巻『ハリー・ポッターと不死鳥の騎士団』（上・下）が挙げられる。九月一日に、第四巻の二三〇万部を超える初版二九〇万セットで刊行された。もちろん出版史上最多の初版部数である。版元は買い切り扱いで注文部数を満数配本し、返品は五％までとした。この上下セット本だけで一一六億円の販売効果があり、あらゆる点で出版史の歴史的な出来事といえよう。ベストセラーリストで文句なく首位となった。[*45]
そして前年からさらに部数を伸ばした『世界の中心で、愛をさけぶ』がある（同年のリスト二位）。前年のミリオンセラーに加え、二〇〇四年も期間内（前年一二月から当年一一月まで）二二〇万部という記録的な数字であった。さらに「セカチュー」と同じ純愛小説で、同じ版元（小学館）から出た市川拓司『いま、会いにゆきます』が、映画公開の影響もあって一二月に累計一〇〇万部へ到達した（同九位）。[*46]
なお、二〇〇四年の文芸小説は純愛路線が売れ筋を決定づけたといってよく、たとえば、韓流ものドラマのノベライズ本『冬のソナタ』（キム・ウニ＋ユン・ウンギョン著、上・下巻）もこの路線の本としてヒット作に連なっている。ネット掲示板に書き込まれた青年の恋愛話をもとに、スレッドを整理・書籍化した中野独人『電車男』（新潮社）も純愛風であった。『冬のソナタ』『電車男』はともに同年のベストセラーリストで一六位、一八位となり、『電車男』はさらに伸びて翌二〇〇五年にはリスト七位に登っている。
二〇〇四年の文芸書ミリオンセラーの紹介に戻ると、アレックス・ロビラ＋フェルナンド・トリアス・デ・ベス著、田内志文訳の『Good Luck』がある。一一九頁の薄手の本で、六月にポプラ社から刊行された。版元は〈刊行に当たって入念なリサーチを繰り返し、社を挙げて「売れる本作り」を徹底的に推し進めての大ヒット。広告も大きく打ち、定価も一〇〇〇円と手軽で、自己啓発寓話として読まれた〉のだった。[*47] 期間内に一三四万部へと達し、同年のリスト四位となる。
綿矢りさ『蹴りたい背中』（河出書房新社）は、年頭の芥川賞受賞作。『蛇にピアス』で同時受賞した金原ひとみとともに、作者の綿矢が〈史上最年少美少女コンビ〉とテレビをはじめとしたメディアで騒がれ、話題性を大きくした。若い女性芥川賞作家二人はテレビ映えすることもあって、繰り返し取りあげられ、それもあって『蹴りたい背中』は、受賞後二か月で九〇万部を増刷、三月には一〇〇万部を突破し、年内に累計一二七万部へ達してリスト五位となった。『蛇にピアス』のほうも、同五三万部に至り、リスト一四位に入っている。[*48]
これらのミリオンセラーの特徴は、多メディアでの露出と強い関連性を持っている。とりわけテレビで繰り返し紹介されることの影響は大きく、また映画化は絶大な波及効果を生んだ。〈テレビなどの映像メディアは若者層、新聞広告は中高年層を中心に、非常に強い訴求力を持っていることが改めて証明されたともいえる〉のが、これら文芸書のミリオンセラー化現象から導かれる。メディアで紹介される本に読者の購買行動が集中したわけで、一方、〈マスメディアで紹介される機会を得られなかった本は、埋没してしまうということでもあった〉のだ。[*49]

大ヒットの成果から文芸書は前年を二割以上上回る好成績となった。とはいえ、読者の関心も取次や書店の対応も、一部の売れている本に集中する傾向が出ていたのも確かである。そこに危うさが含まれているのはいうまでもない。二〇〇四年の文芸書界はパブリシティに後押しされて異例のヒット量産となったが、同時に深刻な二極化を招いている状況について、『出版指標月報』は次のように指摘している。

〈売れ行き良好書はいずれも部数レベルが高く、長期間にわたって売れ続けるタイトルが多かった。これは、ヒット作品が①映画やテレビドラマの原作になり、②マスコミによって宣伝され、③店頭のポップや帯などでも宣伝される、という複数のパブリシティ効果を得たことが大きい。逆に言えば、ベストセラーはどんどん売れていくが、パブリシティのない文芸書の売れ行きは鈍い、という二極化が進行したことになる。これは数年来の傾向だが、〇四年は特にこの動きが顕著であった。[*50]〉

職業ガイド『13歳のハローワーク』

二〇〇四年は「励まし本」といわれる系統が、若い女性の間で好評となる。すでに二〇〇三年、二六歳の女性エッセイスト・浅見帆帆子《ほほこ》の『あなたは絶対！運がいい』（グラフ社、二〇〇一年八月刊）が三〇万部を突破し、『大丈夫！うまくいくから』（幻冬舎）などが人気を得ていた。これらが発する「シンプルで前向きなメッセージ」が、若年層から年長者まで幅広い女性に受けたのである。浅見書は著者自身が手がけたほのぼのした装幀も話題を呼んだ。[*51]

「励まし本」の潮流は二〇〇四年に拡大し、さまざまなタイプの本が注目される。そのなかで最も売れ行きがよかったのは、リスト八位、上大岡トメの『キッパリ！ たった5分間で自分を変える方法』（幻冬舎）である。文章のほか四コマ漫画も用いながら、「自分を変える60の方法」を紹介した本だった。「脱いだ靴は、そろえる」、「鏡の前で、5分間笑う」など、シンプルで取りかかりやすいことばかりなのが、好評を得た大きな理由といわれ、発売一か月で二五万部、二〇〇四年に累計で八五万部へと達する。二〇〇五年一月には一〇〇万部を突破している。[*52]

一九九〇年代から終身雇用や年功賃金といった日本的雇用制は崩壊の途を辿っていたが、二一世紀はリストラ・転職があたり前となった。派遣やアルバイト、パートタイマーなど正社員以外の就労形態も広がってきた。その結果、人びとの働くことへの意識も変わったのである。それと歩を合わせるように、若年層の労働状況も変化をきたした。**Not in Education, Employment, or Training**（職に就いておらず、学校に所属せず、就労活動をしていない一五〜三四歳の未婚の者）を指す略称「ニート」の存在が社会問題化しはじめてもいた。こうした事情を背景に、若者の間で、「仕事」に関連した本への関心が高まった。中学生に向けて五一四種の職業を紹介した村上龍の『13歳のハローワーク』（幻冬舎、二〇〇三年一二月刊）がヒットした背景がそこにある。職業ガイド『13歳のハローワーク』は、二七三〇円と高価な本ながら、大人にも読まれることで伸長し、累計一〇〇万部を突破した。[*53] 二〇〇四年のベストセラーリストで六位となっている。

新書界では同時期、養老孟司の本が「脳」ブームを開拓していたが、単行本でも二〇〇四年、脳関連書に大きなヒットが出た。くもん出版から出版された川島隆太の二著、『川島隆太教授の脳を鍛える大人の音読ドリル——名作音読・漢字書き取り60日』と『川島隆太教授の 脳を鍛える大人の計算ドリル——単純計算60日』である。ともに二〇〇三年一一月、初版二万六〇〇〇部で刊行された。「読み・書き・計算」の単純な問題をこなすことから脳を活性化させるという狙いの本で、ボケ防止に役立つということもあって、中高年層に広く受け入れられ、二〇〇五年二月には二書とも一〇〇万部を超えた。関連商品も発売されて、こちらもヒットしている。[*54]

二〇〇四年は教養新書、文芸書ばかりか、さまざまなジャンルでミリオンセラー書（達成は後年も含む）が続出しており、ベストセラー史のうえでも話題に事欠かない一年となった。

【二〇〇五年】ネット発のベストセラー

続く二〇〇五年（平成一七）は、第六章で既述した通り、教養新書から『頭がいい人、悪い人の話し方』『さおだけ屋はなぜ潰れないのか?』という二点のミリオンセラーが生み出され、全体の底上げに繋がる市場規模の拡大が起きて、「新書ブーム」がはっきりした年である。

ここではそれ以外の好調書を見ていくことにしよう。

創価学会・池田大作と幸福の科学・大川隆法の本は毎年のようにベストセラーリストの上位にあるが、二〇〇五年も前者の『新・人間革命（14）』（聖教新聞社）、後者の『神秘の法——次元の壁を超えて』（幸福の科学出版）が、厚い支持層を背景に売れ筋本となる（リスト四位、八位）。また創価学会名誉会長夫人が初めて自らの半世記を綴った『香峯子抄』（主婦の友社）が、発売ひと月で一二〇万部を記録する勢いを見せた（リスト一二位）。[*55]

二〇〇五年の特徴として、インターネット発のベストセラーが目につく。昨年から好調となっていた『電車男』が映画化、舞台化、そして漫画化され、それぞれ話題を集めた。またテレビドラマとなって高視聴率を得る。これらは本の売上げに波及効果が絶大だった。二〇〇四年一〇月に初版二万部で刊行された同書は、二〇〇五年六月、累計で一〇〇万部を突破、同年のベストセラーリスト七位に入っている。[*56]

ネット発ということでは、ブログの人気コンテンツを書籍化した『生協の白石さん』（講談社）も評判が上々となった。同書は、東京農工大学生協職員の白石昌則と、同大学生が「ひとことカード」で交わすやり取りを収めた本である。二〇〇五年一一月に初版三万部で刊行され、一二月末には八五万部へと部数を急伸させている。[*57]

Yoshi『「もっと、生きたい…」』（スターツ出版）もネット発の本である。オンラインコンテンツに掲載された小説を書籍化したもので、二〇〇五年によく売れた。**Yoshi**はすでに二〇〇四年、「過激な純愛物語」、**Deep Love**シリーズ（スターツ出版）をヒットさせていたが、その勢いを引き継いで、新刊『「もっと、生きたい…」』（二〇〇四年一二月刊）をこの年、累計八〇万部へと売り伸ばしたのである。同書はリスト六位に入る成果を見せている。そのほか、『恋バナ』（スターツ出版）もネット発の**Yoshi**小説本で、青版と赤版があり、それぞれ五七万部に達した。[*58]これらの成功は「ネット発の本も侮れない」との認識を出版界に広め、ケータイ小説のヒットへ繋がっていく。

ポケットサイズ書とワンコイン本

このほか二〇〇五年では、岡村久道＋鈴木正朝『これだけは知っておきたい 個人情報保護』（日本経済新聞社）、北原保雄編著『問題な日本語――どこがおかしい？ 何がおかしい？』（大修館書店）、門昌央《かどあきお》と人生の達人研究会編『ワルの知恵本――マジメすぎるあなたに贈る世渡りの極意』（河出書房新社）が、リスト一〇位内に入った本である（それぞれ五位、九位、一〇位）。

個人情報保護法の施行を前に、二〇〇五年は個人情報保護関連書が九五点も刊行されたが、『これだけは知っておきたい 個人情報保護』はそのなかで最も売れた本。タテ一八センチ、七五頁のポケットサイズで、書籍というよりリーフレットといったほうがふさわしい。必要な知識をできるだけコンパクトにまとめたもので、その手軽さが受けた。企業が社員教育用に一括採用するなどもあり、八三万部まで伸びている。[*59]

『問題な日本語』は、しばしば使われがちながら誤用といえる日本語表現を取りあげ、どうして誤りが起きたのかとともに、どのように使えばよいかを説明した本である。『明鏡国語辞典』の編者・編集委員による分かりやすい解説が好評を博した。

『ワルの知恵本』はアクの強い処世術を綴っている。個性的な表紙とペーパーバックのような気軽な装幀、そして五〇〇円（ワンコイン本）というとびきりの廉価設定は、ヒットをもたらした要因といえよう。年間を通じて売れ続け、年内に六九万部まで至っている。この本の成功で、二〇〇五年は「ワルの～」と冠した本や、ワンコイン価格設定本が多数出版された。[*60]

【二〇〇六年】『東京タワー』

バブル崩壊による一九九〇年代の不況のあと、日本は二一世紀になって、経済を回復させていた。景気動向指数などを見れば、二〇〇二年二月から景気回復は続いており、二〇〇六年（平成一八）で五年目を迎える。戦後日本で長期好況の指標となるのは高度経済成長期さなかの「いざなぎ景気」で、一九六五年（昭和四〇）一一月にはじまり一九七〇年七月まで四年九か月にわたって持続した。〇〇年代の景気回復局面は二〇〇六年で「いざなぎ」を超えたわけで、同時点で戦後最長となった（結局、二〇〇八年二月まで六年一か月に及ぶ）。

ところが出版界はこの恩恵を受けず仕舞いだった。二〇〇六年の出版物（書籍・雑誌）の推定販売金額は前年割れで、低迷のなかにいたのである。とりわけ雑誌の落ち込みは大きい。ただし書籍は市場規模を維持しており、また、〇〇年代の出版状況に一貫するごとく、大部数作が登場して目を奪う席捲現象も生じていた。ミリオンセラーが続出し、また、教養新書の「ブーム」はこの年がピークである。

同年のトップセラーは教養新書の『国家の品格』で、二位は「ハリー・ポッター」の第六巻『ハリー・ポッターと謎のプリンス』（上・下）。「ハリポタ」旋風は止まっていない。第六巻はセット定価が三九九〇円だが、初版二〇〇万部のスタートとなった。第四巻、第五巻には及ばないが、それでも驚異的というべき部数である。『謎のプリンス』はのち五万部を増刷して計二〇五万部となり、この一点で〈マーケットは七八億円持ち上がった〉[*61]。

これに続くリスト三位は、リリー・フランキーの『東京タワー――オカンとボクと、時々、オトン』である。著者はイラストレーター、アートディレクター、デザイナー、作詞・作曲家、構成・演出家などさまざまな顔を持つマルチタレント。『東京タワー』は初の長編小説で、亡き母と自身の半生を描いている。雑誌『en-taxi』に連載されたのち、二〇〇五年六月二九日、扶桑社より発売された。装幀もリリー本人がおこなっている。本を大事に扱ってもらうために、「汚れやすい白い表紙と壊れやすい金の縁取り」にしたといい、そのためかえって他の本との差異化が生じ、書店店頭で目立つ存在となった。

初版部数は三万と高めだったが、まもなく好評が好評を呼んで部数が伸び、半年でミリオンセラーに達する勢いとなった。二〇〇五年すでにリスト一一位であり、翌二〇〇六年も好調を維持する。テレビドラマ化があり、映画化の企画も進んで話題性がますます高まった点は見逃せない。それに加えて、第三回本屋大賞受賞（同年四月五日）は続伸の決定的な契機となった。

文学賞の受賞作がよく売れるという現象は、本書でも村上龍『限りなく透明に近いブルー』や、綿矢りさ『蹴りたい背中』（ともに芥川賞受賞）などの例を紹介している。芥川賞は直木賞とともに、歴史的な存在として文学・出版関係者を超えて名が知られており、受賞作はベストセラーに結びつきやすい。

伝統的な芥川・直木賞に対し、二一世紀に登場して、ベストセラー史とも深い関わりを持つようになった賞に本屋大賞がある。書店員の投票によって受賞作が決定される異色の賞で、出版社が主催し作家や文学者が選考する「権威性」は希薄である。こうした賞が人びとの共感を得、支持を獲得したのは、ヨコに広がるフラットな情報流通・人間関係を基にしたネット社会の進展が背後にあると考えられる。

本屋大賞は二〇〇四年にはじまり、受賞作を次々ヒットさせた。第一回受賞作『博士の愛した数式』（小川洋子、新潮社）は五〇万部を超え、第二回受賞作『夜のピクニック』（恩田陸、同）も話題を呼び映画化を果たしている。これらの実績のうえで、第三回受賞作『東京タワー』にも注目が集まった。同書はすでにミリオンセラーとなっていたが、受賞も機縁になって部数を積み上げ、二〇〇万部へと至らせたのである。[*62]

ケータイ小説の登場

インターネットと書籍出版の関係は、ネットコンテンツの書籍化が部数的成功作を生みはじめた事情に触れることで、ベストセラー史の観点から本書はすでに扱っている。『生協の白石さん』や『電車男』などのベストセラー書が登場して、出版界はネットコンテンツに注目していた。とはいえ、両作はノンフィクションである。

フィクションジャンルとしてはYoshiの作品を取りあげたが（三四三頁）、二〇〇六年になって、別の系統からネット発の小説本が登場した。スターツ出版から刊行された美嘉『恋空』は、携帯Ｗｅｂサイト「魔法のｉらんど」に掲載された物語を書籍化したもの。若い女性向け「ノンフィクション風恋愛小説」として、二〇〇六年一〇月に上下巻で売り出される。初版は各一五万部で即重版が掛かった。同じスターツ出版のChaco『天使がくれたもの』（二〇〇五年一〇月刊）も二〇〇六年には三七万部へと至っている。[63]

ネット発の重要なフィクションジャンルとして、ケータイ小説が登場していく過程を見ると、二〇〇二年一二月にはじまったYoshiのDeep Loveシリーズ（スターツ出版）が起点だといえる。当初は「Yoshiひとりの現象」と捉えられ、出版界は模様眺めであった。その後、スターツ出版がChaco、美嘉など新人作家を発掘、新刊を世に送り次々とヒットさせ、この成功で、ケータイ小説は文芸書の売れ筋として認知されるようになる。

この流れを受けて、いくつかの出版社がケータイ小説の参入に本腰を入れるようになり、出版点数は増えてくる。その結果、二〇〇六年は、ネット発の書籍がノンフィクション系から小説系へとシフトしていった。ケータイ小説を刊行している主な出版社は、二〇〇七年一月段階でスターツ出版、双葉社、講談社、ゴマブックス、大洋図書、竹書房、小学館などと広がっていた。

ケータイ小説の主要読者が女性なのは確かであるが、中高生が全体のおよそ一八％、大学生から二〇歳代が同二六％、三〇歳から五五歳までも同二七％を占めている。また、全体の四分の一は男性である。[64]こうした数字を見ると、読者は比較的幅広い。女子中学生・女子高校生に偏った小説カテゴリーという、しばしばなされた見方も、一定の修正が必要であろう。

書写もののヒット『えんぴつで奥の細道』

二〇〇六年の特徴としてもう一つ、書写ものがジャンルとしても大きく伸びたことが挙げられる。牽引役となったのは大迫閑歩書、伊藤洋監修『えんぴつで奥の細道』（ポプラ社）であった。

二〇〇六年一月に初版八〇〇〇部で刊行。テレビでの紹介を機に売上げを伸ばし、同年に九二万部まで達した。〈中身は、手書き文字で薄く印刷された芭蕉の名文を、鉛筆でなぞり書きしていくというもの。近年の脳活性化ブームも追い風となって、中高年層を中心に支持を集めた〉のである。[*65] 同年のベストセラーリストで四位を得た。

書写ものがすでに二〇〇五年、書籍の小ジャンルとなっていた様子は、同年に六四点の新刊が刊行されていたことでもわかる。翌二〇〇六年になると、『えんぴつで奥の細道』のヒットもあって、点数は一三一へ急増した。そのなかで比較的よく売れたのは、『えんぴつで徒然草』『えんぴつで書いて読む日本の名作』（ともにポプラ社）、『えんぴつで百人一首』（英知出版）、『書いて味わう徒然草』（廣済堂出版）などである。

書写ものの人気とともに、似たアプローチの本といえる「大人の塗り絵」も点数を増やした。二〇〇六年の新刊は前年より一四六点増えて一八一点に至っている。〈地図や名山、懐かしの漫画、マンダラなど、バラエティに富んだ〝大人の塗り絵〟が各社から次々と刊行されているが、人気が高いのは静物画のようだ〉と指摘される。河出書房新社の「大人の塗り絵」シリーズ（計一四巻）が、部数的にはとりわけ成果が大きかった。[*66] 書写ものや「大人の塗り絵」の伸張は、中高年読者の継続した支持を得たことが理由となる。中高年がベストセラーの登場に影響を及ぼすようになった事情は前記しており、一例がここにも見出せるだろう。

二〇〇六年ではほかに、新谷弘美『病気にならない生き方』（サンマーク出版）を部数的に大きく伸ばしたのも、中高年読者だといわれている。翌二〇〇七年以降は団塊の世代が一斉に定年退職を迎える時期であった。「定年後」への関心が高まるなか、老後生活を無事に送るために基本となる健康へ、中高年層の意識がますます向けられる。それを背景に『病気にならない生き方』はヒットしたのである。この本は二〇〇五年の七月に初版三万部で刊行された。その後、堅実な伸びを続け、翌二〇〇六年一月に四〇万部、六月には一〇〇万部を突破、一二月に至って一二五万部へと達した（同年のリスト五位）。中高年が支持する話題作はロングセラー化する傾向があるといわれ、『病気にならない生き方』はその典型だと評されている。[*67]

ブログ記事からのヒット作

二〇〇六年には、野口嘉則『鏡の法則――人生のどんな問題も解決する魔法のルール』（総合法令出版）も話題を得て、よく版を重ねた。同作は小説仕立ての「気付き」の書といわれる。著者はインターネットのブログで活躍しており、『鏡の法則』の物語もブログの記事を元にしている。同書のヒットは、ケータイ小説の躍進などネット発のベストセラーがはじまった出版事情と関わりが深いといえよう。

なおこの本では、「読んだ人の9割が涙した！」という帯のキャッチコピーも効果があったといわれる。[*68] 教養新書の『人は見た目が9割』がちょうどベストセラーになっており（二九七頁参照）、「9割」という言葉に一種の引力が生じていたようだ。

『鏡の法則』は七二万部に達し、二〇〇六年のリスト九位となった。なお、「好きな人に読ませたい本」をインターネットやはがきで投票する、第一回「読ませ大賞」（出版文化産業振興財団主催）の結果が二〇〇七年二月九日に発表され、ノンフィクション部門の一位は『鏡の法則』が得ている。もう一つの文芸部門の一位はリリー・フランキーの『東京タワー』である。[*69]

このほか、子育てをする母親を肯定しながらそのあり方を示した、明橋大二『子育てハッピーアドバイス（1〜3）』（1万年堂出版）が、二〇〇六年のヒット作として挙げられよう。子育て本ながらハウツー色を抑え、読みやすさを前提にコミックエッセイ仕立てとした工夫は、本をヒットに導いた理由の一つとされる。計一六五万部へと伸び、[*70]同年のリスト八位にランクされた。

二〇〇六年に話題となった本にはもう一点、落ちこぼれの独特な世界を繊細なタッチで描いた小説『陰日向に咲く』（幻冬舎）がある。著者はタレント、俳優として活躍中の劇団ひとり。『陰日向に咲く』はその小説家デビュー作である。

初版は一万五〇〇〇部で、著者本人の希望もあり派手な宣伝はおこなわれなかったが、この年に五七万部へと部数を伸ばしリスト一〇位に入った。[*71]同作はのち映画化され二〇〇八年一月の公開となる。それを機に本の売上げは再び伸びて、同年二月にはミリオンセラーへと至っている。

【二〇〇七年】ケータイ小説の大流行

二〇〇七年（平成一九）の書籍推定販売金額は前年から三・二％の大きなダウンとなったが、推定販売部数は横ばいだった。部数に比べて金額が伸び悩んだのは、前年に単価の高い『ハリー・ポッターと謎のプリンス』が刊行された反動もあるが、売れ行き良好書に安価なものの多かった点にも理由が見出せる。[*72]前記もしたように（二九九頁）、同年は「ブーム」のさなかで教養新書にヒット作が多出した一方、ケータイ小説が盛況となってよく売れた。年間売れ行き良好書ベスト三〇に教養新書は九点、ケータイ小説は五点が入り、両ジャンルでほぼ半数を占めている。

廉価軽装判の教養新書は七〇〇〜八〇〇円台ともともより安価だが、ケータイ小説も単行本（B6判）ながら定価一〇〇〇円程度の値付けだった。これらが大量に売れたことで、平均価格が落ち上記の現象が起きたのである。逆にいえば、それほどまでに、二〇〇七年は新書＋ケータイ小説の一年だったことになる。

ケータイ小説は二〇〇〇年頃からケータイサイトではじまり、二〇〇二年から商業出版物として書籍化された（Yoshi『Deep Loveアユの物語』スターツ出版）。しかし、既述したように出版界は様子見の対応をとる。実際、その後二〇〇五年までは、スターツ出版を中心に毎年四点程度が刊行されるだけだった。

変化が起きたのは二〇〇六年である。『恋空』（美嘉）や『天使がくれたもの』（Chaco）のヒットを見て、各社が参入してきたのだ。新刊点数は二二点へと増加し、翌二〇〇七年には〈およそ一〇〇点ものケータイ小説が刊行されるに至った〉のである。[*73] 売れると見込まれることで、同年は、ケータイ小説が書店店頭でコーナー展開される場合も多くなった。

美嘉の『恋空』（スターツ出版）は映画化も契機となって上下計二〇〇万部へと大きく伸びたし、メイの『赤い糸』（ゴマブックス）は上巻が初版五〇万部で刊行され、出版業界を驚かせた。[*74] これに美嘉の『君空』（スターツ出版）を加えた三点が、二〇〇七年のベストセラーでトップテン入りを果たしている。それぞれ七位、九位、一〇位であった。ケータイ小説への期待度は高まり、二〇〇八年にもソフトバンククリエイティブなどが新規参入してきた。ケータイ小説を対象にした文学賞の募集や、その受賞作の刊行も相次いでいる。[*75]

二〇〇七年、ケータイ小説は成功したジャンルになったが、批判も少なくなかった。批判には書き手の水準にまつわるものが多く、「語彙が少ない」、「誤字脱字が多い」といった初歩的なところから、「暴力や性的な描写が過多」、「筋立てがワンパターン」といった面が指摘されていた。著者の実体験をコピーに謳う本が多いことから、創作を現実と錯覚させて、〈女子中高生などに誤った性的インフォメーションを与える〉と問題視されることもあったのである。そうしたなかで、参入が増えたことから競争の激しいジャンルとなり、マンネリズムの要素も早や出始めていた。[*76]

それでも一度当たれば部数は大きいのが、ケータイ小説の特徴である。二〇〇七年には間違いなく、流行現象が起きていた。それを前にして、期待と警戒をない交ぜにしていたのが出版界の受け止め方であった。

『ホームレス中学生』

二〇〇七年もまたミリオンセラーとなる本が多出した。教養新書『女性の品格』（同年段階の累計二一〇万部）、田村裕《ひろし》『ホームレス中学生』（ワニブックス、同一二〇万部）、渡辺淳一『鈍感力』（集英社、同一〇〇万部）、そして、発売一年で累計一〇〇万部に達した『鏡の法則』である。[*77]
『ホームレス中学生』は二〇〇七年八月三一日に刊行された。著者は相方《あいかた》川島明とお笑い芸人コ

田村裕『ホームレス中学生』

ンビ「麒麟」で活躍していた。同書はその貧乏自叙伝で、一三歳のとき突然住む家を無くし、近所の公園に住んだ日々などを綴っている。人気タレントが特異な人生の歩みを告白した本は、山口百恵『蒼い時』をはじめいくつかのヒットがあり、『ホームレス中学生』はその系譜の一冊といえよう。同書のカバー装幀は「ホームレス」時代の田村が、飢えをしのぐため、水にひたして口に入れたことのあるダンボールをモチーフにしている。

漫画・映画・ドラマが制作されるといったメディアミックスの効果もあって、本はベストセラーになった。二〇〇七年は一二〇万部に達してリスト二位、二〇〇八年もさらに一〇五万部売れてリスト六位に入っており、二年連続でミリオンセラーを達成するという偉業を果たした。二〇一四年一〇月調査の「戦後の総合ベストセラー」（出版科学研究所）でも三〇位にランクしている（四七二頁）。

『ホームレス中学生』が好評を博し続け、本の売上げを大きく積み上げた理由を、内容の面から挙げてみよう。

一、話題となりやすい、人びとの目を奪う題材（貧乏、転落の人生、不幸――それも極端な設定）。

二、身近だという印象。自分や自分の周囲でも起こりうる話というのが迫真性を呼んだ（下記五項参照）。

三、意外な人物と出会い運命が変わるなど、話の展開が巧みで「先を読んでみたい」と思わせたこと。やはりストーリー自体の（エンターテインメントの）魅力は重要である。四、悲惨であるが、どこか救いがあること。「ホームレス」という暗くなりがちな題材のなかに、お笑い芸人の著者らしく、ユーモラスで明るいところもよく出ていた。そうなると、本に「救い」の印象があらわれて来る。そして、人生を逆転させて成功する結末は読後感をさわやかなものにして、口コミなどでの勢いを生む要因となった。五、時代の社会的状況にマッチしたドラマであったこと。かつて、国民の大半が貧しかった昭和の戦争時代は、「そのなかで健気に生きて行く」物語が受けた。敗戦のショックから立ち直っていく時期は、「貧しいけれど、家族みんなで助けあって行く」物語がメッセージ性を呼んだ。『ホームレス中学生』は、二一世紀の日本で総中流社会が崩れ、年収の低い世帯が増えてきた事情を背景とし、そのなかで父親のリストラや母の病気から、家族が崩壊するさまが描かれる。社会的な安定が欠けてくるなかで、どの家族にも起きそうなことを題材としていた。これらが組み合わさって、『ホームレス中学生』はダブルミリオンセラーへと導かれていったのである。

前向きの「鈍感力」

『鈍感力』はエッセイで、熟年読者向けの「生き方本」といえる。中高年層に支持される本はロングレンジで売れるとはすでに指摘したが、二〇〇七年二月五日刊行の『鈍感力』もそうした一冊となり、一年を通じて勢いは衰えずついに一〇〇万部へ到達、同年のベストセラーリスト三位という好成績を得た。

著者渡辺は性の問題を扱った小説で一九八〇年代後半からベストセラーを出しており、本書でも幾度か登場している（一九六頁ほか）。『鈍感力』は、人気作家の渡辺が「鈍感」をプラスと見る逆転の発想を示し、渡辺作品のファンが多い熟年層に広く支持された。日経ビジネスオンラインのインタビューで渡辺は、「鈍感」の意味を次のように語っている。

〈「鈍感」というと、一般的にマイナスのイメージがあるでしょう。周りの状況が読めないとか、人の言うことにすぐ対応できないとか。だから鈍感であってはいけない、敏感な方がいい、とされている。でも、鈍感なのは素晴らしいことなんですよ。傷ついてもすぐに立ち直れるし、いろいろなことを言われてもすぐに忘れられる。私が言う「鈍感力」とは、どんな時もくよくよしないで、へこたれずに、物事を前向きに捉えていく力のことです。[*78]〉

「鈍感力」は仕事のうえでも重要だと渡辺は説いており、同書はビジネス書、コミュニケーション術の本としての側面も打ち出している。「鈍感」という逆転のキーワードを、さまざまな生きる局面に当てはめて巧みに描いたところは、本を成功させる要因となった。

リスト六位、関暁夫の『ハローバイバイ・関暁夫の都市伝説』（竹書房）は、テレビ番組で人気に火がついたもの。その意味でテレセラー本の性格を持っている。年間を通じてコンスタントな売れ行きを示し、累計で五七万三〇〇〇部まで伸長した。

同書の成功を受けて、『最強の都市伝説』（経済界）、『身の毛もよだつ‼恐愕の都市伝説』（マガジンランド）など、〈タイトルに「都市伝説」を謳った書籍は、〔二〇〇七年には〕前年より一七点増えて二〇点も刊行された〉という。[79] 追随現象が起きるのは、斬新な切り口のベストセラーならではであろう。

古典復興の動き

二〇〇七年は文庫でこれまでにない現象が起きており、付言しておきたい。古典や名著の刊行が相次いだことである。きっかけは、ドストエフスキー『カラマーゾフの兄弟』全五巻が「光文社古典新訳文庫」から出版され、その好調ぶりがメディアで取りあげられたことにある。訳者は亀山郁夫だった。第一巻が二〇〇六年九月七日に刊行され、「エピローグ別巻」である第五巻が二〇〇七年七月一二日に刊行となり完結した。二〇〇七年末に累計五二万部へと達している。

新訳にさいして、同時代的表現を重視したのはヒットの大きな要因となった。現代性という点では、集英社が夏の文庫フェアで、太宰治『人間失格』の表紙に漫画「DEATH NOTE」の著者を起用しそのイラストを使った取り組みもある。これによって文庫『人間失格』は例年にない売れ行きを示した。[80]

ただし古典新訳の流れはこの年唐突にはじまったわけではなく、二〇〇三年に刊行されたサリンジャー『キャッチャー・イン・ザ・ライ』（白水社）が起点と考えられる。野崎孝訳『ライ麦畑でつかまえて』（白水社）として四〇年近く親しまれてきた作品を、村上春樹が新訳し、タイトルも『キャッチャー・イン・ザ・ライ』と改めた。初版一〇万部でスタートして村上春樹ファンを超えて幅広く読まれる本になった。[81]

とはいえ文庫版新訳『カラマーゾフの兄弟』の登場は、二〇〇七年の動向として特筆すべき、古典復興の直接的な契機になったのは間違いない。文庫にとどまらず書籍全体に及ぶ動きとなり、新訳のほかにも、古典の新装復刊や名著の漫画化が相次いだ。関連書として名作の読書ガイドもいくつか刊行されている。

なお『出版指標年報』は、新訳という話題性も加味した「古典復興」の出来事について、〈ここ数年書籍全体の傾向として、簡単・読みやすい本が売れる傾向にあり、新刊も軽いものが中心だ。これまで重い・古い・難しそうと敬遠されがちだった古典小説に光があたったのは、これら軽い本に対するアンチテーゼも含まれていたのかもしれない〉と指摘している。[*82]

【二〇〇八年】教養新書とケータイ小説の失速

二〇〇八年（平成二〇）はミリオンセラーが前年、前々年を超える七点となり、その面からは賑やかしい一年となった。七点の内訳は期間内（二〇〇七年一二月〜二〇〇八年一一月）累計で、J・K・ローリング『ハリー・ポッターと死の秘宝』（静山社）が一八五万部、水野敬也『夢をかなえるゾウ』（飛鳥新社）が一五五万部、Jamais Jamaisの『B型自分の説明書』『O型自分の説明書』『A型自分の説明書』（ともに文芸社）がそれぞれ一六〇万部、一四三万部、一三一万部であって、『ホームレス中学生』の一〇五万部、『女性の品格』の一〇〇万部と続く。この七点でベストセラーリストの一位〜七位を占めた。[*83]

前年来の大ヒット作『女性の品格』、および同じ著者の『親の品格』（リスト八位）はあるが、教養新書の勢いは減じており、市場規模も落ちて「ブーム」が終わった様相が示された（三〇九頁参照）。加えて、前年に大きな席捲状態を引き起こしたケータイ小説は一年で沈静化した。二〇〇八年の初頭までは熱気が継続し、二〇〇七年のリスト一〇位入りした『恋空』や『君空』などが売れていたが、年中盤には失速していく。以後、ベストセラーリストにケータイ小説が上がってくることは稀になった。[*84] 二〇〇八年にはベストセラー上位三〇に一点も入っていない。

二〇〇七年、教養新書やケータイ小説にベストセラーが続出した背景として、（「ハリー・ポッター」シリーズという特別な存在を除けば）書籍の高売上げアイテムが比較的安価な本にシフトしてきた点は前述している。それに次ぐ二〇〇八年は教養新書、ケータイ小説への関心こそ後退したものの、廉価志向は変わっていない。上記ミリオンセラーにある血液型本（単行本）も後述するように廉価本である。加えて文庫が好調となっており、廉価書籍が読者を集めることで出版市場全体の縮小を何とか食い止めている構図は、前年から継続している。[*85]

ハリー・ポッター最終巻

二〇〇八年の大きな話題は、七月二三日に刊行された「ハリポタ」第七巻にして最終巻とされた『ハリー・ポッターと死の秘宝』（上・下）であった。初版一八〇万部が発売となり、出版市場に約六八億円の効果をもたらした。しかし、この巨大な販売額作品があったにもかかわらず、二〇〇八年は、それがなかった前年に比して書籍の推定販売金額が一・六％も下落している。総額八八七八億円で一九九〇年の水準まで縮小した。ピーク時といえる一九九六年からすれば、二〇〇〇億円が「消えた」わけで、出版の「主役」となりつつある書籍がこの状態だという点でも出版界全体の苦境が知れる。[*86]

各社には中期的に底上げを企図する余裕がなくなり、短期の利益を求めてベストセラー狙いがより顕著となった。ゆえにミリオンセラーだけは多出し、その面からすれば、「賑やかしく」なっているのである。ただし出版の全体的な状況、内実に目を転じれば、発展や拡大とはほど遠い事態が確実に進行していた。

これはのち二〇一〇年代も基本は変わらない。苦境のなかで一点突破的なベストセラーへの期待がかえって膨らむ。しかも廉価本路線を追求するとなれば、販売金額の点でもミリオンセラー級を狙わなくてはならなくなる。ベストセラー史にとって「重苦しさを背負っての一点突破志向」の時代が到来したといえるのである。

なお、最終巻まで出そろった「ハリー・ポッター」シリーズは、四〇〇〇円を超えるセット価格の本が三〇〇万部近い初版部数で刊行される（『ハリー・ポッターと不死鳥の騎士団』）など、驚異的な記録を次々と打ち立て、わが国ベストセラー史上、目を見はる存在となった。

ここで出版科学研究所のデータに基づき、二〇〇九年三月時点での累計部数を挙げておこう。

第一巻『ハリー・ポッターと賢者の石』（五〇八万部）
第二巻『ハリー・ポッターと秘密の部屋』（四三三万部）
第三巻『ハリー・ポッターとアズカバンの囚人』（三八二万部）
第四巻『ハリー・ポッターと炎のゴブレット（上・下）』（三五〇万部）

第五巻『ハリー・ポッターと不死鳥の騎士団（上・下）』（二九〇万部）
第六巻『ハリー・ポッターと謎のプリンス（上・下）』（二二五万部）
第七巻『ハリー・ポッターと死の秘宝（上・下）』（一八五万部）

全七巻の合計は二三六三万部、金額（本体価格）にして六五二億円へと達しており、[*87] 想像を絶する歴史的メガセラーであるのは疑いようがない。戦後全体のベストセラーリスト（四七〇頁）でも、七作中五作が一六位内に入るという「空前」の成果を刻んでいる。同レベルの記録が後日再び登場するとは俄《にわか》に信じがたく、その意味で「絶後」ともいえるのである。

新しいタイプのビジネス書『夢をかなえるゾウ』

二〇〇八年のベストセラーリスト二位は、前二〇〇七年八月一一日に刊行され、この年累計一七〇万部へと達した『夢をかなえるゾウ』（飛鳥新社）であるが、この本のヒットは、二一世紀の特徴的現象の一つ「ビジネス書の変容」を巧みに反映したうえでの成果といえる。

ビジネス書はかつて、その名前の通り、ビジネスマンが仕事上の必要から手に取ったものであった。経営者、管理職をはじめとした組織人の関心に対応するジャンルと位置づけられ、読者も限定的だった。内容は実際的でハード、装幀は手堅く、価格も一般向けでないために高めであった。ビジネスの現場にいて切磋《せっさ》琢磨《たくま》を強いられる人間に向けて刊行する、という発想が出版社側に根強く、取

水野敬也『夢をかなえるゾウ』

次の展開もビジネスマンが立ち寄る都会の大手書店が中心となりやすい。その地で営業する書店は特設コーナーをつくるなどしたが、郊外の書店では対応が手薄だった。これが二一世紀に変わっていく。

　きっかけとなったのは、既述した『チーズはどこへ消えた?』（扶桑社）であろう（三一九頁参照）。寓話仕立ての物語は、いかめしいビジネス書のイメージを一新した。ビジネス現場での直接的な実用性をあえて打ち出さず、〈広義の人生訓・自己啓発書として読める〉ものとしたのだ。[*88]かくして学生や主婦層も含めた幅広い読者の獲得に成功したのである。

「二一世紀型ビジネス書」は、版元もビジネス書専門出版社にとどまらず、総合出版社や実用書出版社などが参入してくる。こうした流れは、次第に太いものとなってきており、〈〇七年から〇八年上半期にかけてのビジネス書ベストセラーに、特に顕著に現れて〉きた。[*89]その代表的な本が『夢をかなえるゾウ』なのである。

　この本はビジネス書らしからぬビジネス書（二一世紀型）の典型であった。なにより「勉強する本」という方向を打ち出さず「読み物」としている。それも、エンターテインメントを旨として、旧来の「お堅い」ビジネス書の印象を打ち破っている。その方向性は内容ばかりでなく、本の装幀にも活《い》かされていた。主人公とやり取りする「ガネーシャ」のぐうたらな様子を描いたイラストを大きく配したのだ。著者水野敬也は出版や映像関係で企画構成等の仕事を多彩に手がけており、これまでのビジネス書系筆者（経済学・経営学者、会社経営者をふくめたビジネスマン）とは一線を画す存在であった。

同書について著者のコメントもビジネス書としては型破りで、〈成功を願う普通のサラリーマンとぐうたら神様ガネーシャ。この二人が「成功するためにはどうしたらいいか?」「そもそも成功とは?」という自己啓発書のメインテーマを、従来とは少し違った形（具体的に言うと、漫才です）で深めていきます〉とある。「自己啓発書」としての性格を強めたのは、同書成功の一因ともいえよう。実際『夢をかなえるゾウ』は、旧来のビジネス書と比して、アプローチの違いが強調されている。こうした書籍が異例のセールスを記録したのだった。

自己啓発書の発想と方法は、のち二〇一〇年代のベストセラーにも継承されていく。

血液型占い大ブレイク

二〇〇八年はJamais Jamaisの血液型本がベストセラーリストを占めた。三冊のミリオンセラーについては既述しているが、ほかに、『AB型自分の説明書』（同じ文芸社）が九位に入っており、年間ベストテンに四点もランクインさせたのである。

きっかけになったのは、二〇〇七年九月一日刊行の第一作、『B型自分の説明書』がヒットしたことだった。〈「〝変〟て言われるとなんだかウレしい。」「自分論がめじろおし。」「ホントはガラスの心を持っている。」など、箇条書きにされたB型の特徴が延々と並べられているだけ〉の本であったが、〈その一つ一つが絶妙に的を射ていて、「あるある!」と共感を呼ぶ。占いというより性格判断、自己啓発的な内容〉なのが人気の秘訣だと『出版指標年報』は指摘している。[*90]ここでも「自己啓発」という言葉が出てきており、ベストセラーのキーワードとなりつつある同時期の事情が示唆される。

同書は元々自費出版であり、初版一〇〇〇部、取次の新刊送品ラインにも乗っていない。〈しかし、同書に興味を持った書店員（B型）が店頭で仕掛け販売を実施。「王様のブランチ」を始めメディアでも頻繁に紹介され〉た結果、爆発的な伸びを示したのである。初版一〇〇〇部が一年三か月で累計一六〇万部まで伸びたわけで、ベストセラー史上稀な出来事といえる。[*91]

著者**Jamais Jamais**は「じゃめじゃめ」と読み、著者紹介には「大学の工学部をリタイア後、美大の造形学科でリスタートを切る。現在は建築設計を生業としている」とあって正体不明（であることを強調しているかのようである）。ある程度の著者のネームバリュー、経歴的な信頼性が必要だった本の世界で、こうした著者が不意に登場し、自費出版本をミリオンセラーへと押しあげるのは、二一世紀の出版界が、一種異様な世界へ入りはじめたことを象徴的する事態といえるかもしれない。

たとえば、大手の伝統的出版社からの大ヒットが減ってきたのが、〇〇年代後半に至る時期の出版事情でもあった。経験、規模、営業力で圧倒的な力を持つはずの大手ですら、〈売れる本を生み出しづらい。出版活動そのものが非常に難しい時代なのかも知れない〉と新聞も指摘するのが二〇〇八年だったのである。[*92]

一定のネームバリューがある著者＋大手が版元、というヒット作の常景に代わって、異色の著者＋新勢力版元という組み合わせが目立ったのが二〇〇八年、あるいはより広い範囲での〇〇年代的出来事だというのなら、水野敬也『夢をかなえるゾウ』と**Jamais Jamais**の血液型本は「変化」を象徴するミリオンセラーということができよう。

実際、『窓ぎわのトットちゃん』『蒼い時』『五体不満足』などの二〇世紀のビッグセラーは講談社、集英社といった大手中の大手から刊行された本であった。それを紹介してきた本書は、『夢をかなえるゾウ』『B型自分の説明書』というトピックを経て、のち二〇一〇年代、「ダイヤモンド社、サンマーク出版、アスコム、文響社の時代」を描いていくことになる（第九章）。これらの四版元もまた大手の総合書出版ではない。その出版手法も従来にない特徴がある。それが目立つようになり、出版ベストセラー史に地殻変動のようなものが起きている事情は、後述の対象とはいえ、二〇〇八年のトピックを抜きにして歴史的な流れは語れないであろう。

『B型自分の説明書』の圧倒的な売上げを受けて、Jamais Jamaisの本は、二〇〇八年四月三日刊で『A型自分の説明書』が出て、六月一三日刊『AB型自分の説明書』、八月一日刊『O型自分の説明書』と立て続けに出版され、すっかり二〇〇八年ベストセラー界の顔役的存在となった。なおこのシリーズもまた、B六単行本ながら定価一〇五〇円で廉価本の部類となる。その意味ではケータイ小説と同様の値付け設定であった。

Jamais Jamaisによるシリーズの大ブレイクによって、二〇〇八年は血液型本の類書が各社から数多く刊行された。各地の書店ではコーナー展開もなされ、幅広い読者を呼び込む一助となった。[*93]

「芸人本」の好調と文芸書の復調

二〇〇七年のミリオンセラー『ホームレス中学生』がドラマ化や映画もあって人気が継続し、二〇〇八年にもミリオンを達成したことは前述しており、『陰日向に咲く』が映画公開の後押しもあってミリオンになった件もすでに触れた。タレントの自伝本は、リリー・フランキー『東京タワー』などから大ヒットが連続していたが、やはり映像化の影響は大きい。

二〇〇八年は、文芸小説の売れ行きも映像化に大きく左右された。恩恵を最も受けたのは東野圭吾である。東野圭吾は当時、〈〔元々〕宮部みゆきと並ぶ人気作家で、単行本を出せば一〇～二〇万部は固く売れていた〉[*94]。その東野作品が映像化で売上げをさらに伸ばしたのだ。

二〇〇七年の冬、東野の文庫『探偵ガリレオ』『予知夢』（文春文庫）を原作としたテレビドラマ「ガリレオ」が放映されて高視聴率をマークしたことで、原作小説が大ヒットする。続いて、登場人物を同じくする『容疑者Xの献身』を原作とした映画が公開されると、こちらも人気を博して本に読者を呼び込んだ。

これらを背景に、二〇〇八年には「ガリレオ」シリーズの『聖女の救済』と『ガリレオの苦悩』（ともに文藝春秋の単行本）がそれぞれ三〇万部、二七万部となり、ベストセラーリストの二五位、二八位に入ったほか、講談社刊の単行本『流星の絆』（二〇〇八年刊）がテレビドラマ化の後押しもあって六七万部へと伸び、リスト一二位を得た。〈ケータイ小説ブーム終焉で落ち込んでいた文芸書は、東野圭吾によって再び活況を取り戻した〉のである。[*95]

【二〇〇九年】二一年ぶりの二兆円割れ

〇〇年代の最後の年、二〇〇九年（平成二一）のベストセラー界は村上春樹の長編小説『1Q84』が飛び抜けた売れ方を示し、話題がこの一作に集中した。

この年は出版界全体としては、「暗い」数字が出た年である。書籍・雑誌を合わせた出版物全体の推定販売金額はすでに四年連続で前年を下回っていたにもかかわらず、二〇〇九年も前年比四・一％減となり、一兆九三五六億円とついに二兆円を割り込んだ。一部に巨大なミリオンセラーが生まれて目を奪われるものの、出版界全体としては重苦しい展開はこれまでも続いたが、総販売金額で二兆円ラインを維持していたのはせめてもの救いであった。このラインがあっさり割り込まれたのである。一九八八年以来、二一年ぶりの事態だった。

出版物販売額のピークは一九九六年で二兆六五六四億円。一〇年後の二〇〇九年はそれから約二七％減じている。金額では七二〇〇億円が失われた。「雑誌が後退し、書籍が出版の主人公となりつつある」と二一世紀の大要について前述はしたが、二〇〇九年はそうもいっておられない状況となった。販売の前年比マイナスは雑誌が三・九％に対して書籍は四・四％に及び、雑誌は一二年連続の前年割れで二一世紀の常景があるばかりだが、肝心の書籍も三年連続の前年割れとなってしまった。しかも二〇〇九年は前年比での落ち込み幅も大きく、一九九七年以降のワーストスリーとなったのだ（一九九八年の五・九％、二〇〇三年の四・六％に続く）[*96]。販売部数の大きい「ハリー・ポッター」の完結（最終巻刊行）や、ベストセラーが廉価書籍に集まりだした事情（「ハリー・ポッター」を除く〉も指摘せざるを得ないが、より構造的な変化が起きているというのは、こうした一〇年レベルでの数字の検討からもわかることだ。

〈〇八年のリーマンショック以降、雇用環境が悪化、可処分所得も減少したことが、出版物の販売に強く影響したとみられる。また、雑誌広告の激減により出版社の収益が悪化、創刊活動が停滞し、休刊誌が相次いだ。出版を取り巻く環境が一段と厳しさを増した年だったといえる〉と、『出版指標年報』は二〇〇九年の状況を説明している。[*97]「雑誌は全ジャンルが不振、書籍はヒット作不足」と端的にいうこともできよう。ベストセラーランキング三〇位までの発行部数を見ても、例年にない低い水準となっている。[*98]それが〇〇年代も終わる二〇〇九年であった。

『出版指標年報』の書籍についてのコメントも、次のように沈鬱なものになる。〈毎年ミリオンセラーを出してきた教養新書は低迷、二〇〇九年はミリオンが出なかった。関連書がたくさん売れる〝ブーム〟と呼べるものがなかったのも特徴。自己啓発書は根強い分野だが、二〇〇九年はビッグヒットに恵まれなかった。文庫本も伸び悩んだ。ドラマ化・映画化作品が非常に多かったものの、話題作以外の商品が振るわなかった〉のである。[*99]

なお、帝国データバンクの調査によれば、二〇〇九年に破綻した出版業は五七社で過去五年間の最多であり、負債総額は二〇〇億円台に達して同時点で過去最悪となる。[*100]

こうした年に登場したのが『1Q84』というメガセラーであった。

『1Q84』

全体に盛り上がりを欠く二〇〇九年は、ベストセラー的にも元気のない年だったといえる。二〇〇八年は既述の通りミリオンセラーが七点出ており、その前の二〇〇七、二〇〇六年も四点あった。それらに比べると、二〇〇九年は二点という「寂しい」ものになった。二点とは村上春樹『１Ｑ８４』（ＢＯＯＫ１・２、新潮社）と、出口宗和『読めそうで読めない間違いやすい漢字』（二見書房）である。

『１Ｑ８４』の著者村上春樹は一九八〇年代から人気作家として活動を続けている。『ノルウェイの森』というダブルミリオンセラーも出していた。その村上が筆力と人気を二〇年間以上にわたって維持し続け、二〇〇九年に再び決定的なベストセラーを日本の読者に送ったというのは、考えてみれば驚異的なことだ。

ある年に、また数年にわたって人気を博していた作者が、時代とともにベストセラー界から退場し、急速に忘れられていく姿はざらにある。ベストセラー史を眺めていれば、その栄枯盛衰のドラマは歴然と迫ってくる。時流のなかで評判を得て大いに売れた作家や作品は、時流の遷移によってかえって古びる場合が少なくない。「時代と寝た」作者が時代の移りゆきとともに見向きもされなくなるのは、ベストセラー史のある意味残酷な、冷厳な出来事なのである。それを考えると、村上春樹の継続的な実績は、本人の修練と振舞いの賜物とはいえ、変転めまぐるしい大衆化社会の広がる二〇世紀後半から二一世紀にあって、瞠目《どうもく》すべき事態といって差し支えない。

村上春樹『１Ｑ８４』
BOOK 1

『1Q84』BOOK1・BOOK2は新潮社から二〇〇九年五月二九日に刊行された。初版はBOOK1が二〇万部、BOOK2が一八万部。刊行後あっという間に売り尽くされ、大増刷がなされた結果、発売から約二週間で1・2合計一〇六万部へと達成した。〈純文学の単行本としては近年で最短ペースの一〇〇万部超えとなった〉のである。BOOK1は七月はじめに単体として一〇〇万部を突破し、BOOK2も八月に一〇〇万部へと達した。年間では「1」が一二三万部、「2」は一〇〇万部で合計二二三万部へと至った。[*101]

『1Q84』を〈最短ペース〉でミリオンセラーへとかけのぼらせた要因としては、〈『海辺のカフカ』から実に七年ぶりの長編小説という話題性に加え、ストーリーが事前に全くわからなかったこと、村上氏のエルサレム賞でのスピーチにより同氏に対する関心が高まったこと〉などが挙げられている。[*102] とりわけ「事前に全くわからない」＝「発売まで作品の内容を明かさない」戦略はこの本の短期ミリオンセラー化にとって有効だったといわれている。「戦略ではない」というのが版元の立場のようだが、内容を隠すことで顧客に商品への関心をかえって煽り、商品に対する飢餓感を高める広告手法「ティーザー広告」との類似性がしばしば指摘されている。ティーザーはTeaseで「じらす」の意である。

いずれにせよ『1Q84』は発売まで中身を明かさないことが徹底されたようで、伊藤幸人・新潮社広報宣伝部長は「広告朝日」のインタビューに答え、〈実は私も最後まで中身を教えてもらえず、じれったい思いをしました〉と語るとともに、外形的事実だけを新聞広告と自社サイトだけに絞り展開したとして、〈広告展開のスタートは二月からで、まずは新聞読書面下の全七段広告スペースに、「村上春樹　最新長編小説　夏期刊行」という情報のみを載せました。次は三月に『1Q84』というタイトルを明かし、四月には「二〇〇〇枚」という原稿枚数を伝え、そして発売日五月二九日の全五段広告へとつなげています〉とその段取りを説明している。[*103]

『1Q84』と村上春樹については、たとえば同年の「毎日新聞第六三回読書世論調査」で、人気の実状がある程度見えてくる。この調査は、全国三〇〇地点から一六歳以上（九月三〇日現在）の男女計四八〇〇人を層別二段無作為抽出法で選び出し、九月一一日から一三日までの三日間、調査員が対象者を訪問する「留め置き法」で実施したもの。回答者は二七七一人、回収率は五八％である。[*104]

それによると、『1Q84』について「読んだ」は二％だったが、「読んでいないが、これから読もうと思う」は三〇％にのぼっていた。三分の一が一つの作品に関心を持っていたことになり、社会現象ともいわれた当時の様子がここでもわかる。

次いで、「読んだ」「読もうと思う」と答えた人に、関心を持った理由を尋ねたところ（三つまでの複数回答）、「テレビで話題になったから」が五四％でトップであり、「村上氏の新作長編だから」二一％の倍以上の数字となった。メディア、とりわけテレビで話題になったことが大きく影響している。二〇世紀の「テレセラー」から続くベストセラー招来の常景とはいえ、『1Q84』もその面が強かったということだ。ほかに、「ベストセラーランキングを見て」が三三％、「発売直後の書店で売り切れになっていたから」が一一％あって、「売れているものが売れていく」という本書第五章以来続く現象がここでも見出された。これらから『1Q84』ベストセラー化の事情が察せられる。なお、二〇〇九年二月、村上春樹はエルサレム賞の受賞講演でイスラエル軍のガザ侵攻を批判していたが、この「受賞講演を聞いて」という人も一〇％いた。

同じ調査で、『１Ｑ８４』の発売前に村上作品を読んだことがある人は全体の一九％だった。『１Ｑ８４』を「読んだ」と答えた人に限ると六四％が過去の村上作品を読んでいたが、「読もうと思う」という人では過去に村上作品を読んだことのない人が六二％に達している。関心を持つ層は必ずしも「春樹ファン」に偏しているわけではない。読者各層を大きく巻き込むベストセラー現象には、特定のファン層を突き抜けた勢いというのが必要だが、『１Ｑ８４』はその意味でもベストセラープロセスの本道を歩んだ本であった。

ワンコイン本のミリオンセラー

日本語関連書は〇〇年代、単行本で『声に出して読みたい日本語』（齋藤孝、二〇〇一年刊）や『問題な日本語』（北原保雄編、二〇〇四年刊）がヒットしているし、また、二六二万部に達した教養新書の『頭がいい人、悪い人の話し方』（樋口裕一、二〇〇四年刊）は、話し方の本、コミュニケーション術の本であるとともに、「より適切な日本語表現を示した本」ともいえ、広義の日本語関連書といえなくもない。日本の言葉に対する関心の高さは、〇〇年代を通じて話題作が次々と登場していることでも判る。二〇〇九年のミリオンセラー二点のうちもう一点、『読めそうで読めない間違いやすい漢字』もそうした系譜の一冊と考えられる。身近ではあるが使用法を間違いやすい漢字を題材にして、読者を次第に増やしていった。

『読めそうで読めない間違いやすい漢字』は二〇〇八年二月一五日に刊行された。著者出口宗和《むねかず》は編集者などを経たのち、在野で東洋学を講じる著述家となる。同書では、「誤読の定番から漢字検定1級クラスまで」と角書《つのが》きがあり、「この漢字、正しく読めますか? 頌春、言質、脆弱、独擅場、相殺、杜撰」との、問いかけ調による内容例示が表紙にある。

この本は二〇〇三年に刊行した文庫本(二見文庫)を改装のうえ改訂新版として刊行したもので、ペーパーバックの小雑誌風なつくりもそこから来るようだ。一度、廉価軽装の文庫として出しているので、単行本で再刊するにしても軽装の印象を持たせたわけである。さらに定価を五〇〇円にした。いわゆるワンコイン本である。ベストセラーが廉価書籍に集まりだした時期でもあり、この価格設定はヒット性を高くした。

『読めそうで読めない間違いやすい漢字』が人気を得るきっかけとして、当時の麻生太郎首相が未曽有を「みぞうゆう」と読むなど漢字の読み違いを繰り返し、問題視された「漢字間違い事件」があった。その報道に関連してバラエティ番組等でたびたび取りあげられることで、『読めそうで読めない間違いやすい漢字』の部数はさかんに伸びていき、年間一〇六万部、累計一一四万部へと達したのである。[*105]

なお、同書の大きな売れ行きは、漢字ものの類書を続出させた。日本語倶楽部編『読めないとバカにされる漢字1500』(河出書房新社、五〇〇円)、守誠著『読めますか? 小学校で習った漢字』(サンリオ、五〇〇円)などであり、『読めそうで読めない間違いやすい漢字』同様、ワンコイン本である。二〇〇九年はこれらが例年以上の売れ行きを示した。[*106]

『告白』と三七〇円の破格本

ワンコイン本のヒットに続いて、二〇〇九年はさらに極端な廉価本が登場した。人気グループ・SMAP中居正広の『私服だらけの中居正広 増刊号〜輝いて〜』（扶桑社）である。著者中居が三七歳になる二〇〇九年八月一八日に、三七〇円で刊行された。「笑っていいとも！」出演時の私服姿を収録しており、帯のキャッチコピーは、〈「こりゃSPA！より安いぞ！」タモリ〉。人気タレントの本で週刊誌一冊より安いこともあって、五八万部まで伸長、同年のベストセラーランク四位となった。[*107]

同書に次ぐリスト五位は、湊かなえの『告白』（双葉社）である。二〇〇九年の文芸書は、『1Q84』が突出して売れたが、それ以外は伸び悩んだ。『1Q84』の大ヒットは文芸書ジャンル全体を活性化すると期待されたが、結局は単独の現象となって、他の文芸書を牽引することはなかったのである。そのなかで例外的に伸びたのがミステリー小説『告白』だった。

同書は湊かなえのデビュー作である。「週刊文春ミステリーベスト10」の第一位となり、宝島社の「このミステリーがすごい！」でも第四位にランクインして注目された。さらに二〇〇九年四月に「本屋大賞」を受賞することで、『告白』の人気は決定的となる。新人ゆえに清新さが関心を呼び込んだこともあり、累計六七万五〇〇〇部まで達した。湊かなえの作品はこの年、『少女』（早川書房）が一一万部、『贖罪』（東京創元社）が一二万部と、『告白』と連動して一定の部数を獲得している。[*108]

なお、二〇〇七年にブームを巻き起こし、翌二〇〇八年には早くも沈静化したケータイ小説は、二〇〇九年になってもヒット作は出せず、ある程度の売上げはあったが、ごく小さな文芸書ジャンルに落ち着いた。ベストセラーリストへ多数の作品を送り込んだのは、一時の現象だったことがはっきりしたのである。

アメリカ関連の三冊

二〇〇九年はまた、マーシー・シャイモフ『「脳にいいこと」だけをやりなさい！』（三笠書房）が累計六八万部へと達し[*109]、リスト六位となっている。著者はアメリカで自己啓発セミナーを主宰しており、ベストセラー作者として著書も多い。この翻訳書は、「脳の回路がうまく回りだし、人生すべてにポジティブな結果を残すことができます」との謳い文句で、脳科学とポジティブシンキングを結びつけた本であった。内容も充分に注目を集めたが、加えて、教養新書などで売れ行き良好書を連続させていた茂木健一郎が翻訳したことで、本の話題性がさらに高まった。

同年リスト七位『体温を上げると健康になる』（サンマーク出版）もアメリカ発の企画といえる。著者齋藤真嗣はニューヨーク州の医師。健康実用書のヒット作は手堅く売れ続けて部数を重ねる例が多く、同年三月刊の同書もそうした動きのなかで、この年五〇万部まで達している[*110]。

なお、アメリカ関連といえば、二〇〇九年は一月二〇日に、アメリカ初のアフリカ系大統領としてバラク・オバマが第四四代大統領に就任した。日本でもさかんに報道されてオバマ新大統領への関心は膨らみ、オバマ関連本が出版ラッシュとなった。〈オバマと付く本は四九点に上った）という。リズムが良く分かりやすい語り方が人気となっていたため、関連書のなかでは、彼の演説を収録したCD、DVD付き本も多数刊行されている。

オバマ関連本の最大のヒット作は、CNN English Express編『対訳 オバマ演説集』（朝日出版社）である。ペーパーバック製で九五頁の雑誌風書籍で、定価一〇五〇円と安価に設定された。基調演説から勝利演説までを収め、「生声CD付き」と「完全対訳と詳しい語注付き」で人気を呼び、一年で四〇万部に達している。[*112]

〇〇年代は教養新書と「ハリー・ポッター」の数年にわたる大ブームを柱に、廉価本へのシフトなど見逃せない現象もからんで、ベストセラー史上実に多彩な時期であった。出版界全体の構造的問題も深刻化し、苦境のなかで版元は生き残りのため、ヒット作探しにこれまで以上に向き合わざるを得なくなった。インターネット社会の急速な進展もさまざまな影響を及ぼしてきた。その意味で疾風怒濤の時代といわねばならない。

出版の危機とベストセラーの渇望、過当競争と生き残りの模索は、次の二〇一〇年代を迎えても、出版界で状況が緩和することはない。〇〇年代の混沌を経て、平成末に至る一〇年代はさらなる変転の様相を見せていくのである。ベストセラー史の叙述を通してその詳細を辿っていくのは、続く第八、九章の役割である。

（1）『出版指標年報』二〇〇七年版、二八頁。
（2）同上書、同頁。

（3）『出版指標年報』二〇〇二年、二九頁。
（4）同上書、同頁
（5）同上書、同頁。
（6）植田康夫監修『ベストセラーの仕掛人』アーク出版、二〇〇五年、一六五頁。
（7）同上書、一六六～一六七頁。
（8）『出版指標年報』二〇〇二年版、九四頁。
（9）前掲『ベストセラーの仕掛人』一六五頁。
（10）『出版指標年報』二〇〇二年版、三一、九四頁。
（11）『出版指標年報』二〇一八年版、八二頁。
（12）永江朗『筑摩書房 それからの四十年』筑摩書房（筑摩選書）、二〇一一年、二八〇～二八四頁。
（13）同上書、二八四～二八五頁。
（14）前掲『ベストセラーの仕掛人』一七二頁。
（15）『出版指標年報』二〇〇二年版、九五頁。
（16）前掲『筑摩書房 それからの四十年』二八七頁。
（17）同上書、二八七～二八八頁。
（18）『出版指標年報』二〇〇二年、一一六頁。
（19）同上書、一〇一頁。
（20）同上書。三一頁。
（21）同上書、一二七頁。
（22）同上書、一一九頁。
（23）石橋毅史「津田沼駅前「BOOKS昭和堂」、閉店までの舞台裏」。『東洋経済ONLINE』二〇一八年九月二七日。
（24）「ハリー・ポッター」のエピソードは、二〇一七年五月二三日放送、NHK BSプレミアム「アナザーストーリーズ 運命の分岐点：「ハリー・ポッター」魔法のような誕生劇」による。
（25）『出版指標年報』二〇〇一年版、一二九～一三〇頁。
（26）『出版指標年報』二〇〇二年版、二九頁。
（27）『出版指標年報』二〇〇三年版、三〇、一二〇頁。
（28）同上書、一二〇頁。

(29)同上書、同頁。
(30)同上書、一〇三頁。
(31)同上書、同頁。
(32)同上書、同頁。
(33)同上書、三〇、一〇五頁。
(34)同上書、八七頁。
(35)『出版指標年報』二〇〇四年版、二七~二八頁。
(36)前掲『ベストセラーの仕掛人』二三九頁。
(37)同上書、二四〇頁。
(38)同上書、同頁。
(39)メディアファクトリー『ダ・ヴィンチ』二〇〇三年一〇月号。
(40)『出版指標年報』二〇〇四年版、三〇頁。
(41)同上書、八三頁。
(42)同上書、九六頁。
(43)同上書、一〇〇~一〇一頁。
(44)同上書、八四、八九頁。
(45)『出版指標年報』二〇〇五年版、一一五頁。
(46)同上書、二九、一一五頁。
(47)同上書、一一五頁。
(48)同上書、二九、一一五頁。
(49)同上書、二九頁。
(50)同上書、一一五頁。
(51)『出版指標年報』二〇〇四年版、八四頁。
(52)『出版指標年報』二〇〇五年版、九〇頁。
(53)同上書、九七頁。
(54)同上書、九九頁。
(55)『出版指標年報』二〇〇六年版、八四頁。

(56)同上書、八一頁。
(57)同上書、八一、一〇八頁。
(58)同上書、一〇八頁。
(59)同上書、八九～九〇頁。
(60)同上書、八三頁。
(61)『出版指標年報』二〇〇七年版、一二九～一三〇頁。
(62)同上書、一一五頁。
(63)同上書、一一四頁。
(64)同上書、一一四頁。
(65)同上書、一〇二頁。
(66)同上書、同頁。
(67)同上書、一〇五頁。
(68)同上書、九二頁。
(69)『出版指標年報』二〇〇八年版、七四頁。
(70)『出版指標年報』二〇〇七年版、九三頁。
(71)同上書、一一四頁。
(72)『出版指標年報』二〇〇八年版、二九頁。
(73)同上書、一一九頁。
(74)同上書、同頁。
(75)同上書、一二〇頁。
(76)同上書、一一九～一二〇頁。
(77)同上書、二九頁。
(78)「日経ビジネス ONLINE」二〇〇七年三月八日号。
(79)『出版指標年報』二〇〇八年版、八六頁。
(80)同上書、一二四頁。
(81)同上書、一一六頁。
(82)同上書、同頁。

(83)『出版指標年報』二〇〇九年版、二九頁。
(84)同上書、一一五頁。
(85)同上書、二七頁。
(86)同上書、二九頁。
(87)同上書、一三二〜一三三頁。
(88)同上書、九二頁。
(89)同上書、同頁。
(90)同上書、八九頁。
(91)同上書、同頁。
(92)『読売新聞』二〇〇八年一二月一〇日夕刊「回顧２００８ベストセラー：暗い世相に夢と指針 ファンタジー、血液型本」。
(93)『出版指標年報』二〇〇九年版、八九頁。
(94)同上書、一一五頁。
(95)同上書、同頁。
(96)『出版指標年報』二〇一〇年版、二七頁。
(97)同上書、同頁。
(98)同上書、二九頁。
(99)同上書、二八頁。
(100)同上書、三六頁。
(101)同上書、一一三頁。
(102)同上書、同頁。
(103)朝日新聞社メディアビジネス局「広告朝日」二〇〇九年八月一八日、ネット掲載記事。
(104)出所は『出版指標年報』二〇一〇年版、七五、七七頁。
(105)同上書、二九頁。
(106)同上書、一〇九頁。
(107)同上書、一〇一頁。
(108)同上書、一一三頁。
(109)同上書、八九頁。

(110) 同上書、一〇五頁。
(111) 同上書、九一頁。
(112) 同上書、一〇九頁。

第八章
二極化の広がり――二一世紀③

【二〇一〇年】「最短ペースの一〇〇万部超え」続く

本章は平成期二〇一〇年代前半を扱う。年単位では二〇一〇年から二〇一四年（平成二二〜二六）が対象となる。この時代は〇〇《ゼロゼロ》年代の展開を引き継いで、出版の地盤がさらに転換的様相を示していく過程でもあった。ネット社会とデジタル化の進展は出版のさまざまな局面に決定的な影響を及ぼし、版元―取次―書店―読者という流通の仕様、広告宣伝のスタイルなど、紙媒体を主力とした二〇世紀のあり方が根底から揺り動かされていく。

〇〇年代後半から問題となった二極化問題についても、一層の拡大が趨勢だった。出版業界がシュリンクするなかでベストセラー現象はかえって賑やかしくなり、複雑な実状を見せる。こうした時期にあらわれた個々のヒット作について、それぞれの特徴を把握していくのが本章の目的になる。前章でおこなった年ごとの解説という方法を用いて、ベストセラー事情を眺めていこう。

二〇一〇年代の出版は、二〇〇九年の重苦しい空気を引きずるかたちではじまった。二〇一〇年（平成二二）の出版物推定販売金額（書籍・雑誌の合計）は、二一年ぶりに二兆円割れとなった前年に比して、さらに三・一％も落としている。六〇八億円の減少であって、ついに一兆八〇〇〇億円台になってしまった。[*1]

紙媒体がシュリンクしていくなか、この年、期待されたのが電子出版である。デバイスの普及が進むとの予測から、二〇一〇年は「電子書籍元年」になると喧伝された。この年、アップルが**iPad**を発表し、プレゼンテーションのなかでスティーブ・ジョブズは、「これ（**iPad**）で本も読めるんだ」と語っている。すでに電子書籍リーダーとして**Kindle**（アマゾン）や**Reader**（ソニー）、**Kobo**（二〇一二年より楽天の子会社）は発売されていたが、アップルの参入によって電子書籍は一気に活気づくと予測されたのである。[*2] しかし結局、普及はあまり進まず、「元年」は次年以降へ繰り越しになったと『出版指標年報』で指摘される結果に至る。[*3] もっとも同年、電子書籍の伸び自体は大きく、インプレスR＆Dの調査では、その市場規模は前年比二三・七％の伸びで五七四億円となっている。ただし大半を占めるのはケータイコミックであった。[*4] なお、電子出版の内実とベストセラーとの関連については、次章で一項を設けて説明する。

一方、書籍のベストセラー状況を見ると、二〇一〇年にミリオンセラーは五点も出ており、点数的には多出の年といえる。シュリンク状況のなかで売れ筋本の賑やかさだけが目立ち、「ごく一部だけが突出して売れ、他は不振」という書籍界の二極化現象がさっそく現前した。読者の関心はメディアが取りあげテレビなどで話題になった本に集中する傾向が強く、〇〇年代と流れは変わらない。また値段の安い本の需要が依然として強く、部数に比して利益はさほどではない傾向も続いている。そのなかでの売れ筋本の続出だというのは、押さえておかねばならない。

二〇一〇年のミリオンセラーとしてまず挙げたいのは、前年にトップセラーとなった村上春樹作品の続編、『1Q84』BOOK3である。二〇一〇年四月一六日に新潮社から刊行され、BOOK1・BOOK2に匹敵する社会現象を巻き起こした。たとえば、〈当日は深夜〇時に発売を開始したり、開店時間を繰り上げる書店が相次ぐなど異例とも言える盛り上がりを見せた〉のである。発売から一二日目の増刷決定で一〇〇万部に至り、既刊と同様、「最短ペースの一〇〇万部超え」の達成となった。既刊二作も再び売れ足を早め、三点の累計を合計すると三八三万部という記録的な部数に達した。〈他社作品が発売日を変更するなど「作家は村上春樹とそれ以外の作家の二種類だけ」などと言われるのもあながち大げさな表現ではない〉と、指摘されるほどの突出ぶりである。[*5]

人気は全く落ちず続編も次々とミリオンセラーになっていくというのは、「ハリー・ポッター」シリーズを思わせるが、「売れるから売れる」という集中現象が、今度は『1Q84』に乗り移ったかのようであった。

空前のヒット作『もしドラ』

圧倒的なミリオンセラーとなった『1Q84』BOOK3だが、単体としてはベストセラーリストの二位であった。この年の一位は、二〇〇九年の一二月に刊行された岩崎夏海『もし高校野球の女子マネージャーがドラッカーの『マネジメント』を読んだら』(ダイヤモンド社)である。長いタイトルの同書は「もしドラ」と略称されており、以下、本書もこちらも使用する。

『もしドラ』は、〈野球部が抱えるさまざまな問題を、ドラッカー流マネジメントを実践しながら乗り越えていき、夢の甲子園出場を果たすという、痛快な青春小説〉である。カバーデザインが〈萌えキャラの女子高校生〉であって、この打ち出し方が、正統的な経営学の本・ドラッカー『マネジメント』とミスマッチすることで、かえって目を引いたのである。[*6]

取り合わせの妙でアイキャッチ効果が大きいこの本は、青春小説の面白さとドラッカーの入門書としての解りやすさがともに味わえるというので、まず三〇歳代の若いビジネスマンに注目された。評判を受けてテレビや新聞で度々取りあげられるようになり、それを機に人気はさらに上昇、女性や中学生へと読者層は広がった。これらの結果、刊行半年後の〈二〇一〇年〉五月末で五一万部、八月に一〇〇万部突破、年末に再加速し、二〇一一年二月に二〇〇万部突破。三月一五日時点で二二〇万部に達した〉のである。一〇〇年近い歴史をもつダイヤモンド社で〈初めて一〇〇万部を超えた本〉となる。そしてこの作品は、電子出版でもビジネスマンを中心に読まれ一〇〇万ダウンロードを突破した。[*7]

岩崎夏海『もし高校野球の女子マネージャーがドラッカーの『マネジメント』を読んだら』

紙媒体の大ヒットがあって、それに引き継がれるようにして、規模こそ紙に比してまだ小さいが電子でもそれなりのヒットとなる。ベストセラーの事情を見ていくと、二〇一〇年代にはこのかたちが基本となっており、『もしドラ』はその先駆けとなった作品といえよう。

大ヒットを受けて『もしドラ』は、青年コミック誌

『スーパージャンプ』(集英社)でのコミック連載(二〇一〇年一二月〜)、NHKでのアニメ放映(全一〇回、二〇一一年四月)、AKB48の前田敦子主演による映画公開(同年六月)とメディアミックスが立て続けになされ、相乗効果から翌二〇一一年も人気は衰えなかった。[*8] この本が二年連続でミリオンセラーを達成したことは後述する。

なお、『もしドラ』が幅広い層に好評を博したのを受けて、元になった書籍としてP・F・ドラッカー著、上田惇生編訳『マネジメント——基本と原則』〔エッセンシャル版〕(ダイヤモンド社)にも注目が集まった。一〇年前の本(二〇〇一年刊)ながら改めて売れ行きを伸ばし、一般向きとはいえない体系的な大著ながら累計六五万部へと達した。うち五四万部は二〇一〇年の一年間で得た重版であり、[*9] 同年のベストセラーリスト九位に入っている。

「もしドラ」効果によるドラッカーへの関心の高まりは類書の売上げにも波及する。以前(二〇〇〇年)の刊行作で、「はじめて読むドラッカー」〔自己実現編〕」とされた、ドラッカー著、上田惇生編訳『プロフェッショナルの条件——いかに成果をあげ、成長するか』(ダイヤモンド社)もまた、二〇一〇年で七万五〇〇〇部伸長して累計三六万部へ達した。一方、年後半を中心にドラッカー関連書は新刊ラッシュとなり、二〇一〇年七月新刊の藤屋伸二『20代から身につけたいドラッカーの思考法』(中経出版)ほか、年間では合計二九点を数えた。[*10]

『KAGEROU』とタニタの本

二〇一〇年のミリオンセラー五点のうち二点は、同年のリスト一位と二位となった上記二書で、他の三書は、リスト集計外の時期と対象外のジャンルから出た。齋藤智裕『KAGEROU』（ポプラ社）は二〇一一年のリスト五位に入っているが、二〇一〇年のミリオンセラーである。同年のリスト集計期間（二〇〇九年一二月〜二〇一〇年一一月）から外れる一二月一五日の出版で、初版四三万部にて刊行され、大きな反響を呼んで発売二週間で累計一〇〇万部へ達した。人気タレントの水嶋ヒロが本名で発表した小説で、第五回ポプラ社小説大賞受賞作である。内容が一切秘密にされ、読者の飢餓感を煽ったこともあり、刊行されると売り切れ店が続出した。[*11]

趣味・生活書はベストセラーのランキング対象外のジャンルだということは、二三頁のリスト注記にもあるが、二〇一〇年はそこから、ベストセラー現象と似た展開で二つのミリオンセラーが出ており、紹介しておきたい。

タニタ著の『体脂肪計タニタの社員食堂——５００ｋｃａｌのまんぷく定食』（大和書房）は、九六頁のソフトカバー単行本。体脂肪計メーカー・タニタの社員食堂で出された定食三一日分の紹介レシピ集である。その低カロリー食によりダイエット成功を果たす社員が続出したことを謳っている。二〇一〇年一月に初版一万二〇〇〇部で刊行されると、本来地味であるはずのレシピ本ながら売れ筋となり、同年に一〇二万部へと達した。[*12]

タニタ『体脂肪計タニタの社員食堂』

好評を得た理由として、なによりテレビの影響を挙げなくてはならない。「金スマ」（ＴＢＳ系）や情報番組で頻繁に取りあげられ、そのたびに売上げの勢いが増したのである。人気を受けて一一月には、『続 体脂肪計タニタの社員食堂』が初版一〇万部で刊行されている。
思わぬ大ヒットは、二〇一二年一月、タニタレシピが味わえるレストラン「丸の内タニタ食堂」のオープンに繋がり、それがまた本の人気を加速させ、二〇一二年三月時点でシリーズ累計四八一万部という途轍もない数字となった。
この本の成功は「社食・企業レシピ本」ともいうべきジャンルをつくりさえした。一八万五〇〇〇部に至った『女子栄養大学の学生食堂』（PHP研究所、二〇一〇年一二月刊）、九万部となった『カルピス社員のとっておきレシピ』（池田書店、二〇一一年六月刊）など、一〇万部クラスの本が続出する。低カロリーにして栄養バランスが考えられたレシピ本がこれだけヒットしたのは、健康志向、ダイエット志向が読者の間で一貫した関心となっており、信頼性も高い「社食・企業レシピ本」という新しいブームに読書が飛びついたということだろう。[*13]
趣味・生活書からの二点目は、山本千尋の『バンド1本でやせる！巻くだけダイエット』である。ソフトカバーの単行本でこちらも一一二頁という薄い本。二〇〇九年六月に幻冬舎から刊行された。特別付録として「骨格矯正バンド」が付いており、このバンドを巻くだけでやせられるという簡便性が大いに受け、翌二〇一〇年にかけてたいへんな人気を博した。ダイエット関連ということで、同書はタニタ本と共通する。同年一一月までに一一六万部へと達し、累計一七六万二〇〇〇部に至った。[*14]
以上が集計期間外・対象外を含めた二〇一〇年のミリオンセラー五点となる。部数だけで比較すれば、『体脂肪計タニタの社員食堂』『KAGEROU』『バンド1本でやせる！巻くだけダイエット』は、二位の『1Q84』BOOK3級ということになる。

池上彰本のベストセラー化

二〇一〇年には池上彰本の人気拡大がある。池上は時事問題を解りやすく語る解説者として多くのテレビ番組に出演し、幅広い層から人気を得ていた。その池上が著したニュース解説本をはじめとした書籍が、おしなべて部数を伸ばしたのである。

きっかけの一つとして、出演していた不定期放送『学べる!! ニュースショー!』（テレビ朝日系）が、二〇一〇年に、『そうだったのか! 池上彰の学べるニュース』と番組名を変えてレギュラー化されたことがある。すでにテレビ各局への登場を頻繁にこなしていた池上は、これも機に「常連」となり、視聴者にとってその存在は一層馴染み深いものになった。二〇一〇年七月一一日の第二二回参議院議員選挙にさいして、選挙特別番組『池上彰の選挙スペシャル』（テレビ東京系）で総合司会をしたことも、改めて名を知らしめる一助となっている。これらも背景に池上彰の本に注目が集まりだした。

まさにテレセラー効果といえようが、二〇一〇年、池上彰本は続々ベストセラー化している。海竜社、小学館、講談社など各社から出ていた著書はどれも部数を伸長させたが、単行本では、二〇〇九年一一月刊の『知らないと恥をかく 世界の大問題』（角川SSコミュニケーションズ発行、角川グループパブリッシング発売）が池上本トップセラーで、二〇一〇年一一月までに四八万部へと達し、同年のベストセラーリスト一〇位に入った。

新書（教養新書）では、以前（二〇〇七年四月刊）に刊行されていた『伝える力』（ＰＨＰビジネス新書）が大きく伸びて、年間八一万部、累計一二〇万部へと大躍進している。[*15] 期間内でのミリオン達成ではないため、二〇一〇年五点のミリオンセラーには入らないが、同年にはそれら以外に、こうしたミリオン級大ヒットも出ているのである。『伝える力』はリスト三位にランクされた。

九八歳おばあさんの処女詩集

熟年の著者が生き方を説く本を刊行して、中高年読者を中心に評判となってベストセラー化する事例は二一世紀に特徴的な出版現象の一つであって、これまでも渡辺淳一『鈍感力』などが紹介されてきた（三五五頁）。

リスト六位に入った柴田トヨ『くじけないで』はその系列のベストセラーといえようが、著者が九八歳で、しかも詩集というのが異例である。お年寄り向けのイメージを排し、若々しいカラフルな装幀を採用している。[*16] 詩歌集は滅多にベストセラーへは挙がってこないが、一度挙がると大きく伸び出版史上も強い印象を残している。俵万智『サラダ記念日』（一九八七年）が好例であろう。『くじけないで』はそれ以来最大の詩歌集ヒット作となった。

著者は九〇歳代になってから詩を書きはじめたという。このキャリアも異色中の異色で、話題を呼び込む理由となった。柴田トヨの詩は新聞連載の詩歌欄でまず注目され、それを受けて二〇一〇年三月に飛鳥新社から書籍化された。詩集らしく一一二頁の小ぶりな本である。その後、Ｎ

ＨＫ「ラジオ深夜便」で取りあげられたのを機に人気が出始め、五月になって著者のテレビ出演があって二三万部へと続伸、ここからはさまざまなメディアに取りあげられることで評判が評判を呼ぶ展開となった。年内に九五万部へと至り、大晦日にＮＨＫが著者のドキュメンタリー番組を放映することで、二〇一一年の一月になってついに一〇〇万部を突破している。[*17]

なお、高齢者関連の本としては、二〇一〇年、自立した老人として「老いる力」を持つことの重要性を説いた曽野綾子『老いの才覚』（ベスト新書）も好評を得、一一月末で三三万部まで進み、二〇一一年二月末時点で七九万部を突破した。[*18] 翌二〇一一年も伸長してリスト九位入りしており、事情は後述する。

二〇一〇年は宗教関係書として、池田大作『新・人間革命』（21・22、聖教新聞社）、大川隆法『創造の法――常識を破壊し、新時代を拓く』（幸福の科学出版）が、それぞれリストで四位と五位に入り、組織力も背景に底力を見せた。なお創価学会、幸福の科学関連の本がベストセラーの常連となるのは、二〇一〇年代も〇〇年代を引き継いで変わらない。

柴田トヨ『くじけないで』

名言集と講義本

難解とされ一般にはとっつきにくい哲学書だが、「超訳」という触れ込みで、思い切って分かりやすい言葉にした名言集が、二〇一〇年、若い読者を中心にヒットした。白取春彦編訳『超訳ニーチェの言葉』（ディスカヴァー・トゥエンティワン）である。〈自分を常に切り開いていく姿勢を持つことが、この人生を最高に旅することになるのだ〉といった風の、大胆な意訳ぶりだが、それらを人生論・処世訓として受け取る読者に支持されて売上げを次第に伸ばし、ベストセラーとなった（リスト七位）。翌二〇一一年も続伸して、三月一日には一〇〇万部を突破している。この本のヒットを機として、適菜収編著『ゲーテに学ぶ　賢者の知恵』（メトロポリタンプレス）など類似本も多く出回り、一〇万部程度に達した作品もある。[*19]

二〇一〇年はまた、アメリカ有名大学の人気講義をまとめた本が好評を得た。マイケル・サンデル著、鬼澤忍訳『これからの「正義」の話をしよう――いまを生き延びるための哲学』（早川書房）である。著者はハーバード大学教授で、その講義「justice（正義）」を収録した。〈一人を殺せば五人が助かる状況があったとしたら、あなたはその一人を殺すべきか〉といった課題を解いていく内容である。著者サンデルの講義がＮＨＫ教育テレビで「ハーバード白熱教室」として一二回にわたって放送されたことも、本の人気を高めるきっかけを成した。

初版一万部でスタート。定価二四一五円という高めの設定ながら、評価は広がり発売後一〇日で一〇万部へ達する勢いとなる。八月にサンデルが来日して東京大学で特別講義がおこなわれた。その様子がＮＨＫで放送されると、これも一助となり本は六〇万部へと続伸、[*20]同年リスト八位となった。

【二〇一一年】震災の発生と書籍の健闘

二〇一一年（平成二三）は三月一一日に東日本大震災が起きた。地震や自然災害の多い日本だが、大地震、巨大津波、原発事故が立て続けに起こり、戦後史上有数の巨大災害となった。〈出版業界は印刷・製本、配送の遅れが生じ、消費マインドの冷え込みから販売への影響も懸念された。ところが、〔この年〕書籍はヒット作が続出して前年並みと大健闘、雑誌は過去最大の減少と、大きく明暗を分ける結果になった。先行き不安な情勢にあって、ひとりひとりのニーズにきめ細かく応えられる書籍のほうに読者の関心が向かったため〉と『出版指標年報』は分析している。[*21]なお震災関連の書籍については、二〇一一年に九一五点が刊行され、翌二〇一二年はさらに増えて一〇四〇点となった。[*22]とはいえ、これらのなかで、ベストセラーの上位に挙がった作品があったわけではない。

「新書ブーム」が去り売れ筋のジャンルも変化して、二〇一一年は単行本でのベストセラーが数多く出た。前年の勢いが続く『もしドラ』が期間内だけで一一三万部となり、二年連続で年単位ミリオンセラーを達成する。『KAGEROU』は前記したように二〇一〇年一二月単月で一〇〇万部であり、具体的には一二月二九日書店到着分の九刷でミリオンである。それゆえ集計上（二〇一〇年一二月から二〇一一年一一月）は二〇一一年のベストセラーとなっている。その後、二月までは勢いがあったが、まもなく売れ行きが止まり短期集中型を印象づけた。[*23]この二書はそれぞれ同年のリスト三位、五位に入っている。

『くじけないで』がこの年一月にミリオンセラーへ達したことは前述した。その後も続伸して二〇一一年に累計一五五万部へと達し、リスト七位を得ている。著者柴田トヨは同年六月に一〇〇歳を迎え、それを機に第二弾の詩集『百歳』が同じ飛鳥新社から刊行された（九月）。初版二五万部であり期間内に四五万部まで伸びている。

素人の詩集がここまで伸びるのはまさに前代未聞の事態であった。『くじけないで』は当初、じわじわと人気を広める動きだったが、前述もしたように、テレビの影響が大伸長をもたらしたことは明らかで、ある意味、テレセラーに馴染む本だったといえる。なおトヨ本の人気から、二〇一一年は「アラ卒寿」（九〇歳前後の人）なる流行語が生まれ、竹浪正造（九三歳）の絵日記抜粋本『はげましてはげまされて』（廣済堂出版）など高齢者が著者の本が続出した。〈これらは五〇代以降の読者が中心で、出版全体の読者年齢の上昇の一端が垣間見える一例だった〉と分析されている。[*24]

前年来ということでは、教養新書の曽野綾子『老いの才覚』（ベスト新書）がこの年、期間内八〇万部の上乗せとなった。[*25] 高齢者本の人気も背景にした伸長といえよう。こちらも五〇歳代以上のシニア需要が中心で、版元ＫＫベストセラーズの高橋伸幸常務は、〈この本は夕方以降は売れていない、まさにお年寄り時間で動いた本なのです〉と語っている。[*26] 元々初版は八〇〇〇部であり、売れる本との見通しも定かではなかったが、二〇一一年二月の末、ＮＨＫ「おはよう日本」に著者が登場してから大きく動き出したことは前述している（三〇八頁）。なおこの本の場合、女性読者が男性の二倍以上あったといわれている。同年六月にミリオンセラーとなった。[*27]

なおリスト外だが、同じ前年来の『体脂肪計タニタの社員食堂』もまた好調の持続が際立《きわだ》っており、二〇一一年だけで、正続合計にて期間内二五九万部という続伸ぶりを見せている。[*28]

『謎解きはディナーのあとで』

前年来の好調書とともに、二〇一一年は、同年の新たなベストセラーも充実している。そのなかでリスト一〇位内に入った三点について言及していこう。『謎解きはディナーのあとで』（小学館）はミステリーの連作集で、二〇一〇年九月に初版七〇〇〇部で刊行された。刊行時、著者東川篤哉《とくや》は、二〇〇二年に『密室の鍵貸します』（光文社）でデビューはしていたが、作家として無名に近い。しかし、本格ミステリーながらユーモアに満ちたその作風は早々と注目された。なかでも、同書にあるお嬢様刑事と毒舌執事のやり取りに読者の関心が集まり、人気は広がっていった。

東川篤哉『謎解きはディナーのあとで』

この本がベストセラー化した背景の一つに、発売当初より書店員の高い評価があった点が挙げられる。それは本屋大賞ノミネートへ繋がるのだった。これらによって『謎解きはディナーのあとで』は売上げを拡大させ、テレビCMの放映など版元の思い切った宣伝策も功を奏して、発売半年でミリオンセラーに達した。二〇一一年四月、第八回本屋大賞を受賞すると、その話題性もあって売上げは加速、八月には累計一三五万部に続伸する。さらに一〇月には人気グループ・嵐の櫻井翔が主演でテレビドラマ化され、今度はこれが追い風となって、一一月には同一七五万部へと至る。[*29] 圧倒的な部数を得て同年のトップセラーになった。

同書の大ヒットを受けて、一一月一〇日には続編『謎解きはディナーのあとで（2）』が同じ小学館から刊行される。初版五五万部の刊行予定だったが、事前注文がその部数を越え、刊行前重版として七万部が上乗せされた。単行本では小学館創業以来の最多初版部数である。またこの第二弾は計画販売制を採った。それは〈書店からの注文数に応じて配本するシステムで、注文が無いと配本されず、また返品には条件がつく反面、書店側のマージンが通常よりも高くなる〉といったかたちで、確実に売れる本でないと採用できない方式である。

『謎解きはディナーのあとで（2）』は刊行されると、この方法に見合う実力を見せた。増刷は発売一〇日後に二〇万部、さらに一一万部とおこなわれ、追加もあり発売一か月で累計九三万部へ至ったのである。[*30] その結果、二〇一一年のリストで八位を得た（一一月末締め切りの期間内集計なので、上記累計部数が全て反映されているわけではない）。

なお、第二弾の躍進は第一弾への波及効果を生み、一一月以降だけで一八万部の増刷がおこなわれ、年末には累計一八三万部まで伸びる。[*31] アルバイトをしながら夜にアマチュア作家として執筆し投稿するのを七年間続け、デビュー後に専業となってからも、収入は乏しく北向きのアパート暮らしだった著者東川は、「一夜明けると」一躍ヒットメーカーとなり、時の人になったのである。

ただし当の東川は、インタビューに答えて、自作が売れ出した状況について、〈途中からもう何が何だかわけがわからなくて、どこか他人事のような気分でしたね〉と語っており、成功後に何をしたのかとの問いには、〈あんまり大したものは買いませんでしたね。家も少しはまともな所に引っ越しましたが、相変わらず中央線の郊外暮らしのままですし、ネットもメールもしないし、携帯すら持っていません〉と答えている。[*32]

現役スポーツ選手初のミリオンセラー

二〇一一年のリスト二位は同年三月刊の長谷部誠『心を整える。——勝利をたぐり寄せるための56の習慣』（幻冬舎）である。長谷部は浦和レッズで活躍したのちドイツに渡り、移籍先のクラブチームを初優勝に導いた。サッカー日本代表のゲームキャプテンを務めており、二〇一〇年南アフリカ・ワールドカップなどでチーム勝利に貢献したことは、国民の多くが認めるところだった。冷静なリーダーシップの持ち主として認知度は高く、彼に関心を寄せる者はサッカーファンにとどまらない。実際、同書の読者はビジネスマンが多かったといわれる。長谷部選手のセルフ・メンタルコントロール術は、ビジネスシーンに応用できると期待されたのだ。

初版二万部での刊行後、サッカーファン＋ビジネスマンを中心としながら読者の裾野は広がり、年内一一六万部へと達した。現役スポーツ選手初のミリオンセラーである。[*33] 心を「鍛える」あるいは「磨く」というアプローチとせず「整える」としたことが、長谷部の存在感や実績と相まって、読者の関心を大きくしたようだ。

この本が売れた背景として出版科学研究所は、〈長引く不況や将来の不安など閉そく感が漂う中、いかに心持ちを強く生きるかは多くの人たちにとって関心事〉になっていた点と、〈折しも東日本大震災の大惨禍を経験し、心の安寧を求めるムードも高まって〉いた点を指摘している。[*34]

なおこの本の印税は、ユニセフを通じて、東日本大震災支援のために寄付されたという。

『人生がときめく片づけの魔法』

二〇一一年には日本ばかりか海外でもベストセラーになった本が登場している。前年末（二〇一〇年一二月二七日）刊行の近藤麻理恵『人生がときめく片づけの魔法』（サンマーク出版）である。片づけ術の本は前年二〇一〇年から売れ筋作が出始めている。小松易『たった1分で人生が変わる 片づけの習慣』（KADOKAWA／中経出版）は同年一九万二〇〇〇部、やましたひでこ『新・片づけ術「断捨離」』（マガジンハウス）は二〇万部に達していた。[*35] これらの本は、片づけや収納の技術だけを伝えるのではなく、不要なモノ、無駄なモノは持たない生き方を示し、あるいはモノへの執着自体をなくす生き方を説く面を打ち出しており、すなわち自己啓発系の要素を持っていた。その傾向は二〇一〇年代の片づけ本・整理術本の特徴ともなっており、『人生がときめく片づけの魔法』もこうした傾向がはっきりしている。

自己啓発については次項で述べることとして、まず同書の内容を見ていこう。

片づけのコツは「一気に、短期に、完璧に」であって、「捨てる」を終わらせるためにも、〈本来片づけで選ぶべきなのは「捨てるモノ」ではなくて「残すモノ」〉をたえず念頭に置く、などと基本姿勢を示したうえで、たとえば本の片づけについては、〈必ず全部床においてひとつずつ触ってから判断すること〉〈中身は絶対見てはならない〉〈いつか読み返すは永遠にない〉と個々に指摘される。このように、『人生がときめく片づけの魔法』は非常に具体的で、実践的な話ばかりを収録しており、その意味で実用書の王道といえるだろう。

一方でこの本は、従来の「捨てる技術」本とは違った側面を持っている。それは「ときめき」である。同書が打ち出した、「ときめくモノだけ残す」というコンセプトは、どれを残し、どれを捨てるのかについて、なにより自分の心と向き合えというメッセージを含んでおり、そこが本の特徴となって、広い読者の共感を呼んだ。

本が好評を得ると、その内容だけでなく、著者自身のキャラクターが興味を集めて、テレビ番組で取りあげられるようになった。ＮＨＫ「おはよう日本」、ＴＢＳ系「王様のブランチ」などである。その影響もあって、『人生がときめく片づけの魔法』は売れ行きを伸ばし、二〇一一年九月に累計一二五万部へと至り[*36]、同年のリスト四位に入った。

近藤麻理恵は出版コンサルタント会社の作家養成講座でグランプリを取ったとき、出版社へのプレゼンテーションをおこなう機会を得た。そのとき著書刊行に手を挙げた八社すべてを尋ねてサンマーク出版を選んだという[*37]。これが初発となって『人生がときめく片づけの魔法』は日本の出版市場に登場したのだが、サンマーク出版はこの本を国内だけでなく、世界に向けて売り出していった。著者の独特な存在感もあって（海外での公演で人気を博した）、アメリカをはじめアジア（台湾、韓国、中国）や欧州（ドイツ、イギリス）でも本はヒットした。アメリカでは二〇一五年六月一二日段階で九三万部に達している[*38]。

近藤麻理恵『人生がときめく片づけの魔法』（２）

英訳題は“The Life-Changing Magic of Tidying up”。近藤麻理恵の著書は海外で、自己啓発本あるいはスピリチュアル本のコーナーに置かれることが多い。「ときめき」を唱える近藤は、片づける対象の服を集めて柏手を打つ仕草をしながら「寝ていたお洋服を起こしていた」と語るなど、パフォーマティブなところに特徴があり、スピリチュアルな印象を際立たせるのにひと役買っている。なお彼女は学生時代、三年間巫女のアルバイトをしていたことがあったという。[*39]

自己啓発とベストセラー

ベストセラー書のなかで、二〇世紀にはあまり見られず、一九九〇年代後半になって急に目立ってきた系統として自己啓発の発想を採り入れた本があり、前の章でも点描的に扱っている（三三二頁など）。『人生がときめく片づけの魔法』はその一冊であった。二〇一〇年代を扱う本章と次章においても、自己啓発の性格ないし傾向を持つ書籍は少なからず登場する。ついてはここで「自己啓発」についてまとめておきたい。

自己啓発とは自身のなかに眠っている能力を、他律的ではなく自主的に啓《ひら》き、開発する、ということで、アメリカが本場である。元々はビジネスの世界において、従業員の意欲を高めるとともに、仕事の遂行能力を伸ばそうと意図して生まれた。能力向上や精神的な成長を目ざすのだから、心理学的なアプローチの面が強い。

自己啓発は一方で洗脳のようなものと見なされる場合があり、日本ではかつて自己啓発セミナーの類いが、洗脳行為をおこなっているというので事件にもなった。これに対して、二一世紀にさかんになった「自己啓発」は、より洗練された方法になり、社会のさまざまな場面で使われている。

二一世紀においては、本人が、「今の自分では駄目だ。ビジネスの世界で成功するために、あるいは恋愛など人間関係を上手く運ぶために、自身に欠けているものを自ら発見して、修正していこう」と考えることが、自己啓発への関心に結びつき、それを捉え指南する本が生まれる。働き方、対人関係、言葉遣い、生活の仕方、時間の使い方……など多くの種類がある。

自己啓発的なアプローチを応用した本はベストセラーとの関連性が深い。たとえば、第六章で取りあげた教養新書でいえば、コミュニケーション術の本『頭がいい人、悪い人の話し方』や、好感を持たれるための生活態度の本『女性の品格』などは、自己啓発の観点を多分に含む（著者がそれを企図している・していないは別として）。

二一世紀になって、自己啓発系の本がヒット作に目立つようになったのは、時代的な要請もあるはずだ。経済の伸びが止まった社会では、ある程度豊かに暮らすためには、ただ頑張るとか、今の自分の能力のままポジティブに生きる、というだけでは駄目である。それは頑張れば誰もが豊かになりえた、高度成長時代のあり方を反映したにすぎないからだ。

現代では、好印象を与えるとか、すぐれたコミュニケーション能力があるというのが、成功をもたらし（あるいは「人生に失敗しない」ことを導き）、安定した社会活動の構築に役立つ、と考えられるようになった。ネット社会の進展も、自己啓発への関心を高めている。ソーシャルネットワークの世界では、双方向コミュニケーションが瞬時に多人数と起こる。自分の言動に対する他人の反応が早く、しかも大量に現れる場合もある（「いいね！」や炎上など）。こうした世界の只中にいる者は、自分の言動や認識をどう改めていくか、について敏感になりやすい。そこに自己啓発への動機が生まれてくる。これらの事情を背景に、二一世紀のノンフィクション・ベストセラーには、自分を変え、周囲への接し方を自主的に変えるという、自己啓発のニュアンスを含むものが多くなってきたのだ。

すでに紹介された『チーズはどこへ消えた？』『Good Luck』『夢をかなえるゾウ』という三つのミリオンセラーは、「成功するにはどうすればいいのか？」というテーマを持ち、自己啓発的な面がはっきりしている。またこれらは小説仕立てであることが共通しており、自己啓発への導きには、親しみやすいつくりが決定的に重要であることがわかる。『チーズはどこへ消えた？』は、単純なストーリーに託して状況の変化にいかに対応すべきかを説き、意識改革を促す目的がある。『Good Luck』の二人の著者（アレックス・ロビラ、フェルナンド・トリアス・デ・ベス）は同じビジネススクール出身で、社員教育の目的で『Good Luck』を書いた。『夢をかなえるゾウ』は、「成功するためにはどうしたらいいか？」という自己啓発書のメインテーマを、お笑い芸風に説いたところに特徴がある。

自己啓発的なアプローチの本はまた、本章で扱う二〇一〇年代のベストセラーのなかで、すでに登場している。『もしドラ』はこれまでの自分（たち）の発想・やり方を変えて、成功をつかみ取る、というアプローチを持つ点で自己啓発色は強く、しかも上記三作同様、小説仕立てである。『人生がときめく片づけの魔法』は小説でなく実用書だが、よりよい生活のために「ときめき」を重視する、という心理学的なところに、自己啓発的アプローチが宿っている。

例示したこれら五つのミリオンセラーは、製作側が戦略的に自己啓発の発想を打ち出している。自己啓発的アプローチはベストセラーに結びつきやすく、売れ筋本を狙うためその方法を積極的に採用する、という意識が強い。それを考えても、自己啓発とベストセラーの相性の良さは、二一世紀の常景になったといえよう。

【二〇一二年】『聞く力』と『置かれた場所で咲きなさい』

二〇一二年（平成二四）の書籍界は、売れ行き上位銘柄の部数水準は前年を大きく下回り、[*40] 全体に不振の一年だったといえる。大ヒット作の産生という点でも低調な年といえ、年間累計でミリオンセラーに達したのは阿川佐和子『聞く力――心をひらく35のヒント』（文春新書）の一点にとどまった。

阿川佐和子『聞く力』

渡辺和子『置かれた場所で咲きなさい』

同書は阿川佐和子が相手の話をいかに引き出すかなどを書いた教養新書である。二〇一二年一月二〇日に刊行された。阿川は雑誌・テレビに登場すること多く知名度が高いうえに、『週刊文春』で二〇年にわたり対談連載を続け「聞く力」の持ち主として説得力が高かった。この本は発売当初から好売れ行きとなり、年間を通して勢いを維持した。また、各種年間ベストセラーで一位を獲得することで、一二月になって一挙に二三万部の増刷が掛かった。これらによって一三二万部へと達している。[*41]

前項で触れた自己啓発への関心が高まるのは、裏を返せば、人づきあいに悩む人が多くなったということである。少子高齢化が進み将来不安は慢性的となっている。景気の低迷に加え、働く環境が変わり、ネット社会の進展で人づきあいの方法も多様化した。そうしたなか、高いコミュニケーション能力の必要性がより求められる。コミュニケーション術の本に引き合いが生じるのもこの時代的状況からだった。大ヒットした池上彰『伝える力』はそれに応えた新書であり、二〇一二年唯一のミリオンセラー『聞く力』もその流れが生んだヒット作といってよい。[*42]

『聞く力』に次ぐ二〇一二年のベストセラーリスト二位は、渡辺和子『置かれた場所で咲きなさい』（幻冬舎）である。こちらは二一世紀にジャンルとして充実してきた「生き方本」の一冊。同年四月刊で、単行本扱いながら新書とほぼ同じ大きさの軽装判であった。著者はカトリックの著名なシスターで、その箴言《しんげん》集が同書である。その一つ、〈時間の使い方は、そのまま、いのちの使い方なのですよ。置かれたところで咲いていてください〉からタイトルを採っている。〈震災復興の遅れ、デフレ不況など日々の暮しぶりにも不安や閉塞感が漂う中で、平易な意志のある言葉で綴られたこの本に共感を覚える読者は少なくなかったようだ〉と『出版指標年報』は、ヒットの理由を説明している。なお、『置かれた場所で咲きなさい』の売れ行きに弾みがついたきっかけは、著者のテレビ出演だった。それも機に勢いは加速し、同年に七三万部へと達している。翌二〇一三年二月にはミリオンセラーに至った。[*43]

本屋大賞、直木賞作家で初の受賞

直近三年間はミリオンセラー到達作が年に一作はあった文芸単行本だが、二〇一二年はゼロだった。そのなかで、ベストセラーリスト四位と健闘したのが三浦しをん『舟を編む』（光文社）で、辞書の作り手たちの姿を丁寧に描いた小説である。

同書は二〇一一年九月に初版二万部でスタートしている。この本が売れるきっかけとなったのは、第九回本屋大賞の受賞だった。二〇一二年二月に同賞へのノミネートが決定し、その時点で一三万五〇〇〇部。四月に過去最大の得票数で同賞を受賞すると、一気に三六万部の重版が掛かる。本屋大賞の存在は大きくなっており、直木賞作家で初の受賞という点でも話題を呼んだ。その後は順調に伸びて、年末時点で五六万部に至っている。[*44]

二〇一二年はリスト六位に前年来の『人生がときめく片づけの魔法』がランクイン。また、一〇位には落合博満『采配』（ダイヤモンド社、二〇一一年一一月刊）が入った。二〇〇四年から指揮をとっていた中日の監督を前年に退任し、その話題性が続いたことで同書は二〇一二年になっても伸び、とうとう累計四〇万部へと達したのである。[*45]

ほかに医療・健康関係書が三点、ランク一〇位内に入っている。

リスト五位は中村仁一『大往生したけりゃ医療とかかわるな――「自然死」のすすめ』（幻冬舎新書、二〇一二年一月刊）である。がんを治療せずに自然死をすすめた本で、終末医療のあり方を問い直した。「生き方本」にヒットが出れば、同書のような「死に方本」にもヒットが出るということなのだろうか、五〇万部に達する成果となった。[*46]

リスト八位と九位はともに南雲《なぐも》吉則の本。五五歳ながら若すぎる（？）容姿が話題を呼びテレビ出演が多かったことも影響して、年前半を中心に売れ行きを伸ばした。八位の『「空腹」が人を健康にする――「一日一食」で20歳若返る！』（サンマーク出版）は二〇一一年一月刊の単行本、九位の『50歳を超えても30代に見える生き方――「人生１００年計画」の行程表』は二〇一一年一〇月刊の新書（講談社＋α新書）。ともに累計五〇万部へと達している。人気を背景に南雲本は多く出回った（一三点）が、その勢いは年後半に失速した。[*47]

なお、リストの対象外ながら、二〇一二年は趣味・生活書ジャンルでベストセラーが続出している。大和書房の「体脂肪計タニタの社員食堂」シリーズは二点累計四八五万部に到達し、徳間書店の「美木良介のロングブレスダイエット」シリーズは四点累計二〇〇万部、中村格子著、秋山エリカ監修『［DVD付き］実はスゴイ！大人のラジオ体操』（講談社の実用ＢＯＯＫ）は五〇万部となり、これらヒット作の部数は、〈書籍全体の年間ベストセラートップ五圏内に相当する売れ行き〉であった。[*48]

【二〇一三年】『医者に殺されない47の心得』

二〇一三年（平成二五）は出版物の推定販売金額（書籍・雑誌合計）が前年比三・三％落ちて、一兆六八二三億円となった。二一年ぶりに二兆円を割り込んだことに業界が驚いたのはわずか四年前である。そこからさらに大きくシュリンクしたわけで、減少は九年連続となる。雑誌は一六年連続のマイナスで、返品率が書籍のそれを超えるという、二〇世紀では考えられなかった事態がこの年に起きた。広告収入は回復を見込めず、紙媒体の創刊点数は過去最低を更新した。雑誌ビジネスの展開先が電子出版しかなくなって、小学館や集英社など大手が電子雑誌の刊行を開始したのもこの年である。[*49]

書籍のほうはどうか。前年比二・〇%の減少で七年連続のマイナス成長という、こちらも底なしのシュリンク状態だが、[*50]雑誌に比べるといくぶんましであった。例年のようにベストセラーだけは賑やかで、ミリオンセラーが複数出ているし、ほかにも売れ筋本は幅広く登場している。全体の落ち込みのなかで、二極化の典型的状況がこの年も繰り返されていた。

二〇一三年のトップセラーは近藤誠『医者に殺されない47の心得――医療と薬を遠ざけて、元気に、長生きする方法』（アスコム）である。著者は独自の視点から「がんとは闘うな」を主張する医師。同書は副題が示す通り、長生きのために医療や薬を遠ざけることを説いた本だ。二〇一二年一二月に初版一万部で発売され、二〇一三年一月に打った読売新聞の新聞広告がきっかけで、売上げは伸び出した。勢いはそのまま続き、同年九月になって二三刷・一〇〇万部へと到達している。[*51]アスコムは二〇一〇年代の書籍界を席捲する四つのベストセラーメーカー「ダイヤモンド社・サンマーク出版・アスコム・文響社」の一つで（文響社の本は後述）、同書はその初ミリオンセラーとなった。

テレセラーが効果的といわれ、実例も枚挙に暇《いとま》がない出版状況のなか、アスコムは『医者に殺されない47の心得』を、〈テレビ宣伝はほぼ行わず、全国紙と地方紙への広告と営業促進を連動させて、書店の増売協力を仰〉ぐという手法で、ミリオンセラーまで至らせた。アスコムのスタイルとその成功は、ある意味、新鮮だったのである。同書の中心的読者層は五〇から六〇歳代の女性で、〈この世代には新聞広告でのPRがてきめん〉だったようだ。なお同書は総合週刊誌で批判記事も出た。反響の大きさゆえにであろう。[*52]

村上春樹、再び

二〇一三年のミリオンセラーとして次に挙げられるのは、村上春樹『色彩を持たない多崎つくると、彼の巡礼の年』（文藝春秋）である。高校時代の親友四人から一方的に絶縁を宣告された主人公が、その理由を確かめるために「巡礼」の旅をするという物語で、『1Q84』BOOK3以来三年ぶりの長編新刊であった。

発売にさいしては前作同様、「春樹フィーバー」が巻き起こった。〈発売日には深夜〇時をもって解禁とする書店や開店時間を繰り上げる書店もあり、前作『1Q84』でも繰り広げられた光景が今回も新聞やテレビ番組で取りあげられた〉のである。またこの本では、前作でもおこなわれた「ティーザー」の手法（三七〇頁参照）が版元によって採用された。〈〔二〇一三年〕一月一九日に文藝春秋から村上春樹の新作刊行と受け取れるアナウンスがあり、三月一五日にタイトルなどが公開された。この時期から書店店頭やネット書店で読者による予約注文が本格化した。発売まで内容や装丁が明らかにされないなど情報量をコントロールしたことでむしろ読者やマスコミの関心を惹き寄せた〉のだった。[*53]

発売は四月一二日だったが、この時点ですでに四刷・累計五〇万部が決定していたというから、「春樹フィーバー」は相変わらず常識破りの出来事をもたらしていた。しかも同書は日を措かずに追加重版もなされた。在庫切れの書店も目立ったからで、四月一六日で六刷・同八〇万部が決定された。ミリオンセラー到達は発売七日目の四月一八日である。〈ミリオン到達が速かった例は、発売一二日目に部数が決定した『1Q84（BOOK3）』（書店到着分は二九日目）、一四日目に書店到着分で達成した『KAGEROU』（ポプラ社）がある〉が、それを超えたのだった。[*54]

かくして『色彩を持たない多崎つくると、彼の巡礼の年』は同年四、五月にかけては大きな売れ行きを示した。しかし、年後半には〈その勢いはすっかり落ち着いた〉という。累計部数も一〇五万部止まりだった。〈内容の評価は賛否両論分かれ〉たのが理由とされる。[*55] 事前宣伝を積極的におこない、さまざまな広告手法を用いることで、ムード的な「勢い」が生まれることはしばしばある。それによって発売された本があっという間にベストセラーになる場合は珍しくない。しかし、市場に出回ったあとは内容が評価される。〈賛否両論分かれ〉ることで「ブーム」は一気に沈静化してしまう例もまた、珍しくないのである。『KAGEROU』がその一例であろう（三九三頁参照）。もっとも、息長く活動している村上春樹の作品が「沈静化」の対象になったことに、驚く出版関係者は少なくなかった。

『色彩を持たない多崎つくると、彼の巡礼の年』は二〇一三年のリスト二位である。同年三位は前年来の阿川佐和子『聞く力』（文春新書）であって、文藝春秋はベストセラーの上位に二点を送り込んだことになる。同社は最大手版元の一つといえるが、雑誌社の性格が強いこともあって、二一世紀、ベストセラーとしては、前年の『聞く力』までリスト一〇位内に一点も送り込んでいない。二〇一三年の成果は久しぶりの快挙だといえよう。この実績を機に、同社は以後数年にわたって、ベストセラー史を賑わす作品を次々と登場させていく。小説が中心だが新書もある（後述）。

ベストセラーは本来単体に起こる現象ではあるが、一度出ると、版元にしてもブランドにしても、あるいはシリーズにしても、連続する場合はよく見られる。成功が成功を呼ぶというのは、さまざまな面においてベストセラーの常なのである。シュリンクしていく出版界にあって、ベストセラー狙いに傾く動きが一層高まっていくのは、こうした点からも当然であった。単体人気プラス、ブランドに対する市場の高評価（結果、そのブランドから次のヒットが出やすくなる）をもたらすのなら、ベストセラーの恩恵は計り知れない。ゆえに出版不況のなか、バランスのよい出版活動を展開する大手においても、一点突破的なベストセラー狙いへのシフトは起きてくるのである。

異例の重版ペースと文庫版四〇〇万部

文藝春秋と並ぶ出版の最大手であり、かつては『窓ぎわのトットちゃん』『五体不満足』『だから、あなたも生きぬいて』などのメガヒットを出して、ベストセラー史でたえず光のあたる存在だった講談社もまた、二一世紀に入るとその存在感を小さくした。ベストセラーの上位に、講談社の本がほとんど挙がってこなくなったからだ。文藝春秋もそうだが、古くからの大手版元は雑誌社の性格が強い。講談社はその一つである。雑誌から書籍へ出版の中心線が移り変わる時代に、対応がかえって遅くなった側面はあるのだろう。

　二〇一三年にリスト四位となった百田尚樹《ひゃくたなおき》『海賊とよばれた男』（上・下）は、久々に出た講談社のヒット作である。上下合計でミリオンセラーとなった。同書は出光興産創業者・出光佐三《いでみつさぞう》をモデルにした歴史経済小説。二〇一二年七月に上下各三万部の初版で刊行された。著者百田は放送作家出身で、〇〇年代に小説家デビュー（太田出版刊『永遠の０』）を果たしている。デビュー作はのち講談社で文庫になり、二〇一二年、ミリオンセラーへ達していた。これらの下地があって、百田尚樹の新刊小説は、当初より期待度が高かったのである。上下巻ながら初版三万部の設定がそれを物語っている。刊行時から売れ行きは好調であった。*56

百田尚樹『永遠の０』

　そのうえで、『海賊とよばれた男』を大きく伸ばすきっかけがあった。四月九日発表の「2013年本屋大賞」は同作を授賞作としたのである。本屋大賞がベストセラーに結びつくことは、前年の『舟を編む』をはじめ例示を重ねている。同賞はノミネートされた時点から話題になることで有名となっていたが、『海賊とよばれた男』もノミネート時で上下累計が二五万部まで進んでいた。受賞時は同四二万二〇〇〇部に至っており、受賞が決まると版元講談社はただちに上巻一六万一〇〇〇部、下巻一五万九〇〇〇部の増刷をおこなった。さらに四月一一日と一二日に一〇万部ずつの追加増刷を決定、これらもあり上下累計一〇〇万部に至ったわけだ。大賞受賞作は例年売れ行きを伸ばしているが、

『海賊とよばれた男』のペースの速さは異例のことで、勢いはそのまま続き、一二月末に同一七〇万部へと達した。[*57]

この好調ぶりを受けて、百田作品は、ゼロ戦乗りを描いた『永遠の0』が再ヒットする。宮崎駿のアニメ映画『風立ちぬ』の成功からゼロ戦への人気が膨らみ、一二月に同作の実写映画公開とトピックが連続することで、講談社文庫版は四〇〇万部という途轍もない数字に達した。著者がテレビへ積極的に出てＰＲに努めたことも、作家と作品の知名度を上げることに大きな役割を果たしたのである。[*58]

「半沢直樹」シリーズ第三弾

二〇一三年のリスト五位は池井戸潤『ロスジェネの逆襲』（ダイヤモンド社）である。『海賊とよばれた男』同様、前年の半ば（この本は六月刊）に刊行されたものが、この年に大きく伸びた。そのきっかけは、この本の場合、同年七月にスタートしたテレビドラマ「半沢直樹」（ＴＢＳ系）の高視聴率にある。堺雅人演じる銀行員が理不尽な要求をする上司に徹底抗戦するその内容はサラリーマン層に広く支持され、最終回（九月）は四二・二％というドラマとして記録的な視聴率となった。それを背景に、原作『オレたちバブル入行組』、『オレたち花のバブル組』（ともに文春文庫）は二点計二六〇万部へと躍進した。[*59]

単行本『ロスジェネの逆襲』は「半沢直樹」シリーズの第三弾といえる作品で、上記の半沢ブームを受けて大きく伸びたのである。ドラマ放映で売れ行きが急上昇し、一〇月には一気に四五万部の重版が掛かって、累計八五万部に達した。翌二〇一四年一月にはミリオンセラーとなっている。[*60]

二〇一三年はほかに、二〇一一年にベスト新書『老いの才覚』をミリオンセラーにした曽野綾子が、今度は幻冬舎新書で『人間にとって成熟とは何か』を大きくヒットさせた。〈世知辛い世の中を自分らしく生き抜くコツを提言〉と版元のコメントにある。前作の好評を引き継いで八〇万部まで伸び、[*61]リスト七位を得た。

話題の達人倶楽部編『できる大人のモノの言い方大全』（青春出版社）は、二一世紀のヒットジャンルとなったコミュニケーション術の本。前年二〇一二年一〇月刊で、単行本ながら定価一〇五〇円と安価に設定された。二〇一三年に八五万部へと達し、[*62]リスト八位に入っている。ほかに、前年来の渡辺和子『置かれた場所で咲きなさい』が、この年もリスト九位入りしており、ロングセラー化したのがわかる。

【二〇一四年】異色の自己啓発書

二〇一四年（平成二六）四月、消費税が五％から八％になった。長期にわたるシュリンク状態にあった出版界は、この負荷を吸収する地力がなく、影響をまともに受けた。〈出版物の販売状況は急激に悪化し、年間を通して回復の兆しは見えなかった〉と『出版指標年報』が端的に記している。その二〇一四年、出版物（書籍・雑誌計）推定販売金額の減少は一〇年連続となったばかりか、落ち込み率が前年比四・五％に達し、二〇〇九年の四・一％を上回って、統計を取り始めた一九五〇年以来最大となった。[*63]

書籍にしても推定販売金額は八年連続のマイナスで、しかも落ち込みが前年比マイナス四・〇%と大きく、販売部数も前年比四・八%減で金額以上の落ち幅となった。[*64] この数字はベストセラー事情にも反映している。これまで、業界全体のシュリンクはあっても毎年ミリオンセラーは登場し、（全体不振のなか、一部の）「賑やかさ」を演出していたが、二〇一四年は、本書も依拠する出版科学研究所の年間の単行本総合ランキングで、ミリオンセラーがついにゼロとなったのである。ただし、集計対象外の趣味・生活書ジャンルで、『長生きしたけりゃふくらはぎをもみなさい』（アスコム）が一〇〇万部に到達した、というのはある。[*65] それも唯一の存在であった。

一方、電子書籍の市場規模は前年比二八・三%の急増ぶりである。電子雑誌を合わせた電子出版市場は一〇一三億円で、こちらは初めて一〇〇〇億円を超えた。この数字だけ見れば、紙媒体の出版市場の減少をある程度補完する存在になったともいえようが、電子書籍の約八割は電子コミックが占めており、出版界全体の朗報とは言いがたい。[*66]

そうした二〇一四年にリスト一位となったのは、水野敬也+長沼直樹『人生はニャンとかなる！――明日に幸福をまねく68の方法』である。二〇一三年一〇月に文響社から刊行された。著者の一人水野敬也はミリオンセラー『夢をかなえるゾウ』（飛鳥新社）を著しており、ユニークな自己啓発書の作者として実績がある。

その水野が関わって『人生はニャンとかなる！』は制作された。自己啓発系といえるが、動物の写真と偉人の格言やエピソードを組み合わせたのが異色といえる。〈「すべての色に役割がある」「人生はニャン度でもやり直せる」といったフレーズと動物の写真が並ぶ頁の裏には、孟子や徳川家康、バッハ、ナイチンゲール、マリリン・モンローといった歴史的な著名人の名言とその解説が記されている。数万点もの素材から厳選した動物写真と一頁ずつ切り離せるように作成した頁体裁など、随所にこだわりのある本〉であり、この企画性が読者に受け、同年に七九万二〇〇〇部へと達した。[*67]

『村上海賊の娘』

全体的にふるわなかった二〇一四年は文芸書も不振といえる一年だったが、リスト二位に入った和田竜『村上海賊の娘』（上・下）は前年一〇月に新潮社から刊行された作品。この年に累計でミリオンセラーへと達している。

売れ行きを伸ばした契機は本屋大賞受賞だった。東川篤哉『謎解きはディナーのあとで』（二〇一一年・第八回）、三浦しをん『舟を編む』（二〇一二年・第九回）、百田尚樹『海賊とよばれた男』（二〇一三年・第一〇回）と、本章でも取りあげてきたベストセラー上位作（四位位内）は、同賞ノミネートと大賞受賞が大ヒットに繋がった。第一一回大賞受賞作である『村上海賊の娘』も同じ経緯を辿っており、同賞とベストセラーの対応関係は、二〇一〇年代にとりわけ決定的なものになっており、以降も続いている。

著者和田は脚本家としてデビューし、脚本から小説化することで『のぼうの城』（小学館、二〇〇七年）など話題作を世に送っていた。『村上海賊の娘』はその和田が初めて初出として書いた小説で、戦国時代を舞台に瀬戸内海の海賊王・村上武吉の娘の戦いを描いた歴史小説である。刊行翌二〇一四年、本屋大賞受賞ののち上下ともに一五万部ずつの重版が掛かった。その後も勢いは続いて、上下合計で同年に累計一〇一万部へと至っている。[*68]

小説では前年に『ロスジェネの逆襲』などをヒットさせた池井戸潤が、二〇一四年にも『銀翼のイカロス』（ダイヤモンド社）をリスト三位に入れた。池井戸人気は継続している（『ロスジェネの逆襲』はこの年一月、池井戸作品で単行本初のミリオンセラー作品となった）。『銀翼のイカロス』は再建されたばかりのJALをモデルにしたという点でも注目され、初版二五万部スタート、発売三日で五五万部へと達し、この年累計六〇万部まで進んだ。[*69]

ネット時代に適合的な『ビリギャル』

大川隆法と池田大作の宗教書が、組織力も背景にベストセラー上位に連年登るのは、二〇一〇年代も一貫している。二〇一四年にあっても、前者の『忍耐の法――「常識」を逆転させるために』（幸福の科学出版）がリスト四位、後者の『新・人間革命（26）』（聖教新聞社）が五位についた。

これに続く六位は、坪田信貴『学年ビリのギャルが1年で偏差値を40上げて慶應大学に現役合格した話』（KADOKAWA＋アスキー・メディアワークス）である。「ビリギャル」と略称されており、本書でも以下この表記を用いる。

『ビリギャル』は異彩を放つ教育ノンフィクション書である。なにより登場の経緯が異例といえる。名古屋市で個別指導の塾を経営していた坪田信貴《のぶたか》が、実際に指導していた生徒との経験をもとにして、STORYS.JPへ投稿した物語が初発だった。STORYS.JPは人生の「ストーリー」を載せるWebサイトである。「ビリギャル」公式サイトでは、〈投稿サイトSTORYS.JPで話題となった実話を全面書き下ろしで完全版として書籍化〉と説明されている。

さらに、同サイトでは内容紹介として、〈高校2年生にして、小学4年レベルの学力のギャルをいかにして慶應義塾大学現役合格にまで導いたかが、軽妙な、笑いを誘うタッチで描かれている〉とある。加えて、〈その笑って泣ける感動的なストーリーのみならず、「ダメな人間などいません、ダメな指導者がいるだけなのです」と語る著者の、子どもや部下のやる気を引き出す心理学テクニックにも注目が集まっている〉としている。自己啓発書としての側面があるということだ。しかも、面白可笑しい物語にして親しみやすさを前提としたのは、二一世紀の自己啓発系の本に多く見られるアプローチだといえよう。

アスキー・メディアワークスにより書籍化され二〇一三年一二月二六日に刊行、二〇一四年には五〇万部突破を果たすヒット作となった。[*70] この本はタイトルのアイキャッチとともに、制服姿の金髪ギャルを配したカバーが話題となった。起用された女性はモデルの石川恋。主人公「さやかちゃん」本人ではない。

坪田信貴『学年ビリのギャルが1年で偏差値を40上げて慶應大学に現役合格した話』

『ビリギャル』はなぜ売れたのか?

第一に、タイトルのインパクトが大きい。ギャル、慶應大学、偏差値30、と具体的なイメージを持つものが並ぶ。

第二として、実用的興味に加え、感動をさそう物語的要素がある点。受験のノウハウ本でもあり、親子の愛情本であり（課題を抱えた親子がそれを乗り越え、一つの家族になっていくストーリー）、不可能を可能に変えていく、チャレンジの軌跡であり、心理学に基づいた受験指導法を実感できるケース本でもある、といった盛りだくさんの印象が好結果を招いた。

第三としては、ネットの口コミで六〇万人以上に支持され、出版された成り立ちが挙げられる。STORYS.JPという誰もが自由に物語を投稿できるサイトに、地方の名も無き塾の先生が書いたエピソードが載り、ＳＮＳなどでシェアにシェアが重ねられた。それをオンラインで六〇万人以上が読み、感動したのが書籍化のきっかけといわれる。ネット時代にマッチした、斬新な成り立ちが読者に強い興味を抱かせた。

第四は時代の雰囲気とのマッチングである。何ともいえない閉塞感や、先行きの不透明さに包まれ、希望が失われてきた時代に、「誰でもやればできる」「チャンスはある」というメッセージが共感を生んだ。希望なき時代にあって、可能性と救いを求める人びとの深層心理がこの本のヒットに繋がったという点はある。

第五としてテレビの力が挙げられる。テレセラーについては本書で何度か例示もしてきたが、この本もその要素は大きい。刊行翌年の二〇一四年九月二一日、「情熱大陸」（ＴＢＳ系）で著者坪田が採りあげられている。

第六は映画による相乗効果である。同書は二〇一五年五月に土井裕泰監督、有村架純主演により『映画 ビリギャル』と題して映像化された。その影響もあって、『ビリギャル』は二〇一五年も勢いを継続させて同年のベストセラーリスト九位に入り、二年連続の一〇位内ランクインとなった。

追記すれば、『ビリギャル』には二〇〇〇年のトップセラー、大平光代『だから、あなたも生きぬいて』との類似性がある。名古屋もの、若い女性が主人公、底辺からブランド（慶應大学合格、司法試験合格）を獲得する話、といったところである。

なお、『ビリギャル』のヒットは、同書のなかに登場した『ジーニアス英和辞典』（大修館書店）を売り伸ばすという波及効果まで引き起こした。[*71]

漫画版ビジネス書・名作本

二〇一四年では「漫画版ビジネス書・名作本」のヒットにも言及が必要である。代表作は同年のリスト七位に入ったフランクリン・コヴィー・ジャパン監修、小山鹿梨子漫画『まんがでわかる 7つの習慣』（宝島社）。原作『7つの習慣』は一九九七年のベストセラーとして既述している（二三三頁）。一九九六年にキングベアー出版から翻訳刊行され、二〇一四年には累計一六八万部に達した本である。[*72] 著者スティーブン・R・コヴィーはアメリカの経営コンサルタントで、その出自からもわかるように、『7つの習慣』は自己啓発書の要素が強い。

この書を漫画版化したのが『まんがでわかる 7つの習慣』であった。刊行は二〇一三年一〇月。漫画版では、バーテンダーを目指す二三歳の女性を主人公にして、「7つの習慣」を実践することで生き方や考え方に変化があらわれる様子が描かれた。〈かわいらしい絵柄と女性にも共感じやすい設定で、「ビジネス書は年配男性が読む堅苦しいもの」と敬遠していた女性読者や若年層をつかみ、大ヒットした〉のである。本は第四弾まで続刊され、シリーズとして累計一二四万部へと達する。[*73]

宝島社は類書として、『まんがでわかる セブン-イレブンの16歳からの経営学』や、『まんがでわかる ドラッカーのリーダーシップ論』などを刊行している。追随するように他社からも、『コミックでわかる アドラー心理学』（KADOKAWA／中経出版）、『まんがで身につく 孫子の兵法』（あさ出版）、『ザ・ゴール コミック版』（ダイヤモンド社）などが刊行されていった。〈これらに共通するのは、古典的名著や過去のベストセラーが原作である点、実用書的なノウハウの解説ではなく、物語形式にしている点、そして若い女性を主人公にしている点〉だといえよう。[*74]「漫画版ビジネス書・名作本」のジャンルが形作られたのであって、その潮流は、二〇一八年のベストセラー一位『漫画 君たちはどう生きるか』に繫がると考えられる。

なお、「漫画版ビジネス書・名作本」のなかでアドラー心理学の本もあったが、二〇一四年はアドラー心理学の本が広く読まれた。代表作は岸見一郎＋古賀史健『嫌われる勇気――自己啓発の源流「アドラー」の教え』である。二〇一三年一二月にダイヤモンド社から刊行された同書は、対人関係を改善する秘訣をアドラー心理学の観点から説き、具体的な方策を示したこともあって注目された。読者は次第に広がり、二〇一四年には五〇万部を超える勢いを得て、同年のリスト一〇位となっている。同書のヒットにより他の岸見アドラー本への関心も高まり、『困った時のアドラー心理学』（中公新書ラクレ）などの伸びに波及していった。〈「すべての悩みは対人関係の悩みである」という同心理学の論は二〇～三〇代の女性読者にも響き、女性ファッション誌でも関連記事が組まれたほどだった〉。[*75]

二〇一二年からのロングセラー、渡辺和子『置かれた場所で咲きなさい』(幻冬舎)は二〇一四年もリスト九位に入ってコンスタントに売れ続けている。同年は続編『面倒だから、しよう』(幻冬舎、二〇一三年一二月刊)も伸びてリスト八位に入った。勢いが落ち着いたところで、七月に(NHKの)テレビ番組に著者渡辺和子が出演し、これがきっかけで再び伸びが出たという経緯もある。『置かれた場所で咲きなさい』はこの年、累計一五〇万部を突破し、『面倒だから、しよう』も四一万部まで伸長した。〈「きれいさはお金で買えるが、心の美しさは買えない」など八〇代後半のカトリックのシスターである著者の潔い言葉は、老若男女幅広い読者から支持されたた〉のである。[*76]

・

(1)『出版指標年報』二〇一一年版、二七頁。一兆八七四八億円である。
(2)電子書籍出版フォーラム2014「電子出版ビジネスと出版産業」、二〇一四年七月二五日刊『出版月報』増刊収録。同誌一九頁。
(3)『出版指標年報』二〇一一年版、二八頁。
(4)同上書、同頁。
(5)同上書、一一五頁。
(6)同上書、八七頁。
(7)同上書、同頁。
(8)同上書、同頁。
(9)同上書、同頁。

(10)同上書、同頁。
(11)同上書、一一五頁。
(12)『出版指標年報』二〇一一年版、二九頁。
(13)『出版指標年報』二〇一二年版、一一五頁。
(14)『出版指標年報』二〇一一年版、二九頁。
(15)同上書、九一～九二頁。
(16)同上書、一一五頁。
(17)同上書、八四、一一五～一一六頁。
(18)同上書、八四頁。
(19)同上書、八三頁。
(20)同上書、九一頁。
(21)『出版指標年報』二〇一二年版、二七頁。
(22)『出版指標年報』二〇一三年版、二九頁。
(23)『出版指標年報』二〇一二年版、二九、一二五頁。
(24)同上書、一二五、一二七頁。
(25)同上書、一四〇頁。
(26)『出版月報』二〇一一年六月号、一〇頁。
(27)同上誌、同頁。
(28)『出版指標年報』二〇一二年版、二九頁。
(29)同上書、一二四頁。
(30)同上書、同頁。
(31)同上書、同頁。
(32)新潮社『波』二〇一六年一一月号「東川篤哉・インタビュー　僕がアラサーだったころ」。
(33)『出版指標年報』二〇一二年版、一一四頁。
(34)同上書、九二頁。
(35)『出版指標年報』二〇一一年版、八八頁。
(36)『出版指標年報』二〇一二年版、九二頁。

(37) 植木宣隆「ベスト&ロングセラーをつくり、海外でもヒットさせる方法とは?」全国出版協会・出版科学研究所平成二六年度第二回出版セミナー収録『出版月報』増刊、二〇一五年六月二五日発行、三~四頁。
(38) 前掲増刊号、一七~一八頁。
(39) TBS系「情熱大陸」二〇一五年一二月二七日放送、「片づけコンサルタント・近藤麻理恵に密着!」より。
(40)『出版指標年報』二〇一三年版、二九、三〇頁。
(41) 同上書、三〇、一三五頁。
(42) 同上書、九七~九八頁。
(43) 同上書、八八頁。
(44) 同上書、一二二頁。
(45) 同上書、一〇九頁。
(46) 同上書、一三五頁。
(47) 同上書、一一四頁。
(48) 同上書、一一〇頁。
(49)『出版指標年報』二〇一四年版、二七、三一頁。雑誌は前年比四・四%の減少だが、これはコミック(漫画単行本)が非常に好調だったことを含んだ数字で、実際の下降はさらに大きい。
(50) 同上書、二九頁。
(51) 同上書、九九頁。
(52) 同上書、同頁。
(53) 同上書、一〇九頁。
(54) 同上書、同頁。
(55) 同上書、同頁。
(56) 同上書、一一〇頁。
(57) 同上書、同頁。
(58) 同上書、同頁。
(59) 同上書、同頁。
(60) 同上書、同頁。
(61) 同上書、一二三頁。

(62) 同上書、八四頁。
(63) 『出版指標年報』二〇一五年版、二七頁。
(64) 同上書、二九頁
(65) 同上書、同頁。
(66) 同上書、二八、五三頁。
(67) 同上書、八〇頁。
(68) 同上書、一一三頁。
(69) 同上書、一一四頁。
(70) 同上書、八九頁
(71) 同上書、同頁。
(72) 同上書、八五頁。
(73) 同上書、同頁。
(74) 同上書、同頁。
(75) 同上書、八五〜八六頁。
(76) 同上書、八〇頁。

第九章
出版の変容とベストセラー――二一世紀④

本章では平成末まで二〇一〇年代の後半を扱う。

【二〇一五年】大ベストセラーの貢献

二〇一五年（平成二七）は出版物（書籍・雑誌合計）の推定販売金額が前年比五・三％減となり、〈急激に悪化〉の前年と比してもさらに落ち込んだ。減少幅は過去最大、マイナスは一一年連続である。[*1] 出版は過去にも幾度か産業として危機を迎えたことがある。大正期がそうであったし、昭和戦中期がそうだった。しかし、一〇年を超えてマイナスが続くというのは常ならぬ事態であり、恐慌や戦争、統制といった外的な力に起因するわけではないというのも相まって、状況の深刻さをあらわしている。そのなかで、突出的なメガセラーが出るという、二一世紀の出版で見慣れた光景が、本章が扱う平成期の終わりまで繰り返される。

ベストセラー史は千客万来の物語であり、それを捉える道筋は繁華な街路を行くがごとしである。賑やかさの歴史が印象づけられる。ただこれでは片翼飛行的になる。人びとの暮らしも祭事ばかりではないように、出版のいとなみも、「祭り」から一夜明けると「淡々とした日常」が続き、また、祭りのフィナーレに類比されうる成功譚（ベストセラー）の足下には、暗鬱な敗残例がいくつも横たわる。さらにいえば、肝心の成功譚にしても、時間差で見れば盛者必衰の無常が流れているのである。実はそれこそ真の「ベストセラー史」というべきなのだ。

本書も視点を複眼的にすべく努めており、その一つの方途として、二一世紀の記述では、ベストセラーの「賑わい」と出版業の構造的苦境（シュリンク）は表裏一体である、との見方を繰り返し示してきた。二極化状況はとりわけ二〇一〇年代には常景となっている。それはもはやベストセラー史叙述の要諦である。この認識をもとに、本書はすでに、市場全体の様相を併行して指摘することをおこなってきた。本章も同じ姿勢をもって臨む。状況説明は端的なものにとどめるが、すでに二〇一五年については述べはじめている。

なお二〇一五年、電子出版のほうは市場拡大が続いている。市場規模は一五〇二億円となり、前年比三一・三％増となった。とはいえ電子コミックが一一四九億円を占め、そこに偏っているのは変わりない。また、文字ものの電子書籍は、〈電子化点数が増えているため、売れているというより点数が増えたなりの伸びを示している〉という内実である。*2 電子出版については、二〇一四年から二〇一八年の動向をのちまとめて説明する。ベストセラーとの関連もそこで見通しを含めて述べる。

さて、二〇一五年の全般事情は上記の通りだが、シュリンクの点では、落ち込みは雑誌で大きく、〈書籍はマイナストレンドではあるが、落ち幅は小幅にとどまった〉。文庫の不振（二年連続の大幅なマイナス）はあるものの、書籍全体としては比較的健闘した一年といえる。背景として、二四〇万部超を記録した又吉直樹『火花』（文藝春秋）の存在は特記されうる。突出したトップセラー『火花』は、二〇一五年の書籍市場を牽引した本であった。

『火花』

『火花』は芸人コンビ「ピース」の一人、又吉直樹の小説。著者又吉はテレビの出演機会も多く、知名度は高かった。現役の人気タレントが純文学でデビューするというので、掲載先だった『文學界』（文藝春秋）二〇一五年二月号は高い関心を持たれる。同誌は完売となり、増刷が掛かった。定期刊行物である雑誌の増刷はきわめて珍しい。歴史の長い『文學界』でも創刊以来初であった。

又吉直樹は元々読書家だった。高校時代はサッカー少年ながら、当時の監督は彼について、〈とにかくよく本を読んでいました。他にも本を読む子はいましたが、彼は特別。遠征のバス移動で他の子が眠っているときも、宿についてからも、時間があれば読んでいた。一度「練習道具、ちゃんと持ってきてるんか。本だけちゃうやろな」と言ったこともあります〉と語っている。[*3]

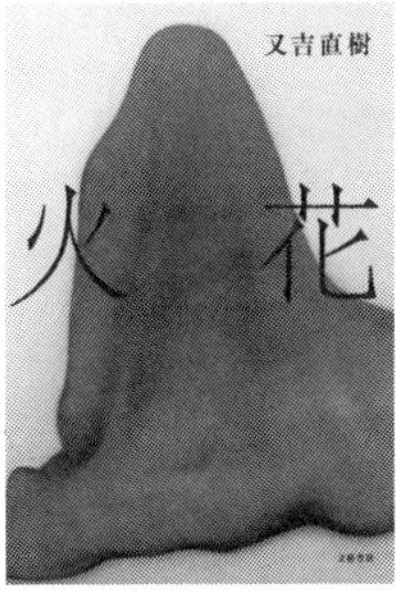

又吉直樹『火花』

その又吉はまた、自由律俳句に先行して取り組んでいた。彼がはじめて出版した本は、せきしろとの共著句集『カキフライが無いなら来なかった』（幻冬舎、二〇〇九年）である。又吉は二〇〇八年（平成二〇）から句作をはじめた。〈俳句という意識はあまりなく自分の言葉を書こうとだけ思った〉という。[*4] 文章をつくる作業はこうした過程も経ており、それらの蓄積が小説家誕生に結びついたのである。

単行本『火花』の刊行は二〇一五年三月一一日。初版は一五万部で新人としては破格だった。すでに作品の話題性は高まっており、本は刊行二週間で三五万部を突破する勢いとなる。同年の三島由紀夫賞（新潮社主催、五月）は落選したが、六月、芥川賞（文藝春秋主催）にノミネートされると、これを機に本は六四万部へと伸びていく。そして七月一六日、芥川賞を受賞すると、連日大きく報道され、〈供給が追いつかないほどの売れ行きとなった。重版ペースもすさまじく、七月二八日出来の一四刷で一〇四万部とついにミリオンを達成。毎日のように重版がかかり八月一九日出来の一八刷で二〇九万部のダブルミリオン。受賞からわずか一カ月あまりで異例の一四五万部もの重版がかかる事態となった〉のである。その後、一二月二一日出来で二四五万部に達した。これが二〇一五年で、翌二〇一六年は一月段階で二五一万部にまで伸長している。〈『火花』の発行部数は芥川賞受賞作として歴代一位、文芸単行本としても歴代二位の快挙〉となった。[*5]

本書でたびたび紹介してきた戦後全体のベストセラー・ランキング（四七〇頁）は、二〇一四年一〇月調査なので、『火花』は対象外だが、二〇一六年末段階での二五三万部を当てはめると、二四位となる。[*6]また、『出版指標年報』二〇一六年版（二〇一六年四月刊）は、囲み記事で、過去に一〇〇万部を突破した国内の小説（単行本）の発行部数調査を掲載している。[*7]それによると、歴代一位は片山恭一『世界の中心で、愛をさけぶ』（小学館、二〇〇一年）で三二一万部。これに続く二位が二五一万部の『火花』であった。以下、村上春樹『ノルウェイの森』（講談社、一九八七年）、田村裕『ホームレス中学生』（ワニブックス、二〇〇七年）、リリー・フランキー『東京タワー』（扶桑社、二〇〇五年）と続く。一九八七年刊ゆえ算定対象期間が長い『ノルウェイの森』

は有利だが、それさえ押さえた位置に『火花』はある。同書はベストセラーとしても歴史的存在といってよい（登場する作品は二一世紀のものが五点中四点で、小説本だけを見ても、二一世紀はメガヒット多産の時代だということが判る）。

幻冬舎新書の戦略

二〇一五年のベストセラーリスト二位はジェニファー・L・スコット著、神崎朗子訳『フランス人は10着しか服を持たない――パリで学んだ〝暮らしの質〟を高める秘訣』（大和書房）。タイトルの通りシンプルライフの本であり、自己啓発を含んだ片付け本や生き方本が評価を得ている出版事情のなか、次のヒット作として読者の関心を集めたのだった。

『フランス人は10着しか服を持たない』の著者はアメリカ人女性である。彼女はフランス人貴族の家でのホームステイを体験し、そこから得たシックな生き方の良さを原著にまとめた。その翻訳版である同書は二〇一四年一〇月に初版六〇〇〇部で売り出され、〈特に大々的なPRは行わなかったものの、口コミで人気が拡散。女性読者の支持を集め、年末には六四万部に達する大ヒットとなった〉。同系統の本がすでに売れており、潮流ができてその後押しから伸びた面もあろう。加えて、〈ワードローブの厳選など著者自身が行った生活改善の実例が読者に響いた〉ところが、好評の理由として挙げられる[*8]。

続く同年のリスト三位は教養新書で、下重《しもじゅう》暁子『家族という病』（幻冬舎新書）である。著者は元NHKアナウンサーで七九歳。書き手もそうであるが、読者層も高齢者が中心であった。二〇一五年三月に刊行され、この年に五一万八〇〇〇部へと至っている。[*9]

『家族という病』に次ぐ二〇一五年の新書ヒット作は、リスト八位に入った曽野綾子『人間の分際』（幻冬舎新書）である。二〇一五年七月の刊行で、同年に三五万五〇〇〇部へ達した。[*10] こちらも著者年齢は刊行時八三歳で、読者も『家族という病』同様、高齢層が主力だった。同年の新書売れ行き良好書の上位二点が、ともに高齢女性の筆者が自在に持論を展開した本であり、読者も高齢層に傾いたことになる。二一世紀にあらわれた読者の中高年シフト現象が、極端な出方を示したといえよう。あるいは、「新書ブーム」が中高年層で相対的に残っているとも見える。

下重、曽野の本はともに幻冬舎新書だが、幻冬舎は積極的な新聞広告によって売り伸ばしを図った。版元の戦略は勢いを生じさせるのに一定の効果があったと見られ、『出版指標年報』も、〈シニア層へのPRには新聞広告が効果てきめんのようだ〉とコメントしている。[*11]

二〇一五年はまた、同じ幻冬舎の本、渡辺和子『置かれた場所で咲きなさい』に再び勢いが生まれた。きっかけは同年一〇月三〇日放送の「金スマ」（TBS系）で二時間にわたり著者の特集が組まれたことである。〈放映翌日には幻冬舎の『置かれた場所で咲きなさい』（二〇一二年刊）、『面倒だから、しよう』（二〇一三年刊、五二万部）やPHP研究所『幸せはあなたの心が決める』（二二万部）の売れ行きが急伸。書店への注文が相次〉いだ。ロングセラー化していた『置かれた場所で咲きなさい』の人気はとりわけ高く、二〇一五年一二月には累計二〇〇万部へと到達している。[*12]

一〇〇歳超え作者の本と『鹿の王』

高齢女性を筆者に迎えた幻冬舎の本としては、一〇〇歳を超えた現役美術家・篠田桃紅《とうこう》の『一〇三歳になってわかったこと――人生は一人でも面白い』も二〇一五年のヒット作の一つ（同年四月刊）。同書はサブタイトルが伝えてくるように、また、章タイトル〈何歳からでも始められる〉〈自分の心のままに生きる〉〈昔も今も生かされている〉などが示すように、同時代にヒットが続く「高齢者生き方本」の系譜であった。一〇〇歳超の著者という話題性もあって伸び、この年に四三万部へと達している。[*13]

二〇一五年はほかに、大川隆法と池田大作の本が四位、六位とリスト上位にあがっている。また、『ビリギャル』は五月の映画公開もあってこの年も伸長、リスト九位となった。

本屋大賞がベストセラーに結びつくという「方程式」は、二〇一五年も健在である。第一二回となる同年の受賞作は、上橋菜穂子『鹿の王（上・下）』（ＫＡＤＯＫＡＷＡ）に決まった。

この小説は、〈架空の世界を舞台に、蔓延する謎の病と、病から生き延びた男、病の謎を解明しようとする男の二人を中心に展開される、大人も楽しめるファンタジー〉。著者上橋菜穂子は、『精霊の守り人』（偕成社）や『獣の奏者』（講談社）などを発表し、児童向けファンタジーでは実績充分の書き手といえる。二〇一四年には「児童文学のノーベル賞」ともいわれる国際アンデルセン賞を受賞していた（日本人として二人目）。

手練《てだ》れともいえる人気作家の新刊『鹿の王』は、二〇一四年九月に上下各三万部の初版で刊行開始、発売前に各二万部の重版が掛かり、刊行後も重版は続いた。二〇一五年になって、三月末から四月七日の本屋大賞受賞までの間に、上巻三七万部、下巻三五万部を増刷している。これらの結果、上下巻合わせて累計一〇〇万部へと達したが[*14]、二〇一五年の期間内集計数が対象の同年ベストセラーリストでは、一〇位にとどまった。

【二〇一六年】『天才』と角栄ものの流行

二〇一六年（平成二八）の出版物（書籍・雑誌合計）の推定販売金額は前年比三・四％の減少で、額では一兆四七〇九億円、一二年連続のマイナスとなった。一兆四〇〇〇億円台は一九八一年以来の数字である。こうした説明は連年のことだが、出版のシュリンクはとどまることを知らない状態となっている。文庫本の低迷は深刻であり、とりわけ既刊が厳しい。一方、電子出版市場は順調に成長しており、こちらも連年の現象である（電子出版についてはのち一項を立てて述べる[*15]）。

紙媒体のシュリンクの内訳を見れば、雑誌が大幅に落ち込み、書籍は小幅の減少にとどまり健闘したと説明できる。その点で二〇一五年と二〇一六年はよく似ている。雑誌は一九年連続のマイナスとなり、ついにこの年、書籍の売上げを下回った[*16]。四一年ぶりの出来事である。かつて「雑高書低」といわれた出版界は、二一世紀になって、雑誌から書籍へ主役の座の交替が起きたとはすでに述べたが、二〇一六年に至り、「書高雑低」は市場規模の点でも明らかなものになった。

類似の書籍状況とはいえ、二〇一六年は、『火花』のような突出した大ヒット作が書籍市場を牽引したわけではない。年間を通してコンスタントにベストセラーが登場し、市場を賑わしたのである。

リスト一位となったのは石原慎太郎『天才』で、幻冬舎の本。前年二〇一五年、ベストセラーリスト一〇位内に四点を送り込んだ同社の好調ぶりはこの年も続き、ついにトップセラーとなる本を生みだしたのだ。

同書は田中角栄を描いたものだが、一人称の小説形式で角栄の視点から書いたというので話題になる。著者石原はかつて国会議員だったとき、日中角栄批判の急先鋒だった。その石原の角栄本ということでも、注目度は高かったのである。加えて、〈衝撃の霊言！〉と謳った広告がアイキャッチとなり、著者本人のメディア露出も世評を呼んだ。これらはみな部数増に結びつく。同書は二〇一六年一月、初版四万部で刊行され、三月に三五万部、四月に六〇万部、六月に八五万部と順調に伸びていった。年末には九二万部まで達している。[*17]

同書のヒットによって田中角栄の存在に改めて光があたり、さまざまなメディアで角栄は取りあげられた。その動きは書籍出版界にも波及し、角栄関連書が続々あらわれた。また、角栄の名言集として二〇一五年に刊行された『田中角栄１００の言葉』（宝島社）がこの年、累計七四万部に達している。[*18]

石原慎太郎『天才』

「ハリー・ポッター」の新作

二〇一六年の大きな話題に「ハリー・ポッター」シリーズの

新作登場がある。J・K・ローリング＋ジョン・ティファニー＋ジャック・ソーン著、松岡佑子訳『ハリー・ポッターと呪いの子 第一部・第二部 特別リハーサル版』（静山社）である。前巻となる『ハリー・ポッターと死の秘宝』（一九七万部）は二〇〇八年の刊行だから、八年ぶりであった。

あらゆる記録を塗り替えたメガセラー・シリーズだったが、新作もまたミリオンセラーになれるかは懸念されるところだった。『ハリー・ポッターと呪いの子』は舞台劇の脚本を翻案したもので、シナリオ形式をとる。しかも八年というブランクは長い。過去にどれほどヒットした作品でも、時間が措かれれば読者の熱はさめるのが通常である。

同書は二〇一六年一一月一一日に刊行され、動向が注目された。初版は八〇万部。出してみれば売れ行きは好調であり、三日後の一四日にはもう二〇万部の重版が決定している。[*19] 本は結局、ミリオンセラーに達したのだ。「ハリー・ポッター」の底力が改めて示されたことになる。〈もとのパイが二〇〇万、三〇〇〇万と大きい〉ゆえにということはあろう。また、スピンオフ映画の公開と刊行時期を合わせた版元の戦略も、この成果にひと役買っている。[*20]

Web小説

二〇一六年は文芸書が好調であり、いくつかのベストセラーが登場した。年間ベストセラー三〇位を見ると一二点が数えられ、前年より二点多い。[*21] ウェブ発の小説がヒットするなど、ここ数年にない新しい傾向も見られた年であった。二〇一五年は『火花』だけが「一強」のように目立ったが、この年はすでに紹介した『天才』や『ハリー・ポッターと呪いの子』のほか、言及しておくべき作品は多く以下の通りである。

又吉直樹『火花』は二〇一六年も好売れ行きを継続した。著者又吉のテレビ出演が多かったことも、本のロングセラー化に影響を及ぼしている。一月にも重版が掛かっており、二月に入ると落ち着きを見せたが、〈同書を原作にしたドラマが六月よりネットで配信されると再び伸長。二〇一六年末には二五三万部に到達した〉のだった。[*22]

二〇一六年の興味深い文芸書ヒット作は、年間リスト三位に入った住野《すみの》よる『君の膵臓をたべたい』（双葉社）である。この作品は小説投稿サイト「小説家になろう」から生まれた。同サイト掲載作品を書籍化したのだ。刊行は二〇一五年六月で、〈この新人作家の作品は、出版社のプロモーションやＳＮＳによる評判の拡散などにより〉、すでに同年二二万五〇〇〇部へと達していた。二〇一六年になっても勢いは衰えず、〈各社のベストセラーランキングで年間を通じて上位をキープした〉。本屋大賞で第二位になると、直後の四月、五月に売上げが跳ね上がった。その後もコンスタントに売れ続け、二〇一七年二月末段階で累計七六万五〇〇〇部まで伸長する。[*23]

住野よるを生んだのはサイト「小説家になろう」だが、こうした投稿サイトに掲載された作品の書籍化は他にもおこなわれ、一群はＷｅｂ小説と呼ばれた。ネット発の文芸書はかつて「ケータイ小説」があり、二〇〇七年にベストセラーリストを席捲したことは既述している（三五一頁）。こちらはまもなくマイナーな存在となったが、一〇年近く経ち、新たなジャンルが生まれたのだ。

Ｗｅｂ小説は、ＫＡＤＯＫＡＷＡ、アルファポリスが先行し、ホビージャパン、オーバーラップ、宝島社、マイクロマガジン社ほか、参入する出版社も増えた。登場した作品には、秋川滝美『居酒屋ぼったくり』（アルファポリス発行、星雲社発売）、丸山くがね『オーバーロード』（KADOKAWA）などがあり、固定読者がつきシリーズ化されたものもある。〈新刊が発売されると初速が良く一気に売れる〉のがWeb小説の特徴といわれた。[*24]

コンビニエンスストアでのサイン会

本屋大賞がベストセラーをつくる現象は二〇一六年も続いた。『君の膵臓をたべたい』がその一つで、同年第二位となった件は上記している。この年の大賞受賞は宮下奈都《なつ》『羊と鋼《はがね》の森』（文藝春秋）であった。

この小説は二〇一五年九月に初版六五〇〇部で刊行された。注目度を次第に高め、同年末に「キノベス！2016」で第一位、また、「ブランチブックアワード2015」の大賞を得ている。前者は紀伊國屋書店のスタッフがすすめる本のランキングで、後者はテレビ「王様のブランチ」（TBS系）で選定された作品に与えられるものだ。

これらの受賞も重なり、『羊と鋼の森』は二〇一六年初から着実に売上げを伸ばしていた。それに加え、同年四月の本屋大賞受賞でさらに勢いがつく。話題性が大きくなるとともに、著者本人がテレビなどのメディアに繰り返し登場したことで、本の認知度は上昇した。結局この年に五〇万二五〇〇部まで伸長し、リスト六位となる。[*25]

続くリスト七位も文芸書で、第一五五回芥川賞を受賞した村田沙耶香《さやか》『コンビニ人間』（文藝春秋）である。著者自身が実際、コンビニで働いているという話題性もあり、受賞直後から多数のメディアが取りあげた。二〇一六年七月、初版四万五〇〇〇部で刊行されると好評を博し、八月には三五万部へ到達している。

同書に対しては、コンビニエンスストアでのサイン会を実施するなど、版元のプロモーションも活発におこなわれた。さらにテレビ番組企画「読書芸人」で好意的に取りあげられたこともあって、本は年末にかけて部数を重ねて行き、五二万部へと至った。[*26]

ダイヤモンド社、サンマーク出版、アスコム、文響社

二〇一三年一二月に刊行され、二〇一四年のベストセラーリスト一〇位に入った岸見一郎＋古賀史健『嫌われる勇気——自己啓発の源流「アドラー」の教え』（ダイヤモンド社）はその後もロングセラーとなっており、二〇一六年一月に累計一〇〇万部へ到達している。

同書はこの年二月、ＮＨＫのテレビ番組「１００分de名著」に取りあげられたことで、改めて知名度を高らしめた。刊行二年以上経過した同書だが、版元はさらなる売り伸ばしを図り、〈新聞広告、Ｗｅｂ媒体でのＰＲ、電車等の交通広告、店頭施策を継続的に展開〉した。加えて、同月には続編『幸せになる勇気——自己啓発の源流「アドラー」の教え（２）』が刊行され、相乗効果が生じて正続ともに伸長させる結果を得る。年末には『嫌われる勇気』が一四〇万部、『幸せになる勇

岸見一郎＋古賀史健『嫌われる勇気』

気』は四〇万部に至っている。[*27] 前者は二〇一六年のリスト四位とランクを上げ、後者も同一二位となった。

両書の版元ダイヤモンド社は、二〇〇九年に『もしドラ』をヒットさせた版元だが、それ以来、本を売り込むための戦略を強化していた。〈一点一点の企画を厳選して、新刊点数を抑え、書籍のPRを強化する方針へとシフト〉したのである。こうした方針に対応するため、二〇一六年四月には「宣伝プロモーション部」を設けている。『嫌われる勇気』と『幸せになる勇気』がコンスタントに売上げを伸ばすことができたのは、これらの取り組みの成果だといえよう。

シュリンクしていく出版の世界に対応するために、各社は知恵を絞っている。そのなかでダイヤモンド社はプロモーション展開を強化する戦略を採用したわけで、似たような路線を推進する版元として、サンマーク出版、アスコム、文響社が台頭し、ベストセラーメーカーと呼ばれた。

この四社は実際、二〇一〇年代に部数的な成功作をいくつも世に送り、台風の目というべき存在となっている。四社の戦略は他社にも研究されており、〈新聞広告はもちろんだが、首都圏のJR線を中心とした「ドア横」のポスター、ステッカー等の交通広告はビジネスマン読者への販売効果が絶大で、各社の競争が激化〉してくるのだった。[*28]

二〇一六年は、ベストセラーリストの対象外となっている趣味・生活書ジャンルから、言及すべき大ヒット本が出ている。上記四社の一つサンマーク出版から二〇一六年四月に刊行された、Ｅｉｋｏ『どんなに体がかたい人でもベターッと開脚できるようになるすごい方法』である。一二月に一〇〇万部へ達しており、[*29] 同年首位の『天才』に匹敵する売れ行きとなった。

なお二〇一六年は大川隆法の『正義の法――憎しみを超えて、愛を取れ』（幸福の科学出版）がリスト五位、池田大作『新・人間革命（28）』（聖教新聞社）がリスト八位と相変わらずの強さである。

初版の抑制とこまめな重版

〇〇年代に「ブーム」を引き起こし、ランク上位に複数の作品を送り込むベストセラーの常連だった教養新書だが、二〇一六年はリスト一〇位内に、橘玲《たちばなあきら》『言ってはいけない――残酷すぎる真実』（新潮新書）が一〇位として入るだけとなった。

その『言ってはいけない』は二〇一六年四月刊、著者は元宝島社編集者で『宝島三〇《サーティー》』の編集長も務めたのち、ノンフィクションや経済小説を書く作家となる。同書は遺伝・外見・教育などから広がる格差について考察を加え、当人ではどうすることもできない要因で人生が決まる「残酷な事実」をずばり示した。その内容が話題を呼んで、年末には三五万部まで伸長している。[*30]

なお、「ブーム」が過ぎた教養新書界について、『出版指標年報』は、〈企画を厳選して刊行点数・初版部数を抑え、売れ行きをみてこまめに重版をかける、というスタイルが定着した。特に幻冬舎や講談社でその傾向が顕著だ〉と指摘している。[*31]

新海誠『小説　君の名は。』

渡辺和子の『置かれた場所で咲きなさい』は二〇一二年の刊行以来コンスタントに売れ続けており、二〇一六年も年内に三〇万部の重版が掛かり、年間ベストセラーの一一位につけた。累計は二二〇万部へと至っている。その著者が同年一二月三〇日に八九歳で逝去した。追悼番組もあって著者への関心は再び広がり、同書のほか、『幸せはあなたの心が決める』（PHP研究所、二〇一五年）、『面倒だから、しよう』（幻冬舎、二〇一三年）といった著作をさらに伸長させた。女性高齢者の著書としては、九二歳の作家佐藤愛子の『九十歳。何がめでたい』（小学館）や、同じく作家で九四歳の瀬戸内寂聴『老いも病も受け入れよう』（新潮社）など、〈一〇〇歳前後の著者が記した書籍が〝アラハン本〟として注目され、売れ行きを伸ばした〉ことも二〇一六年の目立つ現象といえよう。[*32]

さらに、二〇一六年はベストセラーリストの対象外となる文庫で、一三〇万部超の大ヒット作が登場している。アニメ映画のノベライズ『小説 君の名は。』（KADOKAWA）であった。[*33]新海誠監督の『君の名は。』がこの年に大変な人気を呼んだ。それは興行収入二〇〇億円という途轍もない数字にあらわれている。

日本映画の興行収入は長らく宮崎アニメがベストスリーを独占していた。『千と千尋の神隠し』（二〇〇一年・三〇八億円）、『ハウルの動く城』（二〇〇四年・一九六億円）、『もののけ姫』（一九九七年・一九三億円）の順である。映画『君の名は。』が第二位となる記録を打ち立てたことで、ようやく宮崎アニメの上位三位独占が破られた。『小説 君の名は。』は新海誠監督自身が執筆した作品で、映画のメガヒットを考えれば、小説がベストセラーになるのも充分見通せるところであったろう。

絵本の歴代ベストセラー

ベストセラーリストの対象外とした分野については二三頁の註記で挙げたが、その一つに絵本がある。絵本は年少読者相手にロングセラーを目ざして製作され、時代現象としてのベストセラーとは別に論じなければならない性格があるからだ。

とはいえ、どういった絵本が売れてきたのかは知りたいところであろう。そこで、四七三頁に「絵本の歴代ベストセラー」リストを掲げた。このリストはTOHANの冊子「ミリオンぶっく」二〇一九年版をもとに作成している。同冊子は累計で一〇〇万部以上発行された絵本を採りあげており、それらは、〈時代の変化に左右されない価値観をもち、子どもの心に残り続け、日本中の子どもたちに今でも愛され続けている〉と紹介される。「絵本の歴代ベストセラー」は、そのなかから二〇〇万部以上売れた絵本を対象にした。

以下、この絵本リストについて、『出版指標年報』二〇一七年版にあるコメント[*34]を参照しつつ、端的に解説を加えていく。

ベストテンは『きんぎょが にげた』（九位）を除き、すべて一九六〇年代から七〇年代はじめにかけて刊行された作品である。高度経済成長期を迎え人びとの暮らしにゆとりができ、子どもの教育にも熱心に取り組めるようになったのがこの時期だった。〈子どもたちに優れた絵本をつくっていこう、という機運が高まった時代〉であり、〈この時期、キラ星の如く名作絵本が生まれた〉のである。

なお上位三書、『いない いない ばあ』『ぐりとぐら』『はらぺこあおむし』は、二〇一〇年代に至っても毎月の絵本ランキングの常連であり、〈刊行から四〇年以上たったいまでも現役の売れ方をしている〉のであった。

絵本は単行本・新書のベストセラーと比べて、派手さは少しもないかわりに、息長く売れ続けていく。長年にわたってコンスタントに売れるというのは名作だということだ。そしてランキングでは、福音館書店、偕成社、童心社、こぐま社など、〈ブームに関係なく、長年ロングセラー絵本を生みだしてきた出版社〉の作品が多くを占めている。

三〇年、四〇年も毎年売れる本は、これら出版社にとって、その運営を安定させる大きな柱となっている。〈「三世代、四世代にわたって愛される、子どものための絵本作り」というスタンスは各出版社に共通しており、次なるロングセラーを生み出そうと奮闘している〉のである。

【二〇一七年】『九十歳。何がめでたい』

二〇一七年（平成二九）の出版物（書籍・雑誌合計）の推定販売金額は前年比六・九％の減少となった。減少幅は再び過去最大を更新したことになる。一三年連続のマイナスとなり、額では一兆三七〇一億円まで落ちた。雑誌は大きく悪化した前年と比しても一〇・八％の減少で、はじめて二桁を記録するなど異常な事態に陥っていることが知れる。一方、書籍は三・〇％の減少で、悪いなりに底堅く推移させたといってよい。[*35] 基幹的な出版物であるはずの文庫が構造的な不振に陥っていることや、電子出版の市場規模が拡大しているなど、ここ数年と同じ展開が二〇一七年も続いている。ただし同年の電子出版は、コミック、書籍、雑誌のいずれも前年の伸び率に及んでいない。

　女性高齢者を書き手とし、中高年層が主力読者となってベストセラー化する本は、二〇一〇年代においてすでに多くを見ている。柴田トヨの詩集本や、曽野綾子や下重暁子の本、篠田桃紅『一〇三歳になってわかったこと』などだが、これらに続いて、二〇一七年は佐藤愛子『九十歳。何がめでたい』（小学館）が売れ行きを伸ばし、年間トップセラーの座を得ることになった。

　同書は『女性セブン』の連載をまとめたもので、二〇一六年八月一日に初版一万四〇〇〇部で刊行開始された。読者の支持を得て、同年すでによく伸びており、一二月中旬には四六万部へと達している。[*36] フジテレビ「直撃LIVE　グッディ!」、NHK「ニュースウオッチ9」等での紹介、『火花』の又吉直樹との雑誌対談など、メディア露出はどれも話題性を高め、翌二〇一七年に同書はさらに勢いづいた。地方紙へのこまめな広告出稿など、版元のプロモーション戦略も効果を上げた。[*37]

『九十歳。何がめでたい』の累計部数は同年三月に六八万部となり、六月には九〇万部へ至る。

佐藤愛子『九十歳。何がめでたい』

そして、著者が九四歳の誕生日を迎えた二日後（一一月七日）、ついにミリオンセラーとなった。この展開自体もまた話題づくりに貢献し、年末には一一三万部まで伸長する。[*38]

　同書の大ヒットを受け、佐藤の本は『それでもこの世は悪くなかった』（文春新書）なども伸びた。こちらは二三万部に達し、[39]リストでは二〇位となっている。

直木賞と本屋大賞のダブル受賞作

二〇一七年のリスト二位は恩田陸『蜜蜂と遠雷』（幻冬舎）である。本屋大賞がベストセラーに結びつく現象はすでに二〇一〇年代の常景となっているが、この小説も本屋大賞（第一四回）を得た。しかも、同賞と並んで、ベストセラー化と関連が深いとされる直木賞（第一五六回）とのダブル受賞となった。恩田はすでに二〇〇五年、『夜のピクニック』（新潮社）で本屋大賞（第二回）を受賞している。直木賞と本屋大賞のダブル受賞、同じ作家が二度にわたり本屋大賞を受賞するのは史上初であった。ベストセラーになる条件は揃っている。

『蜜蜂と遠雷』は二〇一六年九月に刊行された。直木賞受賞プラス本屋大賞の候補作として二〇一七年は年初から注目度を上げており、四月の本屋大賞発表で続伸する。〈著者の露出は少なかったものの、初のW受賞や小説に登場する楽曲を収録したCDが発売されるなど話題も多く、度々メディアに取り上げられた〉ことでPR効果は膨らんだ。秋になると売れ行きはいったん落ち着いたが、一一月にテレビ番組の「読書芸人」特集で紹介されたことを機に、再び勢いがつく。結局、〈二段組のボリュームある書籍であるが、年間を通して売れ、累計五七万部となった〉のである。[40]

二〇一七年はまた、村上春樹の新作が刊行されている。『騎士団長殺し』（第一部：顕れるイデア編、第二部：遷ろうメタファー編）で、二月に新潮社から発売された。長編小説としては四年ぶりとなる。事前に内容を一切リリースしないといった、『１Ｑ８４』以来のティーザーの手法は今回も用いられた。それによって読者の飢餓感をあおったわけで、村上ファンとマスコミは、発売前から確かに盛り上がりを見せた。〈二月二四日の発売日には〇時前から書店店頭での発売カウントダウンなど、様々なイベントが行われ、マスコミもそれらをこぞって取り上げた〉のである。そして発売後は書店店頭で目立つ扱いをされ続けたが、売り上げは見込み通りに伸びなかった。二点合計一〇〇万部の初版でスタートし、〈その後重版はあったものの一三八万部に留まった〉と『出版指標年報』は記している。[*41]

　同作にはまた、内容への批判もあった。松田哲夫・筑摩書房顧問は、『創』の座談会で、〈村上さんの英訳の翻訳者が新聞のコラムで、長編小説は同じようなメタファーが繰り返されるようになってきて、短編小説の方が最近はいいと書いていましたね。『１Ｑ８４』などに比べると、作品そのものが面白いとか刺激を受けたとかいう話を聞かなくなってきたなと思われます〉と発言している。[*42]

村上春樹『騎士団長殺し』第1部　顕れるイデア編

　ただ、それらを勘案してもかなりの数字であるのは間違いない。村上春樹の場合、期待度が並大抵ではないということであろう。リストでは五位に入った。この順位も相当なレベルだが、村上の四年ぶりの長編小説ということで、物足りなさを出版界に印象づけもしたのである。

　住野よるのデビュー小説『君の膵臓をたべたい』（双葉

社）は、前年来の勢いを継続させて二〇一七年もヒット作に名を連ねた。四月には文庫版が刊行されたが、〈七月に映画が公開されると、その効果で再び単行本も売れた〉のだ。なお住野の四作目にあたる新刊『か「」く「」し「」ご「」と「」』が刊行され（新潮社、同年三月刊）、発売前から事前プロモーションを徹底した効果もあって、初版一〇万部が一週間で二〇万部に伸び、この年二六万一〇〇〇部へ至っている。[*43]こちらはリスト一二位である。

二〇一七年は『火花』で歴史的ヒットを打ち立てた又吉直樹の次作『劇場』が五月一一日、新潮社から刊行された年でもある。単行本化の前に同作を載せた『新潮』三月発売号（四月号）が好調で、版元の期待は大きく、初版三〇万部でのスタートになった。そして発売六日にして三万部の増刷が掛かる。結局、同書はこの年三三万部で、前作の水準には遠く及ばないものの、又吉人気は継続していることが見てとれた。[*44]ＮＨＫスペシャル「又吉直樹　第二作への苦闘」（初回放映二〇一七年二月二六日）の影響も少なくない。『劇場』は同年リストの一一位となっている。

教養新書の二作

教養新書は二〇一七年、二点が上位一〇位内に入った。最も売れたのは同年二月刊、ケント・ギルバート『儒教に支配された中国人と韓国人の悲劇』（講談社＋α新書）でリスト四位である。著者はアメリカ人弁護士。中国、韓国の行動、指導者などの言動を嫌悪する態度は、歴史認識の問題と絡んで日本人の間に広がっていた。そのムードを巧みに捉えた本だといえる。〈保守派のみならず、多くの読者の関心を集め〉たという。[*45]初版一万二〇〇〇部で刊行され、この年四六万部まで伸びた。教養新書で年間トップ、ベストセラーリスト四位書の部数が四六万部にしか至らないのは、「新書ブーム」（第六章）の時期を思うと隔世の感がある。

トップテン入りの新書二点目は、リスト六位に入った呉座《ござ》勇一『応仁の乱――戦国時代を生んだ大乱』（中公新書）である。二〇一六年一〇月刊の本で、初版は一万三〇〇〇部。その部数が捌《は》ければ充分と社内でも考えられていた。日本史の教科書などで知名度こそ高いものの、関わった人数の多さや期間の長さから全体像が捉えにくかった中世の戦いを扱っている同書は、歴史書として基本は学際的なつくりをしていたからだ。ところが刊行後、着実に伸びていき、翌二〇一七年には累計四三万部へ達する成果を得た。[*46]「地味すぎる大乱」「知名度はバツグンなだけにかえって残念」との、自虐的ともいえる広告コピーがＳＮＳで評判を呼んだこともあり、売れ行き伸長に拍車がかかった。

なお二〇一七年は、大川隆法『伝道の法――人生の「真実」に目覚める時』（幸福の科学出版）がリスト三位、池田大作『新・人間革命（29）』（聖教新聞社）が同七位となっており、両著者の本は相変わらず販売力が強い。

徹底した広告打ち戦略

二〇一七年、リスト八位に入ったのは、横山光昭『はじめての人のための３０００円投資生活』である。アスコムから二〇一六年七月に刊行された。着実な売れ方を重ね、翌年には五七万部へと達して、同年のビジネス書では売れ行きトップになった。〈「毎月３０００円」と明確な金額設定もあり、同書は女性読者が多いことも特徴〉と『出版指標年報』は指摘している。[*47]
続くリスト九位は川口俊和の小説『コーヒーが冷めないうちに』で、二〇一五年一二月刊行の本である。著者は舞台の演出家、脚本家で、同書は舞台脚本をノベライズしたもの。版元のサンマーク出版は、電車のドア横広告をはじめ、徹底した宣伝戦略を実施し、「4回泣けます」というキャッチコピーも効いて、二〇一六年に三〇万部へと至っている。[*48]
『コーヒーが冷めないうちに』は続いて、「2017年本屋大賞」にノミネートされることで、注目度を上げた。同賞の候補作は、〈年初から五月の連休にかけて、統一帯がつけられて継続して売り場に面陳《めんちん》〈背ではなく表紙を見せて陳列する売り方〉で販売されるためPR効果は大きく、販売増につながる〉のであり、ノミネート自体が売れ行きに大きな影響を及ぼすようになっていた。同書は結局、大賞受賞には至らず一〇位に終わったが、サンマーク出版の施策によって、〈五月以降も書店に面陳販売を働きかけ、電車でのドア横広告など広告宣伝も重点的に行った結果、コンスタントに売れて、五七万部まで部数を伸ばした〉のである。[*49]

リスト対象外、二つのヒット

ベストセラーリスト（二三、二五一頁）で対象外とした分野のうち、ベストセラー史的に言及しておく必要のある書籍は本書でも幾度か取りあげている。二〇一七年にもそれがあり、以下、追記しておきたい。

佐久間健一『モデルが秘密にしたがる 体幹リセットダイエット』は対象外の趣味・生活書の一

つ。二〇一七年五月、サンマーク出版から刊行された。実用本位の書籍で、本体価格一〇〇〇円、本文は九五頁である。

同書は発売直後にテレビで紹介されたのを機に伸びはじめ、版元はそのタイミングで広告プロモーションを幅広く実施した。その結果、六月に二五万部、七月に四〇万部へと続伸し、一二月に再びテレビで取りあげられたことから、さらに部数を増やした。ミリオンセラーに達したのは発売七か月目である。[*50] 部数では同年トップセラー『九十歳。何がめでたい』レベルの本といえよう。

二〇一七年は対象外のジャンルからもう一点、注目すべき好売上げ書が登場している。同年に最も売れた児童書は、高橋書店から二〇一六年五月に刊行された『ざんねんないきもの事典』であった。今泉忠明の監修、イラストは下間文恵、徳永明子、かわむらふゆみが担当。「おもしろい！　進化のふしぎ」と角書《つのが》きにある。初版は一万一〇〇〇部で、〈小学生を対象に刊行したところ、イラストで動物の生態を面白おかしくまとめた企画が大人の読者にも受け、爆発的に売れ続けた〉のであった。二〇一七年末に七八万部へと達し、二〇一八年二月には一〇〇万部を突破する。

同書の好評を受けて、続編『続　ざんねんないきもの事典』が二〇一七年六月に刊行された。こちらも同年末にかけて、四七万五〇〇〇部まで伸びている。[*51] なお、第一弾の『ざんねんないきもの事典』は、同年リストなら五位以内には入るクラスと考えられる。

電子出版とベストセラー

紙媒体の出版物がシュリンクしていくなかで、電子出版は市場規模を拡大している事情は年ごとの説明のなかで何度か触れてきたが、平成末期を迎える時点で、電子出版の状況をまとめておきたい。ベストセラー史を扱う本書としては、電子書籍からベストセラーが登場するのかについても、展望を述べる。なお、平成末段階では、再販制度が適用されない電子出版は価格が非常に流動的であり、販売形態も多岐にわたっている。市場算出には難しい問題が多いことは、断っておかねばならない。[*52]

本項では平成末の五年間（二〇一四〜二〇一八年、平成二六〜三〇）を対象とする。同時期において電子出版は、コミックに偏重して拡大するといういびつな展開であり、コミックと活字ものでは内実が異なっている。また書籍と雑誌も別に考えなくてはならない。

そこで以下、三つのカテゴリーに分けて説明していく。電子コミック、電子書籍、電子雑誌である。

まず、年間単位では平成末となる二〇一八年の市場規模（販売金額合計）を挙げておくと、紙が一兆二九二一（書籍六九九一＋雑誌五九三〇。単位億円、以下同）、電子が二四七九（電子コミック一九六五＋電子書籍三二一＋電子雑誌一九三）である。

続いて、二〇一四〜二〇一八年の市場規模変化を見ていくと（四五一頁、図参照[*53]）、伸び率は年ごとまた項目ごとに違いがあるものの、基本は伸長しているのが判る。

ただし、電子雑誌は二〇一八年、前年比マイナスに転じた。〈「dマガジン」〔docomoの読み放題サービス〕の会員数が、キャリアショップの契約手続き見直しの影響で減少していることが影響した〉と分析されている。なお、日本ABC協会発表の雑誌デジタル販売数は二〇一七年上期、下期、二〇一八年上期で減少を続けており、一方で、UU〔ユニークユーザー。定額制読み放題サービス〕のほうは同時期、増加傾向にある。[*54]

コミックは紙の落ち込みを電子がカバーしている状態が続いていたが、二〇一七年は、コミックの市場規模においてついに電子が紙を上回った。逆転の理由として出版科学研究所は、紙市場の減少幅が大きかった点とともに、〈電子ならではのビジネスモデルとBL〔ボーイズラブ〕、TL〔ティーンズラブ〕、アダルトといった電子独特の読書嗜好、ボーンデジタル作品の成長があった〉と指摘している。[*55]

〈電子ならではのビジネスモデル〉とは、紙の一巻をそのまま電子版にして販売する「巻売り」から一話単位の「話売り」へというスタイル、バナー広告などを含めた漫画アプリの独自の収益構造、課金システムなどを指す。

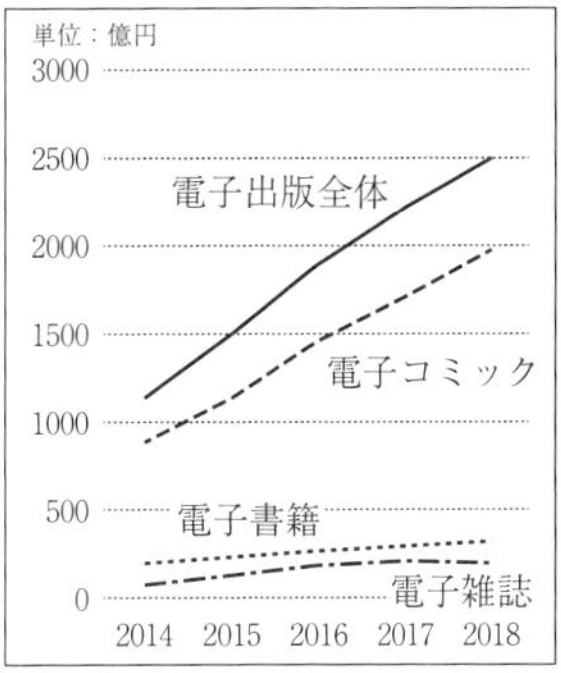

図　電子出版の売上推移

こうした事情の一方で、出版科学研究所は、〈紙と電子では売れ行きのジャンル特性に違いがあり、そのまま紙から電子に売り上げが移行したとは、単純に言えない状況だ〉とも指摘している。[*56] なお「デジタルが上回った」は、同時点で大手版元には実感が乏しいという声が大きいが、上記を考え併せると、「逆転」はＢＬ、ＴＬ、アダルトなどに特化した中小版元が現象の中心であり、大手を巻き込んだところまでは至っていないことが推定される（ただし、これらのジャンルには、大手版元の本格参入がはじまっている）。

一方、電子書籍（文字もの）のほうも確実に成長しているが、こちらは点数増加に伴う拡大と見られる。[*57]その文字もの電子書籍とベストセラーについてはどうか。あくまで平成期末の段階であるが、全体を牽引するヒットは登場しておらず、ベストセラーというべきアイテムはまだ見出せない。銘柄別に見ても、紙書籍で売れているものが電子書籍でも上位になっており、電子独自の動きは見つけにくい。

出版科学研究所が各社に聞き取りをおこなったところ、二〇一七年の段階では、〈「新しいトピックが特にない」「突出して売れている作品が少ない」という担当者の声が多かった〉、あるいは、〈読破に時間がかかるという文字ものならではの特性があり、コミックのように飛躍的に伸ばしていくことは難しい、という意見が各社に共通していた〉。[*58]実際、たとえばアマゾンKindleストアの売上げデータを、「二〇一七年年間総合ランキング」（集計期間は二〇一六年一一月一四日～二〇一七年一一月一二日）で見ると、ベスト二〇位内は、一二位に入った堀江貴文『多動力』（幻冬舎）を除けばすべて電子コミックである（一位は諫山創『進撃の巨人』[*59]）。

また、こちらも同時点での事情だが、〈東野圭吾、佐伯泰英、百田尚樹、有川浩、湊かなえ、西加奈子、曽野綾子、中村文則など、電子化に積極的ではない、あるいは完全に認めていない作家は今もって多く、文字ものの普及が進まない一因とも言われている〉点も指摘しておかねばならない。[60]ベストセラー史に名前が出て来る著者もおり、影響は小さくないはずである。
電子出版でのベストセラーはまだないが、「電子書籍で相対的に売れたアイテムは、紙書籍でよく売れた作品」という傾向はあらわれている。たとえば二〇一七年、ダイヤモンド社の電子書籍売上げ上位アイテムは、『嫌われる勇気』『会話もメールも英語は3語で伝わります』『まんがでわかる 伝え方が9割』などで、紙書籍での同社ヒットラインナップと同じである。
サンマーク出版でも、『モデルが秘密にしたがる 体幹リセットダイエット』が電子書籍でのヒット作となっている。同アイテムは、一二月にテレビ紹介によって紙版が売れ、店頭で品切れを起こしたさい、電子版の購入数が伸びたという現象もあった。[61]また、文藝春秋が発表した電子版の売上げランキングによれば、『火花』が一位で累計二〇万ダウンロードに至っている。[62]
二〇一七年段階では、〈売れ行きの良いタイトルは、紙の発行部数に対して平均一〇％程度のダウンロード数という出版社が多い〉状況にある。[63]もっとも、電子出版への相性の良し悪しは、アイテムによって幅が大きく、一〇％というのはあくまで大まかな目安と考えなければならない。
翌二〇一八年はやはり紙書籍のベストセラーが電子版でも好調だった。『漫画 君たちはどう生きるか』『大家さんと僕』（両作は後述）、『君の膵臓をたべたい』『嫌われる勇気』、サンマーク出版の山田知生『スタンフォード式 疲れない体』などが、ライトノベル系とともに高ダウンロードアイテムに並んでいる。[64]
売れている作品が出始めているのは確かである。とはいえ、電子書籍から独自のベストセラーが出るのか、出るとすれば、いつ、どういったところからなのか、という問いは、答えを将来に持ち越すしかないのが平成末の状況だといえる。答えが見つかる時期は、電子出版界の成熟具合によるであろう。遠い将来ではないようにも予測できるが、第一、電子書籍による「ベストセラー」の内実が奈辺のものであるかは、実際に見《まみ》えてみないとわからない。平成末期の段階では流動的な要素が多いからだ。

ただし、ベストセラーは単体に起こる現象であり、市場全体の様相を反映しないばかりか、それに相反して特異な結果を築くことはままある。これを考えると、唐突に電子書籍でミリオンセラーが登場することは、そう意外とはいえない状況となってきた。

もはや「登場」は驚くにあたらない。だとしても、単体でのトピックと全体状況は分けて考えなければならないし、とりわけ電子出版については、期待と幻想が大きいゆえに、そのあたりを冷静に見分ける眼が必要であるとは、平成末期の時点において明記しておかねばならない。

【二〇一八年】『君たちはどう生きるか』

本書は平成期までを対象としており、年単位で言及するのは二〇一八年（平成三〇）が最終となる。この年のトップセラー（ベストセラー首位）は『漫画 君たちはどう生きるか』。前年から話題を集め社会現象化していたが、二〇一八年もこの本の人気はとどまらなかった。

原本『君たちはどう生きるか』は、一九三七年（昭和一二）に出版された。日中戦争がはじまり「非常時」から「戦時」へと時代が変わる節目の年である。作者は雑誌『世界』（岩波書店）の編集長も務めた吉野源三郎。作品は元々「日本少国民文庫」の一冊として、同シリーズ編纂者だった作家山本有三によって書かれる予定だった。しかし山本が病身となり、代わって書いたのが吉野なのである。

児童文学者でもあった吉野の筆によるこの少年少女向け小説は、教養主義的な視点を持ち、子どもたちによりよい生き方を示す倫理・哲学書の面を持っていた。好評を得て普及し、戦後まで続くロングセラーとなっている。

そして、二〇一七年八月二四日、八〇年という長きにわたって読み継がれた（のち岩波文庫に収録）この名著の漫画化作と新装版が、マガジンハウスから刊行された。『漫画 君たちはどう生きるか』と『君たちはどう生きるか』の二種同日刊行となる。どちらもソフトカバーの単行本で、前者はイラストを羽賀翔一が担当し、後者は文章を読みやすく構成し直したものだった。

初版は漫画版が一万五〇〇〇部、新装版は一万部。版元マガジンハウスの石﨑孟社長は、二〇一八年三月七日におこなわれた講演のなかで、〈初版がこんなに多くて大丈夫なのかよ〉と担当に文句を言ったという。[*65] 高名な著作の漫画化は出版界においてすでに取り組まれており、いくつかのヒットも生まれている。本章でも二〇一四年の「漫画版ビジネス書・名作本」の項にて事情に触れた（四一九頁）。名著を漫画で読んでもらうというアイデアは、書籍出版界で一定の関心が生じていたといえる。もっとも、『漫画 君たちはどう生きるか』はこれまでの水準をはるかに超えた成功作であり、さまざまなアイデアが投下された結果であった。

吉野源三郎原作、羽賀翔一作画『漫画 君たちはどう生きるか』

製作過程は順調だったわけではない。担当編集者（のちのマガジンハウス鉄尾周一取締役）の証言に拠れば、この本の起案は刊行の五、六年前。現代の読者に受け入れられやすくし、また老若男女に読者を広げる企図から漫画化が構想された。『宇宙兄弟』などで知られる元講談社漫画編集者・佐渡島庸平が設立した出版エージェント会社「コルク」に所属していた羽賀翔一が起用され、羽賀は作画のため、当時の面影が残る湯島に引っ越したという。古典的な著書の漫画化にはいくつかの困難が伴う。現代へどれだけ置き換えるかという点のほか、構成自体の変更も場合によっては必要で、なにより同時代読者をひきつける展開が求められる。試行錯誤は繰り返され、一年の予定が大幅に超過して製作には二年半かかった。[*66] 羽賀のマネジメントは佐渡島がおこない、また、編集をつとめたのは、『さおだけ屋はなぜ潰れないのか？』（光文社新書）や『嫌われる勇気』（ダイヤモンド社）の担当をした柿内芳文。実績ある編集者複数が裏方についたのだ。[*67]

二種の『君たちはどう生きるか』は、刊行まもなく反響が出た。とりわけ羽賀翔一が描いた漫画版は広く話題を集め、発売一か月で一〇万部へと達する。版元のマガジンハウスの〈思惑を上回り、一〇～七〇代と幅広い層に支持された〉のである。[*68] ベストセラー登場のための重要な要件として「複数の読者層の獲得」があるというのは、本書でもすでに指摘している（二九九頁）。

現代に通底するテーマ

本のベストセラー化の経緯について、石﨑・鉄尾の回想に基づき、事情を紹介しておこう。刊行前、丸善日本橋店の店長に事前にゲラを読んでもらい一〇〇冊の先行販売を仕掛けたところ、好調で追加注文が入る。刊行後はコピーライター糸井重里がツイッターで評価したのも機となり、次第にマスコミの取材が入るようになった。[*69]

同書は一般読者への影響が大きいテレビで、波状的に取りあげられていく。二〇一七年一〇月二一日「世界一受けたい授業」（日本テレビ系）での反響は大きく、続く同一一月二六日の「おはよう日本」（NHK）、同一二月一六日にもう一度「世界一受けたい授業」、翌二〇一八年一月九日に「クローズアップ現代＋」（NHK）、同一月二一日「サンデーモーニング」（TBS系）、同一月二七日に三度目の「世界一受けたい授業」と登場し、どれも売上げを加速させる結果となった。また、二〇一八年三月号の雑誌『文藝春秋』では「『君たちはどう生きるか』ブームの意味を探る」として、池上彰と吉野源太郎（源三郎の子息）の対談が掲載された。マスコミでの登場は止まらない。テレビでは朝のワイドショーや夜のゴールデンタイムの番組で重ねて取りあげられ、また、全国紙から地方紙まで特集、コラム、社説にて繰り返し紹介されていく。[*70]

ほかに、二〇一七年一〇月二八日、アニメ監督の宮崎駿が引退撤回をし、新作のタイトルについて「君たちはどう生きるか」と発表したことが、追い風になったという。また、学校で教材に使われ一括購入がなされることも重なり、これらは本の部数を大きく伸長させていった。[*71]

漫画版は二〇一七年一一月に五〇万部、一二月末には九五万部、そして翌二〇一八年一月、ついにミリオンセラーへ達した。上昇の勢いは持続し、同年三月には二〇〇万部突破を果たす。発売七か月でのダブルミリオン達成はたいへんな記録で、五か月で到達した『火花』の例はあるが、名著の再登場によって成されたという意味では、ベストセラー史上興味が尽きない出来事だといえる。この成果について『出版指標年報』は、〈古典的名著ながら、貧困、格差、生き方への迷いなど現代に通底するテーマが読者を摑んだ〉とコメントしている。[*72] 一方、新装版のほうも同三月時点で五〇万部まで進んだ。そして同年一二月一二日時点で、漫画版は累計二一一万五〇〇〇部、新装版は同五四万五〇〇〇部、両書併せて二六六万部という数字に至った。[*73]

これらのヒット、話題性の高まりを受けて、一九八二年刊行の『君たちはどう生きるか』岩波文庫版も重版が掛かり、二〇一七年だけで一四〇万部まで伸長した。[*74] その後、二〇一八年一一月末段階で、マガジンハウスの漫画版は累計二〇四万部、新装版は同五二万五〇〇〇部、岩波文庫版は同一四八万部へと至っている。[*75] 二〇一一年刊のポプラ社・ポプラポケット文庫版も売れており、三一万部に達した。[*76]

マガジンハウスは雑誌主体の版元だが、本のミリオンセラーは、二〇〇一年一二月刊の『世界がもし100人の村だったら』(二〇一八年三月時点で一三〇万部)以来である。[*77]

プロモーションとベストセラー

ベストセラー書の登場にプロモーションが深く関わる例は円本時代から数多くあり、本書でも紹介してきた。もちろん、ヒット作の創成には作り手(編集側)の企画力や創意工夫が決定的に大事なのだが、でき上がった本に対する販促やプロモーションの役割も大きい。とりわけ二〇一〇年代のベストセラー書には、販促・プロモーション活動が、規模を拡大して深く関与している例は少なくない。

それどころか、版元の徹底した販促・プロモーション策をセットに、ベストセラーへと持ち込んでいくやり方は、時代の特徴でさえある。本書第七〜九章でこれまで挙げてきたベストセラー書のなかには、裏側でこうした巨大作為ともいえる方法が駆使されている場合はかなりあり、とりわけ、大ベストセラーでは「定式化」さえ見られる。プロモーション主導は、全体的なシュリンク化のなかでミリオンセラーだけが賑わいを見せる、出版二極化時代の趨勢ともいえるのである。

版元は対象作をテレビなどのメディアで取りあげてもらうために、さまざまな事前活動をおこなう。あるいは、著者を露出させ、作品をＰＲするために、さまざまなイベントを波状的に組み込む。鉄道や新聞などへの広告は間断なく実施される。また、プロモーションをおこなう会社を介在させ、そこへ多額の活動費をつぎ込む。かくして、ベストセラーを強引なまでに狙っていく。

こうした方法は、いうまでもなく、莫大な宣伝・販促費がかかり、どの版元でもできることではない。ハイリスク・ハイリターンであり、全社をあげて人を動かすわけで、即断即決のうえ一気に事業を進められる新興の版元が得意なのも肯《うなず》けよう。また、書籍刊行に歴史の深い出版社では、通常、広告・販促費は書籍単体の生産予定額（部数×本体価格）の一定割合（一〇％など）で設定する。無闇に経費を引き出せない仕組みになっているのだ。それに対して新興の版元や、あるいは雑誌が主体の版元では、こうした制限を設けず、別枠で思い切った資金投入を一つの書籍におこなうところも見られる。それができるからこそ、プロモーション主導という方法は起動できる。

販促・プロモーションは、資金をさほど必要としないやり方も全くないことはないが（著者独自の露出活動、SNSによる評判の拡散など）、巨大な勢いをつくるためには、選択的な資金投入と一点集中のマンパワー投入が必要である。それゆえに、徹底して実行すれば、どうしても熱病的・投機的な面が出てくる。販促・プロモーションの徹底行為は、光とともに影のある方法なのである。

ベストセラー界は成功した話（「光」）しか流通しない。しかも、プロモーション活動は作為的に映るので、成功者はあまり語りたがらない。それらを考え併せ、受け取るほうで、裏面を想定しながらベストセラー現象を見ていくことも、二極化時代には不可欠といわねばならなくなった。

一位、二位ともに漫画本

出版をめぐる二〇一八年の全体状況は、毎年繰り返されることが現出した。連年の前年マイナスがこの年も起こり、これで一四年連続である。出版物（書籍・雑誌）の推定販売金額は前年比五・七％の減少だった。雑誌は九・四％減と二年連続の大幅な落ち込みで、書籍は二・三％減にとどまっている。ただし書籍にしても文芸書、新書、文庫、生活実用書など多くのジャンルが軒並みに減少となり、なかでも基幹的存在といえる文庫は、二〇一四年から毎年五〜六％のマイナスを続けたうえに、二〇一八年はさらに六・八％もの減少幅となっている。販売金額の通年実績（書籍・雑誌合計額）は一兆二九二一億円と推定される。[*78] 二兆円の大台を割ったと大騒ぎされた二〇〇九年から、まだ一〇年も経っていない。一方、電子出版はこれまで同様、二〇一八年も伸びている。ただし、電子コミックと電子書籍は伸長したが、電子雑誌は定額制読み放題サービス「dマガジン」の会員数減少の影響もあって、市場規模はマイナス九・八%と、初めて前年割れとなった。[*79]

そうしたなか、ベストセラーを狙う動きだけは相変わらず強い。大部数本が出たところだけが賑やかしくなり、それ以外は沈滞する二極化現象が、年間ベースで平成最後の年となる二〇一八年も、傾向は変わらずであった。販促・プロモーションを徹底的におこなう手法は同年も目立っている。

同年は上半期を中心に部数を躍進させダブルミリオンとなった『漫画 君たちはどう生きるか』が、群を抜く存在としてトップセラーとなり、続く二位は、二〇一七年一〇月に刊行された矢部太郎『大家さんと僕』(新潮社)が得ている。著者はお笑い芸人コンビ・カラテカの一人で、間借りする部屋の大家さん(八〇歳代女性)との交流を描いた「実録エッセイ漫画」である。初版は六〇〇〇部だったが、好評を博し部数は大きく伸長した。これで二〇一八年は(一般単行本に分類された)漫画の本が一位と二位を占めたことになる。しかも両書とも、有力な版元ながら漫画出版で実績があるとはいえない出版社から出た本であった。

『大家さんと僕』は版元新潮社が吉本興業(矢部の所属先)と連携して盛り上げを図ったという。初期はSNS、続いてテレビ、ラジオ、雑誌、ネットなどでパブリシティを仕込んだ。〈発行から半年あまりで100件以上のパブリシティに取り組んだ〉といわれ、こうした積極策が実を結んだことになる。[*80] 加えて、二〇一八年の四月に「第二二回手塚治虫文化賞 短編賞」受賞があり、

『週刊新潮』に舞台を移しての連載再開（元は『小説新潮』）、同年八月に本に登場する大家さんが亡くなる、と話題が続いた。著者自身の新聞、テレビなどメディア露出が多かったことも効果があり、これらもあって同書は年間を通して売れ、七五万部まで達している。[*81]

また同書に関して、新潮社はお笑い芸人の本ではなく文芸の新人を売り出す手法を用い、たとえば帯に顔写真は入れないなどをおこなった。[*82] その戦略は文芸出版の老舗とされる同社のイメージとも合致して、かえって本への興味と評価を高める結果になったようだ。

なお同年、ベストセラーリストの三位は大川隆法『信仰の法』（幸福の科学出版）、四位は池田大作『新・人間革命（30・上）』（聖教新聞社）であり、二書の著者は二〇一〇年代を通じて上位の常連を続けた。

そして五位には、『君たちはどう生きるか』の新装版が入っている。

六位に入ったのは、ビジネス書の年間一位作、田村耕太郎『頭に来てもアホとは戦うな！――人間関係を思い通りにし、最高のパフォーマンスを実現する方法』（朝日新聞出版）である。同書は二〇一四年七月刊と旧作になるが、二〇一八年になって著者のテレビ出演とともに、版元による書店店頭での仕掛け販売などが功を奏して、同年末には累計六五万部まで伸長した。[*83]

平成末に至るも、ベストセラーに関してはテレビの影響が相変わらず大きい。二〇一八年の「テレセラー」事情について『出版月報』はこう指摘している。

〈今年のベストセラーを見ると、二〇四万部に達した『漫画 君たちはどう生きるか』（マガジンハウス）をはじめ、テレビ番組「世界一受けたい授業」や「中居正広の金曜日のスマイルたちへ」等で紹介され、大ヒットする書籍が非常に多い。『ざんねんないきもの事典』（高橋書店）、『大家さんと僕』（新潮社）、『医者が教える食事術 最強の教科書』（ダイヤモンド社）、『頭に来てもアホとは戦うな！』（朝日新聞出版）などもこれらの番組で紹介され、売れ行き上位に並んだ。[*84]〉

『ざんねんないきもの事典』

文芸書は数年来続いてきた大きなヒットが二〇一八年は出なかった。そのなかで健闘したのは第一五八回芥川賞受賞作、若竹千佐子『おらおらでひとりいぐも』（河出書房新社）である。『火花』は別として、芥川賞受賞作はしばらくベストセラーの上位に入らなかったが、久しぶりのリスト七位となり、文芸書ではこれが首位であった。

作品は公募の文藝賞を受賞して二〇一七年一一月に刊行された。芥川賞受賞は部数を伸長させる決定的なトピックとなった。加えて、メディアへの露出が多く、書店での著者サイン会などのプロモーション活動も功を奏して、ベストセラーになっていく。

なお同書の読者層は中高年女性が中心であり、「熟年の（女性）著者の本が、中高年層に受けて伸びる」という数年来の傾向がこの本でも反映された。実際、若竹千佐子は芥川賞史上二番目の高齢受賞者である。無名の新人の高齢デビュー作にして純文学系の作品ながら、五〇万七〇〇〇部に至ったことは、二〇一八年の出版界で大きな話題となった。[*85]

同年のリスト八位にして文芸書の二位は、二〇一七年五月刊行の、辻村深月『かがみの孤城』（ポプラ社）である。同作品は「2018年本屋大賞」で、二位に大差をつける圧倒的な票を得て大賞を受賞した。ベストセラー化にとって本屋大賞の威力はやはり大きく、同書は二〇一八年だけで五五万部まで伸びた。

前年のヒット小説、川口俊和『コーヒーが冷めないうちに』（サンマーク出版）は、版元による鉄道や新聞での広告打ちが続いたほか、九月には映画化の話題性も加味されたことで息長く売れ、累計八五万部まで達している。[*86] 二〇一八年のリストでは一二位となった。

教養新書は二〇一八年、〈シニア向け生き方本や日本史関連は堅調だったが、全体的に低調〉と総括されている。[*87] リスト九位の下重暁子『極上の孤独』（幻冬舎新書）が三八万部で新書の年間売れ行きトップ。著者下重は二〇一五年に『家族という病』をヒットさせたが、三年のちも人気は衰えていない。著者は八〇歳代になっており、〈高齢著者が孤独や老後の人生について綴った新書がシニア層に支持された〉かたちとなった。[*88]

高齢者が著者の本としては、佐藤愛子『九十歳。何がめでたい』（小学館）が前年から二年間ロングで売れ続け、二〇一八年もリスト一〇位に入っている。なお同年は前年『応仁の乱』がヒットした流れを受けて、日本史関係が新書で比較的好調で、磯田道史『日本史の内幕――戦国女性の素顔から幕末・近代の謎まで』（中公新書）が一一位に入り新書の二位となった。

そして、この年もリスト対象外の本にベストセラーが見出せる。

児童書の『ざんねんないきもの事典』（今泉忠明監修、高橋書店）は前年からの勢いを持続させ、累計一三八万部に達した。動物学者・今泉が監修の同書はシリーズ化しており、第二弾（二〇一七年六月刊）、第三弾（二〇一八年五月刊）も好売上げを果たし、三点で年内二七六万八〇〇〇部に至っている。テレビアニメ化や水族館での企画展実施なども伸長に寄与した。[*89]
また、前年来の『モデルが秘密にしたがる 体幹リセットダイエット』(サンマーク出版)が累計一二〇万部へ続伸し、同年にテレビで何度も紹介された『ゼロトレ』(同)は同八〇万部へと達した。[*90] 後者『ゼロトレ』は、〈年間を通して広告展開を実施したことで、コンスタントに売れた〉という。[*91]
ほかに、『医者が教える食事術 最強の教科書』(ダイヤモンド社)が四八万五〇〇〇部、『医者が考案した「長生きみそ汁」』(アスコム)が五五万部となった。[*92] 医者や専門家が書いたエビデンスがしっかりしている健康書が売れたのは、二〇一八年の特徴の一つとなっている。

二〇一九年、平成の終わり

平成は三一年の四月末で終わりを迎える。二〇一九年である。平成期最後の二〇一〇年代もさまざまなベストセラーが登場した。出版界のシュリンク状態は止まらず、構造転換が迫られるなか、時代を象徴するような話題作が次々とあらわれたのがこの時期であった。企画製作に関わる局面では著者や編集側のさまざまな手法が展開され、また、販促・プロモーションの徹底という施策が大胆に実行された。書店員も巻き込んだ仕掛け販売などが重要な役割を果たすことも少なくなかったのである。

これらの総合力によって、ベストセラーは間断なく出版界から生まれてきた。それは今後も変わらず続くであろう。

本章でも何度か述べたように、紙媒体がシュリンクするなか、電子出版は伸びてきてはいる。とはいえ、その行方は平成末の時点でにわかに断じがたい。間違いなくいえるのは、電子が全的に席捲することも、紙時代に戻ることも、どちらもあり得ないということだけである。前説を主張する論者の見解に本書は同意しがたい。少なくとも、電子が一〇〇となり紙が〇《ゼロ》となる時代は、遠い未来にわたって到来しないであろう。

一方、紙か電子かという問題は二義的であり、良質の、また魅力ある出版物をつくることが本義だと再確認され、その認識をもとにベストセラー産生の切磋琢磨が今後も続くのは確実である。

『一切なりゆき』

本書は平成時代までを対象としており、最後に、二〇一九年の平成期間（一〜四月）についてベストセラー現象に触れておきたい。[*93]

動画配信サービス**SHOWROOM**を運営する前田裕二の著書『メモの魔力 The Magic of Memos』が登場して、平成末の読書界に話題を提供した。幻冬舎のビジネス系単行本で、二〇一八年一二月二四日の刊行。若手起業家の本として注目されてきたが、二〇一九年三月に売り上げを飛躍的に伸ばした。同月九日「世界一受けたい授業」、一七日「シューイチ」（ともに日本テレビ系）と著者が相次いでテレビ出演したことが影響している。部数を重ね同月段階で三〇万部を突破した。[*94]

清水建二＋すずきひろし著、本間昭文のイラストによる『英単語の語源図鑑』（かんき出版、二〇一八年五月刊）も平成末ベストセラーの一つ。「一〇〇の語源で一〇〇〇〇語が身につく」と帯のキャッチコピーにあるように、語源から効率的に英単語を覚える本である。「ヒルナンデス！」（日本テレビ系）で取りあげられるなどもありロングで伸びを続け、二〇一九年四月時点で六〇万部へ達している。本書『ベストセラー全史』現代篇は戦後まもなくの『日米会話手帳』から説きはじめたが、掉尾《とうび》の作品群中にも英語学習本が見出せるのは関心を引く。世代をまたいで人は入れ替わり、時代もすっかり転じたはずだが、読者の志向に変わらぬ面があると告げるかのごとくだ。

同時期で勢いのある本としてはほかに、海外ベストセラー書の日本語版、ハンス・ロスリング＋オーラ・ロスリング＋アンナ・ロスリング・ロンランド著、上杉周作＋関美和訳『FACTFULNESS〔ファクトフルネス〕――10の思い込みを乗り越え、データを基に世界を正しく見る習慣』が挙げられる。二〇一九年一月一一日に日経BP社より刊行されると堅調に売れ続け、三月期に九刷二八万部まで伸びた。[*95]「見方を変える」ための「スキルが身につく」本とされ、その意味で、二一世紀にベストセラーの定番となった自己啓発系の一冊ともいえよう。

百田尚樹『日本国紀』（幻冬舎）は二〇一八年一一月一二日に刊行され、五〇〇頁を超える日本通史の本ながら、著者人気を背景に急伸した。同年一二月で六〇万部へと至り、[*96]翌二〇一九年二月時点で六五万部まで達している。副読本の売れ行きも好調となる一方、内容に関して賛否が沸き起こりさまざまな話題を提供した。

これらベストセラー書を押さえて、二〇一九年の一～四月期で最も目立ったのは、前年九月一五日に逝去した個性的な女優・樹木希林の『一切なりゆき——樹木希林のことば』（文春新書）である。三か月後の一二月二〇日に初版五万部という高い部数で刊行開始、たちまち市場で消化され、ひと月ほどで六刷四〇万部まで駆けあがった。[*97] その後も勢いは止まらず、二〇一九年三月二七日の増刷でついにミリオンセラーへと達する。著者の夫・内田裕也が同月に亡くなったことも伸長を加速させた。同書の勢いは類書も押し上げ、とりわけ宝島社の『樹木希林１２０の遺言——死ぬときぐらい好きにさせてよ』（単行本、二〇一九年一月二八日刊）は同年四月下旬時点で五四万部に達している。これら樹木本の中心読者は五〇～七〇歳代の女性であり、[*98] 熟年層の支持が大部数をもたらした。

こうして最終四か月のラインナップを眺めていくと、二一世紀の類型的なヒット作が並んでいることが判る。背景事情も近年に繰り返された点ばかりだ。その意味では、わずか四か月にすぎないが、一種の「縮図」的展開がなされたと見てよいだろう。一定の傾向のなかでベストセラー状況は継続し、そのまま平成期末を迎えたことが確認できる。

さて、平成を締めくくるミリオンセラーとされ、本書が扱う最後のベストセラーになる『一切なりゆき』。その表題は著者が生前、色紙に好んで書いた「私の役者魂はね一切なりゆき」から編集部が選んだという。[*99] が、はからずもこの題は、出版ぜんたいの現在と未来に投げかけた、象徴的な「ことば」と捉えられなくもない。本書のメに置く一種の符号として、それは出来すぎなのだろうか？　続く令和時代、日本のベストセラー史はどのような相貌になるのだろう。出版をめぐる中長期的な環境変化と関わって、その問いへの興味はどこまでも尽きないが、対象とする時期を辿り終えた本書は、ここに記述の終着を迎えねばならない。

（1）『出版指標年報』二〇一六年版、二七頁。
（2）同上書、二八頁。
（3）「両親が明かした芥川賞芸人「又吉直樹」という男」、『週刊現代』（講談社）二〇一五年八月八日号。
（4）せきしろ＋又吉直樹『カキフライが無いなら来なかった』幻冬舎文庫、二〇一三年、又吉直樹「あとがき」より。同書三五六頁。
（5）『出版指標年報』二〇一六年版、一一八頁。
（6）『出版指標年報』二〇一七年版、一一一頁。
（7）同上書、一一九頁。
（8）同上書、八二頁。
（9）同上書、一三三頁。
（10）同上書、同頁。
（11）同上書、同頁。
（12）同上書、八三頁。
（13）同上書、同頁。
（14）同上書、一一九頁。
（15）同上書、二七〜三〇頁。
（16）同上書、三一頁。
（17）同上書、一一一頁。
（18）同上書。八六頁。
（19）同上書、一二八、一三一頁。
（20）創出版『創』二〇一七年二月号、巻頭座談会における清田義昭・出版ニュース社代表の発言より。同誌、一九頁。
（21）『出版指標年報』二〇一七年版、一一一頁。
（22）同上書、同頁。
（23）同上書、一一二頁。

(24)同上書、一一五頁。
(25)同上書、一一一～一一二頁。
(26)同上書、一一四頁。
(27)同上書、七八頁。
(28)同上書、八三頁。
(29)同上書、二九頁。
(30)同上書、一二五頁。
(31)同上書、一二五頁。
(32)同上書、七八～七九頁。
(33)同上書、三〇頁。
(34)同上書、一三〇頁。
(35)『出版指標年報』二〇一八年版、二七、二九頁。
(36)創編集部「書籍好調、小学館の組織改編と新たな船出」。創出版『創』二〇一七年二月号、四〇～四一頁。
(37)創編集部「『九十歳。何がめでたい』にみる小学館の出版戦略」。創出版『創』二〇一八年二月号、三七頁。
(38)『出版指標年報』二〇一八年版、一一〇頁。
(39)同上書、一二四頁。
(40)同上書、一〇九頁。
(41)同上書、一〇九頁。
(42)創出版『創』二〇一八年二月号、巻頭座談会における松田発言より。同誌、一二三頁。
(43)『出版指標年報』二〇一八年版、一一〇頁。
(44)同上書、一一二頁。
(45)同上書、一二三頁。
(46)同上書、同頁。
(47)同上書、八一頁。
(48)『出版指標年報』二〇一七年版、一一二、一一四頁。
(49)『出版指標年報』二〇一八年版、一〇九～一一〇頁。
(50)同上書、九九頁。

(51)同上書、一二八頁。
(52)『出版指標年報』二〇一七年版、二八三頁。
(53)『出版月報』二〇一九年一月号、一〇～一一頁。
(54)同上誌、一一頁。
(55)『出版月報』二〇一八年八月号、五頁。
(56)『出版指標年報』二〇一八年版、二八一頁。
(57)同上書、二八二頁。
(58)同上書、同頁。
(59)同上書、二八三頁。
(60)同上書、二八二頁
(61)同上書、同頁。
(62)前掲『創』二〇一八年二月号、巻頭座談会における清田発言より。同誌、二九頁。
(63)『出版指標年報』二〇一八年版、二八三頁。
(64)『出版月報』二〇一九年一月号、一〇頁。
(65)石崎孟「マガジンハウスのこれまでとこれから――『君たちはどう生きるか』はなぜベストセラーになったのか」、一〇一八年七月二五日刊『出版月報』増刊収録。同誌、二頁。
(66)同上誌、五～六頁。
(67)『出版指標年報』二〇一九年版、七六頁。
(68)『出版指標年報』二〇一八年版、七六頁。
(69)前掲石崎講演収録『出版月報』増刊、七頁。
(70)同上誌、二頁。
(71)同上誌、七頁。
(72)『出版指標年報』二〇一八年版、七六頁。
(73)創編集部「マガジンハウスの書籍大ヒットとデジタル化」。創出版『創』二〇一九年二月号、五七頁。
(74)『出版指標年報』二〇一八年版、七六頁。
(75)『出版月報』二〇一八年一二月号、七頁。
(76)前掲『創』二〇一八年二月号、巻頭座談会における清田発言より。同誌、二一頁。

(77) 前掲石崎講演収録『出版月報』増刊、八頁。
(78)『出版指標年報』二〇一九年版、二七、一一四頁。
(79) 同上書、二七九、二八四頁。
(80) 長岡義幸「『大家さんと僕』大ヒット〝厳冬〟新潮社の明るい話題」。創出版『創』二〇一九年二月号、四〇、四三〜四四頁。
(81)『出版月報』二〇一八年一二月号、七頁。
(82) 前掲長岡文、掲載誌、四三頁。
(83)『出版指標年報』二〇一九年版、八一頁。
(84)『出版月報』二〇一八年一二月号、六頁。
(85) 同上誌、同頁。
(86) 同上誌、七頁。
(87) 同上誌、五頁。
(88) 同上誌、九頁。
(89)『出版指標年報』二〇一九年版、一二八頁。
(90)『出版月報』二〇一八年一二月号、一〇、一九頁。
(91) 同上誌、一〇頁。
(92)『出版指標年報』二〇一九年版、九九頁。
(93) 本項は『出版月報』二〇一九年一〜四月号を参照し、また、出版科学研究所に対する取材をふまえて述べる。
(94)『出版月報』二〇一九年四月号、一六頁。
(95) 同上誌、同頁。
(96)『出版月報』二〇一九年一月号、一七頁。
(97) 同上誌、一五頁。
(98)『出版月報』二〇一九年四月号、一六頁。
(99) 樹木希林『一切なりゆき——樹木希林のことば』文藝春秋（文春新書）、二〇一八年、編集部筆「はじめに」より、同書五頁。

戦後の総合ベストセラーリスト（出版科学研究所、二〇一四年一〇月調査）

※掲載は書名、著者・編者名、出版社名、刊行年、累計発行部数の順である。
※映像化されたものは●印を、調査直前の二〇一三〜二〇一四年に重版があったものは★印を入れた。
※出所：『出版指標年報』二〇一五年版、一三六頁。

①黒柳徹子『窓ぎわのトットちゃん』講談社　一九八一年　五八〇・九五万部　★
②松下幸之助『道をひらく』PHP研究所　一九六八年　五一一万部　★
③J・K・ローリング 著、松岡佑子 訳『ハリー・ポッターと賢者の石』静山社　一九九九年　五〇九万部　●
④乙武洋匡『五体不満足』講談社　一九九八年　四八〇・八万部　★
⑤養老孟司『バカの壁』新潮社（新潮新書）二〇〇三年　四三七・八万部　★
⑥J・K・ローリング 著、松岡佑子 訳『ハリー・ポッターと秘密の部屋』静山社　二〇〇〇年　四三三万部　●
⑦春山茂雄『脳内革命――脳から出るホルモンが生き方を変える』サンマーク出版発行、サンマーク発売　一九九五年　四一〇万部
⑧J・K・ローリング 著、松岡佑子 訳『ハリー・ポッターとアズカバンの囚人』静山社　二〇〇一年　三八三万部　●
⑨スペンサー・ジョンソン 著、門田美鈴 訳『チーズはどこへ消えた?』扶桑社　二〇〇〇年　三七三・七万部　★

⑩小川菊松 編『日米会話手帳』誠文堂新光社 一九四五年 三六〇万部
⑪J・K・ローリング 著、松岡佑子 訳『ハリー・ポッターと炎のゴブレット』静山社 二〇〇二年 三五〇万部 ●
⑫鈴木健二『気くばりのすすめ』講談社 一九八二年 三三一・八万部
⑬片山恭一『世界の中心で、愛をさけぶ』小学館 二〇〇一年 三二一万部 ●
⑭坂東眞理子『女性の品格――装いから生き方まで』PHP研究所（PHP新書）二〇〇六年 三一五万部 ★
⑮塩月弥栄子『冠婚葬祭入門――いざというとき恥をかかないために』光文社（カッパ・ホームス）一九七〇年 三〇八・三万部
⑯J・K・ローリング 著、松岡佑子 訳『ハリー・ポッターと不死鳥の騎士団』（上・下）静山社 二〇〇四年 二九〇万部 ●
⑰穂積隆信『積木くずし――親と子の二百日戦争』桐原書店 一九八二年 二八〇万部 ●
⑱曽野綾子『誰のために愛するか――すべてを賭けて生きる才覚』青春出版社 一九七一年 二七八万部
⑲藤原正彦『国家の品格』新潮社（新潮新書）二〇〇五年 二七〇・六万部 ★
⑳多湖 輝『頭の体操（第1集）――パズル・クイズで脳ミソを鍛えよう』光文社（カッパ・ブックス）一九六六年 二六五・九万部
㉑樋口裕一『頭がいい人、悪い人の話し方』PHP研究所（PHP新書）二〇〇四年 二六二万部 ★
㉒ロバート・ジェームズ・ウォラー著、村松 潔訳『マディソン郡の橋』文藝春秋 一九九三年 二五六・五万部 ●
㉓岩崎夏海『もし高校野球の女子マネージャーがドラッカーの『マネジメント』を読んだら』ダイヤ

モンド社　二〇〇九年　二五五万部　●

㉔奈良林 祥『新HOW TO SEX――性についての方法』ベストセラーズ（新書判）一九七四年　二五三万部

㉕俵 万智『サラダ記念日』河出書房新社　一九八七年　二五〇万部

㉖村上春樹『ノルウェイの森』（上・下）講談社　一九八七年　上：二四二・三五万部、下：二一四・四万部　●★

㉗永 六輔『大往生』岩波書店（岩波新書）一九九四年　二四一万部

㉘江本孟紀『抱腹絶倒！ プロ野球を10倍楽しく見る方法』ベストセラーズ（ワニの本）一九八二年　二三五万部

㉙松本人志『遺書』朝日新聞社　一九九四年　二三一・五万部　★

㉚田村 裕『ホームレス中学生』ワニブックス　二〇〇七年　二二五万部　●

（原注）対象書籍は単行本と新書本。文庫、学習参考書、児童書、辞事典、実用書、ゲーム攻略本、宗教関係書は除いた。また、同名書籍の改訂版、愛蔵版、文庫版等の部数は含んでいない。

（引用者注）コミックも対象ではない。なお、上記および原注に関しては本書二三頁リスト注記中、※印三項目を参照されたい。

絵本の歴代ベストセラーリスト（二〇〇万部に達した作品）

※TOHAN「ミリオンぶっく」二〇一九年版をもとに作成。

①松谷みよ子文、瀬川康男絵『いない　いない　ばあ』童心社　一九六七年刊　七〇〇円　六六四万部

②なかがわりえこ作、おおむらゆりこ絵『ぐりとぐら』福音館書店　一九六七年刊　九〇〇円　五一七万部

③エリック・カール作、もりひさし訳『はらぺこあおむし』偕成社　一九七六年刊　一二〇〇円　四一一万部

④エウゲーニー・M・ラチョフ作、うちだりさこ訳『てぶくろ』福音館書店　一九六五年刊　一〇〇〇円　三一六万部

⑤わかやまけん作『しろくまちゃんのほっとけーき』こぐま社　一九七二年刊　八〇〇円　三〇七万部

⑤A・トルストイ再話、内田莉莎子訳、佐藤忠良絵『おおきなかぶ』福音館書店　一九六六年刊　九〇〇円　三〇七万部

⑦せなけいこ作・絵『ねないこだれだ』福音館書店　一九六九年刊　七〇〇円　三〇四万部

⑧なかがわりえこ文、やまわきゆりこ絵『ぐりとぐらの　おきゃくさま』福音館書店　一九六七年刊　九〇〇円　二九九万部

⑨五味太郎作『きんぎょが　にげた』福音館書店　一九八二年刊　九〇〇円　二七五万部

⑩マーシャ・ブラウン絵、せたていじ訳『三びきのやぎのがらがらどん』福音館書店　一九六五年刊　一二〇〇円　二七〇万部
⑪まついのりこ作・絵『じゃあじゃあびりびり』偕成社　一九八三年刊　六〇〇円　二六八万部
⑫キヨノサチコ作・絵『ノンタンぶらんこのせて』偕成社　一九七六年刊　六〇〇円　二六一万部
⑬きむらゆういち作『いないいないばああそび』偕成社　一九八八年刊　六八〇円　二六〇万部
⑭かがくいひろし作『だるまさんが』ブロンズ新社　二〇〇八年刊　八五〇円　二五七万部
⑮エリック・カール作、もりひさし訳『ボードブック　はらぺこあおむし』偕成社　一九九七年　九〇〇円　二五五万部
⑯ガース・ウィリアムズ文・絵、まつおかきょうこ訳『しろいうさぎとくろいうさぎ』福音館書店　一九六五年刊　一二〇〇円　二五〇万部
⑰かこさとし作・絵『からすのパンやさん』偕成社　一九七三年刊　一〇〇〇円　二四七万部
⑱キヨノサチコ作・絵『ノンタンおやすみなさい』偕成社　一九七六年刊　六〇〇円　二四五万部
⑲キヨノサチコ作・絵『ノンタン！サンタクロースだよ』偕成社　一九七八年刊　七〇〇円　二四三万部
⑳マーティン・ハンドフォード作・絵『NEWウォーリーをさがせ！』フレーベル館　一九八七年刊　一三五〇円　二四〇万部
㉑筒井頼子作、林明子絵『はじめてのおつかい』福音館書店　一九七七年刊　九〇〇円　二三八万部
㉒西内ミナミ作、堀内誠一絵『ぐるんぱのようちえん』福音館書店　一九六六年刊　九〇〇円　二三六万部
㉓安西水丸作『がたんごとんがたんごとん』福音館書店　一九八七年刊　八〇〇円　二三六万部
㉔佐野洋子文・絵『100万回生きたねこ』講談社　一九七七年刊　一四〇〇円　二二六万部

㉕ふるたたるひ・たばたせいいち作『おしいれのぼうけん』童心社　一九七四年刊　一三〇〇円　二二五万部
㉖マーティン・ハンドフォード作・絵『NEWウォーリーのふしぎなたび』フレーベル館　一九八九年刊　一三五〇円　二一五万部
㉗渡辺茂男作、山本忠敬絵『しょうぼうじどうしゃじぷた』福音館書店　一九六六年刊　九〇〇円　二一四万部
㉘マーティン・ハンドフォード作・絵『NEWタイムトラベラーウォーリーをおえ！』フレーベル館　一九八八年刊　一三五〇円　二〇九万部
㉙松谷みよ子文、瀬川康男絵『いいおかお』童心社　一九六七年刊　七〇〇円　二〇五万部
㉚きむらゆういち作『ごあいさつあそび』偕成社　一九八八年刊　六八〇円　二〇三万部
㉛キヨノサチコ作・絵『ノンタンおよぐのだいすき』偕成社　一九七七年刊　六〇〇円　二〇二万部
㉛ディック・ブルーナ文・絵、いしいももこ訳『うさこちゃんとどうぶつえん』福音館書店　一九六四年刊　七〇〇円　二〇二万部
㉝林明子作『おつきさまこんばんは』福音館書店　一九八六年刊　八〇〇円　二〇〇万部

参考文献

＊各項は編著者名の五十音順配列とした。刊行年表記は西暦としている。なお文献のなかには再刊・復刊の書籍もあるが、実際、参考に用いた版を記した。

【全般】
小林善八『日本出版文化史』日本出版文化史刊行会、一九三八年
大橋信夫 編『東京堂百二十年史』東京堂、二〇一〇年
塩澤実信 編著『定本 ベストセラー昭和史』展望社、二〇〇二年
柴野京子 監修・解題『「東京堂月報」復刻版（全一九冊）解説』東京堂出版、二〇一七年
全国出版協会・出版科学研究所 編著『出版指標年報』全国出版協会・出版科学研究所、一九六〇〜二〇一九年版
全国出版協会・出版科学研究所 編著『出版月報』全国出版協会・出版科学研究所、一九九七年一一月号、一九九九年九月号、二〇〇五年九月号、二〇〇九年六月号、二〇一一年六月号、二〇一四年七月二五日発行増刊、二〇一五年六月二五日発行増刊、二〇一八年七月二五日発行増刊、二〇一八年一二月号、二〇一九年一月号、二月号、三月号、四月号
出版ニュース社 編『出版データブック――一九四五〜二〇〇〇』出版ニュース社、二〇〇二年
出版年鑑編集部 編『出版年鑑』出版ニュース社、一九五一年版〜二〇一八年版―二
出口一雄 編著『出版を学ぶ人のために――出版ジャーナリズム文献綜覧』増訂新版、第一書店出版部、一九八〇年
瀬沼茂樹『本の百年史――ベスト・セラーの今昔』出版ニュース社、一九六五年
日本出版学会 編『白書出版産業――データとチャートで読む日本の出版』文化通信社、二〇〇四年
日本出版学会 編『白書出版産業二〇一〇――データとチャートで読む出版の現在』文化通信社、二〇一〇年
日本出版学会・出版教育研究所 共編『日本出版史料』全一〇巻、日本エディタースクール出版部 発行、一九九五〜二〇〇五年
日本書籍出版協会 編『日本出版百年史年表』日本書籍出版協会、一九六八年
橋本求『日本出版販売史』講談社、一九六四年

【個別研究・資料】（現代篇）
朝日新聞社 編『ベストセラー物語』上中下、朝日新聞社（朝日選書）、一九七八年
安藤宏『日本近代小説史』中央公論新社（中公選書）、二〇一五年
稲岡勝 監修『出版文化人物事典――江戸から近現代・出版人一六〇〇人』日外アソシエーツ、二〇一三年
井上ひさし『完本 ベストセラーの戦後史』文藝春秋（文春学藝ライブラリー）、二〇一四年

岩波書店 編『岩波書店百年〔刊行図書年譜〕』岩波書店、二〇一七年
植田康夫『ベストセラー考現学』メディアパル、一九九二年
植田康夫「ベストセラーと雑誌の出版史」（勉誠出版刊『書物學』1〜12収録）、二〇一四〜二〇一八年
臼井吉見『臼井吉見集2』筑摩書房、一九八五年
岡野他家夫『日本出版文化史』原書房、一九八一年
小川菊松『商戦三十年』誠文堂、一九三二年
小川菊松『出版興亡五十年』誠文堂新光社、一九五三年
尾崎秀樹・西郷竹彦・鳥越信・宗武朝子『子どもの本の百年史』明治図書出版、一九七三年
尾崎秀樹・宗武朝子 編『日本の書店百年』青英舎、一九九一年
片柳忠男『カッパ大将――神吉晴夫奮戦記』オリオン社、一九六二年
神吉晴夫『カッパ兵法――人間は一回しか生きない』華書房、一九六六年
神吉晴夫『カッパ軍団をひきいて――魅力を売りつづけた男たちのドラマ』学陽書房、一九七六年
城戸又一・新井直之・稲葉三千男・河内汎・近藤光次・隅井孝雄・高木教典・高松洋二 編『講座 現代ジャーナリズム』時事通信社、一九七三〜七四年
栗田確也 編集兼発行『出版人の遺文』全八冊、栗田書店、一九六八年
香内三郎『ベストセラーの読まれ方――イギリス16世紀から20世紀へ』（ＮＨＫブックス）日本放送出版協会、一九九一年
講談社八十年史編集委員会 編『クロニック 講談社の80年』講談社、一九九〇年
五十年史編集委員会 編集『日本出版取次協会五十年史』日本出版取次協会、二〇〇一年
小林善八『日本出版文化史』日本出版文化史刊行会、一九三八年
小宮山量平・西谷能雄・布川角左衛門 他著『名著の履歴書――八〇人編集者の回想』上・下、日本エディタースクール出版部、一九七一年
佐藤義亮・野間清治・岩波茂雄『出版巨人創業物語』書肆心水、二〇〇五年
佐藤卓己『物語 岩波書店百年史』全三巻、岩波書店、二〇一三年
塩澤実信『昭和ベストセラー世相史』第三文明社、一九八八年
塩澤実信『出版社大全』論創社、二〇〇三年
清水幾太郎・城戸又一・南博・日高六郎 編『講座 現代マス・コミュニケーション』全三巻、河出書房新社、一九六〇〜六一年
社史編纂室 編『集英社90年の歴史』集英社、二〇一七年
出版マーケティング研究会 編『書籍出版のマーケティング――いかに本を売るか』出版ニュース社、一九九一年
新書マッププレス＋国立情報学研究所 編『新書マップ――知の窓口』日経ＢＰ社、二〇〇四年

新潮社 編『新潮社一〇〇年』新潮社、二〇〇五年
新海均『カッパ・ブックスの時代』河出書房新社（河出ブックス）、二〇一三年
新文化編集部 編『ベストセラーの仕掛人』アーク出版、二〇〇五年
鈴木省三『日本の出版界を築いた人びと』柏書房、一九八五年
鈴木徹造『出版人物事典――明治〜平成 物故出版人』出版ニュース社、一九九六年
武塙修『流通データでみる出版界――一九七四〜一九九五』出版ニュース社、一九九七年
中央公論社『中央公論社の八十年』発行者・宮本信太郎、一九六五年
中央公論新社『中央公論新社一二〇年史』中央公論新社、二〇一〇年
永江朗『筑摩書房 それからの四十年』筑摩書房（筑摩選書）、二〇一一年
中島梓『ベストセラーの構造』筑摩書房（ちくま文庫）、一九九二年
日外アソシエーツ 編・発行『ザ・ベストセラー 一九八五〜二〇〇四』発売・紀伊國屋書店、二〇〇五年
日本図書館協会図書館年鑑編集委員会 編『図書館年鑑』二〇〇五〜二〇一八、日本図書館協会、二〇〇五〜二〇一八年
フレデリック・ルヴィロワ 著、大原宣久・三枝大修 訳『ベストセラーの世界史』太田出版、二〇一三年
平凡社教育産業センター 編『平凡社六十年史』平凡社、一九七四年
堀啓子『日本ミステリー小説史――黒岩涙香から松本清張へ』中央公論新社（中公新書）、二〇一四年
松本昇平『業務日誌余白――わが出版販売の五十年』新文化通信社、一九八一年
箕輪成男『近世ヨーロッパの書籍業――印刷以前・印刷以後』出版ニュース社、二〇〇八年
箕輪成男『近代「出版者」の誕生――西欧文明の知的装置』出版ニュース社、二〇一一年
明治書院『明治書院百年史』明治書院、一九九七年
横田冬彦 編『出版と流通』（シリーズ〈本の文化史〉四）平凡社、二〇一六年
若尾政希 編『書籍文化とその基底』（シリーズ〈本の文化史〉三）平凡社、二〇一五年
和田芳恵『筑摩書房の三十年』筑摩書房（筑摩選書）、二〇一一年

＊これらのほか、『窓ぎわのトットちゃん』『バカの壁』『一切なりゆき』などの対象書籍、また、月刊誌『創』、朝日新聞、読売新聞、日本経済新聞、毎日新聞、産経新聞、東京新聞の記事を参考としている。
＊対象書籍、著者の登場する、「情熱大陸」（毎日放送制作）などのテレビドキュメンタリー、「日経カレッジカフェ」などのＨＰ記事を参照した。
＊『出版月報』の記事および一部資料の照会については公益社団法人 全国出版協会・出版科学研究所のご協力を得ており、感謝の意を表します。

おわりに

繙《ひもと》く、ということばは、本を読む、の意である。が、字義に即していけば、書物をつつむ覆いの紐《ひも》を解く意となる。かつては別のニュアンスもあったろうが、当代では、丁寧な造本を丁寧にひらき、ある程度の襟度《きんど》をもって本の世界に入るという、そうした印象をも招くことばといえよう。ベストセラーは大量生産・流通消費現象であり、となれば、丁寧・細心を含意する「繙く」は縁の遠い語感のように思われる。しかし、わが国の近現代ベストセラー史は「繙く」と無縁ではない。造本にこだわり少部数でしか対応できない書物がその史上に名を刻んだことは、別巻近代篇でいくつか事例は挙げられているし、「大量現象」が加速度的に進んだ戦後の出版状況（本書現代篇の扱うところ）でも、谷崎潤一郎『鍵』の例がある（一〇〇頁）。

それからまた、ベストセラーは、ときに百万単位の部数を得たメガセラー本をさすが、初発の事情において、百万どころか、最初の「一人」を得ることも困難だった例は、珍しくない。本書現代篇でも、〈数社をたらい回しにされたうえで、日の目を見ない作品〉が複数取りあげられている。とはいえ、「一人」を得ることができた原稿は幸いである。無名の書き手による地味《マイナー》なまたドメスティックな内容ながら、深く感銘を受け、世に出したいと思わせた読者（版元の人間である）に恵まれたのだから。「出会いの奇跡」がそこにあったのだ。ただし、ベストセラー史では、肝心のその「一人」さえ得られなかった例さえ見られ、本書二一世紀での記述に登場する。事実上の自費出版書がベストセラーリストを席捲した出来事である（三六二頁）。当該書は一書店員との「出会いの奇跡」を得ることはでき、これも機にベストセラー史に残るシリーズとなった。テレセラーやブロックバスター、プロモーション戦略という「ベストセラー・メイク」によっても大部数は導かれるが、ミニマムな世界から立ち上がる例もあるというわけだ。

　ベストセラー史は「多数」が織りなす、いわば巷の歴史だが、その意味で対象は上澄みでも清流でもありえない。混濁のなかに曖昧を宿しつつ展開されるのを常態とせざるを得ないものだ。他方それが両極相の歴史でもあるというのは、上記事例を改めて告げるまでもなかろう。曖昧と両極。ベストセラー現象はその二つを本源的に含む。ゆえに、どのような割り切りも説得的にならない。「○○すればベストセラーが出せる」といった類いの言説は、数年の数例から推断されることはあったとしても、長きにわたる多数の探索を経たあとでは、仰々しいお定まりの表現にすぎなくなるのだ。本を読むというのは、他のメディアに比べれば、はるかに〈深く継続的な動機が必要〉で、〈よりまとまった時間を使い、一定の精神的傾注が必要〉な行為である（一八八頁）。いわば「知」的な営為であって、ベストセラーの歴史はその幅広さの甚大を伝えてくる。本書をここまでお読みくださった方々に、それらの相貌はあまりに多彩多様なのだと受け取ってもらえれば、本書の目的のひとつは達する。

　矛盾する大小の双像をもち、無秩序かつランダムに展開される秩序、それがベストセラーの実相といってもよい。それゆえこの歴史は、いかに砥ぎぬいた分析の刃であろうと刃毀《こぼ》れさせる身質に満ちており、どのようなフレーム的思考（たとえば「良い本」と「売れる本」は別物といった類い）も無意味となるうねりの大海だといえる。

一方それは、人間が織りなす業として興味の尽きないところがある。関わるのは著者だけでなく出版人もおり、本書の重要な登場人物であるが、彼ら・彼女たちが（本来の性向はともかく）、ベストセラーという異様な現象に向き合うことで、果断なる行動家となり、誑惑《きょうわく》なまでの一途さを示し、そして冷厳なリアリストになっていくさまは、それぞれが個性的なヒューマン・ドキュメントを描いている。そしてこちらもまた、風波強き大海の様相なのだ。

かくして、「大海」へと漕ぎ出した本書は、たまさか蛮勇を友とし、あたるべき書物、資料の膨大に取り組んだ。そのうえで、中立的に事例紹介を積み重ねるという役割を意識しつつ、少なくとも難破（中途挫折）は免れんと並々ならぬ決意をもって、（近代篇と併せ）一五〇年を超える航路を進んだのである。

*

日本現代史のなかでベストセラー書を取りあげ、紹介し分析していく作業は、ここに与えられた里程を辿りきり、平成末の終着点に立つことができた。本の興亡を見つめ大衆心理の在りように向き合う日々が愉快でないはずはない。ただ同時に、「売れる」という現象は雑然あるいは混沌そのもので、咀嚼はときに容易ならざる力を必要とする。また資料の収集と検討は途轍もない作業量で、知や意も用いるがほとんど肉体的な労苦の次元であり、肝胆砕かれる思いに至ったことも一再にとどまらなかったと告げねばならない。

また浮かび上がる次の感慨とも、たえず組み打ちをしなければならなかった。対象本はなぜ格段の部数的評価を受けたのか、何がきっかけで伸びていったのか。それらの背景を探索することは知的にも充分に意味があることだ。とはいえ一方で、資金を投下しプロモートした結果の大部数作品は、作為の要素が強く印象され、あるいは、塩澤実信の感慨にもある〈［読者の］首根っこをつかまえて買わせる〉本との見え方が自然と浮上し（『創』一九八二年一一月号座談会での発言）、それを俎上に載せて検討するのに虚しさが伴わないはずはない。さらに塩澤の言を借りれば、ベストセラーには〈麻薬〉にして〈興奮剤〉の面が容易に見出される。そうなると出版文化として正当に扱うことへの疑念さえぬぐえなくなる。より穏当な言い方をすれば、「文化性」と「商業性」という、出版の仕事のなかでときに鋭く矛盾する双系が、ベストセラー生成物語のなかで、矛盾をより鋭くして立ちあらわれることは珍しくないのだ。すなわちベストセラーと対面し続ければ、幾度か茫然に襲われる覚悟がいる。結局、茫然を何とか組み伏せんと四苦八苦《じたばた》しながら、前へ前へ身を進めるのが、ベストセラー史叙述者のさだめと達観するほかはないのだった。

ベストセラーを近現代史のスケールで扱った本が（時期を区切ったいくつかの労作に恵まれているのはもちろんだが）、出版史のなかにこれまで登場しなかったのは上記理由もあるのだろう。無論、問題に対する有効な手立てを見出したわけではない。とはいえ事情は事情として、ベストセラーの生成展開を横断的に追う紹介書はあっていいはずだと日頃から考え続けてきた（筆者自身そうした本を求めていた）。その果てに、無謀は承知のうえで、探索のためにできうる踏破を自身でし尽くすことにした。そのひとつの報告が本書である。

本の刊行とは、時間を切断することでもある。いうまでもないが、ある時点で「切る」行為がないと本は出せない。本書は平成末でひとまず区切った。その意味で平成が過ぎれば、過去のものになる宿命を抱いている。とはいえ本書を一方に置いてくだされば、以後は各年のベストセラーを参照しつつ知見を加えることで、その都度、日本のベストセラーを通史的に捉えることができるかたちをめざしており、こうした使い方を、本書は読者の方々に望んでいる。

ベストセラー史はもとより出版史の一部分にすぎない。しかし、この一部分は全体を構成する重要な一部であって、さらに、日本文化史の見落とすことができないジャンルに相当する。過去から未来へ出版文化の道筋を辿るために、本書が、小さくとも一定の役割を果たせることができればありがたいと思う。

＊

本書は諸資料などをもとに可能な限り実像に迫るよう努めた。とはいえベストセラー研究の特殊性もあって十全でないことはあり得る。お読みくださった方々には御礼を申しあげるとともに、必要なご指摘をくだされば幸いに思う。なお、筆者に関する情報が本書中に数か所点描されている。筆者は大部数を求める版元と文化主義的な版元の双方に草鞋を脱いで、編集者として三七年間を過ごした。雑誌が一一年、書籍が二六年、創刊事業は四回である。本書中に登場するベストセラー書で、編集長、担当編集者として関わったものもある。ただし、本書はこうした経歴から離れて記すことを常に意識した。自身が大小の関わりをもった本に対してでも、内方的・経験的な言及は最小限とし、出版科学研究所の見解など外部の資料からできうるかぎり引用した。本書執筆にさしてはいわゆる編集者ものの書籍を資料として多数閲読したが、自身がその類いの書き物をするのは居心地が悪いと思えたたし、なにより本書の主旨に反すると考えたからだ。

また本書は『ベストセラー全史【現代篇】』であり、別に近代篇の刊行が近々予定されている（二〇一九年七月）。本書文中でも、「近代篇第〇章参照」と時折出てくる。ただそれはあくまで理解の便利のためであり、この現代篇は独立した一書として世に送られるものだ。もちろん日本のベストセラー史にご関心のある方は、ぜひ近代篇も手に取って頂きたいと願っている。現代篇とはまた違う様相がそこに記され、出版の制度的変貌も対象としており、併読をおすすめしたい。

本書は先行研究から多大な恩恵を受けた。また、帝京大学文学部での講義を基にしており、同校教職員、学生のみなさんとの「出会い」は貴重であった。また、久保雅暖研究員をはじめ出版科学研究所からご協力を頂戴しており、さらに、出版の現場を経た知人からはいくつかの証言を得ている。国立国会図書館をはじめ各地の公共図書館、大学図書館の存在は現物確認ができるという意味で本研究にとって決定的であり、各館関係者にはお世話になった。併せてみなさまに感謝の意を表させて頂きます。なお、いうまでもないが、本書記載の文責はすべて筆者にある。

本書が世にあらわれるのは、筑摩書房松田健氏、石島裕之氏のご尽力の賜物である。こちらも貴重な「出会い」であり、記して特段の謝意をお伝えいたします。

二〇一九（令和元）年五月

澤村修治

【ら行】

【わ行】

【や行】

【ま行】

【な行】

【は行】

【た行】

【か行】

人名索引

【ら行】

【わ行】

【ま行】

【や行】

【は行】

【な行】

【た行】

【さ行】

【か行】

書名索引

澤村修治 さわむら・しゅうじ

一九六〇年東京生まれ、千葉大学人文学部卒業。出版社に勤務し、新書、選書の編集長などを経る。帝京大学文学部非常勤講師（出版史、日本文化）。著書に『唐木順三』（ミネルヴァ書房）、『天皇のリゾート』（図書新聞）、『宮澤賢治と幻の恋人』（河出書房新社）ほか。児童書に『宮澤賢治のことば』『八木重吉のことば』『幕末青春伝　西郷隆盛』（以上、理論社）がありともにSLBA選定図書。

筑摩選書　0176

ベストセラー全史《ぜんし》【現代篇《げんだいへん》】

二〇一九年六月一五日　初版第一刷発行

著　者　澤村修治《さわむらしゅうじ》

発行者　喜入冬子

発　行　株式会社筑摩書房
　東京都台東区蔵前二-五-三　郵便番号　一一一-八七五五
　電話番号　〇三-五六八七-二六〇一（代表）

装幀者　神田昇和

印刷　製本　中央精版印刷株式会社

ISBN978-4-480-01683-6　C0300